JOURNAL ET MÉMOIRES

DE

MATHIEU MARAIS

TOME II

TYPOGRAPHIE DE H. FIRMIN DIDOT. — MESNIL (EURE).

JOURNAL ET MÉMOIRES

DE

MATHIEU MARAIS

AVOCAT AU PARLEMENT DE PARIS

SUR LA RÉGENCE ET LE RÈGNE DE LOUIS XV

(1715 — 1737)

PUBLIÉS POUR LA PREMIÈRE FOIS

D'APRÈS LE MANUSCRIT DE LA BIBLIOTHÈQUE IMPÉRIALE

Par autorisation de S. E. le Ministre de l'Instruction publique

AVEC UNE INTRODUCTION ET DES NOTES

PAR

M. DE LESCURE

TOME DEUXIÈME

PARIS

LIBRAIRIE DE FIRMIN DIDOT FRÈRES, FILS ET Cⁱᵉ

IMPRIMEURS DE L'INSTITUT, RUE JACOB, 56

1864

Tous droits réservés.

JOURNAL ET MÉMOIRES

DE

MATHIEU MARAIS.

ANNÉE 1720.

DÉCEMBRE.

Dimanche, 1ᵉʳ. — DUCHESSE DE FALLARI (1). SON PORTRAIT ET SON ORIGINE. — Il y a eu bal public au Palais-Royal, la nuit du dimanche au lundi. Le Régent y a paru, tenant sous le bras une nouvelle maîtresse, qui se nomme la duchesse de Fallari. Son mari est *Gorge d'Entragues*, fils de Gorge, fameux partisan, qu'on a vu porter la livrée, et qui avoit épousé en secondes noces une Vallançay. Ce fils, après la mort d'une première femme, qui étoit mademoiselle de Nangis, et qui mourut misérablement dans sa première couche, non sans soupçon de violence, il y a six ou sept ans, passa en Italie, vit le Pape, a qui il parla de la maison de Vallançay, dont étoit sa mère, et s'étant trouvé que le cardinal de Vallançay avoit été autrefois bienfaiteur des ancêtres de sa Sainteté, le pape, en reconnaissance, lui donna le titre de duc de Fallari, qui ne lui a pas plus coûté qu'une indulgence.

---

(1) Voir les *Maîtresses du Régent*. 2ᵐᵉ édition (Dantu, 1861).

Le nouveau duc, revenu en France, où il avoit été interdit plusieurs fois pour sa dissipation et mauvaise conduite, trouve une jeune personne en Dauphiné, chez sa mère assez mal à son aise, mais passant pour fille de condition. Il lui propose un mariage; elle l'épouse. Quelques jours après ses noces, il est arrêté pour dettes et friponneries, on lui veut faire son procès. Il s'échappe, passe en Espagne, où il est encore. La duchesse, désespérée trouve une personne qui en prend pitié (madame de Vauvray), qui l'amène à Paris, la met dans un couvent où elle en prend soin, et au bout de quelque temps, la jeune duchesse d'Olonne la reconnoît pour sa parente, et la met dans le monde. Elle joue à trois ou quatre amants à la fois, ne manque pas de beauté, ni de certain esprit propre à séduire. L'intrigue de la Cour s'en mêle, on veut faire tomber la Parabère, qui fait semblant de ne s'en pas soucier, et voilà la duchesse de Fallari déclarée maîtresse du Régent. Elle se dit d'Harancourt, de la grande maison de Lorraine, mais elle en est bien loin, son nom est de Raucourt. Son père, homme bien fait, venant de rien, passa à la cour de Savoie, où il fut valet de chambre de Madame Royale, et très-avant dans ses bonnes grâces, à ce que dit la chronique. Il revint en Dauphiné, où il épousa mademoiselle de la Blache, fille de condition assez belle, qui fut très-galante, qui est encore au monde, et qui a donné à sa fille l'éducation qu'on lui voit. Le Président Tansin (1), de Grenoble, galant de la mère, trouvant la fille à ce bal, voulut lui serrer la main. Le Régent lui dit : « Masque, c'est trop de la fille et de la mère, » et le président se retira, sans se le faire dire deux fois. Mais on entendit, quelque temps après, chanter dans le bal un vaudeville plaisant sur le

---

(1) Frère de l'abbé, depuis cardinal de Tencin, de madame de Tencin et de Mme de Ferriol, mère de d'Argental, ami de Voltaire. Voir sur les Tencin, Saint-Simon, XI, 182 et les *Lettres* de Mlle Aïssé.

nom de Fallari. C'est une très-ancienne chanson que l'on chante en canon.

> Fallarira dondène, fallarira dondé.
> Trois petits couteaux dans une gaîne :
> L'un est rouge et l'autre est blanc,
> L'autre est emmanché d'argent, fallarira, etc.

Les trois petits couteaux sont les trois amants de la duchesse, qui sont le marquis de Tessé, Levy et Préaux. (Préaux est conseiller de la Cour et fils de M. de Vauvray). Et ainsi le Régent a appris qu'il avait des précurseurs.

TAXES ET ACTIONS. — Les rôles pour les taxes d'actions sont arrêtés. Il y en a 8. Les trois derniers sont très-forts. Les cinq premiers contiennent 28,000 actions. Bourgeois, caissier de la Banque, est taxé à 1,560 actions, un nommé Brangouze à 2,000 et ainsi des autres. Chacun tâche à se tirer de ces rôles, et offre de l'argent à la nouvelle maîtresse, qui est venue dans un bon temps pour s'enrichir. On a retenu les actions de beaucoup de gens qui ont eu le crédit de se les faire rendre. Il en arrivera comme des taxes de la Chambre de justice, qui n'ont rien produit qu'aux favoris et aux maîtresses.

Lundi 2. — PARLEMENT. — CONSTITUTION. — Le Parlement s'est assemblé à Pontoise en grand nombre. Les commissaires ont été nommés sur la Constitution, et on a remis la décision au mercredi 4. Le Régent s'attend avec grande impatience et on ne doute pas qu'il ne soit content. Pour le Pape, c'est autre chose, mais on dit qu'il se meurt, ce qu'il a déjà feint plusieurs fois, sans l'avoir fait une bonne (1).

ACTIONS. — Arrêt de ce jour qui ordonne que les actions qui n'ont point été timbrées d'un second sceau seront nulles et de nulle valeur. Défenses de les exposer dans le commerce et de les négocier, à peine de 3,000 livres d'amende, tant contre le vendeur que contre l'acheteur.

---

(1) Clément XI. Il avait été élu pape en 1700. Il mourut le 19 mars 1721.

BILLETS DE BANQUE. — Autre arrêt qui défend de négocier les billets de 1,000 livres et de 10,000 livres, et qui permet seulement de les convertir, jusqu'à la fin de décembre, en actions et dixièmes d'actions rentières.

Mercredi 4. — CONSTITUTION. ENREGISTREMENT A PONTOISE. RÉFLEXIONS. — L'enregistrement tant attendu s'est fait à Pontoise en termes suspendus, équivoques, disant tout et ne disant rien, et qui veulent autant dire que si on n'enregistroit point (1). Voici les termes :

« Registrées, ouï, ce requérant, le procureur général du Roi, pour être exécutées aux mêmes clauses et conditions portées par l'arrêt d'enregistrement, lettres patentes de 1714, et conformément aux règles de l'Église et aux maximes du royaume sur l'autorité de l'Église, sur le pouvoir et la juridiction des évêques, sur l'acceptation des bulles des Papes et sur les appels au futur concile, lesquelles règles et maximes demeureront dans leur forme et vertu. Et pour être la *cessation* de toutes poursuites et procédures portées par la présente déclaration, pour raison des appels *interjetés*, inviolablement observée. En Parlement, séant à Pontoise, le 4 décembre 1720. » — Cette dernière clause pour la cessation des appels interjetés a été mise parce que la déclaration dit : « Enjoignons à nos cours de Parlement d'observer et de faire observer inviolablement tout le contenu de cet article, nommément en ce qui regarde les appels. » Mais l'arrêt défend d'en interjeter aucuns, sous quelque prétexte que ce puisse être, et comme l'arrêt conserve les lois de l'État sur l'appel au concile, et que la déclaration ne doit être exécutée que conformément à ces règles, voilà encore la voie ouverte aux appels futurs. Ajoutez que l'on maintient les maximes 1° sur l'autorité de l'Église, qui seule est infaillible, et non le Pape; 2° sur le pouvoir des évêques, qui sont juges de la doctrine, et qui pourront

---

(1) V. Barbier, T. I, p. 88.

appeler s'ils ne veulent pas accepter ; 3° sur l'acceptation des bulles des Papes, ce qui renferme le droit de l'Université et de la faculté de théologie en matière de dogme. Cependant l'enregistrement ne parle point des oppositions et des appels comme d'abus, qui ont été faits depuis peu, et qui ont longtemps arrêté cette affaire. Enfin, le Parlement s'est tiré d'intrigue le mieux qu'il a pu. La Constitution est acceptée avec des explications qui ne l'expliquent point, et l'enregistrement est fait de la déclaration comme s'il n'y avoit point d'enregistrement. L'un est fait pour l'autre et pour tous deux le temps qui règne, où l'on ne voit que détours, artifices, dissimulations, qui ont pénétré tous les corps de l'État, et qui ont passé jusqu'au clergé et au Parlement. Après tout, le Cardinal abandonne visiblement la religion qu'il a soutenue, au lieu que le Parlement, forcé par des translations réitérées et des violences manifestes, a encore eu le courage de maintenir, autant qu'il a pu, l'autorité de l'État, et ne s'est rendu qu'à la cassation des appels passés que l'on a exigée de lui.

Law n'est pas content de cet enregistrement, qui commence à réconcilier le Parlement et la Régence, ce qu'il craint beaucoup. Aussi dit-on qu'il est de part avec la nouvelle maîtresse, et qu'il a contribué à faire renvoyer madame de Parabère, qui étoit contraire à son système, au lieu que la duchesse de Fallari, amie du président Tansin et de toute cette famille, qui est très-unie à Law, le soutiendra. Ces Tansin viennent de Grenoble. L'un y est président à mortier, l'autre est abbé, grand vicaire de Sens. C'est lui qui a reçu l'abjuration de Law : homme galant, intrigant, et de peu de foi (1). La troisième est une chanoinesse ou religieuse, qui vit à présent dans le monde en habit séculier, et qui a été connue pour

---

(1) V. dans Saint-Simon et Duclos, sa terrible mésaventure au Parlement, à l'occasion de son procès avec l'abbé de Veyssière.

ses galanteries avec le garde des sceaux d'Argenson (1).

ABBÉ DE COETLOGON. — ACTIONS. — On a rendu les actions à l'abbé de Coetlogon, a qui on les avoit retenues. C'est un homme de qualité de Bretagne, qui s'est fait le commis et l'âme damnée de Law, et qui a beaucoup gagné à ce métier, contraire à sa naissance et à son état. Il a pris à vie de Law la terre de Roissy en Brie. Law l'avoit achetée depuis peu de la marquise de la Carte, auparavant veuve de monsieur Rouillé des Postes, dont il a eu cette belle terre pour du papier. L'abbé, plein de sa fortune, qui ne tient point de l'Église, a voulu quitter l'état ecclésiastique, et obtenir dispense du sous-diaconat, pour épouser une maîtresse qu'il aime. Mais le Pape l'a refusée, et ce refus a fait qu'il ne s'est point marié, et qu'il n'a point quitté sa maîtresse. Elle s'appelle Duzevest, et est fille d'un gentilhomme de Provence, à qui on a donné une principale commission de la Banque (2).

Jeudi 5. — FALLARI. PARABÈRE. — La fortune de la duchesse de Fallari a passé comme une ombre. L'étoile de madame de Parabère a été plus forte que la sienne. On a tant couru, intrigué et tourmenté le Régent, qu'il est revenu à sa première maîtresse, et dès ce soir même il a soupé avec elle et ses favoris, et a fait dire à l'autre, qui venoit pour souper avec lui, et à madame de Sabran, qui l'accompagnoit, qu'il étoit malade et s'étoit couché. Il ne l'a point congédiée autrement. Tant tenu, tant payé. Les amis de la duchesse disent que cette aventure n'a pas le moins du monde intéressé son honneur (madame de Vauvray (3) la soutient beaucoup); mais on sait bien que penser d'une femme galante, qui a mangé plusieurs fois avec le Régent en secret, et

---

(1) V. *les Maîtresses du Régent.*
(2) Il a épousé, depuis, la demoiselle. (*Note de Marais*).
(3) Voir, sur cette femme intrigante, les Mémoires de Mlle de Launay (Mme de Staal).

qui a été publiquement au spectacle et au bal avec lui.

La duchesse de Sforce (1) a dit aujourd'hui, à une personne digne de foi, qu'étant allée à l'abbaye de Montmartre avec la Régente, une religieuse, sœur d'un chandelier de Paris, s'est jetée à ses pieds, lui a conté les besoins de son frère, et l'a priée de lui faire vendre par le duc de la Force, son parent, 3 ou 400 livres de chandelles. Cette bonne religieuse croyoit que Sforce et la Force étoient la même chose, et elle avoit entendu dire que le duc de la Force avoit fait un amas de cire à brûler, comme tout le monde le sait, ce qu'elle avoit confondu avec de la chandelle. Ce duc est si déshonoré que les ducs et pairs ont donné une requête au Roi pour le faire dégrader de sa pairie. Elle est déjà signée de quatre, du duc d'Uzès, du duc de Brissac, etc. On l'a fait imprimer et envoyée dans les pays étrangers. (Cette requête n'est qu'un projet de quelqu'un qui ne l'aime pas).

LA MARÉCHALE D'ESTRÉES. — Un gentilhomme de Bretagne, nommé Marsilly, de la maison de Roucy, officier des chevau-légers de la garde, revenant des États, avec la maréchale d'Estrées, est devenu amoureux d'elle, jusqu'au point qu'un jour il fit, par jalousie, du bruit dans la maison où étoit le maréchal, à qui on dit qu'il étoit ivre. La chose s'étoit passée assez doucement, mais on a appris depuis que ce gentilhomme a été trouvé mort dans un puits dans la ville d'Avranches, étant revenu de Bretagne par la Normandie. On ne sait s'il s'y est jeté, ou si on l'y a fait jeter ; quoi qu'il en soit, c'est un amant de moins à la maréchale, qui en sera bientôt consolée et qui en a bien d'autres. Le jeune et beau Chavelin (2), avocat général, mort en août 1715, et qui s'étoit fait grand trésorier de l'ordre pour avoir le

---

(1) Dame et confidente de Mme la duchesse d'Orléans. Voir Saint-Simon, VII, 355 à 357.

(2) V. Saint-Simon, VII, II, 334.

cordon bleu et lui plaire davantage, n'ayant pu accorder le travail pénible de sa charge et de ses amours, y a bientôt succombé.

La comtesse de Saint-Maure. Il court un bruit que la comtesse de Saint-Maure (qui est mariée depuis peu et fille de monsieur de la Vieuville, maître des requêtes, intendant en Béarn) est aimée par le duc de Chartres. Le duc d'Olonne faisant la guerre à ce prince de cet amour, lui a dit : « Pourquoi avez vous pris cette bête à quatre pieds ? » Le mot de l'énigme est qu'elle a ses deux pieds ordinaires, un pied de nez et un pied de ce qu'on ne nomme pas. Saint-Evremont, dans des vers à Madame de Mazarin, dit que, dans l'autre monde, il parlera aux ombres de sa beauté, et leur dira tout ce qu'il en a vu, puis il ajoute :

> Mais si, voulant m'embarrasser,
> Elles me font une demande,
> Si Marion (Delorme) veut s'informer
> De cet endroit caché qui se dérobe au monde
> Et que je n'ose ici nommer,
> Que voulez-vous que je réponde ?

Ceux qui parlent de la comtesse de Saint-Maure en savent plus que Saint-Evremont n'en savoit de madame de Mazarin.

Vendredi 6. — Fallari. Sabran. — La duchesse de Fallari, que l'on croyoit noyée, est revenue sur l'eau. Elle a soupé aujourd'hui avec le Régent et entretient encore des espérances. C'est le petit jeu ; *je l'ai vu vif, je l'ai vu mort : je l'ai vu vif après sa mort.* Chirac, premier médecin du Régent, lui a dit que s'étant trouvé dans une assemblée de chirurgiens, il avoit appris que cette dame étoit gâtée, et qu'ils avoient manqué deux fois monsieur de Levy, son amant, parce que sa v..... est incurable. Le Régent a répondu. « Je ne m'en soucie guère : si elle me donne des pois, je lui donnerai des fèves. » — On a su aussi que le jour qu'elle fut présentée par madame de Sabran, après quelque discours, madame de Sabran se retira pour aller tenir, disoit-elle, compagnie à son prince (qui est le prince d'Isenghien). Elle écouta à la porte, et entendit de ses oreilles mille choses offensantes, que disoient contre elle le Régent et la duchesse. Elle rentra et voulut faire des reproches à l'un et à l'autre. A quoi le Régent dit : « Tout ce que j'ai dit de toi est vrai, et il y en a encore cent fois davantage, que je dirai si tu veux retourner écouter à la porte. »

Samedi 7. — LE PAPE. — On apprend que le Pape est bien mal. Voilà une nouvelle affaire. S'il meurt, il n'aura pas vu la fin de sa Constitution. On parle de faire partir les cardinaux incessamment pour Rome. Nous en avons six : Noailles, Bissy, de Rohan, Polignac, Gesvres et Mailly, mais ils sont embarrassés par où passer, à cause de la peste de Provence et des quarantaines qu'il faudra faire. Ils pourroient bien arriver après l'élection.

Les affaires publiques empirent tous les jours ; on parle de donner des comptes en Banque à tout le monde pour les actions et les rentes. Il ne se fait point de consommation. On ne vend rien, parce que les marchands, qui pourroient acheter les vins et grains, n'ont point d'argent. En Bourgogne, tout le vin est resté et il n'y a point d'entrées.

CONSEILLERS D'ÉTAT. — MM. de Caumartin (1) et de Bouville, conseillers d'État, sont morts. M. de Machault et ....., qui en avient les expectatives, ont leurs places au Conseil.

GUISCAR. — M. de Guiscar, lieutenant général des armées du roi et gouverneur de Sedan, mort (2). Le gouvernement donné à M. de Médavi.

Dimanche 8. — PARLEMENT. CONSTITUTION. — Ce matin, on a publié la déclaration du Roi sur la Constitution, avec l'enregistrement du Parlement à Pontoise ; et,

---

(1) V. Saint-Simon, XI, 344.
(2) Ibid., XI, 343.

en même temps, des lettres patentes, qui lui donnent la connaissance de toutes les contestations survenues et à survenir, et qui révoquent l'attribution au Grand-Conseil. Elles sont du 25 novembre. On avoit donc de bonnes paroles du Parlement, et on savoit bien ce qu'il devoit faire le 4 décembre.

Polignac. — Le cardinal de Polignac, qui étoit exilé, il y a longtemps, pour l'affaire d'Espagne et de madame du Maine, est rappelé. L'état où est le Pape a produit ce changement. On a besoin de ce cardinal, qui a beaucoup d'esprit, et qui est capable de grandes négociations. Il a été autrefois en Pologne, où il fut amoureux de la Reine ; il a fait en France l'amoureux de madame la Dauphine, puis il est venu à madame la duchesse du Maine, qui l'a engagé dans la conjuration d'Espagne et qui a pensé se perdre avec elle (1).

Le Régent a donné quatre gros bénéfices à quatre chevaliers de Malte, officiers de marine, qui ont bien servi à Marseille pendant la peste : MM. le chevalier de Langeron, de Levy, etc. Ces grâces sont bien placées, quand de telles gens les obtiennent.

Les comptes en banque ou écritures nouvelles sont rejetées, pour n'être point forcées dans le public à toutes sortes de payements, comme on l'avoit proposé pour sortir d'affaire ; mais cet expédient rejeté donne de nouveaux embarras. Law est prêt à tomber. Le Régent a dit qu'il avoit envie de l'envoyer à Effiat (2) avec bonne escorte. Les actions deviendront à rien. On n'en donne que 500 en argent ou 5,000 en billets de banque qui ne valent pas 100 livres pièce.

Lundi 9. — Premier président de Mesmes, Lorge. Le

---

(1) Voir, sur le cardinal de Polignac, les *Mémoires de d'Argenson*, *Saint-Simon*, le *Président Hénault* et *Madame*. Melchior de Polignac, archevêque d'Auch et cardinal, né en 1661, au Puy, mourut en 1741. Auteur du célèbre poëme latin L'*Anti-Lucrece*.

(2) Terre en Auvergne appartenant à Law.

premier Président est venu à Paris et a été bien reçu du Régent. Il marie Mlle de Mesmes, sa fille aînée, au duc de Lorge, qui est déjà veuf d'une fille de M. Chamillard, dont il a eu trois enfants. Le premier Président assure à sa fille la terre de Cramayel, et elle a de son chef et par des substitutions, de grands biens. Il fait ce mariage pour la faire duchesse, car ce duc, quoique jeune encore, est ruiné, et les enfants de ce deuxième mariage n'auront point les honneurs. Le duc de Lorge n'est point pair, il est duc héréditaire, avec les honneurs du Louvre et non du Parlement. Le Régent a dit au premier Président qu'il étoit content de ce que l'on avoit fait, et qu'il falloit lui laisser faire son mariage à Pontoise, où tout étoit disposé. Ainsi le Parlement reste encore là, et on ne sait quand il en sortira. La fille cadette du premier Président, mariée avant l'aînée, est femme du marquis de Lautrec, fils du marquis d'Ambre. L'aînée est pleine de mérite et de sagesse (1). La cadette est plus jolie et ne hait pas ceux qui le lui disent.

LE PAPE. LAFFITEAU, ÉVÊQUE DE SISTERON. — La nouvelle du Pape se confirme. On le dit mort. Le Régent a fait venir le cardinal de Rohan, pour prendre des mesures avec lui. Nous n'avons à Rome aucun ambassadeur. Il n'y a que l'évêque de Sisteron (autrefois le P. Laffiteau, jésuite) qui y soit chargé de nos affaires, et le cardinal Ottobon, protecteur de la France. L'empereur pourroit

---

(1) Marie-Anne-Antoinette. Voir sur ce mariage, auquel tout le Parlement assista en robes rouges, Barbier, I, 91 et Saint-Simon, XI, 346. Le portrait des deux sœurs, par ce dernier, respire toute sa haine, si invétérée contre la maison de Mesmes et le premier président. « Le premier président, qui étoit veuf, « n'avoit que deux filles. Elles étoient riches, et pour contenter les fantasques « l'une étoit noire, huileuse, laide à effrayer, sotte et bégueule à l'avenant, dévote « à merveilles ; l'autre rousse comme une vache, le teint blanc, de l'esprit et du « monde et le désir de liberté et de primer. » Selon Saint-Simon, ni l'un ni l'autre de ces mariages ne furent heureux, par la faute de la femme (VII, 330). Mais ce Lautrec, qu'il nous représente comme une victime résignée des incompatibilités conjugales, n'auroit pas été, selon Madame, exempt des plus sévères reproches. Ses débauches scandaleuses auraient fait mourir son père de chagrin. (*Madame*, II, 306).

bien se rendre maître de tout ce qui va se passer à Rome et de l'élection future. Cet évêque de Sisteron vient d'adresser un *mandement* à son peuple, qu'il n'a jamais vu et qu'il ne viendra pas voir de sitôt, ce qui lui donne occasion de déclamer contre la peste dans des termes très-choisis et très-éloquents.

L'abbesse de Chelles (1), fille du Régent, s'ennuie dans son abbaye, et vient passer quelque temps au Val de Grâce, où elle sera plus près de la cour, et des expédients pour y revenir, si cela se pouvoit.

M. DE LOUVIGNY. LOULOU. — Le duc de Louvigny (fils du duc de Guiche), étant à la Banque, entendit un homme qui disoit à un autre : « Ce petit Lamotte est bien heureux d'aimer une aussi jolie femme que cette madame de Lou... » Il n'acheva pas, parce qu'il aperçut en ce moment monsieur de Louvigny, et il étoit question de sa femme. Monsieur de Louvigny, qui est un homme de très-court esprit, ne se doutant de rien, va trouver un ami de Lamotte, connu pour son confident, et voulant faire voir qu'il est instruit des galanteries de la cour, il lui dit que Lamotte a une très-aimable maîtresse qu'il sait bien. L'ami dit qu'il ne sait ce que c'est. Louvigny lui dit : « Je te dirai la première lettre de son nom ; c'est un L. « Je n'en suis pas plus avancé, » dit l'ami, qui trembloit que le mari ne sût l'aventure. « Oh bien ! la deuxième c'est un O. » La frayeur redouble, et l'ami persiste à dire qu'il n'y entend rien. « Tu l'entendras mieux par la troisième c'est un U. » L'ami croyoit tout perdu quand M. de Louvigny lui dit : « *C'est madame de Louvois.* » Ce qui

---

(1) Louise-Adélaïde d'Orléans, née le 13 août 1698; Abbesse de Chelles; morte, le 20 février 1743, dans la retraite, au couvent de Notre-Dame du Trainel. Voir, sur cette princesse originale et savante, Saint-Simon (XI, 119, XIII, 60). Duclos, les *Mémoires* de d'Argenson, les *Mémoires* de Maurepas (t. 1er), et notre livre intitulé : *Les Confession de l'abbesse de Chelles*, Paris, Dentu, 1863, où nous avons essayé de ranimer, dans une sorte de synthèse autobiographique, cette aimable et attrayante figure, une des plus caractéristiques de la Régence.

ayant remis les sens de l'ami, il lui dit : Tu ne me devois pas faire tant languir, j'en suis bien aise, mais Lamotte ne m'en a jamais parlé. » Depuis ce temps, on appelle M. de Louvigny *Loulou*. La cour, qui n'aime ni estime ce duc, qui est décrié et rejeté partout, est bien aise de cette aventure, que tout le monde conte, fausse ou vraie.

Mardi 10. — Prêts des actions. — J'ai mal fait de payer. Il y a une foule extraordinaire à la Banque, pour payer le prêt de 150 liv. par action. J'y ai été comme les autres, et ai payé 750 liv. pour cinq actions, dont 500 liv. en argent sur le pied qu'il étoit à la fin de novembre, et 250 liv. en billets. On vous donne des actions nouvelles, scellées de trois sceaux, en échange des vôtres, et des petits billets de 32 louis d'argent, aux poids et titre de ce jour, payables au porteur dans un an. Ils sont datés du 29 novembre, et les intérêts y sont compris. Il y en a autant que d'actions, et on en va voir tout Paris rempli, comme des billets de banque. Je vis un particulier (le sieur Fonton, contrôleur de la maison du Régent) porteur d'un ordre de 13,172 liv., qui lui fut payé en un billet sur cet argent que l'on recevoit, et il m'a dit que c'étoit pour payer les troupes, et que tout ce que l'on faisoit donner par les actionnaires n'étoit que pour cela. Il faut qu'on soit bien pressé.

Le bruit s'est répandu que Law étoit arrêté ou congédié et envoyé à Effiat, qui est une terre du défunt marquis d'Effiat, qu'il a achetée. Mais cela ne s'est pas trouvé vrai. Il y a un grand abattement et une grande consternation chez lui. L'orage gronde terriblement, et nous en verrons bientôt les effets. Chacun lui prépare des supplices, et, dans la Banque même, on parloit si haut contre lui et le Régent, qu'on en étoit scandalisé. Le Parlement a donné des articles pour son accommodement, et le premier est que Law soit chassé. Law a voulu aller au Palais-Royal ce matin ; le Régent a fait dire qu'il étoit malade, sur quoi Law a dit qu'on travailloit à son expulsion, et que c'est ce qu'il demande depuis longtemps. On croit le Régent et lui bien d'accord.

Il étoit arrivé plusieurs des messieurs du Parlement à Paris depuis l'enregistrement. Ils s'en retournent, pour être au mariage de mademoiselle de Mesme, et pour attendre le sort des affaires, qui sera bientôt décidé.

Voici la copie des deux dernières lettres de cachet pour le Parlement. (Translation du Parlement à Blois sans effet).

Première lettre. « Monsieur, ayant, pour de bonnes considérations, résolu de transférer ma cour de Parlement, séant à Pontoise, en ma ville de Blois, je vous fais cette lettre, de l'avis de mon oncle le Régent, duc d'Orléans, pour vous enjoindre et ordonner de vous y transporter, toutes affaires cessantes, pour assister à l'ouverture de mon Parlement, qui s'y fera le 2 décembre prochain, pour cette année seulement, et sans tirer à conséquence ; et pour y être instruit de mes intentions, et y rendre la justice, à votre ordinaire, en vertu de la déclaration qui y sera envoyée. Vous faisant cependant défense de vous assembler nulle part ailleurs, sous quelque prétexte que ce soit, sous peine de désobéissance et de privation de votre charge. Et la présente n'étant à autre fin, je prie Dieu qu'il vous ait, Monsieur, en sa sainte garde. « Écrit à Paris, le 10 novembre 1720. *Louis,* et plus bas *Phélipeaux; Suscription :* à M..., Conseiller en ma cour de Parlement, séant à Pontoise.

Deuxième lettre. « Monsieur, je vous ai donné mes ordres le 10 de ce mois pour vous transporter en ma ville de Blois, afin d'assister à l'ouverture de mon Parlement, que j'y avois indiquée au 2 décembre prochain, en vertu de la déclaration que je devois faire expédier à cet effet, avec défenses de vous assembler ailleurs, sous quelque prétexte que ce soit, sous peine de désobéissance, et de privation de votre charge. Estimant cependant à propos que vous vous rendiez en ma ville de Pontoise pour y vaquer à vos fonctions ordinaires dans l'exercice de la justice, je vous fais cette lettre, de l'avis de mon très-cher et très-amé oncle, le duc d'Orléans, Régent, pour vous dire que mon intention est que, toutes affaires cessantes, vous vous rassembliez en ma dite ville de Pontoise le 25 du présent mois, et n'étant la présente à autre fin, je prie Dieu qu'il vous ait, Monsieur, en sa sainte garde. « Écrit à Paris, le 17 novembre 1720. *Louis*, et plus bas *Phélipeaux*. La suscription est : *A M..., Conseiller en ma cour de Parlement.*

Observez, sur ces lettres, que l'une est du 10 et l'autre du 17 novembre, qu'en ces 8 jours on a négocié l'enregistrement de la Constitution et que les lettres d'attribution au Parlement et de révocation de celles du grand Conseil étant du 25 novembre, jour que le Parlement se devoit rassembler à Pontoise, on comptoit certainement sur l'enregistrement, qui n'a été fait que le 4 décembre.

Mercredi, 11. — MARSEILLE. PESTE. — On a vu des lettres de Marseille, du 27 novembre, qui disent que la peste y est déclarée plus que jamais, que 40 personnes saines ont été attaquées, en un même jour, de cette maladie, avec tous les signes de peste les plus caractérisés, et tels que l'on n'en avoit point vu de pareils ; qu'elles sont mortes en deux jours ; que l'on attribue ce nouveau malheur aux jours chauds que l'on a eus depuis peu, qu'on n'a d'espérance qu'à la gelée, mais qu'on craint qu'au printemps cela ne *reverdisse;* c'est le terme de la lettre. Brunes, fameux négociant de Marseille, écrit qu'on ne soit point étonné de ne plus recevoir de ses lettres, parce qu'il est à sa dernière feuille de papier.

LE PAPE MALADE. — Les Jésuites, qui ont des nouvelles du Pape, disent qu'il n'est point si mal ; que ses jambes s'étoient fermées, et que les humeurs avoient porté quelque délire dans le cerveau, ce qui avoit alarmé ; mais qu'il y avoit apparence qu'elles se rouvriroient, comme il est déjà arrivé plusieurs fois. Ce que les jésuites espèrent, beaucoup de gens le craignent. La Fontaine disoit d'Innocent XI, qui se mouroit, dans une lettre à M. de Vendôme :

> Pour nouvelles de l'Italie,
> Le Pape empire tous les jours.
> Entendez, seigneur, ce discours
> Du côté de la maladie,
> Car aucun Saint-Père autrement
> Ne doit empirer nullement ;
> Celui-ci véritablement
> N'est envers nous ni saint ni père, etc.

ACTIONS. PRÊTS. — On continue toujours à la Banque de payer le prêt de 150 livres, et de retirer les actions timbrées du double sceau. Mais plusieurs personnes, qui vont pour les retirer, trouvent une note pour les laisser, parce qu'elles sont destinées aux taxes. On ne donne, chez les agents de change et parmi les agioteurs, que 10 livres du billet de 100 et 90 du billet de 1,000 livres. Les billets de 1,000 livres se prennent, pour le prêt des actions, pour la partie qui se paye en papier.

LAW. — Les mouvements sont plus grands que jamais pour faire tomber Law. On ne doute pas que pour cette fois il ne succombe. La partie est très-bien faite. Il a contre lui madame de Parabère, qui ne veut se raccommoder avec le Régent qu'à condition qu'il sera chassé. Le Régent en est comme fou, et court après elle comme un enfant. D'un autre côté, le Parlement, qui est tout prêt à revenir, et dont on a besoin, demande son expulsion. M. le Duc, qui le protégeoit, est obligé de céder, peut-être malgré lui. Law s'est fait une affaire avec M. de Vendôme, qui lui avait reproché le prêt des actions. Il lui a répondu que le Régent l'avoit voulu. Sur quoi, M. de Vendôme en ayant parlé au Régent, il lui a dit que c'étoit une invention de Law, et que, pour lui, il n'y avoit aucune part. Sur cette réponse, M. de Vendôme a dit à Law qu'il étoit un malheureux, qu'il l'avoit trompé ; il lui a voulu passer son épée au travers du corps, et l'est venu dire au Régent, qui lui a dit qu'il *auroit bien fait*. Le voilà mal avec les princes, avec les femmes et avec tout le peuple. On ne le croit pourtant pas si mal avec le Régent lui-même, qui en a tiré tout l'argent, qu'il garde et qu'il ne veut point lâcher. On recommence à parler de la souveraineté de Flandre, qu'il veut acheter de l'Empereur, pour se faire une retraite honorable (1).

Le bruit se répand ce soir que Law est renvoyé, qu'il y a un contrôleur général nommé et des intendants des finances, et que toute l'administration va changer. Dieu veuille que cela soit pour notre bien.

Jeudi 22. — On a appris ce matin, certainement, que M. Pelletier de la Houssaye, conseiller d'État et chancelier du Régent (2), est nommé contrôleur général des finances. Il avoit tout quitté le 7 juin 1720. Et MM. d'Ormesson (3) et Gaumont, commissaires généraux pour travailler sous lui, comme faisoient autrefois les intendants des finances. On est encore incertain sur ce que deviendra Law : il est toujours chez lui, et on ne lui a point ôté la direction générale de la Banque et de la Compagnie des Indes. Les uns disent qu'il va à Guermande, qui est une de ses terres proche Paris, d'autres à Effiat. On ne le croit point du tout disgracié, et ceci est encore une intrigue qui n'est point nette, et qui se développera avec le temps.

Le duc de Richelieu a été reçu à l'Académie françoise à la place de M. Dangeau (4), et M. l'abbé Roquette à la

---

(1) Ce bruit absurde courut en effet. V. *Mémoires de la Régence* (III, 74).

(2) Félix Lepelletier de la Houssaye, conseiller d'État, etc... contrôleur général, fut, en 1721, nommé prévôt et maître des cérémonies des ordres du Roi. Il mourut en 1723. (V. *Mém. de la Régence*, III, 74.)

(3) Beau-frère de d'Aguesseau.

(4) Au trente-deuxième fauteuil. Voir, sur cette réception, et le discours du récipiendaire (dû à Destouches, Fontenelle et Campistron, et dont l'orthographe seule appartenait en propre à Richelieu), sa *Vie privée* par Faur (I, 181).

place de l'abbé Renaudot. Le Duc a fait un très-beau discours, où il a fort loué le maréchal de Villars, qui est de l'Académie, et, en parlant du Roi, il a bien parlé du maréchal de Villeroy, son gouverneur. L'abbé Gédoüyn (1), directeur, lui a répondu, et en louant l'abbé Renaudot, homme d'un esprit solide, il s'est jeté sur ces gens subtils dont les pensées échappent à l'esprit et sur ces poëtes dont les vers sont beaux quand ils sont récités, et sur le papier ne se soutiennent plus; voulant par là désigner M. de Fontenelle et M. de la Motte. Lequel M. de la Motte a lu une ode sur la mort de madame Dacier, où il parle encore contre Homère. C'est sa marotte.

Le cardinal de Rohan part pour Rome incessamment. Il y va comme chargé des affaires de France. On a besoin de quelqu'un là bas qui puisse représenter dignement. L'Empereur s'y rend le maître. Il a exigé une satisfaction du cardinal Albani, neveu du pape, qui, comme gouverneur de Rome, avoit fait arrêter un courrier de l'Empereur et prendre ses paquets, pour avoir passé par un pays suspect de contagion.

Thésée, opéra. — On a joué pour la première fois l'opéra de *Thésée* (2), qui a été remis au théâtre, et où il s'est trouvé beaucoup de monde. Paris a été étonné d'y voir Law, avec sa femme et ses enfants, et l'impudence angloise a joué son jeu. Il a un fils et une fille, assez bien faits tous deux, et impudents comme leur père. Sa disgrâce est une chose fort équivoque. Le duc de la Force, qui a toute honte bue, étoit avec eux.

M. Pelletier-Desfors, qui faisoit les fonctions de contrôleur général sans en avoir le titre, est remercié.

---

(1) Nicolas Gédoyn, jésuite, né à Orléans en 1667, auteur d'une traduction de Quintilien. Il était entré à l'Académie, en 1719, comme successeur du marquis de Mimeure.

(2) *Thésée*, poëme de Quinault, musique de Lulli, représenté pour la première fois devant le Roi, à Saint-Germain-en-Laye, le 11 janvier 1675, par les musiciens du Roi joints à ceux de l'Académie royale de musique.

Il l'étoit dès le 7 juin 1720 (*vide suprà*). On dit qu'il a demandé à se retirer, mais, quelque mal qu'aillent les affaires publiques, on veut toujours être de quelque chose, et on n'aime pas à voir la salle d'audience solitaire.

Le bruit est partout que le Parlement reprendra ses séances à Paris mardi prochain. Cependant on croit qu'il y a encore à tout cela un dessous des cartes bien mêlé, et que Law, qui n'est ni dedans ni dehors, arrête encore bien des mouvements.

Vendredi 13. — Law est toujours à sa place, et à la Banque et à la Compagnie. L'attention générale est tournée sur lui. On a dit que MM. Bernard (Samuel) et Crozat étoient nommés, l'un pour diriger les actions, l'autre pour les comptes en banque. C'étoit le bruit universel de Paris, mais j'ai dîné chez M. Bernard, qui m'a dit qu'il n'en avoit point entendu parler, et voilà ce que c'est que les bruits publics.

On m'a assuré qu'il y avoit des maladies malignes autour de la ville de Bourges; qu'on avoit été obligé de fermer la ville, et que l'on avoit envoyé à M. le cardinal de Gèvres, archevêque de Bourges, qui est à Paris, un projet de *mandement*, pour ordonner des prières publiques. Il n'y a que 60 lieues de Bourges à Paris; cela seroit affreux si ce mal alloit gagner.

Rome. — Les cardinaux ne se pressent point d'aller à Rome. Il n'y a que le cardinal de Rohan, qui part mardi prochain et qui y va, par ordre de la Cour. Toutes ses belles nièces, qui n'aiment point l'Italie, sont fâchées de le voir partir, et il y aura bien des larmes répandues ce jour-là, qui seront essuyées bientôt après.

M. de la Houssaye a déclaré qu'il ne recevroit la commission de contrôleur général qu'à condition que Law sortiroit de Paris, et qu'il la rendroit dès qu'il y rentreroit. On a vu des carrosses de Law et de ses chevaux du côté de la porte Saint-Antoine, qui est le chemin de

Guermande, et du côté de la porte Sainte-Honoré, qui est le chemin de la Martre, qu'il a eue de M. Desmarest. Il sera parti pour l'un ou pour l'autre.

ÉVÊQUE DE BOULOGNE. — La Cour ne s'est pas contentée de la satisfaction faite par les habitants de Quevres à l'évêque de Boulogne. Elle a donné ordre au commissaire des guerres de la ville d'Aire de lui amener douze des principaux habitants, pour lui faire une plus ample satisfaction. Ils lui furent amenés le 24 novembre, par un officier de cavalerie, fils de ce commissaire, et la satisfaction se fit, en présence de plusieurs gentilshommes et autres personnes de considération de la ville de Boulogne, et d'une foule de peuple qui suivoit les députés.

Les comptes courants gagnent 75 pour cent contre les billets de banque.

Grande cérémonie à Constantinople le 10 octobre, pour la circoncision des trois princes, fils du Grand Seigneur.

État des troupes d'Espagne, qui est gravé et en françois.

87 rég. d'inf., qui font 158 bataill. de 500 h. à la tête desquels sont les gard. esp. et les gard. wall.	79,000
24 rég. cav. à la tête desq. sont les gardes du corps, 98 esc., 120 h. chacun.	11,760
21 rég. drag., 80 esc., 150 h.	12,000
Total.	102,760

PROTESTATION. — Protestation signée contre le mandement du cardinal par plusieurs ecclésiastiques, curés et réguliers. Le cardinal a dit au supérieur d'une grande communauté qu'il espéroit, par son mandement, donner la paix à l'Église. Le supérieur lui a répondu qu'il ne feroit que causer du trouble et augmenter la division. Le cardinal répliqua : « Ayez soin qu'il n'y ait point d'intrigue dans votre maison et qu'on y demeure en paix. » — « C'est une affaire de conscience, reprit le supérieur, je n'ai garde de gêner la conscience de personne, je laisserai à chacun la liberté de la consulter et de faire ce qu'elle lui dictera. Le cardinal ne dit plus rien. Le prieur des Carmes en fit autant.

Le coureur du cardinal, qui portoit son mandement aux curés, a été mal reçu partout, hors par le curé de Saint-Nicolas du Chardonnet (1), qui, le voyant fatigué, le fit boire et manger. « Vous me rendez la vie, lui dit-il, j'ai couru tout Paris, pas un ne m'a offert un verre d'eau. » Ce curé, qui vouloit publier le mandement, a reçu défense de le faire.

La Faculté de théologie de Nantes a reçu ordre de recevoir les docteurs qu'elle avoit exclus au sujet de la Constitution. Elle les a reçus le 1er novembre, mais à condition de satisfaction pour les discours injurieux qu'ils ont tenus. M. Forré, exilé, est de retour.

Le Régent paroît publiquement au spectacle avec la duchesse de Fallari et madame de Vauvray, qui la mène pendant qu'il est en particulier avec madame de Parabère. Ce sont des maîtresses alternatives et concurrentes.

Ce jour après dîner, les directeurs de la Compagnie des Indes ayant été faire compliment à M. de la Houssaye sur sa place, il leur a dit que le premier qui auroit communication avec Law, directement ou indirectement, il le feroit mettre dans un cul de basse fosse. Il a paru fort irrité contre cette Compagnie, et ne veut pas qu'il soit dit que tout ceci soit un jeu, ou au moins qu'il en soit de part.

Samedi 14. — LAW PARTI. — Law a pris son parti de sortir de Paris sur les trois heures et n'a pas voulu attendre qu'on l'en ait mis dehors. Il s'est retiré à Guermande, à six ou cinq lieues de Paris, avec son fils et le mylord Mar. Sa femme et sa fille doivent partir demain. C'est

---

(1) Église du treizième siècle, réédifiée en 1661 dans la rue des Bernardins, au coin de la rue Saint-Victor. Elle doit son nom au fief du *Chardonnet*, sur le territoire duquel elle fut construite.

comme si la peste avoit cessé dans Paris, mais les restes en dureront encore longtemps. On dit qu'il ne doit rester que trois jours à Guermande, et que de là il doit aller à Effiat avec escorte.

J'ai appris que ce matin il a eu une dernière audience du Régent, à qui il avoit écrit la veille une lettre de six pages. M. de la Houssaye s'y est trouvé, et a répondu vivement à toutes ses méchantes raisons. Le fier Écossois est sorti impudemment, et a dit qu'on n'avoit point voulu suivre son Système, et qu'il avoit donné de bons avis dont on ne s'étoit pas servi, que l'on s'en trouveroit mal, et M. le Régent tout le premier. Il a dit cela quand il a été dehors.

Mariage du duc de Lorge avec Mlle de Mesmes fait à Pontoise. Le contrat de mariage signé par tous les présidents et conseillers du Parlement, que le premier Président a dit être ses frères, ce qui ne s'est jamais vu.

Le Régent a dit à M. Desfors, en le remerciant, qu'il étoit content de son travail et de sa probité, mais que M. le Duc avoit exigé qu'on ne se servît plus de lui.

On a des nouvelles que le Pape se porte mieux et son médecin (Lancisi, qui est un des plus habiles médecins du monde) a dit qu'il le feroit vivre encore six ans, malgré toutes ses incommodités.

Le chevalier de Comminges (1) a reçu une lettre de Rome, où on lui marque : « Vous serez bien étonné d'apprendre qu'on attend ici le cardinal Alberoni, qui est chargé des *affaires* d'Espagne avec 2,000 écus d'appointements par mois. Cela seroit bien surprenant; mais, apparemment, on croyoit le Pape mort quand cette commission lui a été donnée.

ARRÊT DE BRETAGNE CASSÉ SUR LA CIRE ET LE SUIF. — Le Parlement de Bretagne a donné arrêt, le 21 août, qui

---

(1) V. sur ce chevalier de Comminges, Saint-Simon, VI, 303.

fait défense à tous étrangers, qui n'ont pas leur domicile en Bretagne, d'enlever de la province du beurre, du suif et de la cire. Cet arrêt a été cassé par un arrêt du 30 novembre (publié aujourd'hui), parce qu'il donne atteinte à la liberté du commerce qui doit être entre la Bretagne et les autres provinces de France, « S. M. voulant maintenir dans toute son étendue cette liberté si nécessaire, qui procure à ses sujets de différentes provinces le salutaire avantage de se communiquer mutuellement, soit en denrées ou marchandises, les choses nécessaires tant à leur subsistance qu'à leurs autres besoins, et considérant que la correspondance réciproque entre ses sujets recevroit une atteinte que les règles et le bon ordre ne peuvent permettre, cet arrêt subsistant... » Voilà le style de M. le Chancelier.

Dimanche 15, *lundi* 16. — En entrant au conseil de Régence le 15, plusieurs officiers se sont présentés, qui ont dit au Régent qu'ils n'avoient point d'argent pour payer les 150 livres pour leur action. Il leur a dit qu'on les retiendroit sur les appointements de ceux qui ne pourroient payer. On a parlé de réforme des troupes, mais on n'en parle plus, et on paye la remonte de la cavalerie.

Dans ce conseil, il a été rendu un arrêt qui proroge jusqu'au 31 décembre inclusivement le délai pour payer les 150 livres par action, et permet aux directeurs de recevoir des actionnaires le louis d'argent sur le pied de 3 livres et le louis d'or de la nouvelle fabrication sur le pied de 54 livres. Cet arrêt a été publié le lundi 16, et il est rendu : « Ouï le rapport du sieur Pelletier de la Houssaye, conseiller d'État ordinaire et au conseil de Régence pour les finances, contrôleur général des finances. » C'est le premier arrêt de son ministère. On suit les errements de la Compagnie des Indes, et on n'a garde de quitter une voie qui apporte de l'argent.

LAW. — Il y a encore deux partis pour Law. Les uns

disent qu'il est perdu sans ressources, d'autres qu'il ne l'est pas et qu'il doit revenir. Ce qui étonne, c'est qu'après que l'on a vu un Chancelier rester à Frênes dans un exil de deux ans et demi, et le Parlement souffrir une double translation en six mois, on voie un étranger, qui est la ruine de la France, sortir tranquillement et volontairement de Paris, et se choisir, en quelque sorte, le lieu de sa retraite, pour se mettre à l'abri de toutes recherches. Madame de Prie a dîné avec lui le jour de son départ; elle y perd plus qu'une autre, car on dit qu'il lui donnoit vingt mille écus pour avoir sa protection. Depuis un an, il a donné plus de cent millions à ceux qui l'ont soutenu dans son poste. Le Garde des sceaux, dont il s'étoit fait un ennemi, lui a gardé rancune, et s'est joint avec l'archevêque de Cambray, qui ne s'en cache point, et qui dit qu'il n'y a point assez de supplices pour punir un tel coupable. Il a donné un état des affaires, qui s'est trouvé faux dans presques toutes ses parties.

On dit aujourd'hui qu'il ne doit rester que trois jours à Guermande, et que de là, il a l'ordre d'aller à Effiat, où il sera gardé. Mais cette garde est fort équivoque, car elle peut être aussi bien pour lui que contre. Sa fille eut encore l'impudence de paroître dimanche 15 à l'Opéra, mais un garde du corps du Roi donna un soufflet à son petit nègre, et un coup de pied dans le cul à la petite fille, qui voulut se récrier; mais sa gouvernante, plus sage, lui dit qu'elle avoit été pressée par la foule.

Les Pâris sont mandés : ce sont les gens du Garde des sceaux. Ils ont dit qu'il leur falloit un ordre; on le leur a envoyé et ils vont revenir, hors un des quatre, qui, pour être trop grand, car ils ont la taille gigantesque, s'est cassé la tête à une porte.

SAMUEL BERNARD. — Le contrôleur général a mandé Samuel Bernard, qui a dit qu'il ne vouloit ni qualité ni intérêt dans la Compagnie; qu'il donneroit son temps, ses avis et ses mémoires pour examiner l'état des choses,

DÉCEMBRE 1720.

mais qu'il ne feroit rien pour se déshonorer ni se ruiner.

Mardi 17. — LE PARLEMENT RAPPELÉ DE PONTOISE. — Enfin l'exil du Parlement est fini, et Law, chassé, ramène les beaux jours de cette Compagnie, qui ne vouloit pas rentrer dans Paris tant qu'il y seroit. Ce matin, on a enregistré à Pontoise une déclaration du Roi qui ordonne ce retour. Aussitôt, tous les MM. ont quitté et sont revenus, et l'on doit rentrer vendredi au Palais. On ne peut guère douter qu'on ne leur ait sacrifié Law, puisque l'époque de leur retour et de son exclusion est la même. Cette énigme politique s'expliquera par la suite des temps. Il est toujours glorieux à la Compagnie de ne plus rencontrer à Paris ce malheureux étranger qui, ne connoissant ni les lois, ni les ordres de la France, disoit qu'il falloit chasser *cette vermine de Parlement,* et que les Rois étoient maîtres de décréer ce qu'ils avoient créé. Nous verrons bientôt la déclaration et les motifs.

Mme DACIER. — M. Burette (1), médecin de la faculté de Paris, académicien de l'Académie des sciences et des belles-lettres, et qui travaille au *Journal des savants,* m'a envoyé un Éloge qu'il a fait de Mme Dacier. Il est très-beau et très-circonstancié ; il rapporte les ouvrages qu'elle a faits et leurs éditions différentes, et laisse une idée bien singulière d'une femme qui a tant travaillé pendant toute sa vie (née en 1651, morte le 17 août 1720, agée de soixante huit ans), qui joignait les grâces du style aux sciences, et qui a fini par les traductions de l'*Iliade* et de l'*Odyssée* d'Homère (2). Il y a un bel endroit d'une lettre de la reine de Suède à cette savante : « Par quel charme secret, dit elle, avez-vous su accorder les

---

(1) Pierre-Jean Burette, médecin et antiquaire français, de l'Académie des inscriptions et belles-lettres, né à Paris le 21 novembre 1665, mort le 19 mai 1747. *L'Éloge* de Mme Dacier fut publié en 1721, in-4°. Voir sur Burette, auquel la science de l'antiquité doit beaucoup, son *Éloge* par Fréret, *Memoires de l'Académie des inscriptions, etc.*, XXI, 217.

(2) V. sur Mme Dacier, Saint-Simon, XI, 331.

Muses avec les Grâces ? Si vous pouviez attirer la fortune à cette alliance, ce seroit un assortiment presque sans exemple, et auquel on ne pourroit rien souhaiter de plus, si ce n'est la connoissance de la vérité, qui ne peut être longtemps cachée à une fille qui peut s'entretenir avec les saints auteurs dans leurs langues naturelles. » — Rien n'est plus noble et plus sensé que ce compliment. L'*Éloge* ne parle point du mariage du libraire et des autres aventures dont il est parlé ci-dessus; aussi un éloge est un éloge, mais un journal historique demande plus de sincérité, et puis la Fontaine a fort bien dit :

> Tout faiseur de journaux doit tribut au malin.

Cet *Éloge* finit par quelques vers d'une élégie latine de l'abbé Fraguier (2) sur la mort de notre savante; pièce achevée en son genre et digne du siècle d'Auguste :

> Vicino egreditur saltu præ stantis Homeri
> Placato species æqui paranda Jovi.
> Dextra gerit sceptrum, velantur tempora lauro.
> Tota subit vatum pone secutæ cohors :
> Hæc est Anna laborum, inquit tutela meorum
> Anna comes fama subsidiumque meæ
> Quod vici regnoque tuum est nec Zoïlus ultra
> Nomen ab opprobrio quæret inane meo.
> Tu veri custos, rectæ tu regula mentis
> Et sapit ingenio Gallia tota tuo, etc.

M. de la Monnoye a fait l'épitaphe suivante :

> Conjuge Dacerio, Tanaquillo digna parente
> Hîc, par ambobus quæ fuit Anna jacet.
> Hæc et Aristophanem docuit latiumque Menandrum ;
> Hæc et Mœniden gallica verba loqui,
> Hanc igitur meritis pro talibus Attica posthac
> Hanc Latia, hanc semper Gallica Musa canant.

Law. — Le bruit est public que Law est perdu sans

---

(1) Claude-François Fraguier, érudit et moraliste français, né à Paris en 1666, mort en 1728.

ressource, que tous ses protecteurs l'abandonnent, et qu'on découvre mille friponneries qu'il a faites.

Mercredi 18. — Parlement. — On a publié la *Déclaration du Roi* (Elle est du 16, registrée le 17 à Pontoise), portant rétablissement du Parlement à Paris. Les motifs en sont simples. Il est dit : « que certaines considérations avoient porté le Roi à transférer la Cour de Parlement de Paris à Pontoise, mais que ces raisons ayant cessé, et étant persuadé que tous les officiers qui la composent s'empresseront à donner de nouvelles marques de leur zèle et de leur attachement à notre service et de leur soumission à nos intentions, etc. A ces causes, etc., Nous avons *transféré* et *rétabli*, *transférons* et *rétablissons* notre dite Cour de Parlement, séant de présent à Pontoise, en notre bonne ville de Paris, en laquelle nous entendons qu'elle fasse ses fonctions ordinaires, comme avant la déclaration du 21 juillet dernier. Voulons *néanmoins* que tout ce que notre dite Cour de Parlement transférée à Pontoise a arrêté et ordonné sorte son plein et entier effet. » La déclaration est registrée le 17 décembre, pour être exécutée selon la forme et teneur. On a remarqué, dans le public, les termes de *soumission à nos instructions*, qui ne conviennent pas au Parlement ; et ceux de *transféré* et *transférons* à Paris, ne pouvant pas y avoir de translation dans le vrai siége du Parlement. Mais on a pris les termes de l'édit de rétablissement de 1652, et on y a suivi jusqu'à la clause de : « Voulons néanmoins » qui étoit bonne en ce temps-là, et qui étoit inutile en celui-ci, le Parlement entier ayant été à Pontoise, au lieu qu'en 1652, il n'y en avoit qu'une partie.

Jeudi 19. — Law (1). — On a su qu'il y a eu un passeport expédié pour permettre à Law de sortir hors du

---

(1) Voir sur cette fuite de Law, Saint-Simon, XI, 349, les *Mémoires secrets* de Duclos, Barbier, I, 93, et les *Mémoires du marquis d'Argenson*, édit. Rathery.

royaume. Cela fait tenir bien des discours. On dit qu'il va suivre l'argent qu'il a emporté. Il doit la plupart des terres qu'il a achetées. Il est venu à Paris aujourd'hui, où il a passé trois heures avec les principaux commis de la Banque, puis il est parti avec des gens de la livrée de M. le Duc. Dieu le conduise et ne le ramène pas! Sa femme et sa fille sont restées à Paris.

Vendredi 20. — Le Parlement est rentré, sans beaucoup de cérémonie. On a appelé une cause du rôle qui a été plaidée. Pendant l'audience, sont arrivés le greffier en chef de la Chambre des Comptes et celui du Grand Conseil, pour faire le compliment. Ils ont passé auprès des secrétaires de la Cour. Pour éviter le conflit entre ces deux Cours ou leurs greffiers, il a été réglé, en opinant sur la cause plaidée, que le premier entré parleroit le premier. C'est le greffier de la Cour des Comptes qui a parlé. On a fait retirer l'autre derrière le barreau, puis on l'a fait revenir, et quand il a voulu parler, il a été si troublé qu'il n'a pu ouvrir la bouche et s'est retiré sans rien dire. Les avocats, le bâtonnier (M. Babel) à la tête, ont été chez M. le Premier Président, qui a dit que les avocats avoient été parfaits en tout, et qu'il faudroit être difficile pour n'être pas content d'eux. Le président Chauvelin a dit : « Nous revoyons les avocats avec amitié, et ils la méritent bien. » Je me suis trouvé au Palais, où il ne m'a pas paru que la foule fût bien grande pour un jour comme celui-là.

Université. — Le Recteur nouveau et la Faculté de théologie sont venus, à l'audience du premier Président, lui faire compliment. On a appris que M. Rollin (1), recteur, a été dépossédé par lettre de cachet, parce que, dans l'assemblée du 12, il avoit invité l'Université à persister dans son appel au concile, et à le renouveler. Son dis-

---

(1) Le célèbre Rollin.

cours a été registré au greffe de l'Université, pour perpétuelle mémoire. M. Coffin a été élu à sa place; et c'est celui-là même qui a déjà appelé, et publié les motifs de l'appel.

Law. — On dit que Law va à Bruxelles; d'autres disent qu'il va à Rome, et il pourroit bien aller trouver Angelini, son secrétaire italien, qui a tant emporté d'argent. Le maréchal de Villars a dit que s'il alloit à Bruxelles, l'Empereur le feroit arrêter, pour le payement de tous les billets de banque qui ont passé dans les pays de sa domination et sujets à l'Empire.

Noblesse. — Trésoreries de France. — Il a paru un édit, registré à Pontoise le 12 décembre, qui maintient les officiers et trésoriers de France, de Paris, dans la noblesse au premier degré, comme les officiers de la Cour des comptes et Cour des aides. Elle leur avoit été accordée par l'édit d'avril 1705, mais elle avoit été révoquée nouvellement, par édit d'août 1715, qui avoit révoqué plusieurs anoblissements, ce qui ayant décrédité leurs charges, ils ont été rétablis par ce dernier édit, qui a été donné à cause de l'attention particulière qu'ils ont pour la conservation du domaine. On maintient jusqu'aux veuves et enfants des décédés pendant la révocation.

Chartreux. — On m'a donné des vers faits par les Chartreux à l'occasion de la visite que le Roi leur a rendue le 3 décembre.

Ad RR. PP. Cartusianos, pro officioso Regis ad eorum eventum aditu.

R. *Patri Jacobo* (1) *Dionisio Cartusiano*
Hunc Patres memorate diem : delabitur hospes
E cælo vobis, irradiat quæ domum
Advenit ut primum supplex accedit ad aras
Sanguine quo genitus sic pietate probat

---

(1) Le P. Jacques-Denis, ancien religieux. Fils d'un huissier du conseil.

Illi præpositus vester facit ore rotundo
Verba quibus mentis candida sensa patent.
Tu Jacobe tamen debes memor amplius esse.
Hospite quod tanto cellula plena fuit
In partem laudum veniat Bonigallius (1), esto.
Cui regem *Improbulo* fas recreare datur
Hinc inde incautos subito dum proluit imbre
Qui latet exiguus fons salientis aquæ.
Urbanus (2) noster veniat quoque principe teste
Jussa operi fœlix applicuisse manum.
Ast dilecto qui pomum mirabile visu
Acceptum regi munus amice facis
Tu multo majore reor, cumularis honore
Quod donas regi nec daret ipse Regens
Quod Veneris donum Paris obtulit illud amori
Das et sumet amor sic Pâris æquus eris.
Scilicet ambigui Dea non quœcumque probavit
Judicium. Laudat sed bene quisque tuum.
    R. P Jacobo Cartusiano.

A Martino (3) dicuntur Pyra nomen habere
Tu Pomis nomen Cartusiane dabis
Illa quidem fuerant alias oblata tyranno
Tu Bonus at regi das bona mala Bono (4).

Samedi 21, *dimanche* 22, *lundi* 23. — Le 22, il y a eu des commissaires nommés pour l'examen des affaires de la Compagnie et de la Banque. M. Trudaine, ancien prévôt des marchands et conseiller de M. de Machault, ancien lieutenant général de police et conseiller de M. Ferrand, maître des requêtes.

BOURGEOIS, FROMAGET A LA BASTILLE. — Ce même jour ont été mis à la Bastille, M. *Bourgeois*, trésorier de la Banque, *Durevest* contrôleur, et *Fromaget*, un des di-

---

(1) Le P. Bonigal, fils d'un maître des comptes, qui a des jets d'eaux dans sa cellule et son jardin, et dont il mouilla les pages du Roi.

(2) Le P. Urbain qui tourne, travailla devant le Roi.

(3) Le P. Jacques avait une pomme à un arbre qui était monstrueuse. Il en fit présent au Roi.

(4) On dit qu'Attila demanda une poire à Saint-Martin et qu'elles furent appelées par lui : *Poires de bons Chrétiens*.

recteurs (1). On cherche deux millions qui ont été portés depuis peu, de la Monnoye à la Banque, et dont Fromaget a donné son récépissé à Grossin, directeur de la Monnoye. Law en a employé une partie, avant son départ, à payer les commis, qui n'avoient point été payés depuis longtemps. On parle d'autres richesses bien plus considérables et d'argent transporté dans les pays étrangers. Ce Bourgeois a des biens immenses ; il est de Lyon, est venu à Paris, depuis sept ou huit ans, et n'avoit rien quand il est arrivé. Il a épousé la fille de Francine Grand-Maison, procureur de l'île de France. Je l'ai vu un très-petit compagnon. Sa fortune, que l'on dit de 60 millions, l'avoit fort enorgueilli. Il a acheté plusieurs terres, et, entre, autres celle de Boyne 1,750,000, par décret adjugé à Pontoise le 4 septembre dernier. M. Durevest est un gentilhomme provençal, attaché à la maison de Bouillon, qui a de belles filles, et par qui il avoit obtenu cette commission de contrôleur. Fromaget est un homme d'affaires qui est devenu directeur.

Le 23, ils ont été amenés de la Bastille à la Banque et à la Monnoye, pour assister à la reconnaissance des papiers et à la confrontation des officiers de la Monnoye. Personne ne les plaint.

On continue de porter à la Banque les 150 liv. par action et cet argent sert à payer les rentes de la Ville ; il n'y en a point d'autre. On ne sait où en prendre pour payer les troupes et les autres dépenses. Le Roi n'en a point du tout dans sa cassette, pour payer les pensions qui y sont assignées.

BALLET DU ROI. — On fait des répétitions du ballet du Roi dans la grande salle des Machines. Le Roi y danse très-bien. Ce ballet ne vaut rien pour les paroles, qui sont de Coypel le jeune, et il est trop triste pour un

---

(1) V. Barbier, T. I. p. 92.

jeune roi. Où êtes-vous, Quinault et Lully? Bonnes gens, je ne vous vois plus; j'ai beau chausser mes lunettes. O François!

La princesse d'Auvergne. — La princesse d'Auvergne, épouse du prince d'Auvergne, appelé autrefois le chevalier de Bouillon, est accouchée d'un fils le 20 de ce mois. Ce chevalier, qui aime beaucoup le vin et les femmes, n'étoit pas fait pour le mariage, mais il a trouvé une mademoiselle de Trente, Angloise, d'une naissance assez bonne, qui avoit beaucoup gagné aux actions, et il l'a épousée sans en être plus riche, à cause de la chute de tout ce papier (1). Ce qui lui a fait dire : « De tout cela, il me reste une femme et un enfant. » La demoiselle, qui s'étoit mêlée de bien des choses depuis qu'elle est en France, a tant fait qu'elle a pour mari un Bouillon, à quoi elle ne devoit point s'attendre. Elle avoit accompagné la reine d'Angleterre, femme du roi Jacques.

La duchesse de Fallari continue toujours d'aller au Palais-Royal. Elle soutient son poste par son esprit. Le Régent lui dit qu'elle n'est pas belle et qu'il ne l'aime pas, et elle répond qu'elle est bien sûre qu'il l'aimera un jour; sur quoi elle reste et elle l'amuse.

Law. — Son portrait. — Law, avant de partir, a adressé un Mémoire à l'abbesse de Chelles, fille du Régent, qui est à Paris, au Val-de-Grâce. Il le finit par dire que si on n'exécute pas son Système jusqu'à la fin, la France est ruinée; mais elle se trouve ruinée dès à présent et il n'y a donc plus rien à faire. Le malheureux qu'il est eût bien mieux fait de demeurer joueur, et d'aller piller les banques de jeu des Génois et des Vénitiens, comme il faisoit autrefois, que de s'attacher à détruire un si beau royaume. Il n'y a pas dix ans qu'on l'a vu tenir un jeu à l'*Hôtel de Transylvanie*, où, par la connoissance de ses calculs, il gagnoit beaucoup. Il s'est insinué peu à peu chez le Ré-

---

(1) V. sur ce mariage Saint-Simon, XI, 187.

gent, qui aime les choses singulières ; il en a fait son ministre et son confident, et il a été le fléau de la France. En Angleterre, il a eu une affaire pour laquelle il aurait été pendu, s'il ne s'étoit échappé de sa prison. Sa femme n'étoit point sa femme ; elle avoit un mari, qui n'est mort que depuis un an et demi, et les deux enfants qu'il a d'elle sont venus pendant cette parenthèse qu'elle a faite à son mariage. L'origine de cet homme, qui faisoit le seigneur, est très-basse. Il est fils d'un orfévre d'une ville d'Écosse, mais il n'a pas manqué de généalogistes qui l'ont monté bien haut. (Voyez, en 1721, l'extrait d'un livre anglois fait il y a dix ans) (1).

25 Décembre. — LAW. — Le bruit s'est répandu que le prince de Horne, gouverneur du Haynaut, frère du comte de Horne, supplicié et roué à Paris depuis peu, avoit fait assassiner Law, à son passage sur ses terres ; mais cela ne s'est pas trouvé vrai, et l'on a su, au contraire, qu'il couroit la poste à plusieurs chevaux du côté de Bruxelles, et qu'il avoit passé à Valenciennes, où le lieutenant du Roi et l'intendant, qui est fils de M. d'Argenson, l'ont arrêté pendant quinze heures, sous prétexte de visiter ses passe-ports et de lui faire honnêteté. Il avoit deux passe-ports, l'un du Roi, l'autre du Régent. Ces MM. de Flandre espéroient qu'il y auroit quelque contre-ordre, qui n'est point venu, ce qui a fait qu'il est parti le lendemain, à porte ouvrante, et continue sa route vers Bruxelles.

M. DE FÉNELON. — M. de Fénelon, inspecteur de la Banque, n'a point été arrêté. Il dit que les comptes de Bourgeois sont si exacts que, de tant de millions, il ne se trouve d'erreur qu'un billet de 1,000 livres ; et qu'il a toutes les décharges nécessaires de Law, directeur général.

---

(1) Voir, sur Law, Saint-Simon, VIII, 393 ; XI, 349, et Lemontey, *Hist. de la Régence*, t. 1er. Voir aussi, sur cet homme célèbre, *Law*, par M. Thiers, et les ouvrages de MM. André Cochut et Levasseur, 1853-1857.

La Houssaye. Les Paris. — On a su que M. de la Houssaye a été travailler chez M. Desmarets, ancien contrôleur général, comme le plus habile homme de France pour les finances. Il est vieux et infirme, mais il a la tête fort bonne, et on ne doute pas que si les affaires lui étoient restées, la France seroit quitte à présent par ses épargnes, au lieu qu'elle est ruinée sans ressource. Les Pâris arrivent, et ils vont reprendre l'administration des finances, qu'ils avoient, et dont on étoit assez content.

Le cardinal de Polignac, que l'on attendoit, est resté à Anchin. On veut qu'il écrive une lettre satisfactoire, où il reconnoisse qu'il s'étoit témérairement engagé dans une entreprise contre l'État; mais il ne veut point écrire cette lettre, et acheter son rappel au prix d'une soumission qui le rendroit coupable d'un crime qu'il soutient n'avoir point commis, disant qu'il n'a rien fait contre le Roi.

Law. — La femme de Law et sa fille sont à Paris dans leur maison. Elles vendent leurs meubles inutiles. Les ouvriers, comme les selliers et autres, ont repris leurs carrosses en nature. C'est une petite consolation pour Paris que de voir tout ce remue-ménage, pendant que cette disgrâce devroit produire des punitions exemplaires.

Conseils. — On tient des conseils fréquents, et nous allons voir éclore quelque arrangement nouveau sur toutes les affaires, qui sont en si mauvais état que les meilleures familles manquent de tout, et qu'on ne trouveroit pas un écu à emprunter. Personne ne veut donner le peu d'argent qu'il a, à 2 pour cent de rente, et dans la crainte de quelque nouveau papier, qui sera le remboursement. On tremble pour les actions, qui se vendent seulement 200 liv., argent comptant, quoique estimées 13,500 liv. Actions, 200 liv. argent, 4,000 billets.

26, 27, 28. — Pendant ces fêtes de Noël, on a chanté

plusieurs *Noëls* sur l'état présent des affaires et sur plusieurs personnes de la cour. Il y en a de bons et d'autres médiocres. Autrefois Mlle de la Force (1) en fit d'excellents, qu'on a gardés dans les Recueils ou Sottisiers. Ces pièces sont toujours bonnes à avoir, parce qu'elles décrivent, en peu de paroles, les personnes et les choses. On a fait aussi une satire, sous le titre de : *La Qualité des vins,* comme on faisoit des *Logements.* J'ajouterai ces deux pièces à la fin du *Journal* de cette année, qui sera bien close par cet épilogue digne du temps. (*Je ne les ai pas mises dans le temps, elles sont perdues*).

Comptes en Banque révoqués. — Le 26, il y a eu un célèbre arrêt, rendu au sujet des comptes en Banque, que Law avoit voulu soutenir, et dont M. le Duc avoit fait une grande provision depuis peu. Ces comptes en Banque, ou virements de parties, interrompaient le commerce intérieur et extérieur du royaume. Ils sont tout à fait supprimés, du jour de la publication de l'arrêt, sauf à ceux qui en sont porteurs à les convertir, à leur choix, en rentes viagères, ou en rentes sur les tailles ou actions et dixièmes d'actions, jusqu'au 1er mars. Après quoi, elles deviendront actions rentières, et toute la grâce qu'on a faite, c'est qu'au lieu que, par l'arrêt du 15 septembre, on en avoit diminué les trois quarts, les porteurs pourront faire les emplois du tout sans diminution. Les consuls feront droit sur ceux qui auront été valablement consignés ou offerts avant l'arrêt. Le Roi permet toutes stipulations en or et argent, même entre marchands et négociants, et on ne payera plus les entrées et sorties en écritures. Ainsi voilà une sorte de liberté rendue au commerce, et les marchands sont débarrassés, pour les lettres de change, d'un payement qui empêchoit les traités du de-

---

(1) Charlotte-Rose-Caumont de la Force, morte en 1724, à l'âge de soixante quatorze ans, après une existence galante et aventureuse, auteur d'un certain nombre d'ouvrages qui dénotent de l'imagination et de l'esprit.

dans et du dehors. C'est la première opération du nouveau ministre, elle est bonne, et fait attendre encore de meilleures suites.

Cet arrêt du 26 a été publié le 28 au matin par tout Paris, qui en a été bien aise.

EXTRAIT DE LA *Gazette de Hollande* DU 27, DE BRUXELLES LE 23 DÉCEMBRE. — LAW. — Hier, à 9 heures du matin, M. Law et M. son fils arrivèrent en cette ville, et allèrent loger à l'hôtellerie du *Grand-Miroir*, et après avoir entendu la messe aux Jacobins, ils reçurent la visite du marquis de Poncalier, qui les conduisit chez le marquis de Prie (1). S. E. les reçut fort gracieusement, et leur fit porter, le soir, des rafraîchissements à la Comédie, où ils étoient allés avec M. de Poncalier. Ils dînent aujourd'hui chez le marquis de Prie, et ce soir, on joue la comédie extraordinaire à cette occasion. On dit qu'ils feront quelque séjour en cette ville, et que madame son épouse et mademoiselle sa fille doivent le venir trouver incessamment.

Cette même *Gazette* parle de l'ouverture du Parlement d'Angleterre, et de l'état où est ce royaume par les actions. Il y a plusieurs écrits sur le crédit public. Ce pays est encore plus ruiné que le nôtre, mais il y a des ressources.

Les actions à 2 sceaux sont à 2,750, et à 3 sceaux, elles sont à 3,700 en billets. Actions rentières perdent 60, billets de 100 action 11 liv. 5.

Le duc de Lorge, a acheté le carrosse de la fille de Law, pour la duchesse de Lorge, sa femme.

La peste est un peu cessée à Marseille, mais elle a gagné Saint-Remy, où étoit le Parlement de Provence, d'où le premier président s'étant enfui avec sa femme, (mademoiselle de la Briffe, fille d'un procureur général du Parlement de Paris), elle est accouchée, dans le

---

(1) Ambassadeur de France.

carrosse, d'un fils, qui se porte bien et la mère aussi.

Incendie a Rennes (1). — On a appris, pendant les fêtes, que le feu avoit pris dans la ville de Rennes, la veille de Noël, par la faute d'un menuisier ivre ; que la ville est presque toute brûlée, à cause des grands vents, et que, sans le secours des domestiques et officiers de guerre, il n'en auroit été rien sauvé, tous les ouvriers bretons s'enivrant pendant les fêtes. La jeune marquise des Coetmadec, fille de M. le comte de Blansac de Roye, qui étoit partie avec son mari pour aller voir, pour la première fois, M. de Coetmadec, son beau-père, est arrivée justement le jour de l'incendie, et lorsque sa maison, qui est une des principales de Rennes, venoit d'être brûlée.

Lundi 30. — Banque assemblée. — Il y a eu une assemblée générale à la Banque, où se sont trouvés le Régent, les princes, le contrôleur général, les directeurs et beaucoup d'actionnaires. Le contrôleur général a dit que son nouveau ministère ayant voulu rechercher les revenus du Roi, il avoit trouvé qu'ils étoient entre les mains de la Compagnie, et que, pour s'en faire payer, il étoit obligé de requérir la contrainte par corps, tant contre les directeurs que les actionnaires, si mieux on n'aimoit faire la désunion des Fermes et Recettes générales et du profit des monnoyes. Cette alternative a étonné l'assemblée. Le Régent a dit : « Pour moi, je n'aimerais pas être directeur à ce prix-là. Mais il faut recueillir les voix. » Et il a dit à M. le Blanc de passer dans une autre chambre, et que ceux qui ne seroient pas d'avis de la désunion l'iraient trouver. Il y a été un quart d'heure, personne n'y est venu, et, sur cela, le Régent a dit : « Voilà donc la désunion accordée, et je n'ai plus que faire ici. » Il s'en est allé au ballet du Roi. M. le Duc est resté quelque temps encore

---

(1) Voir, sur ce mémorable incendie, Barbier, t. I, p. 94 et Lemontey, I, 313.

après lui. On a proposé de mettre des gens de qualité à la tête de la Compagnie, comme directeurs honoraires. Un marchand de fil, nommé Mar, a dit tout haut : « Nous allons donc bien voir d'honnêtes gens à la tête de la Compagnie. » M. le Blanc a dit à M. le Duc : « Monseigneur, cet homme-là ne vous l'envoye pas dire, il le dit bien lui-même. » M. des Bonnelles, maître des requêtes, avoit beaucoup parlé en présence du Régent, qui lui dit : « Votre discours est beau, mais il ne conclut rien. » — En tout cela, on a vu quelle partie étoit faite pour dépouiller la Compagnie de tout ce qu'on lui a accordé, et pour remettre les choses au courant ordinaire des finances, quoique le profit des monnoyes eût été accordé pour 9 ans, et le bail des fermes pour six ans. L'assemblée a été remise à jeudi 2 janvier 1721. Les actionnaires ont commencé à désespérer de leurs actions ; cependant, on continue à payer les 150 liv. par action, et on se tue pour la conserver par ce paiement, qui se fait en foule, à cause de la diminution des espèces au 1er janvier.

BALLET DU ROI. — *Cardenio.* — Le même jour, on a joué le ballet du Roi, avec la comédie *Folies de Cardenio* (1), dans la salle des machines au Louvre. La pièce a paru longue et ennuyeuse, les paroles mauvaises, la musique médiocre. Toute la cour y étoit, et la salle brilloit plus de pierreries que de bougies. Les lustres ont paru trop petits pour la salle, qui est grande, magnifique, et où on a entendu peu les acteurs. Le Roi y a dansé deux fois très-bien, et plusieurs seigneurs avec lui. Baron faisoit le rôle de *Cardenio.*

---

(1) Pichon avait, pour son coup d'essai, traité en 1629 ce sujet, qui est tiré de *Don Quichotte.* Pendant la minorité du Roi, Ch. Coypel donna une autre comédie de *Cardenio,* en trois actes avec des intermèdes, dont la musique était de La Lande, et les ballets de Sallon. Elle fut représentée sur le théâtre de la salle des Tuileries, le 30 décembre 1720. Le spectacle en était des plus beaux et des plus magnifiques. Le Roi y dansa seul plusieurs entrées, et les jeunes seigneurs de la Cour y figurèrent.

DÉCEMBRE 1720.

Noms des seigneurs.

MM. Le duc de Chartres.	MM. De Brancas.
Le maréchal de Villeroy.	De Maulevrier.
De Coigny.	De Gondrin.
De Mirepoix.	De St-Florentin.
De Cossé.	Rupelmonde.
De Bezon.	De La Suze.
De Croissy.	De Villars.
De Revel.	De Lorge.
De Langeron.	Le prince de Turenne.
De Tonnerre.	De Chambonas.
Le duc de la Trémouille.	Duc de Montmorency.
Duc de Boufflers.	Marquis d'Alincourt.
De Crussol.	Francine.
De Ligny.	

MM. de Langeron et le marquis de Villeroy ont dansé mieux que les autres. Les officiers des gardes du corps placèrent, parce que le ballet étoit hors de l'appartement, sinon les premiers gentilshommes de la chambre auroient placé, parce que toutes les fêtes appartiennent à leurs charges.

On a imprimé les paroles du *Prologue et Entrée* chez Ballard, qui ont paru mauvaises, sur le papier comme en chant.

Le Pape se porte bien mieux. Il a tenu chapelle et dit la messe. Il a feint d'être plus malade qu'il n'étoit, pour faire revenir le prince Alexandre, son neveu, qui est à Vienne, et qui y fait bien des sottises. La feinte a réussi. Les cardinaux ne partent plus.

Le cardinal de Polignac est revenu à Paris, et n'a point écrit la lettre qu'on lui demandoit.

Marseille, peste. — On a su de Marseille que la peste n'y est plus; que les médecins en sortent et font leur quarantaine, et qu'un grand embarras est venu dans la ville, par 7 ou 800 enfants, qui sont si jeunes, qu'ils n'ont pu dire leur père ni leur mère. La ville les a adoptés et déclarés enfants de la commune de Marseille, qui s'est chargée de leur nourriture et éducation. Le Roi a confirmé cette délibération, et a accordé à la ville, par des lettres patentes, toutes les déshérences qui se trouveront par la mort des pestiférés. Il est mort 80,000 hommes. La peste est toujours à Arles et à Salon, patrie de Nostradamus. M. Chicoineau, médecin de Montpellier, qui a été longtemps à Marseille, y communiait tous les matins, et cela a tellement édifié M. de Verny son confrère, médecin protestant, qu'il a fait abjuration publique, et a communié de même jusqu'aujourd'hui qu'ils sont sortis.

Ceuta. — Il est venu nouvelle que les Espagnols, après avoir fait le siége de Ceuta, qui duroit depuis plus de vingt ans, et avoir pris tout le camp des Maures, au commencement de ce mois, les ont battus de nouveau, et en ont défait 40,000 dans une bataille. C'est le marquis de Leyde qui a fait toutes ces merveilles (le même qui a défendu la Sicile jusqu'à la fin contre l'empereur.)

Le comte de Clermont, troisième frère de M. le Duc, a obtenu la coadjutorerie de l'abbaye de Marmont et du prieuré de Saint-Martin des Champs, dont est tributaire le vieil abbé de Lyonne. On éteint pour 30,000 livres de rentes de prieurés dans Marmont, pour les réunir à la manse abbatiale. Ce prince n'a pas fort le goût de l'état ecclésiastique (1) et on lui en donne toujours les revenus, qui seront bons.

Parlement d'Angleterre et de Paris. — Le chevalier Windham a dit, dans le Parlement d'Angleterre, qu'il falloit faire la recherche des auteurs de leurs maux, et qu'ils avoient un bel exemple dans le Parlement de Paris, qui, quoiqu'il ne fût que l'ombre de celui d'Angleterre, n'avoit voulu reprendre son siége à Paris qu'après avoir su que l'auteur des maux de la France en avoit

---

(1) Il le prouva suffisamment par le nombre de ses maîtresses.

été chassé. Cela fait beaucoup d'honneur au Parlement, mais on ne peut pourtant pas convenir que le fait soit absolument vrai. Ce qui est sûr, c'est que Law étoit parti quand ils sont rentrés, et on m'a dit qu'un commis de M. de La Vrillère (Lesaché) ayant porté à Pontoise la déclaration du rappel, le Premier Président mit le paquet sur une cheminée, et ne l'ouvrit que quand il eut su de ce commis que Law avoit été renvoyé.

SOURIS, FILLES DE L'OPÉRA, CHASSÉES (1). Les deux Souris, filles de l'Opéra, sont chassées, pour certaine *galanterie* (2) qu'elles ont donnée au comte de Charollois, qui les avoit vues sur la persuasion de son frère, et qui a dit qu'il n'avoit pris ce mal que par avis de perdus.

---

(1) Voir sur ces sœurs Souris les *Mémoires de Richelieu*.
(2) Galanterie est indiqué ici pour un de ses inconvénients. C'est la cause pour l'effet.

FIN DE L'ANNÉE 1720.

ANNÉE 1721.

JANVIER.

Dieu nous donne une année plus heureuse que la dernière !

Mercredi, 1er janvier. — Le conseil nous a donné, pour nos étrennes, quatre arrêts, qui ont été publiés aujourd'hui.

Le premier continue le prix des espèces jusqu'à ce qu'il plaise au Roi en ordonner autrement, sur quoi le Roi fera un règlement dans peu. Elles devoient aujourd'hui diminuer d'un sixième.

Le deuxième continue jusqu'au 31 janvier le payement de 150 livres pour le prêt des actions, et les 100 livres d'argent seront reçues sur l'ancien pied de 54 livres le louis et le louis d'argent de 3 livres.

Le troisième proroge, pendant le mois de janvier, l'emploi des billets de 1,000 et de 10,000 livres en actions et dixièmes d'actions, après quoi nuls et de nulle valeur. Exceptés ceux déposés par autorité de justice, suivant l'arrêt du 8 novembre.

Le quatrième proroge, pendant le même temps, la conversion des billets de 100, 50 et 10 livres en rentes sur les tailles et autres impositions, suivant l'arrêt du 21 novembre (après quoi deviendront actions rentières).

Jeudi, 2 janvier. — Ce jour on a publié deux arrêts importants pour la religion, du 31 décembre 1720.

L'un qui ordonne la suppression de trois mandements conformes, de l'évêque de Senez du 18 octobre, de l'évêque de Montpellier du 26, et de l'évêque de Boulogne du 30, et des actes d'appel y joints, comme injurieux à

N. S. P. le Pape et aux évêques de France, et comme contraires à la paix de l'Église et à l'autorité royale. Veut que ces actes et mandement soient regardés comme nuls et abusifs, défenses dont le Roi se réserve la connoissance et à son conseil de l'exécution de l'arrêt. Les motifs sont de la main de M. le Chancelier. Ils portent que ces mandements attaquent les *Explications*, qui sont devenues le lien de la paix, et qui ont été approuvées par plus de cent évêques de France (nous n'avons pas encore vu cette approbation), même par un des prélats dont le nom paroît à la tête du nouvel acte d'appel (apparemment on veut dire M. de Mirepoix, qui est mort); qu'il étoit dû des actions de grâces au Roi et à M. le Régent, *pour avoir prévenu un schisme funeste;* que cette déclaration pacifique conserve les règles et les maximes de l'État, et que ces évêques veulent persuader contre l'autorité des exemples, anciens et récents, de ce qui s'est passé dans l'Église en de semblables occasions, que les disputes sur la bulle *Unigenitus* ne peuvent se terminer que par un concile général. Il semble, dit-on, par ces mandements, que l'Église soit réduite à un état si déplorable qu'il ne resteroit plus que trois évêques qui eussent conservé le dépôt de la saine doctrine dans toute son intégrité; et comme le premier devoir des souverains, en qualité de protecteurs de l'Église, est de prévenir avec soin tout ce qui en peut troubler la tranquillité, etc. C'est donc comme protecteur de l'Église que le Roi donne cet arrêt, et pour prévenir un schisme, ce qui est dans les règles. Les autres motifs pourroient être contredits.

ARLES. — L'autre arrêt supprime le mandement de l'archevêque d'Arles, du 22 octobre, comme contraire, dans plusieurs points de son *Exposé*, à la *Déclaration* du Roi, du 4 août, et aux usages du royaume, défenses, etc. Le Roi se réserve la connoissance, etc. Les motifs sont de la même main, et disent, entre autres choses, que ce prélat, uniquement occupé du malheureux état où une partie de la Provence est réduite par le mal contagieux qui l'afflige, n'a pas assez senti la conséquence des expressions dont il s'est servi pour en faire une triste peinture ; qu'il a mêlé des objets étrangers, qu'il a parlé, sans nécessité et sans ménagement, des affaires publiques, qu'il s'est expliqué avec encore moins de précaution sur celles de l'Église, qu'il ne pouvoit ignorer la déclaration du 4 août, qui étoit enregistrée au Parlement d'Aix, qu'il paroît avoir oublié les maximes du royaume, en rendant publique, sans l'agrément et la permission du Roi, partie d'un bref qu'il dit avoir reçu de S. S., dont les expressions bien entendues n'autorisent point les conséquences qu'il en tire ; et qu'enfin, il parle, en termes aussi peu mesurés, de la puissance temporelle que des libertés de l'Église gallicane. Et comme il est de la religion et de la sagesse du Roi de ne rien souffrir dans ses États qui puisse ou donner des prétextes pour troubler la paix qui vient d'être rendue à l'Église gallicane, ou affoiblir les maximes du royaume, ou diminuer le respect qui est du à l'autorité royale, etc..... — Voilà une critique bien forte et bien juste de ce mandement qui est ridicule et dont j'ai parlé, sur le mois de novembre 1720.

Le Parlement s'est formalisé de ces arrêts, prétendant que la connoissance de cette affaire leur a été attribuée par la révocation des lettres du grand Conseil. Mais, 1° de ces quatre évêques, il y en a trois qui ne sont pas de son ressort ; il n'y a que Boulogne qui en est, et il n'auroit pu séparer son mandement, qui est avec les autres. 2° On a éprouvé que les évêques ne se soucient pas beaucoup des arrêts du Parlement. Le cardinal de Mailly en a eu un chapeau à Rome. 3° Que le Roi agit comme protecteur dans la crainte du schisme, ce qui est personnel au Roi. 4° Il y a un exemple pareil d'arrêt donné contre un mandement de l'évêque de Metz, du 2 juillet 1714, qui subsiste encore ; et ce fut le premier ouvrage de M. le chancelier Voisin.

Dimanche, 5 janvier. — Compagnie des Indes. — Ce jour a été rendu le célèbre arrêt qui résilie le traité fait, avec la Compagnie des Indes, pour le profit des monnoies, qui la décharge du don gratuit de vingt millions, offert par l'arrêt du 20 octobre ; qui annule les baux de la ferme générale qui lui avoient été faits ; qui lui ôte l'administration des recettes générales des finances ; qui ordonne que les directeurs compteront pardevant les commissaires du Conseil, sans pouvoir être tenus de compter ailleurs, et qui les réduit à la ferme du tabac et à leur commerce, suivant leurs priviléges et les autres qui pourront leur être accordés. Cet arrêt ne parle d'aucune délibération de la Compagnie, quoiqu'il y ait eu une assemblée ; il commence par ces mots : « Le roi ayant jugé qu'il convient à l'ordre de ses finances et à l'utilité de la Compagnie des Indes de résilier les traités... » Ainsi, le Roi résilie, par son autorité, les traités faits avec une Compagnie, ce qui paroît contre les règles, et contre la réciprocité synallagmatique des engagements.

Lundi, 6 janvier. — Le bruit s'est répandu d'une réforme générale dans les troupes. M. le Blanc, ministre de la guerre, l'a annoncée à tous les officiers, partie des dragons à pied, six cavaliers par compagnie, etc. Cela a été promis par le Régent, à qui on a fait voir que le Roi n'étoit point en état de payer tant de gens de guerre, et d'avoir tant d'hommes sur pied.

Mercredi, 8 janvier. — Arrêt. — On travaille à remettre les choses sur l'ancien état. Les receveurs généraux des finances, qui avoient été supprimés, sont rétablis dans l'exercice de leurs fonctions et offices, à commencer du jour de l'an (2 et 26 octobre 1719 et 10 septembre 1720, suppressions) avec les mêmes gages, droits et taxations. Les receveurs des tailles leur remettent les deniers pour l'avenir, et à l'égard du passé, les receveurs des tailles les recevront, et remettront aussi aux receveurs généraux, sauf à en compter avec la Compagnie des

Indes. L'arrêt de rétablissement, qui est de ce jour, révoque tous les arrêts précédents.

Il y a eu, le 2 janvier, une deuxième assemblée de la Compagnie (1) où il n'a été question que des changements de directeurs et du payement du prêt des actions. On vouloit changer les billets, qui étoient au poids et au titre. M. de Landivisiau a voulu soutenir cette forme. M. le maréchal d'Estrées a dit courageusement que l'on n'étoit plus dans le temps de l'illusion et que les François ne connoissoient que les tournois et les livres.

Arrêt du 8, qui ordonne que les billets, pour l'emprunt des actions, ne seront signés que de deux directeurs, au lieu de 3, à cause que leur nombre est diminué.

Jeudi, 9 janvier. — Arrêt, au sujet de l'emprunt des actions, qui ordonne qu'on ne payera plus que 105 livres, au lieu de 150 livres; mais les 105 seront en argent, la Compagnie n'ayant plus besoin de billets de Banque, mais d'argent, pour soutenir son commerce (cela fait bien voir que le billet de 50 livres n'est guère estimé). Les espèces ne seront reçues sur le pied fort que jusqu'au 15 de ce mois. Les nouveaux billets seront de 36 louis et demi d'argent. Les actions timbrées du troisième sceau seront encore rapportées dans quinzaine, à peine de *nullité*, et il en sera donné d'autres, *sur-le-champ*, qui seront visées par les commis nommés. C'est qu'on a su qu'il y avoit des gens qui contrefaisoient ce troisième sceau.

Vendredi, 10 janvier. — DOM JAPHET. — On a joué devant le Roi la pièce de *Dom Japhet* (2) de Scarron, qui est fort plaisante, et qui l'a fait rire. Il y avoit eu sur cela une querelle que le Roi a décidée comme un nouveau Salomon. Le duc d'Aumont, premier gentilhomme de la chambre, qui sort d'année, et qui avoit ordonné le ballet de *Cardenio*, prétendoit que si on continuoit de le

---

(1) Barbier, I, 105.
(2) Voir Barbier, t. I, p. 102.

jouer, il devoit aussi continuer d'en ordonner, nonobstant l'année finie. Le duc de Mortemart, qui est entré en 1721, disoit au contraire qu'il étoit du devoir de sa charge d'avoir ce soin et qu'on ne pouvoit usurper sur son temps. Il y a eu sur cela de grosses paroles entre eux. Le Régent leur a dit qu'ils s'accommodassent, et qu'il avoit bien d'autres affaires à régler que leur ballet. Ils ont été au Roi, qui a dit que pour les mettre d'accord, il ne vouloit plus qu'on jouât *Cardenio*, qui l'avoit trop ennuyé, et qu'il vouloit qu'on jouât *Dom Japhet*, qui le fait rire. Ainsi la dispute, qui n'étoit pas trop sage, a été justement décidée par un enfant.

Réforme. — Le Régent ayant promis la réforme comme une chose nécessaire, on lui en a rapporté le plan dans le Conseil. Il a dit : « J'ai fait mes réflexions, cela sera bon pour l'été prochain. » Le Chancelier lui a voulu remontrer sa promesse et la nécessité. Le contrôleur général en a fait autant, et lui a dit qu'on ne pouvoit rien arranger sans cela. Il les a très-mal reçus, et leur a dit qu'il étoit bien malheureux de n'avoir autour de lui que des contrôleurs de ses actions. Ainsi voilà la réforme arrêtée. Il n'y a plus qu'à savoir avec quoi on payera les troupes.

Mme de Parabère. — Il y a de nouveaux changements dans les maîtresses. La duchesse de Fallari est tout à fait renvoyée ; madame de Parabère ne veut plus avoir affaire au Régent, depuis qu'il voit des filles d'Opéra, que l'on croit gâtées, et il a été prêt à la battre, après un souper, parce qu'elle n'a pas voulu faire sa volonté. Il lui a écrit une lettre menaçante ; elle lui a répondu fortement. Il cherche à placer son amour ailleurs, et il y a des dames de qualité assez indignes pour briguer cette place, et se porter pour héritières des chassées. On les nommera bientôt.

Law. — Law a passé à Cologne le 28 décembre. Il est parti de Bruxelles le 26. Le 29, il a passé à Borm, où il a été reconnu. Il court à deux calèches et à quatre chevaux. Il continue son chemin vers Gênes et de là à Venise. On dit qu'il a acheté l'hôtel Mancini à Rome. Sa femme et sa fille sont toujours à Paris.

Bourgeois, Durevest et Fromaget sont sortis de la Bastille, dès le 8 de ce mois. On ne leur a trouvé aucun crime. Ils ont été tenus là pour faire une espèce de justice, mais tout cela n'est que figure.

M. LE DUC. — M. le Duc est abandonné de tout le monde, parce qu'il a pris hautement le parti de Law, qu'il lui a donné ses livrées pour sortir du royaume, et un homme à lui qui ne l'a quitté que sur les frontières. C'est le capitaine des chasses de Chantilly, M. de Sarrobert. M. le prince de Conti a profité de ce contre-temps, et a reçu, à l'Ile-Adam, quarante personnes, des plus distinguées de la Cour, qu'il a régalées pendant huit jours.

Samedi 11. — MORT DE LA DUCHESSE DE LUYNES. — La jeune duchesse de Luynes, âgée de vingt-quatre ans (1), belle, bien faite, vertueuse, aimée partout pour son esprit et son mérite, est morte, en trente heures de temps, d'une colique d'estomac; elle a été saignée deux fois en quatre heures. On l'a laissée reposer, elle s'est endormie; en se réveillant, elle a fait un cri horrible; sa tête étoit attaquée, elle n'a plus eu de connoissance jusqu'à sa mort. Elle est fille du prince de Neufchâtel, autrement le chevalier de Soissons, héritière de madame la duchesse de Nemours, dont elle avoit de grands biens, et elle laisse un fils et deux filles. On croit que, comme elle aimoit fort à monter à cheval, elle se sera blessée sans le dire.

Le même jour, on a publié la liste des évêchés, abbayes et pensions sur les bénéfices donnés par le Roi. Il y a longtemps qu'on n'a vu une si grande nomination. C'est

---

(1) V. Saint-Simon, XI, 378.

comme un clergé renouvelé. Il y a seize évêchés et cinquante-trois abbayes et plusieurs pensions. Les évêchés sont : 1° L'archevêché de Vienne à l'abbé d'Auvergne, qui étoit nommé à l'archevêché de Tours. Il a mieux aimé Vienne que Tours, parce qu'il y a été grand vicaire, qu'il y est connu et aimé par le chapitre, et que celui de Tours se préparoit à le fatiguer sur la Constitution, dont le chapitre de Tours est appelant.

2° Tours à l'évêque de Toul, qui est Camilly, grand théologien, mais moliniste, et qui trouvera, à Tours, à qui parler.

3° Châlons-sur-Marne, à l'abbé de Tavannes, grand vicaire de Pontoise, neveu du Chancelier.

4° Grenoble, à l'évêque de Sarlat.

5° Sarlat, à l'abbé de Valbelle.

6° Verdun, à l'évêque d'Autun (de Dromesnil).

7° Autun, à l'abbé de Moncley, grand vicaire de Besançon. C'est un Franc-Comtois, neveu des Defresnoy.

8° Coutances, à l'abbé de Matignon.

9° Périgueux, à l'abbé d'Argouges, frère du lieutenant civil.

10° Lectoure, à l'abbé de Beaufort.

11° Le Puy en Velay, à l'abbé de Conflans (c'est Conflans de Picardie, premier gentilhomme du Régent).

12° Saint-Brieuc à l'abbé de La Vieuville, grand-vicaire de Nantes. C'est la Vieuville-L'huillier.

13° Toul, à l'abbé Begon, grand vicaire de Beauvais, fils de M. Begon, intendant de marine.

14° Alais, l'abbé Donejoy.

15° Glandève, l'abbé de Crillon.

16° Mirepoix, à l'abbé de Maniban.

ABBAYES. — Au chevalier d'Orléans, Grand-prieur de France, l'abbaye d'Hautvillers. C'est celle qui produit le bon vin de Champagne, et le Régent, qui le veut boire, ne l'a pas voulu mettre hors sa famille. Saint-Évroult à l'abbé de Saint-Abbin; c'est un autre fils du Régent, qui n'est point reconnu; et qu'il a eu de la Florence, comédienne. Savigny à l'évêque de Clermont, qui est le Père Massillon, dont il est parlé sur l'année 1720. Ham au commandeur de Châteauthier. Bolbonne au chevalier de Langeron. Maulieu au chevalier de Laval. Ce sont 3 chevaliers de Malte, qui ont secouru Marseille pendant la peste. Saint-Ligoire à l'abbé de Lafare-Lopis, qui a porté à signer le *Corps de doctrine*, par les évêchés de France. Saint-Cyran à l'abbé Pérot, qui est lecteur du Roi, etc. Voyez la liste imprimée.

Pensions. — Sur Grenoble, 3,000 liv. au chevalier de Keomersan, et 2,000 liv. au chevalier de Marcieu. Sur Verdun, 4,000 liv. au chevalier de Lorraine, 3,000 liv. au chevalier de Conflans, 1,500 liv. au sieur Postel, censeur de livres, ami des Jésuites, etc. Il y en a pour 15,000 liv. sur ce seul évêché, qui vaut 50,000 liv. de rentes. Sur Lectoure, 600 au Père Lardy, de la Mercy, et 1,000 au Père Miramont, feuillant. Sur l'abbaye du mont Saint-Michel, 6,000 liv. au comte de Rottembourg, envoyé du Roi près le Roi de Prusse. Cette abbaye est donnée à l'abbé de Broglie, agent du clergé, qui, en la demandant, dit au Régent : « Ne m'oubliez pas sur votre liste, je suis un bon diable. » Le Régent lui dit qu'il étoit tourmenté par des diables plus méchants que lui. Il lui répondit : « Donnez-moi huitaine et je serai plus méchant qu'eux ». Il envoya, aussitôt sa nomination faite, à l'abbaye Saint-Germain, savoir le revenu de cette abbaye, qui est de Bénédictins.

L'abbé d'Antin, qui espéroit avoir Châlons, n'a rien eu, et l'abbé Tencin, convertisseur de Law, a été rayé. Son disciple lui fera venir quelques indulgences de Rome, s'il y va.

L'évêque de Grasse, capucin, a révoqué la signature du *Corps de doctrine*, et dit qu'il l'a signé trop rapidement, lorsqu'il lui fut présenté par l'abbé de La Fare-Lopis, le jeudi saint.

Dom Louvart, religieux de Saint-Denis, exilé pour avoir protesté contre l'accommodement. Le cardinal a révoqué ses pouvoirs. Voilà la troisième fois qu'il est exilé pour la Constitution.

Deux notaires (Chèvre et Billeheu) étant allés au Palais-Royal, chez M. l'archevêque de Cambrai, pour le sommer de donner son visa au brévetaire pourvu, par le joyeux avénement, d'un canonicat de Cambray, ce prélat, furieux, leur a dit qu'ils étoient bien hardis de venir chez lui; que s'il faisoit bien, il les feroit mettre à la Bastille, et qu'ils n'avoient qu'à passer sa porte. Les notaires lui ont répondu doucement qu'ils faisoient leur charge, que c'étoit l'usage de sommer les ordinaires refusants, qu'ils ne craignoient point la Bastille, et que, par leur office, ils alloient jusqu'à la porte du cabinet du Roi. Il s'est emporté contre eux en jurant : *Mordieu!* deux fois, et les a chassés de son antichambre, en fermant la porte avec une si grande roideur qu'il l'a pensé rompre. Voilà nos ministres et nos évêques.

Arrêt du 9 janvier qui ordonne que les contestations, au sujet de la suppression des comptes en Banque, seront jugées, en premier ressort, par les conseils, et par appel au Conseil par les commissaires nommés, au nombre de cinq au moins; l'appel sera instruit sommairement, par requête communiquée, et une simple sommation de fournir réponse. On a beau avoir rappelé le Parlement, on le dépouille tous les jours de sa juridiction. Amelot, Desfors, Saint-Contest, Ferrand, Machault, Roujault, Landivisiau, Baudry, Beaussan, La Granville, Angran, Signy. (*Commissaires*).

ACTIONS A 3 SCEAUX, 3,400 ; A 2, 2,400. ACTIONS RENTIÈRES, 60 P. CENT. — Dans l'assemblée, faite à la Banque le 2 janvier, M. le Duc a été nommé vice-gouverneur de la Compagnie, et pour commissaires honoraires ont été nommés MM. de Vendôme, Gramont, Chauvel, d'Antin, d'Estrées, de Mézières, Lassay, Landivisiau, et chacun un adjoint (1). La *Gazette de Hollande* dit que la Compagnie peut espérer, par les retours, un fonds de 60 à 70 millions, et que le dividende de l'année sera aussi fort au moins que les rentes de la Ville. Dieu le veuille, mais il ne le voudra pas, parce qu'il ne veut pas l'impossible.

Le congrès de Cambray reprend vigueur. Les plénipotentiaires partent incessamment. MM. de Saint-Contest et de Morville sont sur leur départ. Ils disent que tout est d'accord, et qu'ils ne vont que pour signer. Mais le public pense autrement, et qu'à ce congrès les nations demanderont justice de ce qui s'est passé en France depuis deux ans. Ce sera une belle affaire du droit des gens.

12, 13, 14. Duc de Nevers. — M. le duc de Nevers (2) a été reçu au Parlement le 14, en qualité de Pair de France. Il y avoit eu, dans les jours précédents quelques contestations sur son billet de visites, où il avoit mis ; *Monsieur le duc de Nevers vous prie*, etc. On prétendoit qu'il n'avoit pu mettre le titre de *Duc*, n'étant pas encore reçu. Un autre conseiller se plaignoit de ce que, dans le billet, on n'avoit pas mis le nom de *Monsieur* en quelque endroit, en s'adressant au conseiller visité, mais quelqu'un lui dit qu'il y étoit, et que *Monsieur*, qui commençoit le billet comprenoit cette qualité comme s'il y avoit *Monsieur*, et ensuite *le duc de Nevers ;* à quoi le sénateur n'eut rien à répondre, quoiqu'il y eût beaucoup à dire. On a remarqué qu'à cette réception, M. le Duc n'étoit accompagné que de peu de gens de sa maison, et le prince de Conty, au contraire, accompagné de plusieurs seigneurs et gentilshommes de distinction.

Mme de Parabère. — On a su que le Régent est allé chez Mme de Parabère, dans le carrosse du marquis de Biron,

---

(1) Barbier, I, 102.
(2) Barbier, I, 105. — Philippe-Jules-François Mancini Mazarini, duc de Nevers, né en 1676. Il étoit fils de Philippe-Julien Mancini Mazarini, duc de Nevers, et de Mlle de Thianges.

avec un seul laquais, qu'il est entré par surprise dans sa maison; qu'il l'a trouvée avec quatre jeunes gens, et entre autres, le chevalier de Beringhem dont il est jaloux; qu'il a battu sa maîtresse et l'a jetée par terre, qu'elle s'est relevée et lui a chanté pouille, et qu'il est revenu au Palais-Royal, où il a voulu engager Nocé à le raccommoder; mais il n'a pas voulu s'en charger. Il l'aime à la rage.

M. le Duc s'est fait délivrer 40,000 liv. pour ses pensions et celles de Mme la Duchesse. Cet argent étoit réservé pour le payement des troupes, mais ce prince fait le maître et veut régenter le Régent. Les ministres se plaignent, on ne les écoute pas.

15 janvier. — Cour des Monnoies. — Le procureur général de la Cour des Monnoyes est entré dans la Chambre, et a fait un réquisitoire, sur ce qu'il a appris qu'au bout du Cours il y a un édifice propre à la Monnoie, des outils et des instruments et un moulin, le plus beau qu'il y ait dans aucune Monnoye de France. Il a demandé permission d'informer contre ceux qui l'ont construit, de faire dessembler le moulin, enlever les instruments, et faire un procès-verbal de l'état des lieux. La Chambre lui a remontré que c'étoit un édifice public bâti depuis la Régence, et qu'il en falloit parler au Régent. Il a dit lui en avoir parlé, et qu'il lui a répondu qu'on pouvoit faire tout ce qu'on voudroit, qu'il ne prenoit point de part, et qu'ils fissent leurs charges. Sur cela, il a été rendu arrêt qui a permis d'enlever les instruments et outils, et commis deux Conseillers de la Monnoye pour faire la description. Cet édifice avoit été élevé par Law et sous ses ordres; c'étoit là où il vouloit faire son billon, et on a été bien étonné que le Régent ait renié cet ouvrage, qui n'a pu être fait que de son consentement et qui a coûté beaucoup. Il n'est pas encore achevé. Ce seroit un trait bien singulier de voir la cour des Monnoies revenir sur ce Law qui n'a pu être décrété par le Parlement.

Il est venu nouvelle d'une seconde et d'une troisième batailles gagnées sur les Mores par le roi d'Espagne, sous le commandement du marquis de Leyde. Voilà trois batailles gagnées en un mois. Ce marquis de Leyde est un Flamand petit, gros et bossu, qui est d'une grande bravoure, et la chronique dit qu'il est fils du maréchal de Luxembourg, qui aimoit sa mère. Il tient de lui la bosse, le courage et l'art de gagner des batailles. Son nom de famille est Beth, qui est une bonne maison de Flandres.

Il y a une lettre de cachet qui ordonne à la Sorbonne de rétablir les vingt-deux docteurs qui avoient été exilés pour la cause de la Constitution ; de ne faire aucune délibération sur cela, et de mettre tout ce qui a été fait à cet égard dans un oubli éternel. On craint que cela n'enveloppe l'appel au Concile, et que la Sorbonne ne soit la dupe de l'enregistrement et acceptation qu'elle fera de cette lettre.

M. de Maurepas (1), fils de M. de Pontchartrain, a été redemander la lettre de cachet qui a été révoquée. Le syndic ayant fait refus de la rendre, le secrétaire d'État a montré le récépissé qu'il en avoit donné, et, sur le champ, elle a été rendue par le syndic, à qui il a remis son récépissé. On en attend une autre, qui sera peut-être plus forte.

---

(1) M. de Maurepas, grâce à l'âge avancé auquel il parvint, put être successivement ministre du Régent et de Louis XVI. Il touche d'un côté à Louis XIV, de l'autre à la Révolution française. C'est ainsi que l'homme qui résume le mieux peut-être le dix-huitième siècle a pu le voir tout entier. M. de Maurepas, frivole, sceptique, galant, spirituel et narquois, personnifie cette politique étroite et égoïste, politique d'intrigue et de manége de cour, qui substitue la connaissance et le mépris des hommes et l'influence des femmes aux grands principes nationaux. Celui qui mit si lestement en terre la monarchie française méritoit d'aller jusqu'au bout. Mais il mourut à temps pour ne pas suivre le convoi. Sa biographie et celle de M. de Choiseul sont les deux biographies *typiques* des ministres au dix-huitième siècle. Voir Saint-Simon, Barbier, les *Mémoires* de Richelieu, de Maurepas, d'Argenson, Grimm, Collé, Bachaumont, Lévis, Senac de Meilhan, etc.

Vendredi, 17 janvier. — MALEZIEUX. — Le sieur Malezieux (1), intendant du duc du Maine, et son fils, qui avoient été mis à la Bastille, et qui avoient fait tous les écrits publiés en Espagne contre le Régent, ayant osé se présenter au Palais-Royal sans être amenés, le Régent a dit au fils, qui se présentoit le premier : « Vous êtes bien insolent de venir ici. Je ne sais à quoi il tient que je ne vous fasse mettre dans un endroit où il ne soit plus parlé de vous ; sortez, et que je ne vous voye jamais. » Ils sont sortis, et on a été bien étonné de leur impudence.

OLLIER. — L'abbé Ollier de Verneuil, avocat général au grand Conseil, a fait banqueroute de 12 à 1,500,000 liv. Il s'est absenté, on a mis scellé chez lui. Il est d'une très-bonne famille de robe, et qui ne devoit pas faire des banqueroutiers, mais le Système a fait bien des miracles, et c'en est là un.

ANGLETERRE, DÉSORDRE. — Les nouvelles d'Angleterre sont que tout y est dans un affreux désordre ; que les banqueroutes y sont fréquentes ; qu'on distribue plusieurs écrits où le Roi n'est point marchandé, comme ayant profité de la déroute de la Compagnie du Sud, et qu'un membre du Parlement a dit : « On nous a promis 50 pour cent de dividende. Si le fonds en étoit certain, il faut savoir ce qu'il est devenu, et punir ceux qui l'ont détourné. S'il ne l'étoit pas, c'est une friponnerie qui mérite aussi punition. » Ces Anglois raisonnent et exécutent. Pour nous, nous faisons des chansons, et on n'exécute rien.

Le Régent est malade d'un gros rhume, qui ne l'empêche pas de boire du vin et de contenter ses autres désirs. Les médecins ne gagnent rien sur lui. On dit qu'il

---

(1) Voir sur Malezieux, les *Mémoires de Mme de Staal*, du président Hénault et Lemontey. Voir aussi Vatout (*Conspiration de Cellamare*) et *les Lettres de Madame*, II, 53, 73. — Nicolas de Malezieux, précepteur du duc du Maine, de l'Acad. Française en 1701. Né à Paris en 1650, mort en 1727.

a eu des absences, et qu'il a dit qu'il vouloit aller au sacre du Roi. On est obligé de prier pour sa conservation, car ce qui le suit ne le vaut pas, et le public craint de tomber aux mains de M. le Duc, qui ne connoît point de lois et qui n'a jamais rien su, que la chasse.

Samedi 18. — PARABÈRE. — Le raccommodement est fait du Régent et de Mme de Parabère. Il se porte mieux. Cet amour est nécessaire à sa santé et à son repos, et même aux affaires, qui en vont mieux quand il n'est pas brouillé. On lui a présenté Mme de Pramnon, qui est Chabanes en son nom, sœur des marquis et chevalier de Chabanes, capitaine aux gardes, et femme d'un gentilhomme du Lyonnais, qui est riche, et qui est depuis un an mal avec elle. Elle est venue à Paris et auroit bien voulu desservir ce bénéfice, mais quoiqu'elle soit belle, elle n'a pas plu au Régent, qui l'a, une seule fois, menée dans sa petite loge à l'Opéra ; et elle a toute la honte sans en avoir le plaisir. Maynon, conseiller au Parlement, fils de Maynon, fermier général, lui avoit fait une promesse de mariage pendant qu'elle étoit fille. Il ne l'a voulut pas tenir ; cela fit un procès, et par arrêt, rendu en 1712, il fut condamné en 60,000 liv. de dommages et intérêts, qui ont servi à la marier, car elle est de grande maison, mais elle n'est pas riche.

La ferme générale ayant été ôtée à la Compagnie, on a mis les fermes en régie, par arrêt du 11 janvier, pour un an seulement, et on a nommé quarante régisseurs.

Par arrêt du 15, le prêt de 105 livres par action est prorogé jusqu'au 1er février prochain avec la hausse de l'argent.

LAW COURT TOUJOURS. — On n'a plus de ses nouvelles. Le mylord Londonderry, à qui il doit une grosse prime, est venu à Paris trop tard pour le trouver. Il a demandé au Régent d'être payé sur ses biens. On lui a répondu que ce seroit après que le Roi seroit payé. « S'il devoit au Roi, a dit le mylord, vous ne l'auriez pas laissé aller. » Et sur cela, il est allé en poste après lui, mais Law a bien de l'avance et ne le craint guère.

Le comte de Laval, qui étoit à la Bastille depuis longtemps, pour une requête de la noblesse qu'il avoit signée, en est sorti le 15 de ce mois.

Les actions à 3 sceaux sont à 3,200. Celles à 2 sceaux à 2,800 billet, de 100 livres à 10 livres.

INCENDIE DE RENNES. — L'incendie de Rennes, de la nuit du dimanche 22 décembre, est une chose affreuse. Ce n'est plus Rennes. Il y a trente-deux rues consumées, les maisons des procureurs, avocats, marchands de draps, de soie, et des orfévres sont toutes brûlées. Tous les meubles perdus. On ne sait où se coucher; c'est la plus grande désolation que l'on ait jamais vue (1).

Le Tellier, capitaine cassé dans Toulouse, a attaqué M. de Maupeou, inspecteur, qui l'a fait casser il y a trois ans. Ils se sont battus, ont été séparés. Le Tellier mis à la Bastille pour la règle et la subordination.

21 *janvier*. — Arrêt pour les anciennes espèces, qui seront décriées au 1ᵉʳ février, et prises seulement aux Monnoies et pour les droits du Roi.

Autre arrêt du 30 décembre publié ce jourd'hui, qui dit que toutes les anciennes dettes du Roi avant 1720 seront payées en billets, et celles de 1720 en argent, mais les payeurs ne donneront de l'argent qu'à ceux qui rapporteront preuve qu'ils ont été payés, les années précédentes, en billets. Ainsi, quoique le billet soit comme nul, on ne laisse pas d'en donner pour payer les dettes du Roi.

---

(1) « Neuf cents maisons furent consumés. On découvrit, sous les décom-
« bres, des scories, brillantes et variées, sorties, comme l'airain, de Co-
« rinthe, des combinaisons fortuites de la combustion. Le luxe façonna, la
« mode répandit ces lamentables débris. Ce fut par des parures de femmes
« et par quelques futiles bijoux que la plupart des Français apprirent la des-
« truction de la capitale d'une grande province » (Lemontey, *Histoire de la Régence* I, 313). — *La Gazette de France*, seul journal du temps, ne mentionne même pas l'événement.

Le désespoir est dans toutes les bonnes familles ; on n'a plus ni rentes, ni revenus. On est chargé de billets et d'actions qui ne rapporteront rien. Tous les jours, ce sont des histoires nouvelles de gens morts désespérés, ou réduits à la charité des paroisses. La France n'a jamais été en cet état, et le tout pour avoir cru ce misérable Anglois. La robe est tout à fait ruinée par les remboursements qui lui ont été faits. Ceux qui comptoient sur les retraits sont trompés, car les billets ne sont point admis dans les consignations, qui se doivent faire, en espèces qui ont cours, lorsque le retrait est jugé. On déclare aussi nulles toutes les offres en billets, pour la moindre petite faute. Ainsi le créancier et le propriétaire sont favorisés le plus qu'on peut, mais le débiteur est accablé, et ne sait plus avec quoi payer.

Jeudi 23. — Plusieurs personnes avoient porté leur argent aux Monnoies, au lieu de la Banque, et avoient tiré des récépissés des directeurs des Monnoies, qu'ils comptoient se faire payer en argent. Par arrêt de ce jour, il est dit qu'ils en seront payés en rentes sur la Ville, et que les récépissés seront rapportés avant le 1er mars, après quoi seront nuls.

Il y a eu un autre arrêt de ce jour qui interprète celui du 26 décembre 1720, qui a supprimé les comptes en Banque. Il n'y en aura plus dans le commerce, même de gré à gré, mais on ne payera les lettres et billets payables en comptes en Banque, que sur le pied que les comptes perdoient au jour de la lettre tirée, par rapport aux espèces d'or et d'argent d'alors ; pourquoi il en sera fait évaluation par des négociants, banquiers ou agents de change, qui seront convenus ou nommés par le juge ; et le payement se fera, en espèces ayant cours, de la somme à laquelle la valeur du compte en Banque aura été fixée par ladite évaluation. — Cela a été réglé pour établir, autant qu'il est possible, une juste égalité entre le débiteur et le créancier, et cette règle paroît assez bonne

L'emploi du compte en Banque, qui restera au débiteur, se fera en rentes viagères, rentes provinciales et actions rentières sur la Compagnie, dont S. M. sera et demeurera garante.

On a eu nouvelle de Rome que le mardi, 31 décembre, la Reine d'Angleterre (que l'on appelle la femme du chevalier de Saint-Georges) y est accouchée d'un fils, en présence de neuf cardinaux, de six princesses, de plusieurs prélats du sénat de Rome et des Conservateurs du peuple romain. Il a été baptisé par l'évêque de Montefiascone et nommé *Carlo-Odoardo-Luidgi-Casimiro-Philippo* (1). Cet enfant a droit à la couronne d'Angleterre, mais s'il n'est pas plus heureux que son grand-père (2) qui en a été chassé, ou que son père (3) qui n'y a jamais pu entrer et que l'on a fait sortir de France après lui avoir donné asile, ce n'est pas la peine de naître. On a pris à Rome toutes les précautions nécessaires pour assurer sa naissance, parce qu'en Angleterre on les avait négligées à celle de son père. La famille de Stuart se pourvoit d'héritiers, pour les donner aux Anglois, qui n'aimeront jamais un prince né à Rome, quand il voudroit prendre leur religion. Ce sera toujours un épouvantail pour le peuple (4).

Dimanche 26. — On a tenu un grand Conseil de Régence pour les finances. On y a fait entrer M. d'Armenonville, qui n'y avoit point entrée depuis la Régence. On veut régler les actions, les billets de Banque, et tâcher de donner un arrangement au désordre où on est, ce qui est bien difficile. Il y a eu un grand débat (5) entre le Régent et M. le Duc, au sujet de Law, que M. le Duc a dit

---

(1) Voir Saint-Simon, XI, 373.

(2) Jacques II.

(3) Jacques-Edouard-François Stuart, connu sous le nom de *chevalier de Saint-Georges*.

(4) Charles-Édouard mourut en effet à Florence, le 31 janvier 1788, sans avoir régné, mais non sans avoir combattu.

(5) Voir Saint-Simon, XI, 353.

être l'auteur de tout le mal. Le Régent lui a dit qu'il l'avoit fait accompagner lui-même par ses gens hors du royaume. M. le Duc a dit qu'il étoit bien aise de se justifier, puisqu'on l'accusoit : que c'étoit le Régent qui avoit donné le passe-port, et qui l'avoit engagé à le faire conduire. Voilà un bel éclaircissement entre ces deux princes, pour savoir qui des deux a protégé le destructeur du royaume, qui s'en rit, et ne craint point d'être puni.

Le bruit s'est répandu que M. le Duc et plusieurs seigneurs ont rapporté leurs actions, et que l'on va faire une recherche d'où proviennent les actions, les billets, les rentes, et critiquer toutes les fortunes nouvelles, qui ont fait tant de tort au public. Ce sera matière à bien des faveurs injustes et un bon temps pour les femmes de la Cour (1).

L'ABBÉ DE BROGLIE. — Il y a bien des mécontents sur les bénéfices. On a fait une nouvelle histoire de l'abbé de Broglie. Il avoit loué au Régent un vin qu'il avoit bu, le Régent en voulut boire. Il lui en envoya 300 bouteilles, que le Régent prit, mais il dit à l'abbé qu'il les vouloit payer. L'abbé lui envoya un mémoire par articles : le vin, les bouteilles, les bouchons, la ficelle, la cire d'Espagne, les paniers, le port, et à la fin il mit : *Total : L'abbaye du Mont Saint-Michel;* et c'est l'abbaye qu'il a eue. Les mécontents disent que les bénéfices n'appartiennent qu'aux diseurs de bons mots et aux faiseurs de bons tours.

27. BILLETS AU PORTEUR. — Les billets payables au porteur avoient été supprimés par l'édit de mai 1716. On les a trouvés nécessaires, pour la circulation de l'argent, et ils ont été rétablis, par déclaration du Roi du 21, registrée au Parlement le 25, et publiée ce jourd'hui. L'arrêt

---

(1) V. Lemontey, t. I, p. 349 et 55.

de 1673 les a approuvés. Les casuistes crient contre, à cause de la facilité de l'usure, mais ce commerce ne peut se faire sans cela, et il faut que les casuistes vivent comme les autres. *Aliud hæc sacra non constant*. Nous avons un livre de *La pratique des billets entre les négociants*, qui a été bien censuré, et cependant il avoit pour auteur le sieur Le C. docteur de Sorbonne, homme d'une doctrine sévère.

Arrêt du 23 janvier, qui ordonne que tous les propriétaires des droits et offices supprimés et leurs créanciers seront tenus de faire liquider d'ici au 1er mars, pour jouir des intérêts et arrérages du 1er janvier 1720, sinon ne jouiront que du jour de la quittance de finance.

Autre arrêt du 18, qui ordonne que les rentiers de la Ville recevront tout ce qui leur est dû jusqu'en 1720, avant le mois de juillet, sinon déchus.

MANDEMENT DU CARDINAL DE NOAILLES DU 24 janvier, pour assister les pauvres de Rennes qui ont souffert dans l'incendie. — Il commence par : « La misère qui augmente tous les jours sous nos yeux et qui se multiplie parmi nous, est un des objets que nous ne devons point perdre de vue, etc. »

FÉVRIER 1721.

Samedi 1er. — On avoit reporté en Sorbonne une lettre de cachet pour rétablir les vingt-deux docteurs exclus. Ils savoient la teneur de la lettre. Ils sont entrés avant que l'on ait délibéré, ce qui était contre l'ordre ; le syndic a rompu l'assemblée, et ainsi ils n'ont point été rétablis. La lettre étoit la même que celle qui avoit été retirée, si ce n'est qu'on en avoit ôté ces mots : « sans délibérer ; » et ces autres : « sous peine de désobéissance au Roi. » (Voyez *Gaz. de Hollande*, 11 février).

Dimanche 2. — M. Bouret, curé de Saint-Paul, est mort

à dix heures du soir, âgé de soixante-douze ans. Il avoit professé en Sorbonne l'Écriture sainte pendant vingt-sept ans. On dit de lui que depuis saint Jérôme, personne ne l'a si bien entendue. Il est mort fort regretté ; il donnoit tout aux pauvres. C'est par ses grades qu'il avoit eu cette cure. S'il étoit mort deux jours plus tôt, elle auroit appartenu aux gradués et au plus ancien, à cause du mois de rigueur. Le plus ancien est M. de Châlons, le premier des vingt-deux constitutionnaires exclus, qui est dans des sentiments bien opposés à M. Bouret, appelant, et qui est mort dans son appel. On lui proposa, sur la fin de janvier, de se démettre de sa cure, afin qu'elle ne tombât pas au gradué. M. de Châlons répondit : « Il ne m'appartient pas à moi qui vais être jugé devant Dieu, dans quelques jours, de critiquer les mœurs et la doctrine de mon confrère. La Providence de Dieu est grande, elle en ordonnera comme il lui plaira. » Et en effet, il n'est pas mort dans le mois de gradué. Le 31 janvier au soir, plusieurs personnes de distinction de la paroisse vinrent dans sa chambre pour être témoins de son état. Elles y restèrent jusqu'à une heure après minuit, et ont été témoins qu'il n'est pas mort en janvier. L'archidiacre (M. Perochel, grand const.) n'a pas voulu faire l'office, le jour de l'enterrement, quoique cela fût de sa charge, mais il envoya demander le carrosse et les chevaux qui lui appartiennent par son droit, ce qui lui a été donné.

Lundi 3. — Le ballet du Roi n'a pas été joué, parce qu'il est malade et enrhumé.

Mardi 4. — J'ai été à l'enterrement de M. le curé de Saint-Paul. Il y avoit un monde infini, et toute la paroisse étoit en larmes. C'est le curé de Saint-Hilaire (M. Jollain, syndic de Sorbonne) qui a fait l'office, à la place de l'archidiacre.

Ce même jour, on a publié les deux célèbres arrêts rendus le 26 janvier, qui sont le règlement général pour tout le papier.

Visa. — Le premier ordonne que tous les contrats sur la Ville, quittances et récépissés pour en expédier : actions, dixièmes d'actions, reconnoissances d'actions déposées : comptes en banque, actions rentières, dixièmes des dites actions : rentes viagères, billets de la Banque — seront représentés pardevant des commissaires du conseil, à Paris ; et, dans les provinces, aux intendants, par l'entremise des notaires, avec un bordereau contenant le détail des effets, et un mémoire pour déclarer à quel titre ils possèdent lesdits effets, et d'où provenoient les deniers qu'ils ont employés à les acquérir. Le tout sera visé et paraphé par les commissaires, qui rendront les effets. Et ce dans deux mois ; après quoi, faute de ce faire, les effets seront nuls. Tous dépositaires publics, receveurs des consignations, saisies, etc., seront tenus à la représentation. Défenses de prêter son nom, à peine de confiscation des effets, et de l'amende du double payable en argent, moitié au dénonciateur, et l'autre moitié à l'Hôpital général. Du jour de la publication, sursis au Trésor royal à la conversion des récépissés, pour rentes perpétuelles ou viagères, ou provinciales, en quittances de finances. Les autres rentes seront payées à la Ville, soit sur les contrats expédiés, soit sur les quittances de finance. Voilà le visa général de tous les effets de l'État (jusqu'aux actions et billets de banque) qui se va faire. Personne n'en sait l'événement et tout le monde le craint. Cela peut durer très-longtemps et peut-être jusqu'à la majorité. Ce qui désespère bien des gens, c'est que ceux qui ont payé le prêt des actions et ceux qui ne l'ont pas payé se trouvent d'une condition égale ; et beaucoup de gens ont tout vendu pour satisfaire à ce prêt. On dit que depuis un mois on a porté à la Monnoye pour 1,800,000 liv. de cuillers et de fourchettes, grande preuve de la misère de Paris.

Le deuxième (Arrêt contre la Compagnie) est incompréhensible, et est, à ce que l'on peut dire, le déshonneur du Conseil et de la Régence. Il est rendu sur la requête des directeurs de la Compagnie des Indes, qui montrent, par des raisons évidentes et invincibles, que depuis l'arrêt du 23 février 1720, qui a uni la Banque à la Compagnie, ils n'ont point eu la régie de cette Banque, que le Roi en a disposé, nonobstant cette union, et a agi en maître par plusieurs arrêts postérieurs; et cependant il est ordonné que les directeurs, dans leurs comptes, se chargeront de tous les billets de la Banque, et que toutes les négociations qu'ils ont faites seront à leurs risques et pour leur compte, et qu'ils dresseront un état de tous leurs effets, pour y être pourvu par S. M. Ainsi, 1° La Compagnie se chargera de billets de banque qu'elle n'a point eus et assurera vérité un compte faux. 2° Les négociations sont à leurs risques, et elles ont été faites par Law, en vertu d'un arrêt du Conseil, du 5 mars, qui a permis l'achat et vente des actions à 9,000 livres, à quoi la Compagnie n'a point eu de part. 3° Il y a eu pour 1,756 millions de billets de banque faits sans délibération de la Compagnie. 4° L'état des effets ne se prépare que pour en mettre en possession le Roi, à qui on dit qu'il sera dû des sommes immenses par ce compte, ce qui sera bien facile, mais très-injuste. C'est cette injustice qui révolta M. le Duc dans le conseil du 26 janvier, mais il n'a pas été le maître, et l'arrêt a paru, contre lequel on dit qu'il a protesté. La protestation est dans l'arrêt même, qui contient très-nettement les raisons des directeurs, auquel il n'y a rien à opposer qu'une autorité despotique, qu'on emploie pour le Roi contre tous ses sujets et à leur ruine. On ne devroit pas lui faire ainsi commencer son règne.

Par arrêt du 30 janvier, les commissaires pour le visa général sont :

Conseillers d'État.

MM. Bignon.	MM. Fagon.	MM. Ferrand.
Trudaine.	Courson.	De Machault.
La Rochepot.	Le Guerchois.	

Maîtres des requêtes.

MM. D'Herbigny.	MM. Poncher.	MM. Lajot.
Gourgues.	Rouillé.	Bignon.
Morangis.	La Vigerie.	d'Argenson.
Maupeou.	Bertin.	Fontanieu.
Hébert.	Vattan.	Talhouet.
De Baussan.	Rossignol.	Aubert de Tourny.
De Berulle.	Le Feron.	Pinond d'Avaur.
Orry.	Villayer.	
Angran.	Pelletier de Signy.	

5 janvier. — Édit enregistré le 5 février, qui crée trente payeurs de rentes faisant, avec quatorze déjà créés, quarante-quatre qui seront quarante-quatre parties, dont trente pour les rentes perpétuelles et quatorze pour les rentes viagères et tontines.

On a fait la chanson suivante sur l'arrêt du 26 janvier et sur ce qui se passa au conseil de Régence.

Sur l'air : *Votre jeu fait beaucoup de bruit.*

Le Régent sans contrition,
Nous a fait sa confession.
Il dit au conseil de Régence :
J'ai fait trois milliards de billets,
Et vais vous dire en confidence,
Messieurs, comme ils ont été faits.

J'en ai fait, par arrêts connus,
Pour quatre cents millions d'écus.
Par arrêt sous la cheminée,
Autant ont été débités ;
Le reste doit sa destinée
A des arrêts antidatés.

J'ai pris cette précaution
Pour sauver la punition
Que Law méritoit en faussaire.
Je veux bien l'avouer au Roi,
Contre lui qu'auroit-on pu faire
Qui ne fût retombé sur moi ?

Chanson contre deux dames, sur l'air de *Thésée :* « *On ne peut porter les chaînes.* »

    La De Prie est la plus maigre
    Des catins de notre temps.
    Elle a l'esprit par trop aigre,
    Et trop de pertes de sang.

    Polignac (1) est la plus belle
    Des catins de notre temps,
    On ne peut boire pour elle
    Ni trop fort ni trop longtemps.

Law est allé au carnaval à Venise, qui étoit le 25 janvier, sous le nom de M. Dujardin.

Le livre des *Hexaples*, ou *Les Six colonnes sur la Constitution* paroît fort augmenté à Amsterdam, chez Portgiète. 7 vol. in-4°. Le prix 40 florins. C'est un livre d'un grand travail et qui va immortaliser la dispute.

Les bénédictins de Saint-Pierre de Châlons, en Champagne, ont appelé de l'accommodement et rendu leur appel public.

Le prieur a été déposé, et dom Thierry de Viaixnes, secrétaire, banni hors du royaume. Il a été longtemps à la Bastille et à Vincennes pour le jansénisme.

Actions, billets. — Actions avec le bulletin 2,400 billets de banque. Billet de 1,000 liv. rend 63 à 64 liv. en argent. Le billet de 100 liv. rend 7 liv.

Le sieur Robert Knigs, trésorier de la Compagnie du Sud en Angleterre, s'est évadé, pendant qu'on faisoit le procès aux directeurs, et il a très-bien fait. On court après, mais il n'y a pas d'apparence qu'on l'attrape. (Il a pourtant été attrapé à Anvers, mais il n'a pas été livré).

6 *février*. — Duc de la Force. — On a saisi, dans le couvent des Augustins, plusieurs marchandises d'épice-

---

(1) Voir sur cette dame et ses incroyables débauches, Madame (II, 14, 231, 320, 366, 368) et les *Mémoires de Maurepas*, II, 210.

rie et des porcelaines et paravents de la Chine, qui y avoient été mis par un nommé Orient, dans des chambres que ces religieux lui avoient louées et dans leur bibliothèque. On les a enlevés parce qu'Orient les vendoit en détail. Il a été depuis arrêté, et il a déclaré, dans son interrogatoire, que ces marchandises appartenoient au duc de la Force, ce qui a arrêté les poursuites du lieutenant de police, qui ne peut pas connoître de ce qui regarde un Duc et Pair (1).

Le duc de la Force est très-décrié. Le jour que le duc de Brissac a été reçu, personne ne lui a voulu parler. Le duc de Mazarin (2), qui est plaisant, courut fort vite dans la buvette. On lui demanda ce qu'il avoit; il dit : « Je suis poursuivi par un apothicaire (c'étoit le duc de la Force qui le suivoit), mais Messieurs ce n'est pas un apothicaire sans sucre. » Quand il fut à l'audience, les Ducs qui étoient auprès de lui tournèrent le dos. Il a couru un bruit qu'il y avoit une cause au rôle contre lui sur une saisie de marchandises, et que Isabeau, greffier, qui a soin du rôle, l'avoit dit. Le Duc s'est fait donner une lettre par Isabeau, où il dit qu'il n'en est rien, et le duc a fait courir cette lettre, qui n'a fait que faire parler le monde davantage. La saisie des Augustins est venue depuis, et on a fait graver une figure qui représente un crocheteur

---

(1) Voir, sur ce scandaleux procès du duc de la Force, une des grosses affaires de la Régence, Saint-Simon, XI, 379 et Madame (II, 250, 299, 301, 308). On en trouve toutes les pièces dans les *Mémoires de la Régence* (III, 82), l'appréciation dans Lemontey, et les détails dans Marais seulement, qui s'y est étendu avec une maligne complaisance. Voir aussi Barbier (I, 89, 109, 111, 112, 115, 119, 137, 138). Le duc de la Force, persécuteur du protestantisme qu'il avait abjuré, fils ingrat, fourbe courtisan, bel esprit plagiaire, agioteur rapace, est le premier qui ait appris au peuple le mépris des grands. La Régence, à ce point de vue, serait pour beaucoup dans la Révolution.

(2) Paul-Jules de la Porte-Mazarini, duc de Rethel Mazarini, fils du duc de la Meilleraie et de Hortense Mancini, si célèbre par ses aventures. Il mourut en 1731. Il tenait de sa mère et était d'un esprit facétieux et de mœurs relâchées.

courbé sous le poids de plusieurs ballots d'où sortent de la cire, du café et autres marchandises, et on a mis au bas : *Admirez la Force*, (j'ai cette gravure). La duchesse du Maine envoya chercher à minuit le commissaire Labbé, qui avoit fait la saisie aux Augustins, pour en savoir le détail, et il lui parla beaucoup de quinine et de gayac, dont il y avoit grand amas. Elle lui demanda à quoi cela servoit : Il lui dit : « C'est pour guérir une maladie qui n'est pas dans votre chambre, mais qui peut être dans votre antichambre. » On ne s'entretient dans Paris d'autre chose que de ce monopole, et le Parlement doit s'assembler sur la procédure du lieutenant de police où le duc de la Force a été dénoncé. Son frère dit qu'il veut quitter le nom de la famille. Le Régent lui a dit : « Votre frère veut en faire autant, parce qu'il dit que vous le déshonorez. » Voilà les descendants du maréchal de la Force.

7 février. — M. FOUCAULT. — M. Foucault, conseiller d'État, est mort âgé de soixante-dix-sept ans (1). Il étoit fils de Foucault, greffier de la chambre de justice de M. Fouquet, et ce greffier fils d'un apothicaire. C'étoit un homme très-curieux d'antiques, de médailles, de bronzes, de livres, et de toutes sortes de raretés qu'il avoit déterrées partout. Il y en a une infinité dans le recueil du P. Montfaucon (2), qu'il a donnés à ce père, qui les a fait graver. Il avoit vendu tout cela avant sa mort à différentes personnes, parce qu'il a été mécontent de son fils, qui a été obligé de se retirer en Espagne, pour une impertinence faite chez madame la duchesse de Berry. Il étoit introducteur des ambassadeurs; la princesse donnoit un repas magnifique, où il n'étoit point marqué

---

(1) Voir sur ce Foucault, qui a laissé des *Mémoires* inédits, curieux pour l'histoire de l'administration française, et dont on trouve des extraits à la suite des *Mémoires du marquis de Sourches*, Saint-Simon, III, 291; X, 438; XI, 381.

(2) *L'Antiquité expliquée et représentée en figures*, latin-français; Paris, 1719-24, 15 vol. in-folio.

pour entrer : il y entra malgré la défense. On le mit à la Bastille ; depuis il a passé en Espagne, où il a été fait majordome des Infants. Le père a toujours été mal, depuis ce temps-là, et s'est défait de toutes ses curiosités. Il n'a gardé que quelques tableaux des beautés illustres comme de Marion Delorme, Ninon de l'Enclos, etc. Il avoit le Bréviaire ou Calendrier original, où Bussy avoit fait peindre tous les cocus de la Cour, avec un hymne pour chacun ; c'est ce livre dont Boileau a dit :

Me mettre au rang des saints qu'a célébrés Bussy.

Il a un tableau particulier d'un duc de Roannez (1) qui bêche la terre, pendant qu'un apothicaire avec sa seringue ramasse un chapeau de cardinal. Cela dénote le cardinal Mazarin, disoit-on, fils d'un apothicaire. Le duc, mécontent de la Cour, fit faire ce tableau, dont l'original est sur la cheminée de la terre d'Océron, vendue par M. de la Feuillade à M. le duc d'Antin.

Par la mort de M. Foucault, M. Meliand est nommé conseiller d'État ordinaire et un d'Ormesson est entré au Conseil. M. de Harlay de Céli a une expectative de la première place. Il étoit retourné à Metz exercer son intendance, quoiqu'il en fût rappelé, et avoit dit qu'il n'en sortiroit point qu'il ne fût conseiller d'État.

Huet. — M. Huet, ancien évêque d'Avranches, sous-précepteur de monseigneur le Dauphin, est mort dans le même temps (2). Il étoit doyen de l'Académie françoise. Il demeuroit dans la maison professe des jésuites et leur a donné sa bibliothèque. Il est célèbre par sa *Démonstration évangélique*(3), et par plusieurs autres livres. Sur la fin de ses jours, il a fait l'histoire de sa vie : *Commenta-*

---

(1) Le duc de Roannez, ami de Pascal (V. Pascal, édition Faugère) et frère de cette Charlotte, qui fut l'unique et mystique passion du grand et pathétique penseur.

(2) Né le 8 février 1630, mort le 26 janvier 1721. V. S. Simon, XI, 378.

(3) *Demonstratio Evangelica;* Paris, 1779. IV, in-fol.

rius de vita sua (1), qui est un livre très-latin et où il a mis l'éloge de tous les gens qu'il a connus. On est scandalisé d'y voir Boileau le satirique traité comme le dernier des hommes parce qu'ils avoient eu un démêlé ensemble sur cet endroit de la Genèse : *Que la lumière se fasse et la lumière se fit*, que Longin trouve sublime et que Boileau, traduisant Longin, avoit trouvé sublime aussi; au lieu que M. Huet a prétendu qu'il n'y avoit là que de la simplicité sans sublime aucun. Il a été appuyé par Le Clerc de Hollande (2). Boileau a répondu à l'un et à l'autre, et l'évêque s'est vengé, dans sa propre *Vie*, du grand satirique qui étoit mort. On sait qu'il a eu part à beaucoup d'aventures galantes, qui se faisoient chez Mademoiselle de Montpensier et *aux Portraits de la Cour*, où est aussi le sien. Son grand ami, Segrais, l'engagea à faire *l'Origine des romans* pour mettre à la tête de *Zaïde*. Il parle fort, dans sa *Vie*, contre les médecins et la médecine; cependant il leur avoit grande obligation, et y avoit recours quand il étoit malade. La dernière année de sa vie, on ne le voyoit plus, parce que son esprit étoit fort baissé. Il est mort âgé de quatre-vingt-sept ans (3). L'abbé Renaudot et lui ont emporté la science des langues orientales. Les savants, ou plutôt les théologiens, ne trouvent pas sa *Démonstration* bien démontrée. Il a donné sa bibliothèque aux jésuites de la maison professe où il est mort. Il a laissé un manuscrit de lui, *Huetiana*. Il a été imprimé depuis (4). Ce n'est pas grand'chose, mais cela est bien écrit.

---

(1) Traduit et publié par M. Nisard (Ch.), chez Hachette, 1853. La 1re édition dont parle Marais est intitulée : *Pet. Dan. Huetii, Commentarius de rebus ad eum pertinentibus. Amstelod.*, H. Sauzet, 1718 in-12.
(2) Voir tome X de la *Bibliothèque choisie* de Leclerc.
(3) Marais devait dire : quatre-vingt-onze ans.
(4) *Huetiana*, ou *Pensées diverses* de M. Huet, (publiées par l'abbé d'Olivet); Paris, *Jacques-Étienne* 1722 in-12. Sur Huet, évêque d'Avranches, un des prélats de cette famille galante et lettrée des Godeau, des Fléchier, des Fénelon, voir une curieuse et fine étude de Sainte-Beuve (*Causeries du lundi*).

Fallari. — Le duc de Fallari, ayant appris la faveur de sa femme auprès du Régent, est revenu en France, s'est mis à jouer à Bordeaux, à emprunter, et même, dit-on, à voler ceux qui lui gagnoient son argent. Il venoit à Paris avec le comte et la comtesse de Valançay (mademoiselle Amelot de Chaillou) pour jouir de sa nouvelle fortune, quand il a été arrêté à Chartres par ordre du Roi. L'hôtellerie a été investie : on l'a enlevé et conduit à la Bastille, d'où on le doit transférer, pour le reste de ses jours, dans une autre prison. On ne doute pas que sa famille n'ait fait faire le coup : elle craignoit les folies de cet homme-là, qui en a fait toute sa vie, et qui en auroit peut-être fait d'autres plus importantes. La bonne fortune de sa femme, qui n'a guère duré, lui avoit du moins servi à la délivrer d'un tel mari, et ce n'est pas peu. Il a pour frère M. Gorge de Reyre, conseiller au Parlement, qui est un très-honnête homme, et pour sœur madame d'Ancenis, belle-fille du duc de Charost, aussi sage que son frère l'est peu.

9 *février.* — Arrêt de ce jour, qui remet la peine de nullité des actions à ceux qui n'ont pas payé l'emprunt de 150 livres. Permet à la Compagnie de le continuer, sous la peine seulement de la privation du dividende d'une ou plusieurs années, pour ceux qui n'auront pas payé, dans le délai fixé par la Compagnie. Cet arrêt tranquillise ceux qui n'ont pas payé, et fâche fort ceux qui ont payé. La privation du dividende est une peine chimérique.

On ne travaille point au visa des papiers, aux déclarations des rentiers et actionnaires. Le public dit que l'opération en est impossible et feroit mille injustices, en rejetant mille honnêtes gens, qui n'ont point de preuves de l'origine de leurs actions, et admettant des fripons qui, après avoir réalisé leurs contrats en or, achètent pour rien des billets et actions sur la place, et les soutiennent provenir de ces contrats dont la réalisation ne paroît point. Les notaires ne veulent pas se charger de ces iniquités en portant les déclarations. On cherche quelque autre expédient, mais il n'y a point de remède contre la ruine universelle.

Jeudi 13. — On a plaidé à la Grand'Chambre l'appel d'une sentence de police, qui a déclaré valable la saisie d'un amas de charbon de terre fait par un agioteur. La sentence a été confirmée, et la confiscation donnée moitié à l'Hôtel-Dieu et l'autre à l'Hôpital Général (1). On a lu la saisie faite aux Augustins, et l'avocat a dit qu'on avoit employé dans cette affaire l'adresse, l'artifice, la chicane, la force, etc., jouant sur le nom de *la Force*, ce qui ne peut être relevé que par ceux qui se croient cachés sous ce nom. Le Palais ne retentit que de ces saisies et monopoles nouveaux.

On rapporte qu'un duc demandant à un juge si la peine du monopole étoit capitale et emportoit peine de mort, le juge répondit qu'oui, sur quoi le duc dit : « Ne pourroit-on pas adoucir cette rigueur et la réduire à la peine du pilori ? Il me semble que cela suffiroit. » Cela veut dire que les ducs voudroient voir le duc de la Force au pilori. Je remarquerai ici qu'il n'y a point en France de peine pour le monopole des particuliers. Deux ordonnances seules en parlent, l'une du 20 juin 1539, qui défend à toutes sortes de personnes de faire des amas de vivres et marchandises préjudiciables au bien public, et il n'y a aucune peine. L'autre, du mois d'août 1539, ne regarde que les compagnons, maîtres et serviteurs de tous métiers à qui il est défendu entre eux de faire des monopoles (*Lois civiles*, t. IV,-220, 221, vide l. 3. *Cod. de commerce et mercat...* — *Traité de la noblesse* par de la Roque, ch. 88, p. 355. *Ord. d'Orléans* art. 109, 127. *Édit d'août* 1669, vérifié le 13).

---

(1) Aujourd'hui la Salpétrière.

Vendredi 14. — Il a été porté des billets chez tous les ducs et pairs, pour se trouver demain au Palais à l'assemblée qui s'y doit faire. Le billet porte en substance : « *M*ᵉ *Isabeau, greffier* du Parlement, a passé *chez vous* pour avoir l'honneur de vous prier, de la part de la Cour, d'assister demain à l'assemblée qui se doit faire au Parlement pour examiner des procédures où M. le duc de la Force se trouve compris. Et comme cela peut regarder la pairie, elle vous prie de n'y pas manquer. » C'est le billet d'invitation que le Parlement envoie aux ducs à présent.

Samedi 15. — Les princes du sang et les ducs et pairs se sont trouvés ce matin au Palais, où il y avoit une grande assemblée de toutes les Chambres. On est entré à sept heures et demie, et on est resté jusqu'à onze heures et demie. M. Ferrand a rapporté les procédures et les saisies faites par le lieutenant de police et l'interrogatoire du nommé Orient, qui a dénoncé M. le duc de la Force. L'affaire a paru grave. M. le maréchal de Villars a dit que c'étoit avec douleur qu'il étoit obligé de donner sa voix contre un homme du rang, de la naissance et de la dignité de M. le duc de la Force, et qu'on ne pouvoit trop tôt approfondir cette affaire, afin qu'il se pût justifier. Le duc de Noailles n'a pas voulu opiner. Enfin, à la pluralité des voix, il a été décrété d'assigner pour être ouï, et le nommé Bernard, son intendant, avec un autre (Duparc, tailleur) qui est son beau-père, ont été décrétés de prise de corps. Cette nouvelle s'est répandue dans Paris avec joie et l'on a admiré la fermeté des ducs et du Parlement, qui ont rendu une justice prompte et rigoureuse dans une affaire qui intéresse tout l'État. M. le duc de la Feuillade est le premier entre les ducs qui a ouvert l'avis de l'assigné pour être ouï, et qui, pour y donner lieu, a dit qu'il falloit que M. le duc de la Force pût être ouï par sa bouche, dans le même lieu où il avoit été accusé. Il y a eu sept voix pour laisser continuer la procédure du Châtelet. M. Feydeau, conseiller, a été le premier de cet avis. Orient avoit déjà été décrété, par le lieutenant de police, de prise de corps et pris prisonnier. L'arrêt ordonne qu'il sera transféré à la Conciergerie. L'arrêt confirme aussi le décret d'assigné pour être ouï contre le chevalier Landais.

Dimanche 16. — VISA. — Le Conseil de Régence s'est assemblé, et a fait un règlement pour la vérification des effets, dont la représentation a été ordonnée par les arrêts des 26 et 30 janvier. Dans la déclaration, on sera obligé de dire qu'il n'en a été fait aucun emploi ni usage, soit pour acquérir des terres, maisons ou autres effets, soit pour le payement des dettes. Cela est fait pour éviter les fraudes que le public craignoit. Il doit y avoir plusieurs bureaux et des bureaux d'expéditions subordonnés; et les commissaires remettront des notes et observations sur les mémoires de ceux qui ne seront pas fidèles, ou sur lesquels il restera des doutes. Il y a un arrêt de ce jour qui contient ce règlement.

Lundi 17. — LANGUEDOC. — PESTE. — On a publié un arrêt, du 11 février, qui déclare le commerce des provinces de Languedoc, Lyonnois et Dauphiné libre, et permet aux marchands de Tours de faire venir des soies de ces provinces, en rapportant des lettres de voitures, visées des officiers municipaux des lieux de l'enlèvement. C'est que la crainte de la peste empêchoit tout le commerce avec ces pays-là, mais on prétend que les précautions portées par l'arrêt du 14 septembre sont suffisantes.

13 *février*. — Mme DE SAINT-SULPICE BRULÉE. — Il est arrivé le jeudi 13 un accident singulier à Mme de Saint-Sulpice, qui est une jeune veuve fort aimable, qui ne quitte point Mme de Prie et M. le Duc. Elle étoit avec eux, M. le comte de Charolois et autres, dans une maison du faubourg Saint-Germain à souper (petite maison de M. le Duc, près Vaugirard). Elle se leva de table pour se masquer, et alla dans une autre chambre, où, étant debout auprès du feu, un pied sur un chenet, son *panier* poussa sa jupe dans

le feu sans qu'elle s'en aperçût d'abord (1). Le feu ayant pris à la jupe et au panier, elle vint retrouver la compagnie, qui fut fort étonnée de la trouver en cet état toute brûlante. On ne savoit comment la secourir. Elle se jeta par terre. Le comte de Senneterre se jeta sur elle, et voulant étouffer le feu, le panier qui n'étoit point flexible, et où il y avoit du fil et des baleines, empêcha qu'il ne s'éteignît, en sorte qu'elle fut brûlée, à beaucoup d'endroits, fort dangereusement. On la déshabilla à la fin et on la remena chez elle, où, ayant été visitée par la Péronie (2), fameux chirurgien, il la trouva très-mal. Cette ridicule et triste aventure a donné lieu à causer à tout Paris. La jeune dame en sera longtemps malade, si elle n'en meurt pas, et après sa guérison, elle sera bien honteuse. Elle est veuve de M. de Saint-Sulpice, intendant de marine, qui lui a laissé de grands biens, et vivroit très-agréablement (elle s'appelle Ragot de la Coudraye et est fille de l'intendant de M. le Chancelier de Pontchartrain), si elle ne s'étoit pas adonnée aux princes, qui l'aiment, mais qui en font leur jouet. Elle étoit amie de Vergier, qui fut assassiné l'année dernière. Il avoit son portrait, fait par Boulogne, qu'elle a retiré depuis sa mort, et qu'elle m'a donné. Son esprit est tourné à la plaisanterie, elle a été autrefois dans une grande dévotion. Elle

---

(1) Voir sur cet accident de Mme de Saint-Sulpice, dont Marais, peut-être par indulgence (il était son conseil et son ami), fait la chose la plus simple et la plus naturelle du monde, la version de Barbier et celle de Madame, beaucoup plus scabreuses, et qui ne sont à l'honneur ni de la victime ni de celui que la chronique regardait comme son bourreau, soit M. le Duc, soit M. de Charolais. Cette aventure, où la férocité se mêle si brutalement à la débauche, est de celles qui indiquent jusqu'à quel degré de démoralisation était descendue la Régence. V. Barbier (I, 113), Madame (II, 307, 317), les *Mémoires de Maurepas* et les *Mélanges de Boisjourdain* (II, 10). Elle s'appelait Ragot de la Coudraye, fille d'un intendant de M. de Pontchartrain, veuve de Veret de Saint-Sulpice, commissaire général de marine. Cette femme aimable et galante était l'amie de ce pauvre Vergier.

(2) Fr. Gigot de la Peyronie, né à Montpellier en 1678, premier chirurgien et médecin consulteur de Louis XV.

FÉVRIER 1721.

a le meilleur cœur du monde, et il ne lui manqueroit rien pour plaire trop, si elle n'étoit malheureuse par des ridicules que ses ennemis lui donnent, et que les accidents imprévus comme celui-ci augmentent encore.

CHANSON FAITE SUR CE QUE LES PRINCES SE SONT FAIT ACCOMPAGNER AU PARLEMENT.

Tout le Palais tremble
De voir à grand bruit
Arriver ensemble
Bourbon et Conti ;
Les polissons chantent
C'est le borgne et le bossu, lanturlu.

Princes, la cohorte
Vous enfle le cœur.
Croyant que l'escorte
Au Régent fait peur
Les polissons chantent, etc.

A la pauvre France
Rendez ses écus.
Servez la Régence
Et par des vertus
Empêchez qu'on chante
C'est le borgne et le bossu, etc.

Lundi 17. — LA FORCE. — On a fait une perquisition dans une maison qui appartient au duc de la Force, et où on dit qu'il y a un magasin de marchandises. Cela s'est fait de la part du lieutenant de police, qui y a envoyé deux commissaires du Châtelet, en vertu d'une ordonnance générale, qui permet de visiter tous hôtels, communautés et autres maisons, pour découvrir les marchandises déposées. Cette maison est dans la rue Saint-Dominique ; le duc de la Force y a son Suisse de sa livrée, ses équipages et sa bibliothèque. On y est entré, on a visité partout, on n'a rien trouvé. Le duc de la Force, qui demeure rue Taranne, a été averti : il est venu ; il a trouvé les commissaires en chemin, qui revenoient dans un fiacre. On a parlé de carrosse à carrosse. Il a demandé l'ordonnance; on la lui a donnée; il l'a lue et emportée au Palais-Royal. Un de ses gens a un peu houspillé un des assistants des commissaires. Voilà le fait, tel qu'il est dans un *Mémoires* des Ducs.

J'ai appris que l'on a décrété d'assigné pour être ouï au Parlement le chevalier Landais, qui est un Malouin, chevalier de l'ordre de Saint-Michel, qui a fait venir bien des marchandises d'un vaisseau vendu à Saint-Malo, et ce sont celles trouvées aux Augustins. Il a pris avec lui, par amitié, un avocat au Conseil, nommé Thierry, qui étoit, il y a un an, intendant du maréchal d'Estrées, ce qui fait soupçonner que le maréchal a part au monopole, par le moyen de ce Thierry. M. le Chancelier, qui avoit fait cet avocat censeur de livres, avec pension sur les sceaux, l'a fait rayer hier du nombre des censeurs. Tout cela ne dit rien de bon pour les seigneurs de la Cour et pour ceux qui se sont mêlés de leurs affaires. Il y a dans le droit une loi (t. III, *De com. et mercat.*). *Nobiliores natalibus et honorum luce conspicuos et patrimonio ditiores perniciosum urbibus matrimonium exercere prohibemus, ut inter plebeios et negociatores facilius sit vendendi emendique commercium.* (*Lois civiles*, t. IV, 220-221. Zonaye, *Hist. Annales.*)

On cherche la manière de signifier l'arrêt d'assigné pour être ouï au duc de la Force. On a trouvé des usages très-anciens, qui sont : que la signification se fait en présence de deux ducs et pairs, ou de deux chevaliers; mais cette présence peut être peu honorable pour les ducs. En attendant, le duc de la Force a promis de subir l'interrogatoire sans assignation. Voyez le *Mémoire* du duc de Richelieu, qui rapporte la forme d'ajournement et de jugement en forme de pairie. Dans les premiers temps, c'étoit deux ducs ou deux barons. Du temps de Charles VIII, il y a exemple d'un ajournement à un pair par le prévôt de Paris, un conseiller du Parlement et le premier huissier.

Mercredi 19. — Le duc de la Force s'est présenté pardevant les deux rapporteurs, MM. Ferrand et de Páris, pour l'interrogatoire; mais il n'a voulu ôter ni son chapeau ni son épée, quoiqu'il le dût faire, étant en état d'accusé; ce qui a fait que l'interrogatoire a été remis, et il doit y avoir une assemblée des Chambres sur cette difficulté.

PRINCE CHARLES. — Le même jour, on a appris avec surprise que madame la princesse d'Armagnac, qui n'a pas seize ans, a quitté M. le prince Charles, son mari (1). Elle s'est retirée hier, 18 février, le matin, dans le couvent de la Visitation, rue du Bac (2). Paris parle sur cette séparation sans en rien savoir; mais je sais, pour avoir été consulté, que c'est une affaire de famille et d'intérêt contre M. le duc de Noailles qui fait cette séparation. Le duc de Noailles, mariant sa fille, étoit convenu de garder 200,000 liv. dont il payeroit 10,000 liv. de rente au prince Charles, et qui ne pouvoient être payées qu'en héritages, moitié au jour de sa mort, et l'autre moitié au jour de la mort de la duchesse de Noailles, ou plutôt du survivant. Quoique cela fût stipulé ainsi, le 23 octobre dernier, il a payé ces 200,000 liv., en billets de banque, au prince Charles, qui ayant placé sur le clergé, n'en a plus que 4,000 liv. de rentes, ce qui est bien différent. La dot n'étoit point en rentes, elle ne

---

(1) Ou plutôt que son mari l'a quittée. Cette séparation, pour cause de simple dégoût de la vie commune, ou plutôt pour cause d'économie, est un des traits caractéristiques de la Régence, où il se renouvelle du reste aussi souvent que les mariages d'argent eux-mêmes. Il n'était pas difficile de dénouer des liens que l'intérêt seul avait formés et dont la fragilité tenait à celle de la fortune elle-même. Sur ce renvoi de sa femme par le prince Charles, qui va trouver de nombreux imitateurs, voy. Saint-Simon, XI, 397. *Correspondance de Madame*, II, 299, 300, et Barbier, I, 113. Le prince Charles de Lorraine, comte d'Armagnac, grand écuyer de France, né en 1684, avait épousé, en 1717, Françoise-Adélaïde de Noailles.

(2) Cette communauté avait été établie en 1673, rue du Bac, sur l'emplacement occupé aujourd'hui par le passage Sainte-Marie.

pouvoit être remboursée ; elle ne diminuoit pas même par l'édit de réduction des rentes à deux pour cent, parce que c'étoit une constitution dotale, à quoi on ne pouvoit toucher. Le remboursement, fait comme d'une rente, est une sorte de surprise, dont le prince Charles s'est plaint et dont sa femme, mineure, peut se relever. Elle ne le peut, selon bien des gens, qu'après la dissolution de la communauté (quoique je sois d'avis contraire). Et pour opérer cette dissolution, elle se peut faire séparer. On a donc commencé cette séparation par le couvent, le prince Charles disant qu'il n'est plus en état de faire pour sa femme les dépenses qui conviennent. Ensuite, viendra la séparation de biens, et la restitution contre la quittance. Le public parle de quelque mécontentement du mari sur la conduite de la jeune dame, mais il paroît que ce n'est que l'affaire d'intérêt (1), car le prince s'est en même temps défait de son équipage de chasse, qui étoit considérable, et qu'il ne peut plus soutenir, par la réduction de son bien. Il faut remarquer que les 40,000 liv. de rente de sa dot ne produisent plus que 16,000 liv. de rente. Le prince m'est venu voir le même jour, et m'a dit qu'ayant parlé au duc de Noailles, le duc lui avoit dit qu'il n'y avoit point entendu finesse, que sa quittance étoit bonne et qu'il la soutiendroit, à quoi le prince lui a répondu : « Je crois que vous n'entendez pas plus les affaires que moi, mais on m'a dit que cela ne se pouvoit pas. » Il a consulté Pillon, ancien procureur au Châtelet, très-habile, qui a été de mon même avis, et que la femme pouvoit se pourvoir, sans se faire séparer, en se faisant autoriser par justice au refus de son mari. Il doit

---

(1) Nos réflexions précédentes s'appliquent moins à l'affaire du prince Charles, dont les explications de Marais atténuent beaucoup la signification, qu'aux nombreux faits, du même genre, qui n'ont pas les mêmes excuses à offrir, et dont la valeur, pour l'appréciation morale de la Régence et de la décadence de la famille qui la marque, demeure intacte.

remettre toutes les consultations au lieutenant civil (1) qui, étant ami des deux parties, tâchera d'accommoder l'affaire.

Jeudi 20. — On a publié un arrêt du 12 qui ordonne que la commission des récépissés pour rentes perpétuelles, viagères ou provinciales, sera continuée par les gardes du Trésor Royal en quittances de finances, nonobstant la surséance portée par l'arrêt du 26 janvier dernier. C'est une petite espérance pour les rentiers, mais ce n'est qu'une forme pour le Trésor Royal.

Vendredi 21. — Il y a eu une assemblée des ducs et du Parlement sur l'affaire du duc de la Force. Il y est venu, en habit de cérémonie, a pris place, et a même opiné dans une affaire qui a été plaidée. Ensuite, il a voulu parler et a dit qu'il venoit pour se justifier. La Cour n'a pas voulu l'écouter, et lui a dit que c'étoit dans son interrogatoire qu'il devoit proposer ses défenses. Il s'est trouvé 18 ducs, outre les princes. Les ducs d'Antin et de Noailles n'y étoient pas. Les gens du Roi ont voulu parler; il les a interrompus. Ils lui ont remontré qu'il ne pouvoit pas les interrompre, non pas même le Premier Président, et qu'ils avoient à parler d'un procès-verbal de rébellion qui le regardoit et qu'il ne pouvoit pas demeurer en place. La Cour lui a ordonné de se retirer; il s'est retiré, en protestant de nullité de tout ce qui seroit fait contre lui, attendu qu'on ne gardoit pas les formes de pairie dans son affaire, et qu'il devoit y avoir une assemblée de pairs au Parlement par *lettres patentes*, etc. On a remarqué que quand il est sorti de la lanterne il pleuroit à chaudes larmes. Mme de Nesle dit qu'il avoit pleuré, parce qu'il s'étoit souvenu en ce moment qu'il étoit duc de la Force. Après qu'il a été retiré, les gens du Roi ont lu le procès-verbal de rébel-

---

(1) D'Argouges.

lion qu'il a faite le 18 février, dont j'ai parlé à ce jour. Sur la lecture de ce procès-verbal, et sur ce que la visite se devoit faire dans une maison étrangère, où le lieutenant général de police pouvoit exercer sa juridiction, ce qu'il n'eût pu faire dans la maison d'un duc et pair, il a été décrété d'ajournement personnel, presque tout d'une voix. Ainsi, cette affaire s'accroît tous les jours, et le voilà interdit de toutes les fonctions de pair et du conseil de Régence, parce que l'ajournement personnel emporte interdiction. Il étoit venu au Palais avec plusieurs carrosses et douze personnes de sa livrée.

DICTIONNAIRE CRITIQUE DE BAYLE, 3ᵐᵉ ÉDITION. — M. Fagon, conseiller d'État (1), m'a fait présent aujourd'hui des 4 volumes du *Dictionnaire* de Bayle de la 3ᵐᵉ édition, où d'abord j'ai remarqué la vignette qui est au-dessus de l'*Épître dédicatoire* au Régent, et son portrait au milieu. Au côté gauche est la France, triste et affligée, qui porte une corne d'abondance vide, dont il paroît qu'il est sorti des billets, avec cette inscription : *Billets de monnoie, billets de banque, billets d'État.* Au côté droit sont représentés les bâtiments de la Banque avec ce titre : *Banque royale.* Il paroît un suisse à la porte avec sa hallebarde et une foule de monde qui veut y entrer. La France y paroît triomphante et paye avec des Génies qui tiennent une corne d'abondance d'où il sort des espèces d'or et d'argent en quantité, et au bas est un sauvage qui tient une carte du Mississipi, d'où il paroît que toute cette abondance est venue. Cette vignette a été gravée par le fameux Picard. Elle a été faite dans le temps que la Banque étoit florissante; mais aujourd'hui qu'elle est détruite, l'éloge est tourné en satire, et voilà une satire immortelle. Le Régent en est très-fâché, a donné son exemplaire dès qu'il l'a eu, et a voulu empêcher qu'il n'en

---

(1) Fils de Fagon, premier médecin de Louis XIV.

entrât d'autres, mais il n'en a pas été le maître, et il n'eût jamais dû accepter cette *Épître dédicatoire*, qui est aussi très-ridicule, et faite par M. de La Mothe, de l'Académie, où il lui dit : « Les grands hommes regardent les louanges comme la récompense de la vertu, mais il semble que pour vous elles n'en soient que l'inconvénient. » Il dit, dans un autre endroit : « Votre justice et votre bonté vous ont fait trouver, pour acquitter les dettes de l'État, et pour y répandre de nouveaux trésors, ces prodigieuses ressources qui étonnent les nations, et dont elles seroient jalouses si votre équité et celle que fait attendre le jeune monarque qui s'élève sous votre exemple ne les rassuroient contre votre puissance. » Cela ne vient-il pas bien à propos en ce temps-ci, et ne voilà-t-il pas un beau style?

RECUEIL DE 1716. — La protestation du duc de la Force est inutile et contraire à la *Déclaration du Roi* du 10 mai 1716. Rég. le 22 mai, qui a ordonné que l'on suivroit le dernier état tel qu'il étoit au jour de la mort de Louis XIV, pour tout ce qui regarde les usages pratiqués à l'égard des pairs de France, jusqu'à ce qu'il y ait été autrement pourvu par le Roi par un règlement général.

L'assigné pour être ouï lui a été signifié dans le Palais, en parlant à sa personne, le jour qu'il est venu pour se faire interroger et qu'il ne l'a point été, à cause de l'épée qu'il a voulu garder. La signification lui a été faite, sans tant de façons, par Choulx, huissier de la Cour, et on lui a signifié de la même manière l'ajournement personnel lorsqu'il a été rendu.

MAL DU ROI. — Le Roi a eu un mal fort plaisant et qu'il n'avoit point encore senti : il s'est trouvé homme. Il a cru être bien malade et en a fait confidence à un de ses valets de chambre, qui lui a dit que cette maladie-là étoit un signe de santé. Il en a voulu parler à Maréchal, son premier chirurgien, qui lui a répondu que ce mal-là n'affligeroit personne, et qu'à son âge il ne s'en plaindroit pas. On appelle cela en plaisantant *le mal du Roi*, comme on disoit de la fistule du feu Roi, qui ne s'appelle point autrement et à la Cour et à la ville que *le mal du Roi*, encore aujourd'hui.

On a ôté à M. Landivisiau, maître des requêtes, la direction de l'Opéra, et on l'a donnée à M. de Francine, maître d'hôtel du Roi, gendre de Lully, qui l'a eue autrefois. Il y a des chansons faites à ce sujet qu'il faut avoir, car ce maître des requêtes mérite bien d'être chanté.

Dimanche 23. — *Dimanche gras.* — Prince Charles. — Le Prince Charles m'est venu voir et m'a ouvert son cœur sur l'affaire de sa femme. Il alla, dimanche 16, trouver le duc de Noailles, à qui il dit, après avoir parlé de l'affaire d'intérêt, que l'humeur de sa femme étoit incompatible avec la sienne ; qu'il n'y pouvoit pas vivre, et qu'il falloit se séparer. Le duc de Noailles, embarrassé, dit qu'il falloit consulter quelque personne d'âge. Le prince répondit qu'il ne comptoit point sur l'âge, mais sur l'honneur, la vérité et la probité. On proposa le cardinal de Noailles ; le prince dit qu'il étoit digne d'être à la tête de la famille de Noailles, qu'il entendroit ses sermons, et lui feroit sa confession. La conversation se tourna en ami, et le prince lui dit : « Voulez-vous que je vous donne conseil en ami, reprenez-la chez vous sous prétexte de la diminution des revenus, et que je ne puis plus survenir à sa dépense. Elle y a déjà été depuis le mariage, le public la reverra sans être étonné, peut-être les humeurs se raccommoderont. Voulez-vous un autre expédient? vous allez aller à Saint-Germain en Laye passer cinq ou six mois, vous l'y avez menée l'année passée prendre le lait, menez-la encore cette année, et d'ici que vous partirez, je la verrai et mangerai avec elle à l'ordinaire. » Ces deux partis n'ont point plu au duc de Noailles, qui a dit qu'il falloit examiner cela. Le prince s'est retiré, et n'a point entendu parler du duc de Noailles pendant toute la journée ni le lendemain. Il arriva seulement que le lundi après midi, madame la princesse envoya prier son mari d'aller chez elle. Il y alla ; il la trouva seule, et lui dit qu'il se rendoit à ses ordres. Elle lui dit d'abord : « Monsieur, voilà bien du tracas. » Il lui demanda : « Madame, avez-vous vu monsieur votre père ? » — « Non, répondit-elle, je ne l'ai point vu, mais je ne veux point aller à l'hôtel de Noailles. » « Vous l'avez donc vu et il vous a donc parlé de quelque chose ? » — « Non je ne l'ai point vu, dit-elle une seconde fois, et je ne veux point aller à l'hôtel de Noailles. » Le prince ne lui dit autre chose, sinon : « Madame, je veux parler à monsieur votre père, et il me doit une réponse. » Le prince a dit, en me faisant ce récit : « Vous avez ouï dire dans le monde qu'elle avoit pleuré, qu'elle s'étoit jetée à mes genoux, qu'elle s'étoit évanouie (1). Il n'y a rien de vrai, et il ne s'est passé autre chose que cela. Peut-être, si son père y avoit été et si elle avoit répandu quelques larmes, j'aurois eu de la faiblesse. Il m'a dit encore qu'en parlant au duc de Noailles, il lui avoit dit : « Je ne veux être ni tyran, ni précepteur, ni valet. » Le prince s'étant retiré de l'appartement de sa femme, n'entendit plus parler d'elle ni du duc de Noailles dans le reste de la journée et étoit fort surpris de ce silence. Le lendemain, mardi 18 février, à neuf heures du matin, un gentilhomme nommé Bailly, qui étoit écuyer de la princesse, entra dans la chambre du prince et lui dit : « Monseigneur, je viens vous dire que madame la princesse est retirée à la Visitation. Elle y est allée ce matin avec mademoiselle de Montègre et moi et une de ses femmes. Elle est entrée dans le couvent, a retenu la femme, et nous a renvoyés, mademoiselle de Montègre et moi. (Mademoiselle Montègre est une fille d'honneur qui la gardoit.) » Le prince répondit : « Ils m'ont servi suivant mes souhaits ; » et cependant il fut fort piqué de n'avoir pas entendu parler du duc de Noailles, et que ce parti n'ait pas été pris avec lui. Il appelle

---

(1) Voir le récit touchant de Madame (II, 299, 300).

une désertion et m'a dit : « *Ma femme m'a déserté.* » Deux jours après, elle lui écrivit un petit billet sans signature, où elle lui marque qu'elle est à la Visitation, comme il a souhaité ; qu'elle espère que cela lui plaira, et elle finit par ces mots : « Toute ma vie, je serai digne de votre estime, malheureuse de n'avoir pu être digne de votre amitié. » Le prince a été fort fâché d'un billet si faux et si court dans une telle occasion. Il semble qu'il ait approuvé la retraite dans le couvent dont il n'a jamais parlé, et il dit que c'est une phrase de roman ou de couvent que la fin, parce qu'on ne peut avoir de l'estime pour une personne sans avoir de l'amitié, principalement quand cette personne-là est sa femme. Il paroît que la famille de Noailles a pris, dans cette affaire, un parti très-singulier ; que M. de Noailles ne pouvoit pas se dispenser de répondre pendant les deux jours, et que la famille assemblée pouvoit prévenir tout cet éclat par des tendresses envers le mari, qui se seroit fléchi, quoiqu'il m'ait dit que sa résolution étoit prise, et qu'il s'étoit donné parole à lui-même de n'en point changer. M. le maréchal de Villeroy, oncle du prince, a été fâché de n'avoir point été averti par lui de toute cette discorde, et reçoit M. le duc de Noailles chez lui comme à l'ordinaire. Il est capitaine des gardes du corps en quartier chez le Roi, il est tous les jours au Louvre avec le maréchal, qui est gouverneur du Roi, et il lui a fait entendre tout ce qu'il a voulu.

LAUTREC. — Depuis que l'on a vu cette dame renvoyée, il a pris en gré à d'autres maris d'en faire de même, et M. de Lautrec, gendre de M. le Premier Président, a remis la sienne entre les mains de son père, qui la garde et ne la remettra pas dans un couvent. Ils n'ont point d'enfants. Le mari vivoit mal avec elle ; c'est un homme de grande qualité, mais sans mérite parmi les gens de guerre : la dame est assez belle et a un esprit lent, mais naturel. Elle n'a point acquis beaucoup de réputation à Pontoise. Elle est rousse et on dit qu'elle en a les défauts (1). Il y a aussi M. et Mme d'Estaing qui se sont quittés. Enfin la mode vient de quitter les femmes comme on quitte une maîtresse infidèle. Tout le monde cherche la raison de la brouillerie du prince Charles; on devine quelque galanterie avec le chevalier de Lorraine ou le duc de Richelieu. Bien des gens prennent le parti de la dame; mais c'est ici où on peut dire ce que disoit cet empereur : « Vous voyez bien mon soulier, mais vous ne voyez pas où il me blesse. » On a voulu dire que Mme de Lanjamet, ma parente, fort amie du prince (2), a eu part à cette brouillerie, et qu'elle l'a conseillée; mais elle a rapporté une lettre contraire de la princesse elle-même, à elle écrite le dimanche, jour que le prince avoit parlé au duc de Noailles, où il paroît que Mme de Lanjamet l'avertissoit

---

(1) Les questions de séparation, souvent peu claires pour les juges, le sont encore moins pour les chroniqueurs, qui ne peuvent attraper que des apparences souvent contradictoires. Alors ils prennent parti les uns pour la femme, les autres pour le mari, et, comme à Duclos, ce qui est malin leur paraît suffisamment vrai. Il y a plusieurs versions sur la séparation du prince Charles et de sa femme. Et selon qu'on écoute Marais ou Madame, on donne à l'un ou à l'autre tous les torts. Il en est de même de l'affaire de Lautrec. Saint-Simon l'excuse, ou du moins le plaint, et Madame le flétrit. L'un en fait la victime, l'autre le bourreau de sa femme. Que conclure? L'un et l'autre. La théorie des torts réciproques est encore la moins embarrassante. (*Saint-Simon*, VII, 330. *Madame*, II, p. 306.) Madame dit le mari horriblement débauché et assure que le père, le vieux marquis d'Ambres, mourut de chagrin en demandant pardon à M. de Mesmes et à sa fille de leur avoir donné un tel gendre et un tel mari. Saint-Simon ne dit rien de tout cela.

(2) Voir sur cette dame, qui par l'intrigue et l'esprit, veuve d'un procureur et femme en secondes noces d'un lieutenant aux gardes, dont on contestait la noblesse, s'était fourrée dans les plus grandes maisons et était parvenu à une sorte d'influence, Saint-Simon, qui ne l'aime pas, et qui dit d'elle : « Elle avait eu de la beauté, mais de l'esprit et de l'intrigue comme quatre démons, de la méchanceté et de la noire scélératesse comme quatorze diables ». Il l'accuse formellement d'avoir excité et favorisé la zizanie du ménage du prince de Lorraine, ce qui aurait fini par être reconnu et par la faire chasser (IV, 146). — Ce « fort amie du prince », de Marais, et quelques autres faits *concordants* et *concomitants*, comme on dit au Palais, donneraient à penser, rapprochés de ce que dit Madame : « il était fort épris d'une dame qui est à présent devenue veuve », serait-ce Mme de Lanjamet?

depuis très-longtemps de ce qui pouvoit arriver et vouloit l'engager à s'éclaircir avec son mari et à lui parler sur son éloignement, ce qu'elle a toujours négligé et dont elle se fait des reproches à elle-même. Cette lettre a été montrée à M. le maréchal de Villeroy, qui l'a trouvée bonne pour justifier Mme de Lanjamet, et lui a dit de la garder. Cependant, il lui a dit qu'elle devoit lui parler de ce qui se passoit ; mais elle a répondu qu'elle n'avoit jamais eu le secret du prince ; qu'elle avoit averti la princesse par bonne amitié ; qu'elle s'étoit même servie de Mme d'Arcy pour lui donner des avis, et que si elle avoit le secret du prince, elle n'avoit jamais dû le trahir. Voilà l'état de toute cette affaire jusqu'à présent. Nous en verrons les suites.

J'ai soupé le soir avec le prince Charles, M. de Brillac, capitaine aux gardes, son ami, et Mme de Lanjamet. On a beaucoup parlé de toute cette grande quitterie, et principalement des bruits qui couroient sur ce que le maréchal de Villeroy avoit envoyé quérir Mme de Lanjamet et lui avoit fait de grands reproches, même l'avoit fort maltraitée de paroles. Le prince dit qu'il ne voudroit pas pour 100,000 écus qu'elle n'eût pas sa lettre. Elle a résolu d'écrire au maréchal pour faire cesser ces bruits et lui rendre justice sur ce qui s'étoit passé entre eux deux, qui s'étoit terminé par bien des honnêtetés ; elle m'a envoyé le lendemain une grande lettre où étoit tout le détail pour l'examiner ; mais je n'en ai pas été d'avis et je lui ai mandé qu'on ne se justifioit pas envers le public, qu'il ne se taisoit qu'avec le temps, que dans trois jours ces bruits cesseroient, qu'elle ne feroit que les renouveler ; qu'il n'y avoit qu'à montrer la lettre de la princesse à tous ses amis et qu'elle se feroit des tracasseries en nommant les personnes qui répandoient ces bruits. On a su que M. le prince de Conty a dit tout haut chez lui que Mme de Lanjamet n'avoit aucun tort et qu'elle en avoit usé à merveille. Je l'ai entendu dire depuis à plusieurs gens de la cour, et il est certain que si la princesse l'avoit crue, ce malheur ne lui seroit pas arrivé.

LA FORCE. — Ce même jour, dimanche, il y a eu une assemblée de ducs chez M. le cardinal de Mailly, archevêque de Reims et premier pair ecclésiastique. Ce ne sont pas les ducs qui ont été au Parlement contre le duc de la Force ; ce sont d'autres ducs qui n'y ont pas été et qui font un parti séparé de leurs confrères. Ils ne veulent point aller au Parlement à cause de la dispute du bonnet que le Premier Président ne veut pas leur ôter en demandant leur opinion; on les appelle *bonnetiers* à cause de cela (le cardinal de Mailly, le duc de Saint-Simon, la Rochefoucauld, de Chaulnes), et qui a été sursise par la déclaration du 19 mai 1716, qu'ils ne veulent pas exécuter. Il a été résolu dans cette assemblée de donner une requête au Roi, au nom de ces ducs, pour demander que tout ce qui a été fait au Parlement contre le duc de la Force soit cassé comme contraire à la forme de pairie. J'ai voulu examiner le crime du duc de la Force ; ce ne peut être un monopole (1), puisqu'il n'a pas amassé toute une marchandise nécessaire à la vie; il a seulement contrevenu aux ordonnances qui défendent le négoce et trafic aux gentilshommes, mais il n'est pas défendu en gros (*Traité de la noblesse*, 372), et il y a un édit d'août 1669 qui permet à la noblesse le commerce de mer sans déroger. Quand le duc auroit vendu en détail, ce ne seroit pas une matière criminelle, et il semble qu'il y a dans tout ceci une procédure irrégulière qui cache quelque vengeance se-

---

(1) Ces réflexions de Marais, d'accord sur ce point avec Saint-Simon et Duclos, ne réhabilitent pas le duc de la Force. Mais elles sont, au point de vue juridique, pleines de sens et de raison. Et elles eussent eu plus d'autorité à propos d'un homme moins livré que le duc de la Force à la malignité publique, et qui n'eût pas comme lui justifié en quelque sorte jusqu'à l'injustice. Le duc de la Force, *zélé bonnetier*, et par suite odieux au Parlement, fut le bouc expiatoire du Système et de ces rancunes aveugles que la fuite de Law laissait sans vengeance. Mais, en pareil cas, n'est-ce pas déjà un déshonneur que d'être choisi pour victime?

crête (1). Le Régent lui a dit : « Que n'allez-vous à vos terres et que n'abandonnez-vous toutes ces marchandises ? » Il a demandé depuis à ses amis si cela vouloit dire qu'il étoit exilé dans ses terres, et on a dit dans le monde qu'il l'étoit.

Milord Stanhope, qui a tant travaillé à la Quadruple-Alliance avec l'abbé Dubois, est mort subitement en Angleterre, après avoir parlé avec trop d'ardeur dans le Parlement contre les directeurs de la Compagnie du Sud (2). C'est une grande perte pour les affaires du Congrès de Cambray, dont il avoit le secret. Il n'avoit que quarante-huit ans; il laisse des enfants et une fort belle veuve.

JÉSUITES. CAEN. — Les Jésuites de Caen ayant joué une pièce de théâtre où ils ont représenté les docteurs de l'Université, sous diverses formes, jusqu'à leur mettre des mitres de travers et à dire qu'ils feroient des docteurs aussi bien que d'autres et à demander un cierge pour l'excommunication, l'Université a donné un décret, du 16 janvier 1721 par lequel elle a déclaré les Jésuites déchus et privés du privilége d'agrégation à l'Université de Caen, séparés et étrangers pour toujours du corps de ladite Université, eux, leurs collége et écoliers, et tous ceux qui dans la suite pourront y professer et étudier. Défenses de recevoir aux degrés ceux qui étudieront dans le collége, et privés les Jésuites de tous les droits d'agrégation accordés par l'acte du 25 octobre 1608 et défenses de se dire : *Celeberri mæ Academiæ Cademensis*. L'insulte étoit grave, publique, et mérite bien cette exclusion.

---

(1) Barbier, qui n'ose pas se prononcer sur la culpabilité du duc, convient de cette haine du Parlement, qui ne fut pas sans influence sur sa décision, à une époque où le Parlement était plus un corps politique que judiciaire.

(2) Voir Saint-Simon, XX, 377 et Madame (II, 311). Madame attribue sa mort aux suites d'une orgie. D'autres historiens disent aux suites d'une violente discussion avec le duc de Warton.

Constitution. — Les évêques appelants ne se taisent pas, quoique le silence soit imposé sur la Constitution. Il paroît une requête au Roi des évêques de Senez, de Montpellier et de Boulogne, au sujet de l'arrêt du 31 décembre 1720, qui porte suppression de leurs mandements. Cette requête a été présentée au Roi le 16 de ce mois. Il y a dans cette requête plusieurs lettres de l'évêque de Mirepoix, qui justifient qu'il ne les avoit point abandonnés avant sa mort, et qu'il n'avoit accepté le *Corps de doctrine*, quoiqu'il eût dit qu'il contenoit une doctrine orthodoxe. Ils prétendent prouver que la paix qu'on vient de faire n'est ni durable, ni solide, puisqu'il ne peut y en avoir de telle entre la vérité et le mensonge. Ils établissent, contre l'arrêt, la nécessité des conciles en certaines occasions, qu'il s'agit ici de la doctrine de l'Église et de la conservation des expressions de la tradition. Ils montrent que les mandements supprimés ne sont point injurieux ni au pape, ni aux évêques de France, ni contraires à l'autorité des souverains. Ils disent au Roi : *Tibi Deus imperium tradidit, nobis ecclesiastica concredidit, et quemadmodum qui tibi imperium subrepit Deo imperanti repugnat, ita metue ne lite ad ecclesiastica pertrahas, magni criminis reus fias.... neque igitur nobis terræ imperare hinc, neque tu adolendi habes potestatem.* Ce sont les paroles d'Osius, évêque de Cordoue, à l'Empereur, rapportées par saint Athanase (*adolendi* vient d'*adolere*, encenser, mettre la main à l'encensoir). Ils disent que la doctrine qu'ils combattent est une doctrine « selon laquelle nous n'aurions pas, Sire, le bonheur de vous avoir pour Roi et qui est la cause des malheurs que nous éprouvons depuis la Bulle. » — (Ce qui est fort et bien malin, car cela fait entendre qu'on auroit pu faire mourir le Roi, s'il n'y avoit pas eu des évêques appelants, et que les jésuites l'auroient fait assassiner.) Ils finissent leur requête par un long éloge qu'ils font de plusieurs ecclésiastiques qui se sont joints à eux, et disent au Roi qu'il n'a point de sujets dans son royaume plus recommandables par leur piété, plus célèbres par leur érudition, plus zélés pour les maximes de l'Église gallicane, et plus fidèlement attachés à S. M.

Liste des appelants nouveaux. — En même temps, on a distribué une *Liste* imprimée de 300 ecclésiastiques, par ordre d'alphabet, qui ont signé un acte du 21 novembre 1720, où ils déclarent que le mandement du cardinal de Noailles, du 2 août, leur donne lieu de s'expliquer de nouveau et de dire qu'ils ne prennent point de part à l'acceptation de ce cardinal, et qu'ils se tiennent aux appels interjetés et à celui des quatre évêques, du 10 et 12 septembre 1720, etc. Cette liste commence par la lettre A et par l'abbé d'Asfeld, et ainsi de suite. En sorte que, quand la Cour voudra trouver ceux qu'on appelle jansénistes, et les éloigner, par lettres de cachet ou autrement, il n'y aura qu'à prendre cette liste et choisir qui on voudra. J'en ai fait parler à quelques-uns de mes amis qui y sont; mais ils disent qu'ils s'attendent à tout, et qu'il vaut mieux obéir à Dieu qu'aux hommes. La fin de la requête des évêques exprime cela bien fortement, et ne feint pas de dire qu'ils sont exposés à des ennemis violents et artificieux, qui sont habiles dans l'art de l'intrigue, qui font de leurs calomnies mêmes un de leurs plus puissants moyens; à qui une certaine régularité devient une note, et qui ne respirent depuis longtemps que les menaces et les persécutions.

Traité de la Grace. — On a aussi vu en même temps un *Traité de la grâce efficace*, par feu M. de la Broue, évêque de Mirepoix, imprimé à Paris avec privilége, chez Barrois. C'est un in-12. M. de Mirepoix en parle dans ses lettres. Le privilége est du 19 novembre 1720, postérieur à la déclaration du Roi. On l'avoit surpris au sceau. Le livre a été supprimé dès qu'il a paru.

Bals. — Les jours gras se sont passés avec beaucoup de joie dans le peuple. Il y a eu de beaux bals publics au Palais-Royal. A l'ordinaire, on en donnoit à cent sols par personne. Le Régent, les princes et leurs maîtresses y ont paru. Il faisoit très-froid, et il geloit bien fort partout. On croyoit n'avoir point d'hiver, et il y en a eu un assez rude. Il y avoit 1,200 personnes au dernier bal.

Mercredi 26. — LES CENDRES. — LA FORCE. — Les ducs contraires au duc de la Force ont demandé communication de la requête des autres ducs. Le Régent l'a donnée, et ils ont, au nombre de 17 ou 18, signé un écrit portant désaveu de cette requête, qui étoit signée au nom de tous les ducs.

Jeudi 27. — Sur ces différentes requêtes, il y a eu un arrêt donné secrètement, par lequel le Roi a ordonné qu'il auroit communication du procès du duc de la Force, et cependant a fait défenses au Parlement et à tous autres juges d'en connoître et d'en continuer l'instruction. L'arrêt porte évocation de l'affaire à la personne du Roi. Les princes n'ont point su cet arrêt, et il n'en a point été parlé au conseil de Régence tenu ledit jour 27. C'est une grande époque pour l'État.

Vendredi 28. — L'arrêt a été signifié le matin par un *huissier du Conseil* à M. le procureur général, qui en a aussitôt donné avis à la Cour. En même temps, la Cour a envoyé des billets d'invitation aux princes du sang et aux ducs, pour se trouver à dix heures trois quarts au Palais. Il y a eu des billets qui n'ont pu être portés qu'à onze heures, et cela a fait que bien des ducs y ont manqué. M. le prince de Conti est arrivé le premier ; on étoit à la buvette ; il y a été, il a offert ses services à la Cour dans toutes les occasions qui se présenteroient et a bu un coup à la santé de Messieurs. On est revenu dans la Grand'-Chambre auprès de la cheminée. M. le Duc est arrivé, qui a offert aussi ses services, et promet son attachement pour toujours à la Compagnie. Plusieurs ducs sont venus, les Chambres se sont assemblées. On a lu l'arrêt qui a été pris pour un arrêt définitif d'évocation à la personne du Roi et à son conseil et un dessein de renvoyer l'affaire à des commissaires et d'en priver le Parlement, contre l'usage de ne point invoquer les affaires criminelles, et encore moins celles des Pairs, qui ne peuvent être jugées que par le Parlement, qui est la cour des Pairs. Les commissaires ont fait peur. Ces princes ont dit que le Régent pourroit faire faire le procès à qui il voudroit de cette façon. On a été aux opinions, et on a été d'avis qu'il falloit faire des remontrances au Roi sur cet arrêt. Les gens du Roi sont allés demander l'heure du Régent, qui n'a pas trop bien reçu le procureur général. L'heure a été donnée pour le lendemain samedi, à 4 heures, et on a résolu de dresser les remontrances l'après-dînée. Les princes ont dit qu'ils y vouloient être présents, parce que c'étoit leur affaire, et la cour les a bien remerciés.

L'après-dînée on s'est assemblé : les trois princes sont venus ; les remontrances ont été dressées sur le fondement que l'arrêt étoit rendu contre le droit des princes du sang, des ducs et du Parlement. On parle toujours au nom de tous. On y insinue que l'arrêt du 27 n'a point été vraiment rendu le jour de sa date, puisqu'il n'en a point été question au conseil de Régence, où étoient les princes, que les princes du sang, en qui coule le sang du Roi, ont intérêt d'empêcher que les règles de la justice ne soient violées, et que le Régent lui-même, en qui coule ce même sang, doit autant qu'un autre veiller à la conservation de cette autorité et du droit des Pairs et du Parlement ; ce qui a été mis exprès pour lui faire entendre qu'il pourroit craindre sa justice, dans le compte qu'il doit rendre de sa Régence. Les princes ont dit qu'ils se trouveroient aux remontrances avec le Parlement et les ducs et en habit de pairs, mais comme on leur a fait entendre qu'ils ne pourroient aller qu'après les Présidents à mortier, s'ils étoient en habit de pair, il a été convenu qu'ils y viendroient à l'ordinaire.

MARS 1721.

Samedi, 1er *mars*. — REMONTRANCES DU PARLEMENT. — Les remontrances ont été faites par M. le Premier Président, qui les a lues. Comme il est fort baissé et dans un état très-foible, il les a mal lues, et le comte de Charolois lui souffloit les endroits qu'il ne pouvoit prononcer. Elles ont paru bonnes, quoique longues, mais on n'avoit pas eu le temps de les abréger. Tous les présidents à mortier y étoient ; les présidents des enquêtes, plusieurs conseillers de la Grand'-Chambre, trois conseillers de chaque Chambre et presque tous les ducs. Le Roi a dit qu'il étoit bien aise de voir son Parlement ; qu'il recevoit les remontrances en bonne part, que son Chancelier lui diroit sa volonté. M. le Chancelier a dit que l'affaire étoit assez importante pour l'examiner, que le Roi n'avoit pas encore pris de parti de retenir l'affaire ou de la renvoyer au Parlement, et qu'il étoit surprenant que de si habiles gens eussent pris l'arrêt pour une évocation, au lieu que ce n'est qu'une communication, qui ne peut point être refusée au Roi, et qu'il peut prendre, quand il veut, dès qu'il s'agit d'un pair de France.

M. de Blancmesnil (1), avocat général, a parlé ensuite au nom des gens du Roi sur la signification qui a été faite *de l'arrêt et a dit, que quand le Roi vouloit faire savoir sa volonté à ses gens*, il la leur donnoit de bouche ; qu'ensuite, ils la rendoient à la Cour, et qu'il étoit contre la dignité de leur place de leur envoyer un *huissier*. Le Régent

---

(1) Georges de Lamoignon de Blancmesnil, né en 1683, successivement avocat général, président à mortier du Parlement, premier président de la Cour des aides en 1746 et chancelier en 1750. Il mourut en 1772.

a dit : « Voilà un jugement subtilisé. » Le Chancelier a répondu aux représentations qu'il pourroit bien y avoir de certaines occasions si pressantes qu'on ne pouvoit pas toujours garder les règles, et que le procureur général ne représentoit pas le Roi en cette affaire, mais étoit accusateur et partie publique, et qu'en cette qualité, *la signification pouvoit passer pour bonne.*

Le Régent est très-fâché de voir les trois princes et la plus grande partie des ducs unis avec le Parlement. Cela ne s'est point encore vu depuis la Régence. Le duc de la Force a causé cette brouillerie ; il a donné une requête en son nom pour l'évocation, et prétend qu'il ne demande autre chose que ce que tous les ducs ont demandé en 1716 par les requêtes qu'ils ont données dans l'affaire du duc de Richelieu, où la forme de pairie est établie. Par l'édit de 1711 sur les duchés et pairies, le Roi a réglé que quand il s'agiroit des rangs, dignités et prérogatives des pairs, on se retireroit vers sa personne, et qu'il renverroit l'affaire au Parlement de Paris, s'il ne trouvoit à propos de la juger lui-même, et que s'il survenoit quelque incident, il faudroit toujours s'adresser à sa personne, et que les affaires renvoyées ne pourroient plus être évoquées. C'est sur cet édit que l'arrêt peut être fondé : il y a un mot d'Henri IV qui dit qu'il étoit « le premier président des Pairs et qu'on ne pouvoit rien faire sans lui contre un pair de France. » La déclaration du mois de mai 1716 ordonne que le procès sera fait au duc de Richelieu par toute la Grand'-Chambre assemblée, « Nous réservant de convoquer les pairs au jugement définitif en la manière accoutumée. » C'est donc le Roi qui convoque les pairs et non pas les pairs qui vont d'eux-mêmes comme juges. — Cette grande matière est bien éclaircie dans le *Mémoire* (de 1716) du duc de Richelieu. Le Parlement y oppose son titre de cour des Pairs et cour du Roi. Les Pairs, ainsi que les princes, craignent les commissaires et l'autorité du Régent. Il y a bien des exemples de part et d'autre, pour et contre. M. le Chancelier, si habile dans notre histoire, est bien capable de les démêler; mais cette affaire devient politique et d'État, et les suites peuvent être très-importantes.

Les ducs du parti du duc de la Force ont distribué un *Mémoire* manuscrit où ils demandent justice au Roi sur cinq griefs. 1° Le Parlement procède contre un pair sans commission particulière. 2° Il convoque les pairs sans permission du Roi et par ses greffiers. 3° Il veut obliger un pair de répondre sans épée sur un assigné pour être ouï. 4° On l'empêche de parler dans la cour des Pairs, quoiqu'il soit en fonction, et qu'il vienne d'opiner. 5° Il est décrété d'ajournement personnel pour avoir demandé justice au Roi d'une insulte qui ne seroit pas faite à un particulier. Ce *Mémoire* rapporte le fait du duc d'Épernon, arrivé en 1614, qui purgea un décret d'ajournement personnel assis et couvert au Parlement, et plusieurs exemples qui sont dans l'ancien *Mémoire* du duc de Richelieu. (Girard, *Vie d'Épernon. Vie de Louis XIII*, Paris, 1716 en plusieurs tomes, t. I, voyez ce fait.)

Le Régent a demandé aux ducs du parti contraire une réponse. Ils ont dit qu'ils n'en avoient point à faire et qu'ils s'en tenoient aux remontrances.

Dimanche, 2 mars. — La matière des Pairs ayant été agitée au conseil de Régence, il a été arrêté que les différents mémoires, requêtes et remontrances seroient remis ès mains de M. le Chancelier, pour, sur son rapport, être fait droit.

Lundi, 3 mars. — Le Parlement s'est assemblé. On y a fait rapport de ce qui s'est passé aux remontrances, et la Cour a remis son assemblée à la huitaine.

Il y a bien des partis pour et contre : mais les princes et le Parlement entraînent bien des gens, et on se souvient de ce qui est arrivé l'année passée en Bretagne, où, par une commission d'un conseiller d'État et quelques maîtres des requêtes, on a fait couper le cou à quatre gentilshommes très-qualifiés de la province, sur une accusation de crime d'État, sans que personne en ait jamais rien dit (1). On se réveille suivant les occasions. Les princes qui veulent se brouiller sont bien aises de s'assurer du Parlement et de son autorité.

ABJURATION. — J'ai reçu nouvelle de Mme de Varenne, mon amie, que son mari a fait abjuration du calvinisme, s'est confessé et a reçu les sacrements le 1er mars à La Queue, proche Dreux, où il a une maison. Cela s'est fait en présence de cinq curés, du baron de La Queue, seigneur du lieu, et de presque tous les habitants qui en ont été bien édifiés. Il étoit très-malade, et depuis ce temps-là il a repris sa santé.

Mercredi, 5 *mars*. — SAINT-SULPICE BRULÉE. — Mme de Saint-Sulpice (dont j'ai parlé sur le 17 février) a été confessée par le P. Gaillard, jésuite, et a reçu Notre-Seigneur en viatique. Le cardinal de Noailles avoit refusé au P. Gaillard, qui est interdit de confesser, comme tous les autres jésuites, la permission de le faire, mais Mme la princesse de Carignan l'a obtenue. M. Pain, vicaire de Saint-Eustache, qui a rapporté les sacrements, n'a pas vu ce père d'un bon œil. Le père, qui étoit à genoux, lui a dit : « Il ne faut pas lui donner l'extrême-onction. » Le vicaire lui a dit très-rudement : « Pourquoi parlez-vous, lorsque je ne parle point? »

Ensuite le vicaire a fait son exhortation très-bien. La malade a demandé si Mme la comtesse de Livry n'étoit pas là. On a dit que oui, et aussitôt elle a dit : « Je lui demande pardon des mauvais exemples que je lui ai donnés, » et a poursuivi un discours assez long et d'une voix très-forte et assurée, où elle a fait une satisfaction publique. Ensuite elle a dit : « A ma mère, je lui demande

---

(1) V. S. Saint-Simon, XI, 277. Voir aussi, sur cette affaire de la conspiration de Bretagne, Lémontey, *Histoire de la Régence*, et la *Revue de Bretagne et Vendée*. Les pièces du procès sont à la bibliothèque de l'Arsenal.

pardon de n'avoir pas profité de la bonne éducation qu'elle m'a donnée, etc. » J'étois présent à tout cela, et toute l'assemblée en a eu une grande satisfaction.

Le public, qui est malin, a répandu une histoire sur cette brûlure, que l'on dit avoir été faite exprès par les princes, ce qui est très-faux, car j'ai su toute l'affaire d'un bout à l'autre, par les vrais témoins, et voilà comme il ne faut pas croire tous les bruits qui courent. On a cependant fait la chanson suivante sur ce faux bruit.

Sur l'air : *Que Mariane étoit coquette.*

Le grand portail de Saint-Sulpice,
Où l'on a tant fait le service,
Est brûlé jusqu'aux fondements.
Chacun s'afflige avec justice
Que les Condés, par passe-temps,
Détruisent un tel édifice (1).

J'ai appris que Polichinelle la jouoit à la foire, et disoit à son compère qu'il étoit venu des grenadiers voir sa femme qui lui avoient mis un pétard sous sa jupe et l'avoient brûlée. Il a dit aussi : « Compère, je suis en décret et cela me fâche beaucoup. » — « Tu es en décret, il n'y a qu'à te purger, » a dit le compère. — « Oh ! s'il ne tient qu'à me purger, répond Polichinelle, j'ai chez moi bien de la casse et du séné, et je me purgerai tant que je me guérirai du décret. » — Ainsi, les marionnettes ont joué les princes, le duc de la Force, et cette dame, dont l'aventure triste a été tournée en ridicule.

Constitution. — Mémoire très-fort. — *Jeudi, 6 mars.* — On m'a apporté un *Mémoire* in-4° de 48 p. imprimé, où l'on établit le devoir de parler en faveur de la vérité par rapport à ceux qui ne reçoivent ni la Constitution ni l'accommodement. Ce mémoire est très-fort, bien écrit, orné de plusieurs passages et exemples, et fait pour encou-

---

(1) V. dans Barbier, I, 114, 115, les trois couplets.

rager à signer un nouvel appel, et à faire paroître les noms de ceux qui signeront, dont on a déjà donné une liste. Ils disent (p. 29) : « On croit volontiers des témoins qui se font égorger. » (1) « Multipliez les souffrances, et la lumière se multipliera » (p. 27). On cite cet endroit de Daniel après avoir dit : Les fidèles souffriront-ils tranquillement qu'on dise de toutes parts qu'il n'y a plus de religion sur la terre ; ne s'en trouvera-t-il point qui dise avec David : *Nunc vadam et auferant opprobrium populi, nam quis est iste Philippæus incircumsisus qui ausus est maledicere exercitui Dei viventis ?* On peut appliquer ces paroles ou au Régent ou au Chancelier ou au Cardinal, et quoique cette pièce soit fort dévote, elle est pourtant séditieuse et sent le tocsin.

23 *février*. — INTERROGATIONS DES APPELANTS. — LISTE SUP. — Le même jour, M. Baudry, lieutenant de police, a envoyé quérir dix de ceux qui ont signé la liste du nouvel appel, savoir : l'abbé d'Asfred à la tête, l'abbé Duguet ou le père Duguet de l'Oratoire, le père Bernard de l'Oratoire et un autre, trois chanoines de Saint-Honoré, le curé de Sainte-Marguerite et ses deux vicaires, le curé de Sarcelles, exilé à Vienne en Dauphiné. C'est un des 300 de la liste. Il a fait un procès-verbal de ce qu'ils ont dit, et leur a demandé qui les avoit excités à cet appel. Le père Duguet a dit qu'il avoit quatre-vingt-un ans, qu'il n'étoit excité par personne, mais par la religion et la vérité, et qu'il le feroit encore si cela étoit à faire. L'abbé d'Asfeld a répondu avec la même force, et sur ce qu'on lui a dit que tout ce qu'il diroit seroit écrit, il a répondu qu'il en diroit encore davantage, et que la vérité ne craignoit rien ; que recevoir la Bulle c'étoit apostasier. Les autres ont fait de même, et ils ont signé le procès-verbal. Cette procédure a paru extraordinaire en matière

---

(1) C'est le mot de Pascal.

de religion ; mais on la traite comme matière d'État, depuis la déclaration du Roi, et le lieutenant de police a agi comme commissaire des matières extraordinaires.

Guet. — Le soir de ce jour, sur les neuf heures, trois officiers : l'un, enseigne aux gardes, avec son habit d'ordonnance et son hausse-col, jeune gentilhomme breton, nommé Lesek, l'autre la Mark et le troisième Savary, fils de M. Savary, receveur général du Lyonnois, ayant voulu entrer par force dans un cabaret, le guet est survenu. Ils ont voulu l'attaquer, le guet a tiré et Lesek a reçu trois balles dans le corps. Il est mort le 7 mars. Il est fils unique. Les autres s'en sont enfuis. On demande, sur le point d'honneur, s'ils ont bien fait de s'enfuir et de laisser tuer leur camarade. Le guet a tué, il y a six mois, le fils de M. Bignon, intendant de Paris, qui étoit aussi officier aux gardes, dont la mort a passé pour maladie de petite vérole. Voilà bien des morts funestes ; mais le guet fait sa charge, et tue pour n'être pas tué.

Mlle de Sainte-Hermine, sœur de Mme de Mailly et de Mme Panier d'Orgeville, épouse le milord André, fils du comte de Melfort, Anglois. Ils n'ont rien ni l'un ni l'autre.

Richelieu. — Ce jour, 6 mars, M. le duc de Richelieu, étant âgé de vingt-cinq ans, a été reçu au Parlement (1). Tous les princes et le duc de Chartres même y étoient. Le Duc avoit tout son habit, manteau et chausses, d'une étoffe d'or très-riche et qui coûtoit 260 liv. l'aune. Il ressembloit à l'Amour. Personne n'a poussé plus loin que lui à la Cour la magnificence et le bon goût des habillements. On va voir quel parti il prendra dans l'affaire des ducs, et s'il sera d'un autre sentiment que celui qu'il avoit en 1716. (Il en a changé.)

Samedi, 8 *mars*. — Ambassadeur turc. — Mehemet-Effendi, ambassadeur du Grand-Seigneur, est arrivé à

---

(1) V. Barbier, I, 118. *Vie privée de Richelieu* (par Faur), I, 203.

Paris avec une grosse suite. Il vient complimenter le Roi sur son avénement à la couronne. Il est fils d'un renégat français, est homme poli et savant, et a été employé comme plénipotentiaire dans le traité de Carlowitz. Tout Paris le va voir dans une maison du faubourg Saint-Antoine, où il est en attendant son entrée. On conte une histoire d'une galanterie qu'il a eue en chemin, qu'il a partagée avec son fils, son interprète et son maître d'hôtel, et où on a nombré follement jusqu'à quatre-vingt-sept retours de leur passion amoureuse en quatre jours. La Fontaine dit :

> Tout homme est Gascon sur ce point.

On fait dire aux coquettes :

> Je voudrois bien avoir ce qui s'en manque (1).

Dimanche, 9 mars. — On a traité au conseil de Régence l'affaire des ducs, du Parlement et du duc de la Force. Il y a eu grand débat en présence des princes. On ne sait pas encore la décision ; on la saura demain au Parlement.

Lundi, 10 *mars.* — LA FORCE. PARIS. — Les chambres se sont assemblées. Les trois princes du sang y étoient et quatorze pairs. Le Roi a envoyé une déclaration qui renvoie l'affaire du duc de la Force au Parlement et qui l'en rend juge. Comme le Parlement a craint que cette déclaration ne passât pour lettres patentes et commission, elle a été enregistrée avec la modification qui suit : « Registré ouï et ce requérant le procureur général du Roi, sans que du présent enregistrement on puisse inférer la nécessité d'aucunes lettres, pour les procès criminels des princes et pairs de France, ni que le contenu en ladite déclaration puisse (directement ou indirectement) en

---

(1) Voir sur ce curieux voyage de l'ambassadeur turc à Paris, Saint-Simon, XI, 382, 402, 404. Barbier, I, 116, 118, 120, 121, Madame, II, 7, 270, Les *Mémoires de la Régence*, III, 81 et suiv. et surtout Lemontey, t. I, 451 et suiv.

quelque moment que ce soit, préjudicier aux droits des princes et pairs et autres ayant séance en la Cour, de n'être jugés qu'en icelle, et sera le procès du duc de la Force continué suivant les derniers errements et conformément aux arrêts précédents de la cour et procédé en exécution d'iceux. »

Un président des enquêtes m'a dit que c'étoit M. le prince de Conti qui avoit fait ajouter à la fin : *Et sera le procès continué,* parce que cette continuation marque que c'est toujours le même procès, qu'il n'est point censé interrompu, et qu'il sera jugé en exécution des arrêts de la cour, et non des arrêts du conseil ou déclaration du Roi. Les princes ne vouloient point cette déclaration, mais on l'a donnée pour conserver l'autorité du Roi dans les affaires des pairs, et ainsi il semble que chacun gagne sa cause. Voilà où se terminent toutes ces grandes contestations, dans lesquelles les exemples servent de peu. Toutes les autres prétentions des ducs sont renvoyées au règlement que le Roi a réservé de faire par sa déclaration du 10 mai 1716.

Le même jour, le duc de la Force a subi interrogatoire par-devant M. Ferrand, pour purger son décret.

On a aussi ouvert le même jour, au vieux Louvre, les bureaux pour faire le visa des papiers et effets publics. Cela se fait par l'entremise des notaires. Il y a eu cent cinquante parties expédiées le matin. On remet les effets au notaire après le visa, et afin qu'il n'y ait pas de mécomptes, on les donne enlacés et cachetés, sur le lacet, du sceau du propriétaire des effets.

CHANSON SUR LE DUC D'ORLÉANS ET M. LE DUC, BORGNES.

Borgnes maudits et détestables
A tout le monde abominables,
Le public dans son désespoir
Vous pardonneroit sa misère,
Si l'un de vous deux dès ce soir
De l'autre vouloit se défaire.

ÉPIGRAMME CONTRE M. LE DUC.

Prince, dites-nous vos exploits :
Que faites-vous pour votre gloire ?
Taisez-vous, sots, lisez l'histoire
De la rue de Quincampoix.

CHANSON.

Au grand Condé qui dans la guerre
Étoit plus craint que le tonnerre.
Bourbon, que tu ressembles peu !
A trente ans tu n'es qu'un novice,
Et tu n'as jamais vu le feu
Qu'à la brèche de Saint-Sulpice.

AUTRE ÉPIGRAMME (1).

Un manchon laissé sur un lit
A la cour fait un très-grand bruit.
Richelieu n'eut point de prudence
Et ce n'est qu'un petit garçon :
Sortant du plus chaud lieu de France,
Qu'avoit-il besoin de manchon ?

Dimanche 16. — Ce même jour, le monitoire dans l'affaire du duc de la Force a été publié aux paroisses ; mais il n'a pas été affiché.

L'ambassadeur turc a fait son entrée (2) à cheval avec sa suite, tous montés sur les chevaux du Roi. Il a paru beau et de bonne grâce. Il avoit d'un côté le maréchal d'Estrées et de l'autre Raymond, introducteur des ambassadeurs. Il étoit accompagné, de la part du Roi, du régiment de dragons d'Orléans, dont M. de Traisnel, gendre de M. Le Blanc, est colonel ; du régiment de cavalerie de *la cornette blanche*, en quatre bataillons, à la tête duquel étoit M. de Bioule, lieutenant-colonel, et des grenadiers à cheval, qui est la plus belle troupe du monde. Le Roi étoit

---

(1) (Histoire fausse.) Madame d'Armagnac. (*Marais*).
(2) V. Barbier, t. I, 120, 121.

chez madame la maréchale de Boufflers, à la place Royale, pour voir passer cette entrée, où tout Paris a accouru.

Lundi 17. — Appelants. — Le lieutenant de police continue de faire venir les nouveaux appelants et de les interroger. Ils répondent comme faisoient les premiers chrétiens aux persécutions, et un d'eux, appelé Socquart, a dit que l'on avoit arraché du Roi la déclaration sur l'accommodement, qui est contraire à ses intérêts et à ses instructions, et qui déshonore sa piété et le commencement de son règne, et que, pour lui, il seroit trop heureux de souffrir et même de mourir pour la vérité. Ce sont comme des Actes des martyrs ou plutôt des confesseurs.

Mardi 18. — Arrêt qui proroge jusqu'au 26 mai le délai pour le visa général, qui n'a pu être commencé que le 10 mars; qui dispense de certifier les billets de banque et d'en rapporter le numéro; et qui dispose *que la liquidation sera faite suivant l'ordre et date des déclarations.*

M. le marquis de Bussy et M. de Cartigny ont été mis à la Bastille (*Mercure, février;* voyez la délibération qui les nomme). Ils étoient du nombre des syndics honoraires de la Compagnie, et avoient parlé très-haut à M. de Machault, l'un des commissaires, pour récuser M. Fagon et M. Trudaine, qu'ils prétendent être contraires aux actions. M. le prince de Vendôme a voulu prendre leur parti. Le Régent ne l'a pas bien traité. On veut faire rétracter l'arrêt qui condamne la Compagnie à compter des billets de banque, mais on n'en viendra pas à bout.

Duc de la Force. — La *déclaration* du Roi qui renvoie au Parlement l'affaire du duc de la Force a été imprimée avec les modifications; mais on ne l'a ni criée, ni vendue, et le procureur général a défendu à l'imprimeur du Parlement de la distribuer à d'autres qu'aux conseillers. Le Parlement se plaint de cette défense, et de ce que le monitoire du duc de la Force n'a pas été affiché. Il se prépare à en faire des reproches au procureur général, qui a dit au Régent que le duc se tirera d'affaire, s'il veut tout nier. Le chevalier Landais a été interrogé sur l'assigné pour être ouï, et a demandé d'être renvoyé de l'accusation, parce qu'il n'y a preuves contre lui, ni dans l'interrogatoire ni dans l'information; mais il a été arrêté qu'étant compris dans une accusation publique de monopole, la règle étoit de ne pouvoir être absous que par une instruction entière.

J'ai vu la *déclaration* imprimée et une copie. Elle est très-bien faite; c'est une suspension du jugement des questions entre les ducs, et cependant il est ordonné que le procès du duc de la Force sera continué en la Cour, suffisamment garnie de pairs, sans que tout ce qui a été fait et ce qui se fera puisse préjudicier aux demandes et prétentions des ducs sur la forme qui doit être observée dans l'instruction des procès criminels des pairs, sur lesquelles le Roi se réserve de statuer. Ainsi les questions demeurent indécises.

LISTE D'APPELANTS. — On a publié une *Liste* de nouveaux appelants, corrigée et augmentée de quatre-vingt-dix-sept personnes, ce qui marque le parti pris de tout souffrir pour la vérité qu'ils croient avoir pour eux. Il y a à la tête un passage de saint Jérôme, *Ép.* 39 : *Volumus et nos pacem, et non solum volumus, sed rogamus, sed pacem Christi, pacem veram, pacem sine inimicitiis, pacem in qua non sit bellum involutum, pacem quæ non adversarios subjiciat sed et amicos jungat.... Nos nec Ecclesiam scindimus neque a patrum communione dividimur, sed ab ipsis ut ita dicam incunabilis catholico sumus lacte nutriti.* Avec ce passage, on va faire signaler bien des gens, quoique ces sortes d'applications soient bien puériles. L'autre parti pourroit en trouver d'aussi bons pour lui.

Il paroît une lettre pastorale de l'évêque de Boulogne, à son peuple de Calais, du 10 janvier 1724, sur un curé qu'ils ont maltraité. Il leur fait un crime énorme de comédiens qu'ils ont reçus, et de ce que les violons de ces comédiens ont joué des noëls la nuit de Noël dans une église. Cela paroît poussé trop loin, et une capucinade indigne d'un si grand homme. Il a mis tout saint Paul dans cette lettre.

Les appelants interrogés par M. Baudry sont, du 10 : M. Pinel, curé de Saint-Séverin, M. Socquart et cinq bénédictins des Blancs-Manteaux. Le 11, M. le Goix, ancien curé de Saint-Josse, le P. Rouvière, dominicain, et trois prêtres de la Doctrine chrétienne. Le 12, les P. Pollart, de Venex, Marine et Tronchon, prêtres de l'Oratoire, de Saint-Magloire et deux bénédictins de Saint-Denis. Le 13, le P. Fouquet, fils du célèbre M. Fouquet, surintendant des finances, les PP. Gaffard, Duguet et Grobois, de l'Oratoire de Sainte-Marie. Le P. Lourdet de Saint-Honoré. MM. Lefèvre et Gordon, docteurs. Ainsi, depuis le 6 jusqu'au 14, il a comparu cinquante personnes, sans qu'aucune se soit rétractée du témoignage qu'ils ont cru devoir rendre à la vérité.

LE CARDINAL DE BISSY. — BÉNÉDICTINS. — Le cardinal de Bissy avoit dessein de sacrer le Nonce dans l'abbaye de Saint-Germain. Il en parla aux bénédictins, et leur fit entendre qu'ils avoient un grand honneur de sacrer un nonce en France. Ils y consentirent; mais quelques jours après, il leur dit que le Nonce ne viendroit pas dans un couvent d'appelants, et qu'ils n'avoient qu'à mettre sur un papier le moindre signe d'improbation de leur appel, et qu'il y viendroit. Sur quoi ils lui dirent : « Nous ne voulons pas acheter si cher cet honneur, nous avons fait notre appel avec connoissance de cause et avec maturité. Rien ne sera capable de nous arracher le moindre signe de repentir. »

CHANSON SUR MADAME DE SAINT-SULPICE.

> La pauvre dame Saint-Sulpice,
> Seule et sans penser à malice,
> Se chauffoit et mettoit son fard;
> Le feu prit à sa cheminée.
> Le monde s'en étonne, car
> Elle avoit été ramonée.
> *ou* Elle étoit fraîche ramonée.

Jeudi 20. — L'abbé Tencin. — Vessières. — On a plaidé à la Grand'Chambre une cause pour l'abbé Vessières, secrétaire de M. le Chancelier, contre l'abbé Tencin, pour le prieuré de Merlou. Mc Julien de Prunay, avocat, a orné son plaidoyer de plusieurs plaisanteries contre l'abbé Tencin, et on y a fait entrer l'abjuration de M. Law, qu'il a reçue, parce qu'il s'est trouvé un voyage qu'il a fait comme grand vicaire de Sens dans son affaire, et c'étoit à deux ou trois jours de l'abjuration. Le système nouveau des bénéfices y a joué son jeu. Quelqu'un a dit chez M. le Chancelier, qui n'a pas approuvé l'appel de la sentence de l'abbé Tencin, qu'il y avoit des gens qui étoient faits pour ne pas perdre une miette de honte. L'affaire est remise à jeudi prochain. On se prépare à venir entendre plaider cette cause comme à voir jouer une comédie, et la famille des Tencin en est au désespoir. Mais on ne les plaint pas, non plus que le duc de la Force, et le Parlement n'est pas fâché d'avoir à les juger.

Vendredi 21. — Amb. Turc. — L'ambassadeur turc a eu son audience du Roi. Il est venu avec le même cortége qu'à son entrée, et est entré aux Tuileries par le Pont-Tournant. Toute la maison du Roi étoit à cheval au-devant du pont, et les gardes françoises et suisses en haie le long des Tuileries. Il a paru d'un air libre, gracieux, et comme si le Louvre étoit sa maison. Les dames étoient dans la galerie, sur des gradins, très parées. Mademoiselle de Manère y a emporté le prix de la beauté. Le compliment a été long et fort beau. Il répond avec beaucoup d'esprit à ceux qui lui parlent. Il est enchanté des honneurs qu'on lui fait. Son fils est aussi très-gracieux et très-bien élevé. On l'a reconduit avec les mêmes troupes de l'entrée à l'Hôtel des Ambassadeurs, où il loge. M. le prince de Lambesc l'a mené chez le Roi au lieu du maréchal d'Estrées, qui étoit à l'entrée. Ce prince a été à côté de lui pendant toute la marche. C'est qu'il n'appartient qu'aux princes lorrains de mener les ambassadeurs chez le Roi.

Samedi, 22 *mars.* — REVUE DU ROI. — Le Roi a fait une revue du Régiment du Roi et de la cornette blanche, dans les allées de Vincennes. On vouloit en même temps faire la revue du régiment de dragons d'Orléans, mais M. le comte d'Évreux, colonel général de la cavalerie de France, ayant prétendu les commander comme cavalerie, M. de Coigny, colonel-général des dragons, s'y est opposé. Cette dispute s'étant passée le matin au Palais-Royal, M. le Régent n'a voulu rien décider, et la revue des dragons s'est faite séparément à Charenton. M. le comte d'Évreux a dit à M. le Blanc de les faire poster si loin qu'on ne les aperçût pas, car il y commanderoit, et cela a été exécuté. Le Roi, en voyant la cornette blanche, a dit au comte d'Évreux : « Il me semble que cette cavalerie devroit être sur trois rangs. » « Cela est vrai, Sire, a dit le comte d'Évreux, mais c'est qu'il nous manque bien des cavaliers. » Tout le monde a admiré la bonne grâce du Roi dans cette revue, où il y avoit beaucoup de princesses et de dames à cheval.

MM. de Bussy et de Cartigny ont été mis hors de la Bastille.

PRINCE CHARLES. — Ce samedi, au soir, j'ai eu une grande conférence avec M. le lieutenant civil, sur l'affaire de M. le prince Charles. M. Ducornet, mon confrère, y étoit pour M. le duc de Noailles, père de madame d'Armagnac. Nous y avons traité l'affaire dignement, et il a été résolu entre nous : 1° Qu'il n'y avoit point de lieu à la séparation de biens parce que la dot est subsistante, substituée et qu'on n'y peut toucher. 2° Qu'il n'y avoit point d'autre expédient que de faire une séparation de corps ; ce qui se fera de cette manière : Madame d'Armagnac fera sa plainte à M. le lieutenant civil par une requête. Le prince sera assigné ; il ne répondra point ; on fera une procédure au Châtelet dont il appellera. Sur l'appel, transaction, qui contiendra la séparation de corps et de biens, et qui sera homologuée au Parlement, et ensuite de cette transaction, la dot sera restituée à la famille de la princesse. Ces transactions sont usitées dans les grandes familles et approuvées par le Parlement. Il y en a plusieurs exemples dans Louet et Brodeau, lettre S. N. 16. L'auteur du *Traité de la Communauté* en parle. Nous n'avons point trouvé de meilleur expédient. Je suis revenu à onze heures du soir chez moi, et j'ai écrit une grande lettre au prince Charles, qui contient notre résultat.

Lundi 28. — PRINCE CHARLES. — Le prince Charles m'est venu voir, et m'a dit qu'il approuvoit notre délibération et ne me dédiroit pas d'un mot. Il a été chez M. le lieutenant civil lui dire qu'il l'acceptoit et lui a montré ma lettre. M. le duc de Noailles y a été le même jour, et a approuvé notre avis. Ainsi l'affaire va se terminer de la façon que nous l'avons projeté. La femme aura un état certain, et le mari n'aura plus les biens ni pouvoir sur le corps de sa femme. C'est une grande extrémité, mais nous n'avons pu faire mieux, et le prince a ce qu'il souhaite. Il a aussi montré ma lettre à M. le maréchal de Villeroy et à M. le Blanc. C'est une grande affaire.

DUC DE LA FORCE. — Il paroît un *Mémoire* à trois colonnes pour le duc de la Force. Dans la première sont les requêtes du duc de Richelieu et des pairs en 1716, où ils soutenoient la commission expresse du Roi. Dans la troisième sont les exemples tirés du *Mémoire* du duc de Richelieu, du même temps. Dans celle du milieu sont les dernières remontrances du Parlement, avec des notes critiques. J'y ai remarqué deux exemples de gens de qualité qui n'ont pas souffert dans leurs maisons des exécutions de justice; l'un de M. de Montrevel, qui n'étoit pas encore maréchal de France, et qui tua deux archers de sa main, voulant saisir ses meubles. Il eut sa grâce dès le soir, et le lieutenant civil lui fit des excuses. L'autre est du duc de Sully, qui ne voulut pas souffrir, depuis la Régence, une visite dans sa maison pour les viandes de carême. Il y eut une grande émotion, et le commissaire lui fit satisfaction. On dit contre le Parlement qu'il a eu besoin en 1652 d'une abolition de tous ces excès commis pendant la minorité, et qu'il ne rend pas la justice aussi exactement, puisque les familles de Richelieu et de Mazarin ont été obligées d'obtenir une évocation générale de toutes leurs affaires au Grand Conseil (cependant aujourd'hui les ducs de Mazarin et Richelieu tiennent le parti du Parlement). On finit par dire que le Roi ne peut pas donner des commissaires aux Pairs pour les juger, mais qu'ils doivent être jugés au Parlement, néanmoins avec une commission expresse du Roi.

Ducs pour le duc de la Force.

D'Uzès,
La Force,
De Tresmes,
De Charost,
d'Antin,
De Chaulnes,
L'évêque de Beauvais,
L'évêque de Noyon,
De Montbazon,
Tallard,
Luynes,
Saint-Simon,
Mailly, Archev. de Rheims,
De Rohan,
D'Albret,
De Louvigny,
Mortemart,
Berwick,
Rohan-Rohan.

Ducs pour le Parlement.

La Trémoille (qui a onze ans),
L'évêque de Laon,
De Sully,
De Brissac,
De Richelieu,
Villeroy,
Noailles,
Coislin,
D'Aumont,
De Villars, maréchal,

Ducs pour le Parlement.

(*Suite.*)

La Rochefoucauld,	d'Harcourt,
De Luxembourg,	De Melun,
D'Estrées,	De la Feuillade,
Mazarin,	De Valentinois,
La Meilleraye (seize ans),	De Nevers.

Jeudi 27. — Tencin. — La cause de l'abbé Tencin a encore été plaidée et n'a point fini ; il y avoit huit ducs. Les avocats ont lâché de bons traits. La veille, cet abbé m'étoit venu voir avec son frère, président à mortier à Grenoble, et m'avoit proposé un désistement. Je n'en fus pas d'avis parce que c'étoit donner une preuve de la confidence.

Vendredi 28. — Pape mort. — On a appris aujourd'hui la mort du Pape, qui n'a été que deux jours malade, et qui est mort sans confession (1). Il est mort à Rome le 19. C'est l'envoyé de Parme qui en a appris la première nouvelle. Le Régent envoya quérir l'abbé Dubois, qui fut fort surpris, et changea de couleur, et qui vit bien que son chapeau étoit perdu. Les cardinaux de France devroient partir pour le conclave. Le cardinal de Polignac n'a point d'argent et doit 200,000 livres à Rome ; le cardinal de Noailles n'a garde de partir dans l'état où il est et presque excommunié. Le cardinal de Mailly ne se porte pas bien, et est menacé de la fistule. Il n'y a que le cardinal de Rohan et le cardinal de Bissy en état de partir. Le cardinal de Gesvres est trop vieux.

L'Ambassadeur turc a été chez le Régent et chez l'abbé Dubois. Il regarde cet archevêque comme le grand visir. Ses carrosses ont été chercher l'ambassadeur, et on a vu, par un cas assez extraordinaire, la Croix conduire le Turban.

---

(1) Clément XI.

AVRIL 1721.

Avril 1ᵉʳ. — SORBONNE. PAPE. — Au *prima-mensis* en Sorbonne, les syndics ont proposé de faire célébrer un service pour le Pape, et ont dit que dans l'état où étoit l'appel de la Constitution il falloit montrer plus que jamais que l'on étoit uni au Saint-Père. Les docteurs contraires se sont opposés à ce service sous prétexte que ce n'étoit pas nécessaire, et ne vouloient pas qu'on priât Dieu pour le Pape, mais les appelants l'ont emporté, et on a fait le service malgré les autres. Et de plus, on a enregistré le discours du syndic qui fait mention de l'appel et qui en est comme un renouvellement.

On nomme *renouvelants* les docteurs compris dans les listes imprimées, et cette liste s'appelle *Le régiment d'Asfeld*, parce que l'abbé d'Asfeld est à la tête. Quelqu'un a dit que l'on avoit mal fait de l'interroger le premier, parce que cela n'avoit servi *qu'à donner le ton aux autres*. On ne continue plus ces interrogatoires; mais le Cardinal a refusé de renouveler les pouvoirs à ceux qui sont dans les listes, et de les recevoir aussi à l'ordination.

Jeudi 3. — TENCIN, ARRÊT. — On a plaidé la cause de l'abbé de Tencin. M. de Lamoignon, avocat général, a très-bien parlé, et a montré qu'il n'y avoit point d'union et qu'il y avoit *confidence* entre l'oncle et le neveu; qu'ainsi ni l'un ni l'autre ne devoient avoir le prieuré. Sur ces conclusions, le prieuré a été adjugé au sieur Vaissières, par l'arrêt qui a été rendu tout d'une voix (1).

---

(1) Saint-Simon raconte les incidents vraiment dramatiques de ce procès mémorable où l'abbé de Tencin reçut de ses propres mains une si terrible leçon, avec des détails où il pourrait bien avoir ajouté de sa malice. Marais ne cite pas l'incident du faux serment et du démenti immédiatement donné au parjure par un marché tiré par Aubry de sa manche. Il était cependant à l'audience et adversaire de Tencin. Saint-Simon attribue à Aubry, avocat de l'abbé de Veyssières, *ce coup de Jarnac* oratoire. Marais prétend que c'est Julien de Prunay qui plaidait contre l'abbé de Tencin. De plus Barbier nous

le prince de Conti y étoit et six ducs; on s'attendoit que les gens du Roi prendroient des conclusions sur le fait de la confidence pour l'intérêt public; mais le Régent leur avoit fait parler.

L'abbé Tencin est allé à Rome avec le cardinal de Bissy et est parti d'hier. Le Régent a demandé à S. E., comme par amitié, de le prendre pour son conclaviste. Il a dit qu'il ne le pouvoit pas, parce qu'il l'avoit promis à l'abbé de Vauréal depuis longtemps. Le Régent lui a ordonné comme son maître, et le cardinal a dit qu'il pouvoit venir, mais qu'il ne seroit pas son conclaviste. On s'imaginoit qu'il pourroit avoir des lettres d'État et arrêter le procès, mais cela n'a pu se faire, et le procès a été jugé à sa honte. Il va trouver son prosélyte, M. Law, en Italie. On le dit chargé de quelque négociation secrète (1), et s'il faut tromper, il est sûr du succès.

Vendredi 4. — Compagnie des Indes. — M. Fagon. — Il y a eu un grand conseil au Palais-Royal, au sujet d'une requête donnée par la Compagnie des Indes, où elle demande d'être reçue opposante à l'arrêt du 26 janvier, qui la condamne à compter de la Banque et à demeurer garante de toutes les négociations. Cette requête a été imprimée et donnée au public. Elle est très-nette, précise et éloquente; mais le parti est pris de la rejeter. M. Fagon a parlé contre pendant une heure et demie, et a fait voir que l'opposition n'est pas recevable. M. le Duc lui a dit

---

affirme qu'Aubry avait plaidé pour Tencin. Il y a là une omission et des contradictions qui sont à l'avantage de l'abbé de Tencin que, dans ce doute, il est permis d'absoudre d'un crime aussi bête que celui de nier par serment un marché qu'il savait avoir signé. Saint-Simon, ennemi implacable de Tencin, pourrait bien avoir brodé au fiel un canevas qui ne s'y prêtait que trop. (V. S.-Simon, XI, 184. — Barbier, I, 35.)

(1) Henri de Thiard de Bissy, évêque de Toul de 1692 à 1704 et de Meaux de 1705 au 26 juillet 1737, date de sa mort. Il était ultramontain ardent et fougueux constitutionnaire.

(2) Il s'agissait du chapeau de Dubois. Tencin s'acquitta à merveille de cette délicate mission. Lemontey, II, 37.

en sortant que ces raisons l'avoient persuadé, et qu'il étoit prêt de quitter le parti de la Compagnie. Il a ajouté qu'il l'auroit aidé, s'il avoit voulu, à être contrôleur général quand il avoit eu dessein de l'être. M. Fagon lui a répondu qu'il n'y avoit jamais pensé, qu'il n'avoit ni le mérite ni la santé nécessaires pour une telle charge, et qu'il avoit dit son avis en honneur et en conscience pour l'intérêt du Roi et de l'État.

M. le prince de Conti s'est présenté pour entrer à ce conseil. M. de Simiane lui a refusé la porte parce qu'il n'étoit pas sur la liste de ceux qui devoient entrer. Le prince s'est fâché et l'a été dire au maréchal de Villars, qui, le lendemain, en a parlé au Régent, et le Régent lui a dit : « Monsieur le Maréchal, vous vous chargez toujours de mauvais paquets ; je sais bien ce que j'ai fait quand j'ai exclu le prince de Conti de ce conseil ; ma Régence durera encore assez longtemps pour me ressentir de ceux qui prennent parti contre moi, et pour les faire mettre dans un endroit qui ne leur plairoit pas. »

Tout le monde est alarmé de la résolution prise dans le conseil de supprimer la Compagnie, et de la rendre débitrice de ce qu'elle ne doit pas. Que vont devenir les actionnaires?

Lundi 7. — Arrêt qui supprime la Compagnie des Indes. Arrêt célèbre au conseil de Régence, qui a débouté la Compagnie de sa requête et ordonné que dans un mois les directeurs compteront de la Banque et de la Compagnie par état au vrai au Conseil, sinon qu'ils y seront contraints par le contrôleur des rentes.

Autre arrêt, du même jour, qui commet MM. Trudaine Fagon, Ferrand et de Machault, pour faire l'inventaire des papiers et effets de la Compagnie et Banque y jointe, pour ensuite être régies par personnes expérimentées au fait de commerce, qui seront proposées par S. M. jusqu'à ce que, par la connoissance plus exacte de l'état des affaires de la Compagnie et de l'impossibilité d'acquitter son débet, S. M. puisse pourvoir à la sûreté et à l'intérêt des actionnaires légitimes par l'établissement d'une nouvelle Compagnie, en la forme qui sera jugée la plus convenable. Voilà la vraie fin du Système et tous les actionnaires renvoyés aux calendes grecques.

On a donné au public ces deux arrêts. On a inséré dans le premier la grande requête de la Compagnie tout entière, et le public y a vu avec étonnement l'évidence établie, et en même temps condamnée. Il paroît qu'il y a eu trois arrêts qui ont nommé des commissaires pour l'examiner, et que M. d'Armenonville ayant été nommé par les deux premiers, il en a été ôté par le troisième, qui a nommé M. Bignon, Vaubourg, Trudaine, la Bourdonnaye, Fagon et Machault *seulement*. On a su que M. le Duc a protesté contre ces arrêts; mais tout cela n'est qu'une figure, et il n'est plus question de Compagnie. Ainsi a disparu sur la face de la terre cette immense fortune qui a tant étonné le monde, et elle est rentrée dans le néant, d'où elle étoit sortie.

Mme de Parabère, qui a toujours été dans le parti opposé, s'est raccommodée tout à fait avec le Régent et on dit que les Paris, à qui se fait ce grand sacrifice, l'ont bien payée. C'est une intrigue de cour et une faveur de maîtresse qui ruine une partie des sujets du Roi. *Cunnus teterrima belli causa.*

MADAME D'ARMAGNAC. — Mme d'Armagnac a été ce matin chez le lieutenant civil, pour faire sa plainte et comparoir sur la demande en séparation. Le prince Charles n'y a point été. La requête est pleine de faits qu'on n'y auroit pas dû mettre, et entre autres, que le prince Charles avoit dit que les petits sermons du cardinal de Noailles seroient inutiles. Cette requête n'a point été communiquée au prince Charles auparavant, quoique, d'honneur, on l'eût dû faire; mais on a manqué beaucoup du côté de la famille de M. de Noailles dans toute la suite de ce procédé.

Le comte de Lautrec, gendre du Premier Président, s'est raccommodé avec sa femme, plutôt que de souffrir une plainte et une enquête. — *Note postérieure.* Cela s'est encore rompu, et on a fait la séparation comme celle du prince Charles. Quelqu'un l'ayant dit au prince Charles, il a répondu : « Me prenez-vous pour un Lautrec ? »

LE CARDINAL DE NOAILLES. — On continue de se moquer du cardinal de Noailles et de l'acceptation qu'il a faite de l'accommodement. Il paroît un projet de mandement où il rétracte cette acceptation, et il n'est composé que de tous ses mandements précédents, où on n'a fait qu'ajouter quelques mots. En sorte que c'est lui-même qui se condamne. C'est une satire des plus cruelles et qui n'a pas coûté beaucoup, et on a mis à la tête : « *Ex verbis tuis justificaberis. Ex verbis tuis condemnaberis.* »

L'ABBÉ D'ASFELD. — La *Relation* de l'interrogatoire de l'abbé d'Asfeld, faite par lui-même, a paru imprimée. Elle est en quatre feuillets in-4° et mériteroit d'être conservée comme un modèle d'héroïsme chrétien et de profession de foi digne des confesseurs de l'ancienne Église. On pourroit lui reprocher qu'il parle avec trop d'orgueil, pour un particulier, de la science et de la théologie de nos évêques, qu'il fait passer pour des ignorants, et qu'il y parle de sa famille peut-être un peu trop vainement; car elle ne vient pas de bien loin (1), et dans les *Lettres* de Patin à Spon (édit de 1718), on trouve à l'année 1658 la banqueroute de Bidal et Bastonneau (2), » marchands, rue aux Fers ; » et ce Bidal étoit le père de tous les d'Asfeld. Quand on a une telle tache dans sa famille, il n'est pas prudent de relever titres, parce que le premier jésuite peut le rendre chaudement,

---

(1) Le père du maréchal, Pierre Bidal, fut résident de France à Hambourg en 1675, 1683 et 1699. Son titre est suédois et fut dû à un prêt d'argent. Il convenait, du reste, noblement, de la bassesse de son extraction.

(2) Père de la femme du maréchal.

aussi bien que le premier évêque qui se trouvera fâché.

Mardi 8. — AMBASSADEUR TURC. — Des mousquetaires s'étant battus dans le quartier de l'ambassadeur turc, un Turc a voulu les séparer à coups de bâton. La querelle s'est tournée sur le mahométan, qui a reçu un grand coup d'épée. L'ambassadeur a dit que cela ne le regardoit pas, qu'il avoit défendu à ses gens de se mêler d'aucune affaire publique, et que cela rendroit les autres plus sages. Ce procédé a été fort approuvé à la cour.

CARDINAL DE MAILLY. — Le cardinal de Mailly ne va pas à Rome. On lui a fait l'opération de la fistule. Il avoit reçu 50,000 liv. du Régent, qu'il a rendues. On dit que son chirurgien a été gagné pour précipiter cette opération, qui eût pu être retardée. On a fait entendre au Régent que c'étoit un étourdi qui gâteroit tout à Rome.

M. Chauvelin, président à mortier, a tenu la séance au Châtelet, et n'a pas voulu entendre les avocats du Châtelet, parce qu'ils ont plaidé pendant la relégation de Pontoise.

Mercredi 9. — TÉNÈBRES. — Il y a eu des Ténèbres en musique au Temple, où tout Paris a couru pour entendre les belles voix de la musique du Roi, et un *Miserere* de la Lande (1) qui est un chef-d'œuvre de l'art et où il a mis tout ce qu'il sait.

Jeudi 10, 11, 12. — SEMAINE SAINTE. — MODÈNE. — Le bruit s'est répandu d'une nouvelle extraordinaire. La duchesse de Modène, fille du Régent, se trouvant très-gênée avec son beau-père et sa belle-mère, a persuadé à son mari de les quitter. Ils ont pris le prétexte d'un pèlerinage à Notre-Dame de Lorette pour avoir des enfants (2).

---

(1) Michel-Richard de la Lande, surintendant de la musique de Louis XIV et Louis XV, né à Paris le 15 décembre 1657, et mort à Versailles, le 18 juin 1726.

(2) Voir sur cette princesse originale, qui rapporta en Italie quelque chose de ces bouillants défauts qui y avaient assuré à la grande-duchesse de Toscane une si fâcheuse célébrité, la curieuse notice de Lemontey. (*Revue Rétrospective*, I, 209.)

Les Italiens superstitieux ont donné dans cette dévotion, et les deux époux sont venus incognito jusqu'à Strasbourg, d'où ils ont donné avis de leur arrivée au Régent, qui a été bien surpris de se revoir sur les bras sa fille dont il croyoit être défait. On a envoyé courriers sur courriers pour les empêcher de passer outre, et on ne sait pas encore ce qui arrivera de cette belle équipée, qui jetteroit la France dans de nouvelles dépenses, si on les recevoit. Il est dangereux pour eux de retourner et de ne pas retourner. S'ils retournent, ils seront gardés de bien près et seront comme esclaves. S'ils ne retournent point, ils courent risque de leurs États. Madame la grande-duchesse a dit : « Je ne lui ai pas dit adieu, car j'ai bien cru qu'elle n'y seroit pas longtemps, non plus que moi, qui n'ai jamais pu me faire à ce pays-là. »

Vendredi saint, 11. — M. de Varennes, mon ami, est mort à la Queue. J'ai reçu le samedi 12 une lettre qui m'apprenoit sa mort, et j'ai fait mettre un scellé chez lui par le commissaire Daminois, au nom de la veuve.

Dimanche 13. — Pâques. — Le Régent est venu à Saint-Eustache, sa paroisse, en grand équipage, entendre la messe et faire ses dévotions.

Mardi 15. — Je l'ai vu le soir chez madame de Parabère, à la place de Vendôme, dans une chambre toute illuminée et toute ouverte. Il est mieux que jamais avec elle depuis la chute de la Compagnie des Indes.

Mercredi 16. — Mort de M. de Chamillard (1), ancien ministre de la guerre et des finances, enterré à Saint-Eustache le 15 au soir. C'étoit un pauvre ministre, qui s'étoit avancé par le billard, ou il jouoit avec le feu Roi.

---

(1) Michel de Chamillard, né en 1651, contrôleur des finances en 1699 et ministre de la guerre en 1701. C'était un honnête homme, mais sans aucune des qualités d'un ministre. Son talent au billard avait fait sa fortune. Voir Saint-Simon sur ce personnage, un de ceux sur lesquels il s'est le plus étendu.

Je suis parti ce jour pour aller à la Queue voir Mme de Varennes, et j'y ai resté huit jours avec elle. Je suis revenu le mardi 22 août.

En passant à Versailles, au retour, la nouvelle étoit publique de la mort de M. le Duc, arrivée à Chantilly ; mais en venant à Paris j'ai appris le contraire, qu'il avoit seulement été malade pour s'être échauffé à la chasse, qu'il avoit été saigné deux fois, et qu'il se portoit mieux

23 *avril*. — LA FORCE. — Il paroît quatre *Mémoires* pour les particuliers accusés dans l'affaire de M. le duc de la Force, dont trois sont prisonniers. 1° Le sieur Bernard, secrétaire de M. le duc de la Force. 2° Le sieur Duparc, son frère utérin. 3° Charles Orient, marchand mercier. 4° César-Pierre Landais, chevalier de l'ordre de Saint-Michel, directeur de la Compagnie de la Chine, qui est assigné pour être ouï. Ils réduisent ce fait à dire que le chevalier Landais, armateur de Saint-Malo, a acheté des porcelaines, des paravents de la Chine et quelques drogues venant de la Chine, sur le vaisseau *Comte de Toulouse*, à la vente publique de ce vaisseau, qu'il avoit armé ; qu'il a envoyé ces marchandises au sieur Bernard, à Paris, pour les mettre dans un magasin ; qu'il en a fait louer un aux Augustins par le sieur Duparc, son frère, qu'étant revenu à Paris, le chevalier Landais les a vendues à Orient, reçu marchand le 22 janvier 1721, 157,500 livres ; que les gardes épiciers les ont saisies ; qu'il n'y a rien que d'innocent dans cette affaire, puisque l'un a pu acheter et l'autre a pu vendre ; que ce n'est point là matière de monopole, que le monopole est une conjuration contre le public, pour les choses nécessaires à la vie, que ces marchandises sont choses superflues, et que le décret de prise de corps dans ce cas est injuste. Il y a un autre fait : un commis de bureau du Roulle, qui a visé les lettres de voiture de ces marchandises, a dit, dans l'extrait de son registre, que partie

avoit été adressée à M. le duc de la Force, et l'autre sans adresse, ce qui est faux, car les lettres de voiture sont rapportées, dont cinq sont adressées à M. Bernard, secrétaire de M. le duc de la Force, et une au Sr du Puy. Voilà tout le fondement de l'accusation. Le public, qui a été longtemps abreuvé de monopole, commence enfin à sortir d'erreur, et on ne doute pas que la Cour ne voie aussi l'inutilité des recherches faites sur ce crime, qui n'a jamais existé que dans l'imagination du peuple, accoutumé à ne rien voir et néanmoins à croire tout voir. C'est ainsi que commence le *Mémoire* du chevalier Landais, fait par M. Begon.

On a publié des monitoires et des avis graves que l'on dit qui n'ont rien produit. Les prisonniers restent toujours en prison, et les marchandises saisies. Le duc de la Force commence à respirer, et son monopole ne m'a jamais touché un moment, mais on lui en veut d'ailleurs, et il se souviendra d'avoir opiné à la relégation de Pontoise. Les Compagnies ont de longues vengeances ; elles ne meurent point, et les particuliers meurent.

Novion. — Miane. — MM. les maréchaux de France ont reçu la plainte d'un gentilhomme retiré en Languedoc, contre M. de Miane, gouverneur du château de Nantes, qui ne veut pas payer à ce gentilhomme 2,000 livres qu'il lui doit, et qui a fait écrire que c'étoit une vengeance d'un reproche qu'il lui avoit fait d'avoir fui à la guerre dans une occasion. Le fait vérifié s'est trouvé faux. Ce gentilhomme s'appelle Novion et est de la famille de Novion de robe. J'ai appris par un officier qui étoit à cette occasion, qu'elle fut malheureuse, que tout le monde y fuit malgré soi, et que M. de Miane lui-même, qui commandoit le régiment détaché, n'y fit rien qui vaille. Cet officier en a parlé à M. le Blanc, le 14 mai de cette année, et M. le Blanc lui a dit que M. de Miane avoit grand tort et que quand on devroit à un j. f..., il faut toujours le payer. MM. les maréchaux de France ont condamné de Miane à payer, à faire satisfaction et à tenir quatre ans de prison, mais comme il est gouverneur pour le Roi, à Nantes, et ne peut être arrêté, ces messieurs ont été au Régent lui dire leur jugement. Le Régent, qui soutient de Miane, parce qu'il lui a beaucoup aidé, dans l'affaire de Bretagne, à arrêter et découvrir les conjurés, a dit qu'il falloit faire justice, mais qu'à présent il avoit besoin de cet officier pour l'intérêt de l'État; sur quoi les maréchaux de France ont arrêté que, tous les jours, deux d'entre eux iroient au Régent lui parler de cette affaire, jusqu'à ce qu'il ait approuvé leur jugement. Ils le font, et le Régent les esquive.

Grande tracasserie au Palais-Royal entre le Régent et la Régente. La princesse se plaint que Mme de Parabère est venue dans son petit jardin et dans sa garde-robe, et qu'elle s'est moquée de ses pots de chambre. Elle a beaucoup pleuré et a pris le parti de se retirer à l'abbaye de Montmartre. Elle se plaint aussi du retour de Mme de Modène, que l'on attend, et ne veut pas revoir sa fille, dont elle se croyoit défaite.

Réforme. — Enfin la réforme est annoncée dans tous les corps, Maison du Roi, cavalerie, infanterie, dragons; et l'état de la guerre sera diminué de 23 millions. On ôte 16 cavaliers par compagnie, qui sera réduite à 25 maîtres. De 40 dragons, on en met 20 à pied. Dans l'infanterie, on ôte 12 soldats. Tous les officiers à qui on avoit accordé la réforme depuis la paix, sont renvoyés sans un sol, et les anciens réformés ne seront payés que lorsqu'ils seront présents. Les inspecteurs ont leurs ordres pour faire la réforme dans le mois de mai. Tous les officiers vont à leurs régiments recevoir leur sort.

Ordonnance du 28 avril 1724, portant réduction des troupes, tant d'infanterie que cavalerie et dragons. Cavalerie, 25 maîtres. Dragons 41, 20 à pied. Infanterie de 81 à 69. Grenadiers sur le pied de 50 hommes : resteront. Suisses 200 hommes réduits à 169. Retournent à leurs pays. Un mois de solde, Allemands 100 à 80. Italiens 67 à 50. Gardes françoises 150 à 126. Grenadiers restent.

27 *avril*. — Arrêt au sujet du visa, qui ordonne que les rentiers qui n'ont point leurs contrats expédiés, pourront comprendre leurs rentes dans leurs déclarations et que l'on cessera de payer les rentes de la Ville, jusqu'à ce que les contrats aient été visés, pour être payés aussitôt que le visa de chaque contrat sera fait. C'est pour faire avancer cette besogne qui ne marchoit point, et que l'on veut finir.

Tour de Babel. — On a fait imprimer une carte intitulée : *Tour de Babel, ou division des évêques de France sur la Constitution, depuis 1714, jusqu'en 1721, pour servir de plan à l'histoire des variations arrivées sur cette bulle*. Cela est très-ingénieux. On voit en trois classes les appelants et opposants, les acceptants, les accommodants et les évêques morts ; et ces classes ont beaucoup de subdivisions, en sorte que celle des accommodants a quinze classes. Le cardinal de Noailles se trouve seul de sa classe qui a refusé en 1714, qui a appelé et qui a reçu l'accommodement entier, et l'on dit que c'est un effet de la Providence que lui, qui vouloit tant réunir et pacifier l'Église, soit tout seul qui ait fait certaines démarches sur la Bulle. Il y a au bas : « *Dixit : Venite, descendamus et confundamus linguam eorum ut non audiat unusquisque vocem proximii sui et idcirco vocatum est nomen ejus Babel* » (Genèse, cap. 11). J'ai compté cent évêques qui ont signé l'accommodement, mais dans des vues différentes, et cette carte historique sera un morceau bien curieux un jour. Les noms des évêchés et des familles y sont tout au long.

Asfeld. L'*Interrogatoire* de l'abbé d'Asfeld se vend de tous côtés. Les évêques s'en sont plaints. On a dit au Palais-Royal : « Que voulez-vous que l'on fasse à des gens qui ne parlent que de l'autre vie et qui sont prêts à quitter tout ce qu'ils ont en celle-ci ? »

L'abbé Dubois. — Le cardinal de Rohan, qui est à Rome, a écrit à l'abbé Dubois avant le conclave, que l'on espéroit avoir un Pape favorable à la France, et qu'il travailleroit à lui faire retrouver le chapeau qu'il avoit perdu. L'abbé (ou cardinal) est venu au Régent, lui a exalté le mérite du cardinal de Rohan ; qu'il étoit homme de cour, orateur, théologien, politique, grand homme d'État et à comparer au cardinal de Richelieu. Le Régent lui a dit : « Tu n'es qu'un J... tu te connois mal en hommes, le cardinal m'a dit avant de partir que tu ne valois rien ; qu'il ne falloit point se fier à toi, et pour cela, il a donné un chiffre au maréchal de Tallard pour les affaires de Rome et voilà le maréchal qui sort, qui vient de m'apporter des lettres que je viens de déchiffrer avec lui. » L'abbé est tombé de son haut, et voit son chapeau bien loin.

États de Bourgogne. — M. le Duc a fait savoir de Chantilly au Régent qu'il n'iroit point tenir les États en Bourgogne à cause de sa santé. Ils devroient être tenus pour M. de Chasteautier, lieutenant général du Dijonois, mais il est en Auvergne, et ils seront tenus par M. le marquis de Tavannes, lieutenant général du Maconnois. M. le Duc a envoyé tous ses gens et ses équipages et officiers pour faire la dépense du marquis. On prétend que cette absence est concertée, et que le surintendant de l'éducation du Roi ne doit pas s'éloigner si fort de sa personne. Il est à Chantilly avec Mme de Prie qui ne le quitte point.

29 Avril. — Beringhem fils. — Le Roi a volé ses oiseaux et y a eu bien du plaisir. M. de Beringhem fils y a fait ses premières fonctions de premier écuyer. Il avoit derrière lui un page de la petite écurie, à cheval, avec un porte-manteau, ce que M. le prince Charles, comme grand écuyer, a trouvé mauvais. Il en a porté ses plaintes au Régent, et on doit lui faire justice, parce que par ses provisions, il a seul le commandement, gouvernement et disposition de la grande et petite écurie ; et ce page

de la petite écurie ne doit point de service au premier écuyer. Après la mort du Roi, M. de Beringhem père obtint un arrêt favorable pour l'indépendance de sa charge, et pour la dépouiller de la petite écurie, mais M. d'Armagnac fit des protestations publiques contre cet arrêt. Je les ai vues, elles sont singulières, car elles sont faites en forme de requête ou placet au Roi, et elles paroissent avoir été signées par deux notaires en présence du Régent, qui leur en a donné l'ordre dans son cabinet. Depuis, il y a eu un arrêt, en 1718, qui a maintenu le grand écuyer dans ses droits, à condition verbale qu'il laisseroit jouir M. de Beringhem père de ses usages pendant sa vie; mais voilà le fils, qui vient d'obtenir la survivance, et qui veut s'établir dans ces usages. C'est ce que le prince empêchera de toutes ses forces, car il a raison, et il soutient la raison avec une fermeté inébranlable. M. le maréchal de Villeroi a donné une lettre de sa part au Régent, qui a dit qu'il lui feroit justice. On l'attend.

Peste. — La peste est toujours en Provence en beaucoup d'endroits, et à Toulon et aux environs. On dit qu'un capucin, prêchant à Rennes sur les incendies, a dit qu'à Paris l'église de Saint-Sulpice avoit été aussi brûlée. Le bon père avoit pris sérieusement la chanson du *Portail de Saint-Sulpice*; et ainsi voilà ma pauvre amie chansonnée et sermonnée. Elle est toujours bien mal de sa brûlure, qui dure depuis soixante-dix-huit jours.

Peinture imprimée, secret nouveau. — Un François nommé Leblond, retiré en Angleterre et peintre de son métier, a trouvé le secret d'imprimer des tableaux peints en huile avec toutes les couleurs, et on en tire jusqu'à mille ou douze cents, comme on feroit d'une estampe. Ce secret est merveilleux; il y a déjà eu plusieurs planches faites qui ont bien réussi. On en a fait une Compagnie et des actions, et le Roi d'Angleterre a accordé des *Lettres patentes*. J'ai vu des essais que M. Desmaizeaux a envoyés en France pour M. le Chancelier, qui les a portés au Régent. Il y a un chef de N.-S. couronné d'épines; un portrait du roi d'Angleterre et du prince et de la princesse de Galles, et des copies d'anciens tableaux, comme une *Ariane dormante* que j'ai vue. J'ai cette *Ariane*. Ce peintre doit faire aussi des figures anatomiques du corps humain, et il a déjà fait le *penis*, pour mettre dans le livre d'un chirurgien : *De Gonorrhea*. Il est disséqué et coloré, et a été admiré ici. Le Régent, qui sait tout, et qui a beaucoup peint en sa vie, a dit qu'il savoit bien comment cela se faisoit. Si ce secret est poussé loin, la peinture et la gravure en pourroient souffrir, et ce seroit dommage; mais on dit que ces tableaux sont chers, et c'est peut-être comme la pierre philosophale, que l'on trouve après s'être ruiné à faire de l'or, qui revient plus cher que le véritable. M. le Chancelier a ordonné que la relation de ce secret soit mise dans *le Journal des Savants*. Ce François s'est instruit à Francfort, et a passé en France, il y a cinq ou six ans, mais on ne fit point de cas de lui. Un Anglois m'a dit qu'il falloit souvent retoucher aux planches, et qu'en Angleterre, où cela avoit fait beaucoup de bruit d'abord, on commençoit à s'en dégoûter.

MAI 1721.

Dimanche 4 mai. — Mort de M. Desmarets (1).

Mai 1721. — Desmarets. — M. Desmarets, ancien contrôleur général, est très-malade. C'étoit un homme très-habile dans les finances de France. Il ne demandoit, après la guerre finie, que six ans de paix et six ans de la vie du Roi, pour rendre la France plus florissante que jamais, et il en avoit fait le plan, pendant la guerre même. Je le sais d'un habile Anglois, qu'il consultoit souvent sur les finances d'Angleterre, mais Law est venu,

---

(1) V. Barbier, I, 126.

qui a renversé tous ses projets, et qui a mis la pauvreté où l'autre vouloit mettre des richesses. Chevalier, avocat, a dit de Law, dans un plaidoyer à la Grand'Chambre : « que c'étoit une comète qui avoit paru sur l'horizon de la France, et qui, en disparoissant, y avoit laissé toutes sortes de malheurs. »

3 *mai*. — D'ARGENSON. — M. d'Argenson, ancien garde des sceaux, dont la fortune a été si brillante et si traversée, et qui a passé par bien des états, dans le règne passé et dans la Régence, est très-mal et a reçu tous les sacrements. C'étoit l'ennemi juré de Law. Il devoit prospérer après sa perte ; cependant il n'en a pas été mieux, et c'est un exemple de ce jeu de bascule qui gouverne le monde et les cours.

M. de Puységur, qui avoit les routes, remercie. Elles sont données à M. le Blanc, et ajoutées à son emploi de la guerre.

5 *mai*. — Le Parlement s'est assemblé. Les princes y sont venus. M. le Duc, revenu de Chantilly, s'y est trouvé ; il se porte bien mieux. On a parlé de l'affaire de M. le duc de la Force, et on a vu les requêtes des accusés, à fin de liberté et de mainlevée des saisies. Par l'arrêt, les requêtes ont été jointes, ordonné que le procès seroit instruit par récolement et confrontation, et qu'il sera fait description des marchandises étant aux Augustins. Ainsi voilà l'affaire tournée à l'extraordinaire et elle ne finira pas si tôt. Il y a toujours dans les affaires criminelles un secret qu'on ne sait point. L'arrêt est dans la requête en cassation du 26 mai, du duc de la Force.

CHASTEAUTIER. — M. de Chasteautier est arrivé en Bourgogne, et prétend que M. de Tavannes ne peut tenir les États. On l'a dit au Régent qui a dit : *Qu'ils s'accommodent*.

DILIGENCE DE LYON VOLÉE. — La diligence de Lyon a été volée. Le postillon attaqué a fait rompre la flèche, et a empêché qu'on n'ait mené la voiture dans les bois. Les voleurs ont pris environ 100,000 liv. d'argent, que des marchands envoyoient à Lyon pour avoir des étoffes, n'y ayant plus à présent de lettres de change ni de banquier. Ils ont laissé plusieurs sacs, n'ayant pu emporter que leur charge, et le vol s'étant fait sur le grand chemin, comme le Régent n'est pas aimé, on a dit que c'étoit lui qui avoit fait faire ce vol pour en avoir encore l'argent, et la maladie de M. le Duc a fait dire aussi qu'on lui avoit donné le petit Boucon italien. Satires populaires et ridicules.

États de Languedoc. — Arrêt qui permet aux États de Languedoc d'emprunter au denier vingt, et les États, par délibération, feront ce même denier aux anciens rentiers pour leurs rentes, à condition d'entrer dans le prêt nouveau.

8 *mai*. — D'Argenson. — Mort de M. d'Argenson. Quand on l'a voulu enterrer à Saint-Nicolas, sa paroisse, les harangères ont voulu avoir son corps, et ont dit mille injures contre lui; on a apaisé avec beaucoup de peine cette populace furieuse, qui n'avoit jamais osé le regarder en face pendant sa vie, et qui vouloit arracher la barbe au Lion mort (1). Je ne sais qui aura son âme; il doit y avoir un beau débat en l'autre monde comme en celui-ci à qui l'emportera. Il laisse trois enfants, l'un conseiller d'État et intendant de Maubeuge; l'autre intendant en Touraine et qui a été pendant quelques jours lieutenant de police. Et le troisième est une fille mariée à M. Legendre de Collandre, maréchal de camp, fils du célèbre Legendre de Rouen, l'un des plus grands négociants du monde, et dont tous les enfants, braves et fort estimés, sont entrés au service et y ont acquis grande réputation.

L'Abbé de Mesmes. — On a appris la mort de M. l'abbé de

---

(1) Voir, sur l'émeute que souleva le convoi, Barbier, I, 126, 127 et les *Mém. de Maurepas*, I, 154.

Mesmes, frère de M. le Premier Président. Il étoit tombé, depuis un an ou deux, dans une espèce de démence, et étoit retiré à Sainte-Geneviève. Le P. de la Borde, de l'Oratoire, est héritier d'un bon prieuré, qu'il lui avoit résigné, à pension, depuis un mois, et la pension n'a guère duré.

Samedi 10. — BALLET. — FÉNELON. — Le ballet du Roi a été joué au Louvre pour l'ambassadeur turc. Il y est arrivé un triste accident. Le chevalier de Fénelon, enseigne de grenadiers du régiment des Gardes, âgé de vingt-deux ans (1), voulant passer d'une loge à l'autre et abréger son chemin, le pied lui a manqué, et il est tombé sur des piquants de fer qui lui ont percé la veine cave. On l'en a arraché avec grande peine. Il a perdu tout son sang, et est mort, deux heures après, chez Bellomère, chirurgien. Le Roi n'y étoit pas encore quand cela est arrivé, mais le sang étoit répandu dans la salle, et on n'a pas laissé de danser et de jouer le ballet, suivant la cruelle coutume des rois de ne pas faire grand cas des autres hommes, et de finir toujours ce qu'ils ont entrepris. C'est apprendre de bonne heure l'inhumanité au jeune Roi. Le Turc dira dans son pays que nous sommes plus barbares qu'eux (2).

ASFELD. — L'abbé d'Asfeld, avec sa belle *Relation*, a été exilé à la Rochelle. On la débitoit non-seulement à Paris, en françois, mais elle avoit été envoyée en allemand à Vienne, et elle étoit tombée entre les mains du secrétaire de la cour de France, qui l'a renvoyée. Cette traduction, que l'on vouloit semer parmi les évêques d'Allemagne, a paru séditieuse. La famille de l'abbé demande sa grâce, qu'on ne lui a point accordée.

PRINCE CHARLES. — Le prince Charles a obtenu un arrêt (il est du 6 mai) qui porte « que le Roi s'étant fait

---

(1) Neveu de l'archevêque de Cambrai.
(2) Voir sur ce funeste accident, Barbier, I, 128.

représenter les provisions de la charge de Grand-écuyer, qui lui remet le commandement et disposition de la grande et petite Écurie, et S. M. voulant continuer les marques d'estime qu'avoit le feu Roi pour M. de Beringhem père, premier écuyer, il est ordonné que ledit sieur de Beringhem demeurera dans les usages dont il jouit jusqu'à présent, sans que cette possession puisse être tirée à conséquence contre et au préjudice des droits de la charge de Grand-écuyer, par M. de Beringhem, fils survivancier, de son fils ni ses successeurs; ces usages n'étant accordés personnellement qu'au père. » Cet arrêt a été expédié sur celui que j'ai dressé. M. le duc d'Orléans l'a trouvé juste. M. le Chancelier l'a signé, et M. d'Armenonville en a fait l'expédition. Voilà la justice rendue, et c'est à M. le marquis de Villeroy, qui l'a sollicitée, que le Régent ne l'a pu refuser. Cet arrêt est secret.

Soissons. — M. l'évêque de Soissons (1) a fait paroître une nouvelle lettre pastorale sur la Constitution. Elle est pleine d'erreurs, et a été dénoncée en Sorbonne, sur les endroits seulement qui blessent les libertés de l'Église gallicane, car sur la théologie, chacun soutient son opinion.

Dimanche 11. — Colonel-général de l'infanterie. — Il s'est répandu aujourd'hui une grande nouvelle au Palais-Royal. M. le duc de Chartres, fils du Régent, a été fait colonel-général de l'infanterie françoise par commission. Il n'y en a point eu depuis le dernier duc d'Épernon, qui mourut le 25 juillet 1661, et la charge fut supprimée le 26. Elle avoit été érigée en charge de la couronne en faveur du duc d'Épernon, son père, favori d'Henri III, au mois de décembre 1584, par édit vérifié le 16 janvier 1585, et il avoit fait son serment au Parlement le 22 janvier, comme on voit dans le *Journal de*

---

(1) Languet.

Henri III, où il est remarqué qu'il eut sa place sur les fleurs de lis et que la Cour lui dit : « Duc d'Épernon, montez ici comme pair de France et non comme colonel, car en cette dernière qualité vous n'avez point ici de séance. » (Les provisions de M. le duc de Chartres sont dans le *Mercure* de mai 1721. Elles sont très-curieuses. V. *Merc.* de mai 1721.) Avant lui, ce n'étoit qu'une commission, qui n'a commencé que sous François Ier. Cette charge donne l'autorité sur tous les gens de pied françois, et les colonels ne sont que les lieutenants-colonels du colonel-général. Il partage, en quelque sorte, l'autorité royale, car il dispose de tous les emplois de l'infanterie, et on bat aux champs pour lui comme pour le Roi. Tout le monde sait ce trait de M. d'Épernon qui entroit au Louvre avec Monsieur, frère du Roi Louis XIII. Les tambours ne battoient point aux champs, on leur dit de battre ; ils dirent qu'on ne battoit point pour Monsieur ; alors le duc d'Épernon se mit à la portière et dit : « Ici suis, battez pour moi. » Il y a dans le livre des *Grands Officiers* de Dufourny (ou Anselme) un chapitre des colonels-généraux de l'infanterie françoise. On y cite Brantôme, tome IV de ses *Capitaines françois*. Je l'ai voulu lire ; je n'y ai rien trouvé pour les prérogatives de la charge, mais beaucoup d'écartés, comme Brantôme en sait faire. Je n'y ai lu qu'une chose remarquable, qui est qu'après la bataille de Cerisoles, le roi François Ier, voyant M. de Chaix (qui a été le premier des colonels-généraux) accompagné d'un nombre infini d'officiers de guerre, dit : « Foi de gentilhomme, voilà le plus bel état de mon royaume et aussi suffisant pour se faire accompagner, craindre et respecter, et m'étonne beaucoup de mes petits sots et fats princes de mon royaume, qui font tant des grands et des glorieux et n'y ont jamais aspiré, qui se servent d'eux et de leurs moyens pour avoir des gens et se faire suivre, craindre et respecter : au lieu qu'à mes dépens et qui ne leur coûteroit rien du leur, ils seroient toujours mieux accompagnés que moi, et par ainsi épargneroient le leur pour l'employer mieux pour leur service. Je ne sais s'ils le font pour craindre ou pour épargner leur peau, car l'état est fort hasardeux, mais pourtant ils en seroient bien heureux, honorés et respectés, et sont des petits sots qui le dédaignent. » Le Régent n'a pas voulu qu'on traitât son fils comme François Ier traitoit les princes de son temps, et il l'a fait colonel-général. Il ne commande pas au régiment des Gardes-Françoises, on l'a détaché de sa commission (le 7 décembre, M. le duc d'Orléans a remis cette commission au Roi), ni aux Suisses non plus, qui ont un colonel-général. Voilà un grand état, mais savoir s'il durera à la majorité. C'est ce que le temps nous apprendra. En France la possession fait beaucoup. *Possessionali.*

MAILLEBOIS. — M. de Maillebois, maître de la garde-robe, étant au lever du Roi, et s'appuyant contre la balustrade, ce qui ne se fait jamais, le Roi lui a dit : « Il faut que vous ayez joué quelque grande partie de paume ce matin, vous me paraissez fatigué. » Le Roi a été loué de cette réprimande polie. M. de Maillebois est fils de feu M. Desmarets, contrôleur général.

LAW CADET. — Guillaume Law, frère du fameux Jean Law, a été mis à la Bastille (1) (il y est du 3 mai), pour quelques millions détournés de la Banque. Mais nous ne tenons pas l'autre frère, qui a ruiné la France. On a aussi arrêté La Motte, changeur, et sa femme, qui faisoient partie des Mississipiens.

SULLY. — Le duc de Sully a déclaré son mariage avec la comtesse de Vaux, veuve du comte de Vaux, fils aîné de M. Fouquet, surintendant des finances. C'est une dame de mérite, qu'il aimoit depuis longtemps, qu'il avoit épousée en secret, et la famille Sully en étoit fâchée, parce qu'elle n'est pas en état d'avoir des enfants. Elle s'appelle Guyon, en son nom, et est fille de la fameuse

---

(1) Barbier, I, 127.

madame Guyon, quiétiste, qui a perdu M. de Fénelon, l'archevêque de Cambray, par les spiritualités qu'elle lui avoit inspirées. J'ai toujours été étonné qu'un si grand esprit ait pu donner dans les visions d'une folle. On ne peut soupçonner de l'impureté dans l'amour pur, mais l'esprit est souvent la dupe du cœur (1).

13 *mai*. — COURTANVAUX. — Le marquis de Courtanvaux, capitaine des Cent-Suisses, est mort à Arnay-le-Franc. C'est le fils aîné de M. de Louvois. Il n'y a pas grande perte : j'ai étudié avec lui et, dès ce temps-là, ce n'étoit pas un grand docteur. Il étoit fort avare ; il laisse 50,000 écus de rentes en terres. Son cadet, M. de Barbezieux, lui fut préféré par le ministre, mais il a bientôt précipité le cours d'une vie florissante, et a bien abusé de ses talents et de sa jeunesse. Le fils du marquis de Courtanvaux, qu'on appeloit le marquis de Louvois, est mort. Il y a un petit-fils qui n'a que trois ans et qui a la charge des Cent-Suisses.

TARTARES CHRÉTIENS. — Il est venu une grande nouvelle pour le christianisme. 40,000 Tartares des États du Czar se sont faits chrétiens et ont été baptisés. Le Czar y a envoyé des missionnaires pour les confirmer dans la religion. Ils ne feront pas comme les missionnaires de la Chine ; le Czar n'entend pas raillerie, et les fera marcher droit.

La princesse de Galles, en Angleterre, est accouchée d'un fils. Cela éloigne les princesses de la couronne.

SOISSONS. — ÉVÊQUE. — Le supplément de la *Gazette d'Amsterdam* du 13 mai contient une relation très-exacte de ce qui s'est passé en Sorbonne, le 2 mai, sur la dénonciation de la lettre pastorale de M. l'évêque de Soissons. Il faut la lire. Première proposition dénoncée : « Il est essentiel à l'exécution des promesses que l'Église subsiste dans la forme que Jésus-Christ lui a donnée, c'est-à-dire

---

(1) C'est le mot de la Rochefoucauld.

ayant à sa tête Pierre, dans ses successeurs unis à ses apôtres, enseignant et professant en leur nom la vérité, et les y conformant jusqu'à la consommation des siècles par la solidité et la force de son ministère exprimée par le nom de Pierre. » Ce qui renferme visiblement l'infaillibilité du Pape. Il y a une autre proposition sur ce que l'on suppose que les hérétiques seuls appellent au concile; et une troisième, où il parle des appelants comme schismatiques : « Vous vous efforcez de grossir votre petite Église naissante du nombre des saints pères des siècles passés, et vous déchirez leur texte en lambeaux pour couvrir votre pauvreté. » Il y a eu seize commissaires nommés pour examiner ces propositions dénoncées. Les molinistes qui sont rentrés en Sorbonne se sont opposés à la délibération et ont tant crié, qu'on n'a pu rien conclure.

Le cardinal Alberoni entra le 8 avril au conclave, et a été reçu à Rome (1) avec joie et beaucoup de compliments. On a fait des vers à sa louange. Dans le scrutin du 5, il y a eu plusieurs suffrages *neminis*, ce que les cardinaux ont fait pour se donner du temps. Le 12 avril, il y avoit quarante-deux cardinaux au conclave.

L'ABBÉ TENCIN. — PROVISIONS DE CONVERTISSEUR EN CHEF ET DE PRIMAT DE LA LOUISIANE POUR MONSIEUR L'ABBÉ DE TENCIN, PAR LE COMMANDANT DU RÉGIMENT DE LA CALOTTE (2).

> Nous, général de la calotte,
> Pour empêcher par tous moyens
> Que l'erreur des luthériens
> Et de la doctrine huguenote

---

(1) Voir Saint-Simon, XI, 387.

(2) Le *Régiment de la calotte* était une sorte d'association burlesque où quelques malins, qui en furent les fondateurs, firent entrer à leur suite, non sans les pousser quelque peu, tous ceux qui, à un titre quelconque, avaient mérité un brevet de *toqué*. Le mot, dans son acception vulgaire et moderne, exprime parfaitement le but de cette facétieuse institution, que protégea pendant cinquante ans l'inviolabilité du rire, qui étendit aux plus hauts personnages

N'infecte notre régiment,
D'un pernicieux sentiment
Et pour remettre dans la voie
Quelqu'un qui seroit fourvoyé
Et seroit devenu la proie
De l'hérétique dévoyé ;
A ces fins, vu l'expérience,
Saintes mœurs, doctrine, science,

---

la témérité impunie de ses moqueries, dont Louis XIV, le Régent, Louis XV, en souverains hommes d'esprit, encouragèrent les lazzis rimés, et qui se chargea jusqu'en 1760, où elle devint exclusivement militaire, de la police du ridicule, même sur les marches du trône. Voici au milieu de quelles circonstances prit naissance cette bizarre association de *Toqués* (de ceux à qui il faudrait une *calotte* de plomb). Vers 1710, quelques officiers de la cour, dont Aymon, un des douze porte-manteaux du Roi et M. de Torsac, exempt des gardes du corps, ayant fait mille plaisanteries sur quelques folies de l'un d'entre eux, apposèrent une calotte de plomb au malade. De là, mille inventions grotesques, et l'idée de créer, pour s'amuser, un régiment composé uniquement de personnes distinguées par une conduite singulière, leurs mœurs dépravées ou par le ridicule. Un pareil dessein, confié à des têtes françaises, ne devait pas y dormir longtemps. Dès le lendemain, Aymon, qui avait l'esprit plaisant et abondait en saillies, était choisi pour généralissime, et le régiment commençait à se recruter avec une telle indépendance et un tel succès, que Aymon, interrogé par Louis XIV, qui lui permettait comme à beaucoup de ses serviteurs familiers une grande liberté de langage, sur l'époque à laquelle il ferait défiler son régiment devant lui, put lui répondre impunément : « Sire, il ne se trouverait personne pour le voir passer. » Le Roi ayant ri de cette hardiesse de celui qu'on considérait comme le fou du Roi, il fut de bon ton et de bonne politique d'en rire aussi et d'imiter la tolérance souveraine. A partir de ce jour, les éclats de rire se succèdent perpétuellement, dans l'Olympe où tonnait Louis XIV, et la majesté un peu triste de cette cour d'abord théâtrale, puis monacale, se déride et s'anime. Chaque jour, c'est une nouvelle victime qui est vouée à cette immolation satirique, et dont on passe l'ambition ou la vanité au fil de l'épigramme. Chaque jour, un brevet nouveau de calotin forme la nouvelle attendue par l'impatience des médisants. Mais c'est sous la Régence, cette Fronde des mœurs, que le Régiment de la calotte, cette Fronde du rire, devait prospérer. Le Régent, tolérant par caractère, l'était encore plus par système. Il accorda une liberté illimitée aux faiseurs de brevets, s'amusa à les lire lui-même à leurs titulaires, choisis plus d'une fois parmi ses courtisans, et ne se fût pas offensé de recevoir le sien. Quelques grands personnages, qui se croyaient au-dessus de la satire, et qui ne répugnaient pas à la critique des autres, prirent l'institution sous leur officieuse protection. Villars sauva plus d'une fois de la Bastille, conséquence inévitable d'un succès trop audacieux, les chefs du régiment. Les plaisanteries faites à propos sur le Parlement et

Et zèle que l'abbé Tencin
A fait paroître sur tout autre
Pour le salut de son prochain,
Nous lui donnons lettres d'apôtre
Et de convertisseur en chef,
D'autant qu'en homme apostolique
Il a rendu Law catholique.
En outre, par le présent bref,

---

sur les jansénistes, en firent d'ailleurs pardonner beaucoup d'autres. Les brevets, rédigés par l'élite de la littérature qu'on pouvait appeler déjà militante, Roy, Gacon, Grécourt, Desfontaines, l'abbé Margon, Voltaire, Piron, M. de Maurepas lui-même, réunirent l'attrait de la bonne poésie à celui de leurs allusions malignes. Personne n'étant épargné, il fallut bien se résigner à une police qui atteignait tout le monde. Et les ministres eux-mêmes, Dubois en tête, durent faire comme les particuliers et prendre leur mal en patience. Dubois affecta de mépriser ces traits qui pleuvaient sur son cynisme comme sur une carapace. Chose étrange ! celui qui s'est plaint le plus des calottes, qui ne l'épargnèrent pas en effet, est celui qui en a peut-être le plus fait. C'est Voltaire, qui de bonne heure n'aima pas à rire à ses dépens et appela volontiers la médisance une calomnie. On trouve dans ses *Œuvres* plus d'une trace de ses rancunes. On trouve dans les *Mémoires de Maurepas*, t. III, une longue et diffuse mais intéressante histoire des principaux événements qui regardent le Régiment de la calotte. Marais et Barbier, qui, en leur qualité de curieux et de malins, faisaient leurs délices de la primeur des brevets, ont inséré les plus remarquables dans leurs *Mémoires*. Quelques-uns sont, en effet, d'une importance historique ou littéraire réelles. Il y a dans le fatras des éditions imprimées, auxquelles on pourrait joindre les 2 vol. in-4° manuscrits de la Bibliothèque impériale, quelques perles véritables. Mais il faut remuer, pour les trouver, un véritable fumier. L'institution de la *Calotte* tomba d'elle-même, vers 1760, sous l'indifférence d'un public plus difficile et plus blasé, auquel ne suffisaient plus les vains efforts de sa décadence, et que les pamphlets et les *Nouvelles à la main* nourrissaient d'aliments plus épicés. Mais cette association du ridicule, devenue caduque, littérairement et politiquement parlant, se perpétua dans l'armée, et y subsista jusqu'à la Révolution, non sans porter quelquefois atteinte à la discipline, un peu offensée de voir des lieutenants chansonner ainsi impunément leur colonel. — V. sur le *Régiment de la Calotte*, Piron et Voltaire, *Œuvres*, les *Mélanges de Boisjourdain*, Barbier, I, 207, 447-II, 23, et surtout Marais, qui contient, sur les victimes et les bourreaux, sur les cérémonies de l'ordre, ses généraux, etc., de curieux détails. Voir aussi les *Mémoires* de Ségur, et *Paris, Versailles et les provinces au dix-huitième siècle* (par Dugast de Bois Saint-Just), Lémontey et les *Mémoires et Correspondances du cardinal Dubois* (par de Sevelinges); enfin les *Curiosités littéraires*. La 1re édition des *Mémoires de la Calotte* est de Bâle, 1725, 1 vol. in-12. La dernière, en 3 vol. in-12, est de 1752.

Voulant illustrer sa soutane
Et donner du poids aux sermons
Dudit abbé, nous le nommons
Primat de la Louisiane :
Voulons qu'en cette qualité
Il puisse avec autorité
Gouverner la susdite Église
Sans que personne y contredise.
De plus, quoique l'abbé susdit
Plein de l'évangélique esprit
Méprise les biens de ce monde,
Et que même contre eux il fronde,
De notre libéralité
Pour soutenir sa dignité,
Lui déléguons dîme et dixièmes
Sur les brouillards dudit pays
Qui font la gloire du système,
Et que l'on dit être infinis.
Espérons que la cour de Rome,
Mère des nouveaux convertis,
En faveur d'un aussi grand homme
Donnera les bulles gratis,
Ajoutons à ce noble titre
Pouvoir de porter sous sa mître
La double calotte de plomb :
Lui donnons notre grand cordon
Comme ornement très-honorable,
Très-illustre, très-convenable,
Au col d'un aussi grand prélat,
Et pour y donner plus d'éclat
Y joignons grelots et sonnettes,
Papillons, rats et girouettes
Et tout l'attirail calotin ;
Défendons à tout libertin
De faire et chanter vaudeville
Où le suppôt de l'Évangile
Soit chansonné malignement.
Fait au conseil du régiment.

L'abbé d'Asfeld a obtenu un changement de son exil, et est envoyé à Saint-Florentin, au lieu de la Rochelle. Depuis, cela a encore été changé, et on l'envoie à Villeneuve-le-Roi, où l'air est meilleur. Le marquis d'Asfeld a eu beau dire que son frère est toute sa consolation, s'il veut être consolé, il l'ira trouver à son exil. Les paroissiens de Saint-Roch, à qui il faisoit, toutes les semaines, des discours sur l'Écriture sainte, sont bien fâchés de le voir partir; s'il n'avoit jamais fait que de ces discours, il seroit encore à Paris.

Un conseiller au Parlement, nommé La Goupillière, de la première des enquêtes, s'est donné un coup de pistolet dans la tête, et s'est tué de chagrin d'avoir vendu sa charge en billets de banque (1). Il laisse cependant beaucoup d'autres biens. On dit qu'il est d'une race folle et que sa mère est enfermée. Le fils de M. le président d'Aligres, conseiller, son ami, l'étoit allé voir le matin, et il lui montra cinq ou six paires de pistolets qui étoient dans sa chambre, ce qui lui fit peur, et il en avertit ses gens qui, peu de temps après, entendirent le coup. Ce sont suites du Système.

Vendredi, 16 *mai.* — PAPE. CONTI. INNOCENT XIII. — Sur les huit heures du soir, on a appris la nouvelle de Rome qu'il y avoit eu un Pape élu le 8 mai, qui est le cardinal Conti (2), d'une très-ancienne famille d'Anagnia, dont étoient le Pape Innocent III, le célèbre canoniste, fait Pape en 1198; Grégoire IX, élu en 1227, qui est le collecteur des Décrétales; et Alexandre IV, fait Pape en 1254. Il a pris le nom d'Innocent XIII, par reconnoissance pour son parent Innocent III. C'est un homme sage, qui a beaucoup de parents, qui leur fera du bien tant qu'il pourra, et dont le gouvernement se tournera, dit-on, suivant l'esprit de ceux qui le gouverneront lui-même. La faction allemande n'a point eu de part à cette élection. Le cardinal de Rohan s'est très-bien comporté au goût de la France, et on espère beaucoup de ce pontificat. Le

---

(1) V. Barbier, 1, 128.
(2) Michel-Ange Conti, évêque de Viterbe, cardinal en 1707, élu pape le 8 mai 1721, sacré le 18 mai.

cardinal Pamphile et le cardinal Albani ont pensé se battre dans le conclave, sur ce que le Pamphile disoit que le défunt Pape faisoit tout à sa tête, qu'il ne consultoit personne, et qu'il en falloit faire un tout contraire à celui-là. Le nouveau Pape a soixante-six ans et se porte très-bien.

Pasquin a dit : « Si Conti est pape, ce sera le Saint-Esprit qui le fera ; si c'est le cardinal d'Albani, ce sera l'empereur ; si c'est Alberoni, ce sera le diable. »

SAINT-ALBIN. — L'abbé de Saint-Albin (1), fils naturel du Régent, non reconnu, est nommé à la coadjutorerie de l'archevêché de Cambray. Le Régent fait comme les Papes, il songe à sa famille pendant qu'il gouverne. On dit que l'abbé Dubois se démettra bientôt de son archevêché, qu'il garde pour le fils de son maître ; mais il voudroit bien voir son chef couvert d'un chapeau rouge ou bien d'un vert, comme dit *Philotanus*.

19 *mai*. — MIANE. MARÉCHAUX DE FRANCE. — Deux maréchaux de France, suivant leur arrêté, vont tous les jours au Régent sur l'affaire de Miane, et ils lui ont dit à la fin qu'ils ne s'assembleroient plus pour aucune affaire, puisque leurs jugements étoient inutiles. Nouvel embarras pour le Régent, qui se tire de tout comme il peut, et qui voudroit bien ne point sacrifier son favori. De Miane est venu à Paris, qui s'est mal excusé, et qui s'en est retourné bien vite, car les prévôts étoient à ses trousses.

POLICE. — POULES, PIGEONS, etc. — Par ordonnance du 9 mai du lieutenant de police, publiée le 15, il est défendu à tous habitants de Paris d'avoir et nourrir en leurs maisons des porcs, pigeons, poules, lapins,

---

(1) Charles de Saint-Albin, fils du Régent et de Florence, danseuse de l'Opéra, abbé de Saint-Ouen, coadjuteur, puis évêque de Laon le 23 avril 1722, archevêque de Cambrai en 1723 (17 octobre), jusqu'au 9 mai 1764, mort en 1774.

lièvres, etc. à peine de 300 liv. d'amende, pour la première fois, et de punition exemplaire en cas de récidive ; l'ordonnance porte : que la puanteur est capable de corrompre la pureté de l'air, et de causer des maladies pestilentielles, parmi les citoyens de cette ville. — On craint la peste, qui s'approche de nous, et qui est, à présent, en Languedoc, suivant les nouvelles qu'on a eues par monsieur le duc de Roquelaure. La nouvelle s'est trouvée fausse.

RENTES DU DOMAINE. — ARRÊT. — On a publié un arrêt du 14 mai, qui ordonne que les possesseurs des rentes, albergues et redevances aliénées du domaine, payeront un supplément de finance, savoir : ceux qui ont acquis sur le pied du denier douze, le double de leur finance, et ceux du denier 15 jusqu'au 24. Et faute de faire leur déclaration et payer dans un mois, la jouissance du denier 12 réduite à moitié, et pour ceux du denier 15, réduit à la proportion de 24. Voilà un commencement de taxe sur les engagements du domaine. Les autres engagements se suivront bientôt. Le contrôleur général ne se montre pas à découvert, et ne frappe que peu à peu.

ARRÊT. — VIVRES DE LA MARINE. — On n'a vu qu'aujourd'hui un arrêt, du 21 janvier 1721, qui regarde les billets des vivres de la marine, qui en retranche les deux cinquièmes, et met les trois autres cinquièmes dans les états du Roi, avec les intérêts au denier 50.

NOTAIRES. — Les notaires se sont plaints du grand travail qu'ils étoient obligés de faire gratis pour le visa, et que toutes leurs autres affaires étoient cessées. On leur a envoyé à compte à chacun un sac de 1,000 fr., ce qui fait 113,000 fr. d'argent aux 113 notaires.

18 mai. — VISA. — Arrêt qui proroge le visa jusqu'au 1er juillet, duquel jour jusqu'au 16 juillet, les effets non visés seront réduits aux deux tiers ; et jusqu'au 1er août à un tiers. Passé lequel temps, ils seront nuls et supprimés, sans espérance d'aucun autre délai.

LE CAMUS, BRETEUIL. — Monsieur le Camus, P. P. de

la cour des aides, a obtenu la permission de vendre sa charge de prévôt de l'Ordre du Saint-Esprit. Il la vend à M. de Breteuil, intendant de Limoges (1), qui se parera bien du cordon bleu dans son intendance ; car ces Breteuil sont fiers, quoiqu'ils ne viennent pas de bien haut. Ils s'appellent Tonnelier, et viennent d'un village auprès de Beauvais, appelé Breteuil, où on trouve encore une épitaphe en pierre d'un habitant du lieu, nommé Tonnelier, qui est de leurs ancêtres. L'intendant des finances la fit ôter, mais elle est chez le curé, où on la peut voir encore. Le baron de Breteuil a fait le galant de la présidente Ferrand, et on a imprimé les lettres qui lui ont été écrites; mais cela déshonore plus la présidente qu'elles n'honorent le baron. Il a acheté la baronnie de Preuilly, en Touraine, pour confirmer son titre. Il a eu une affaire d'honneur avec le marquis de Plumartin, son voisin, sur un arbitrage, où ils s'en étoient rapporté à des gentilshommes pour des droits honorifiques, avec écrit portant parole d'honneur de se tenir à ce qu'ils régleroient. Les arbitres ayant jugé contre le baron, il en a appelé, et a cru pouvoir se moquer de sa parole. L'affaire a été portée aux maréchaux de France. Il disoit qu'on ne pouvoit pas rendre des arbitres souverains ; je répondois qu'il avoit raison, mais qu'avant d'appeler, il falloit payer la peine du compromis qui étoit la perte de son honneur, comme il faudroit payer la peine d'argent s'il y en avoit une. Dans cet embarras, les maréchaux de France étant prêts à le condamner, il a acquiescé purement et simplement à la sentence arbitrale, et son honneur lui est resté malgré lui. Les maréchaux de France avoient résolu de le condamner à ne plus porter d'épée.

Le cordon bleu de la charge de prévôt de l'Ordre

---

(1) Voir, pour le détail, et sur le service délicat qu'il rendit, dit-on, à Dubois, Saint-Simon, XIII, 30 et Barbier, 1,286,286.

passé sur la tête de M. de la Houssaye, contrôleur général, avant de venir à M. de Breteuil. On le voulait passer sur M. le Chancelier, mais cela ne s'est point fait. Il y a quelque tracasserie sur ce chapitre.

Gentilshommes ordinaires du Roi. — La dispute de l'introducteur des ambassadeurs et des gentilshommes ordinaires, pour savoir qui doit conduire les ambassadeurs au ballet et autres fêtes chez le Roi, a été décidée en faveur des gentilshommes ordinaires.

21 mai. — Peste. — Le premier médecin a invité les médecins de la Faculté et des maisons royales à se trouver chez lui, pour leur communiquer quelque chose d'important de la part du Régent. Il se sont assemblés le mercredi 21 mai, l'après-dînée, chez lui. Ils étoient vingt médecins de la Faculté et cinq des maisons royales : Chirac, premier médecin du Régent, Terray, médecin de Madame, Falconet, médecin ordinaire du roi, Dumoulin, aussi médecin du roi, et Sidobre, du régiment des gardes. Il a été question de la police de la peste et non de la guérison. On a proposé lequel étoit le meilleur, dès que la peste est dans une maison, de la murer, et d'empêcher toute communication dans la ville, ou de prendre le malade et de le mettre, de quelque condition qu'il soit, dans une infirmerie ou hôpital destiné aux pestiférés. Ces deux manières ont été rejetées unanimement, comme contraires à l'humanité et à la charité. Par les lettres qui ont été lues, on a vu qu'à Marseille, dès que M. de Langeron a eu fait ouvrir les maisons et les boutiques, la peste a beaucoup diminué, et a enfin cessé ; et qu'à Toulon, au contraire, où l'on a muré les maisons, on y meurt partout de désespoir et de misère. Il a donc été résolu que les pestiférés devoient être traités dans leurs maisons comme on traite des malades de fièvre maligne et petite vérole ; qu'on ne conduiroit aux hôpitaux que ceux qui le désireroient ou qui ne pourroient pas être en état d'être traités chez eux, et que les personnes non attaquées

de peste, mais demeurant dans les maisons où il y en auroit, pourroient communiquer avec les autres sans quarantaine, en se faisant seulement parfumer. Au surplus, le commerce ne sera point interrompu. Les boutiques et églises seront ouvertes, et cela a paru le seul moyen de conserver la santé avec la charité et l'amitié entre les hommes. Le résultat a été dressé et refait à cinq ou six fois, et on a été depuis trois heures jusqu'à huit heures à cette assemblée, digne des soins d'un Roi. M. Burette, médecin de la faculté, professeur royal et de l'Académie des sciences, qui en étoit, m'a rapporté tout ce détail, et m'a dit qu'il étoit mort beaucoup plus de gens de misère et de faim que de la peste. Sur ce résultat, il y a eu un conseil du Régent, du Chancelier, de M. Amelot, chef du commerce, du premier médecin et de Chirac, et les ordres ont été envoyés en conformité en Provence.

RECEVEURS GÉNÉRAUX. — La police ne suffisant pas, s'il n'y a de quoi remédier à la misère publique, il avoit été résolu d'augmenter la capitation de trois sols pour livre pour secourir la Provence; mais comme on est accablé de tous côtés, les receveurs généraux des finances ont offert d'avancer 4 millions, sans intérêts, qu'ils ne retireront que dans quelques années, et d'envoyer cent mille écus par mois en Provence pendant que la peste y sera. Ainsi, on ne touche point à la capitation, et cette pauvre province désolée sera secourue par des gens qui ne sont pas ordinairement bien humains.

BAPAUME. — BLANSAC. — Le gouvernement de Bapaume a été donné en survivance de M. le comte de Roye, qui est bien malade, à M. le comte de Blansac, son frère. Ils sont de la maison de la Rochefoucauld, si illustre par ses alliances dans toute l'Europe avec les têtes couronnées. Il n'y a rien de comparable à la douceur, à la bonté et à l'humanité de toute cette famille, qui se fait aimer de tout le monde. C'est la branche de Roye dont une Léonor de Roye épousa le prince de Condé au seizième siècle. Le comte de Roye, leur père, se retira en Angleterre pour la religion et sépara sa famille, dont il laissa une partie en France, qui s'est faite catholique, et l'autre partie, il l'emmena en Angleterre où elle a vécu dans leur ancienne religion. M. le comte de Blansac a fait son abjuration à Rome entre les mains d'Innocent XI, qui l'aimoit fort, et qui le voulut faire cardinal ; mais il repassa en France, et se maria avec la veuve du marquis de Nangis (madèmoiselle de Rochefort, fille du maréchal de Rochefort) dont il a eu trois enfants. L'aîné s'appelle le comte de Marton, colonel du régiment de Conti, et deux filles, l'une mariée au comte de Tonnerre, l'autre au jeune marquis de Coetmadec de Bretagne et porte le nom de Danges. Elle avoit eu de son premier mariage le marquis de Nangis, le chevalier de Nangis et Mlle de Nangis, qui a été la femme du duc de Fallari.

MASSILLON. — On a appris que le 26 avril, le P. Massillon, évêque de Clermont, ayant été donner la confirmation à Riom, qui est de son diocèse, il voulut visiter et faire ouvrir la châsse de saint Amable. Le peuple crut qu'il vouloit emporter leur saint, à qui ils ont grande foi, et qui guérit de la morsure des serpents. Ils s'assemblèrent dans l'église; ils étoient prêts de l'assommer, s'il n'avoit fui dans la sacristie, d'où on eut grande peine de le tirer, et il disoit bien en lui-même en sortant, qu'il croiroit de saint Amable tout ce qu'on voudroit, même la fable de ses gants et de son chapeau, que le soleil lui porta dans un pèlerinage qu'il fit à Rome à pied, et qui est peinte dans tous les tableaux du pays. Il y a des superstitions respectables. Bayle (*Dictionnaire critique*, lettre A) a fait un article de ce saint, dont l'abbé Faydit, Auvergnat, a critiqué le culte.

SOISSONS. — A Soissons, on a voulu faire arrêter un bénédictin qui a prêché sur le renouvellement d'appel. Il s'est enfui. On l'a voulu faire sonner et rechercher pour la coutumace; le tambour de la ville n'a jamais voulu, et a dit que son sermon étoit très-bon, qu'il l'avoit entendu, et qu'il ne vouloit pas prêter son tambour à l'injustice.

Soissons. — On a fait supprimer le dernier mandement de l'évêque de Soissons, par ordre de la Cour, à cause des propositions contre les libertés de France ; mais on n'a pas laissé d'envoyer des lettres de cachet aux dénonciateurs.

Société du feu d'Enfer. — Angleterre. — En Angleterre, qui est un maudit pays, il s'est fait une assemblée qu'ils appellent la *Société du feu d'Enfer*, où certains hommes abjurent toute religion, professent l'athéisme, et prononcent toutes sortes de blasphèmes. Ils se donnent le nom de Lucifer, de Memnon, etc. Ils y ont attiré des femmes et même des filles de condition, qui prennent le nom des déesses païennes. On éteint les lumières à la fin de leurs assemblées, et ils se mettent tous ensemble à la manière des anciens gnostiques et des anabaptistes modernes, qui disent : Qu'il y a un mariage naturel entre tous les hommes et toutes les femmes (1). Il n'y a rien d'abominable qui ne passe par la tête de ces Anglois, et la France se ressentira longtemps des conseils du misérable Law. Le roi d'Angleterre, qui veut faire supprimer cette nouvelle secte et abolir ces impiétés, y trouve de l'obstacle; qui le croiroit? Les Anglois disent qu'il y a des lois faites contre les impies, et qu'il est à craindre que l'on ne touche à la tolérance des religions.

Lettres de cachet. — Appel. — Les lettres de cachet volent partout contre les renouvelants. M. Lefèvre, docteur de Sorbonne, est relégué à Tréguier, M. Begon, à Quimper, M. Rollin (dénonciateur de M. de Soissons), à

---

(1) Cette secte semble n'avoir pas tardé à se répandre en France. On la trouve à Montpellier en 1723. Elle fut étouffée par une rigoureuse répression (V. Barbier I, 264, et Bois-Jourdain, II, 309). Ils s'appelaient en France les *Condormants* ou *Multipliants*.

Tulle, M. Tabourin, à Luçon, M. Maillard, à Dol, le P. Goffard, de l'Oratoire, à Aire, le P. Boyer, aussi de l'Oratoire, à Rhodez.

LETTRE DE L'ÉVÊQUE DE CASTRES. — Il paroît une lettre imprimée d'un évêque, à M. le marquis de la Vrillière, du 15 février 1721. Le nom de l'évêque n'y est pas, mais on sait que c'est l'évêque de Castres. Elle est très-vive et très-touchante sur les malheurs publics. Il est question d'une quête que l'on demande à la Cour pour l'incendie de Rennes (1). « Qu'importe, dit-il, que nos maisons n'aient pas été réduites en cendre, si de tout ce que nous avons de plus nécessaire, il ne nous reste qu'une matière qui n'est propre qu'à jeter au feu? » C'est ainsi qu'il parle du papier. Il ajoute : « Plus de commerce, plus de travail, plus de confiance, plus de ressource ni dans l'industrie, ni dans la prudence, ni dans l'amitié, ni dans la charité même. » Il dit « que la charité est réduite à pleurer avec ceux qui pleurent, sans jamais avoir occasion de se réjouir avec quelqu'un ni les moyens d'essuyer les larmes des affligés et des pauvres. » Il parle de la peste qui approche du Languedoc. « En ce cas, heureux ceux que Dieu appellera les premiers et qui n'auront pas le malheur de voir périr leurs frères sans leur être d'aucun secours. Ce ne sont point ici (dit-il) des exagérations, c'est l'expression la plus simple d'une vérité connue de tous. » Comme l'ordre du Roi pour cette quête est qu'on ne prendra point de billets, il dit : « Quel surcroît d'affliction quand mes ouailles sauront que ce qui leur reste de leur subsistance ne peut même être employé aux bonnes œuvres, et que leur bien ne leur peut servir ni pour la conservation de leur vie, ni pour le salut de leur âme! » On ne peut pas faire une description plus pathétique de notre état, et quand on le voudra bien savoir dans l'histoire, il

---

(1) On trouve cette lettre au tome III des *Mémoires de la Régence*, p. 107.

faudra le chercher dans cette lettre, qui est à garder.

24 *mai*. — TESTAMENT DU GARDE DES SCEAUX D'ARGENSON. — On m'a consulté sur le testament de M. d'Argenson, garde des sceaux. Il l'a fait dans le mois de novembre dernier. M. son fils, conseiller d'État, intendant de Maubeuge, qui est son aîné, y est conservé dans tous ses droits d'aînesse, dans ses terres, sauf la légitime dans les autres biens. Puis il dit que Dieu ne lui ayant jamais donné le désir des richesses, quoique dans des places où il est aisé d'en acquérir, il croit que pour établir une proportion entre son fils aîné et son second fils, il peut faire son second fils son légataire universel. Après cela, il propose à ses enfants un partage, pour ne point entrer dans la division des terres et des biens de la communauté de Mme d'Argenson. L'aîné aura toutes les terres de Touraine en propriété, avec les meubles et effets mobiliers qui y sont, et la charge de chancelier de l'ordre de Saint-Louis, sous le bon plaisir du Roi, en donnant 40,000 liv. à Mme de Collandre, sa sœur (qu'il appelle toujours « ma fille », sans parler jamais de son mari). Le puîné aura la terre de Venil-Argenson en Berry et tous les autres biens, maisons, conquêts, acquêts, de quelque nature qu'ils soient, en donnant aussi 40,000 liv. à sa sœur. M. l'archevêque de Bordeaux, son frère, est nommé exécuteur. Il y a 56,000 liv. de legs, entre autres : 15,000 liv. aux religieuses du Traisnel, et 500 liv. de pension à une petite fille qu'elles ont reçue charitablement religieuse. (On soupçonne que c'est une bâtarde.) Il donne 6,000 liv. aux Théatins, qui lui ont accordé une chapelle dans leur nouvelle église. Il ordonne plusieurs grandes messes dans d'autres églises, et ce testament paroît avoir été fait, avec mûre délibération, pour faire les deux mâles à peu près égaux, et réduire sa fille à sa légitime, la croyant mariée très-richement et sans aucuns besoins. On ne lui trouve point d'argent comptant et il y a plus de 500,000 liv. d'égarées, que l'on croit

entre les mains de l'abbesse du Traisnel, qui en gratifiera qui elle voudra des enfants, ou qui le gardera bien pour elle (1). Il s'est trouvé trois bourses de jetons d'or qu'il a eues, comme Garde des sceaux. Il n'en devoit avoir que deux ; mais en 1721, le Régent lui a envoyé cette bourse comme s'il avoit été en place.

Ce matin, il y a eu un grand service pour lui, aux Capucins de la rue Saint-Honoré, dont il étoit protecteur et père temporel. Le P. président y est venu, et a voulu voir les funérailles de celui qui auroit voulu voir enterrer tout le Parlement.

Listes de nouveaux appelants. — Malgré les lettres de cachet, il paroît deux nouvelles listes d'appelants. L'une est une troisième édition des appelants du diocèse de Paris, augmentée de quatre-vingt-douze, et où les noms et qualités sont plus exactement marqués. L'autre est une liste de ceux qui ont renouvelé leur appel en province au nombre de 380. A la tête est ce passage (*Macchab.*, 15, v. 18, 19, 21) : *Pro fratribus et cognatis minor sollicitudo ; maximus vero et primus pro sanctitate timor erat templi. Sed et eos qui in civitate erant non minima sollicitudo habebat pro his qui congressurierant.* On y a joint l'acte du chapitre de Tours, du 31 août 1720, qui porte qu'ils persistent dans leur appel et qu'ils ne peuvent aucunement recevoir accommodement, et qui finit par ces mots : « Que si, pour le bien de la paix, et par le respect que nous avons pour les puissances, il nous arrivoit de garder à l'avenir le silence sur cette affaire, ce silence ne pouvoit jamais être pris pour un acquiescement de notre part. »

Il a paru en même temps un écrit intitulé : *Le Fanatisme dénoncé*, à l'occasion de la *Relation* de l'interrogatoire de l'abbé d'Asfeld (8 p. in-4°), avec ce titre : « *Nolite*

---

(1) « J'ai vu, dit Lemontey, I, 334, la plainte des enfants d'Argenson contre l'abbesse du couvent de la Madeleine du Traisnel où leur père étoit mort.

omni spiritui credere sed probate spiritus si ex Deo sint »
(*Joan*, ep. 1, c. 4, 1). Le fanatisme y est défini un esprit
d'illusion qui transporte comme hors de soi celui qu'il
saisit, et en qui il imite, par une fausse piété, le langage
et les opérations de l'esprit de Dieu. Cette définition est
appliquée à la relation de l'abbé, dont il est dit que cette
teinture d'orgueil, de plénitude de soi-même, de bonne
opinion de sa capacité et de ses lumières et de mépris de
celle des autres, principalement quand cela est porté
comme ici à un degré extraordinaire, est un des plus
violents préjugés qu'on puisse avoir du fanatisme et de
l'enivrement où un homme est tombé, par rapport à l'idolâtrie de ses pensées et de sa raison, et, si on l'ose dire, à
l'adoration de son propre esprit, ce qui certainement ne
vient point de l'esprit de Dieu. Pour preuve, on rapporte
ces paroles de la *Relation* : « Il y a quarante ans que j'étudie la religion, et que j'y emploie constamment huit
ou dix heures par jour, sans en avoir jamais rien soustrait,
par la grâce de Dieu, ni pour l'intrigue, ni pour faire ma
cour à ceux qui peuvent donner, ni pour la bonne chère,
ni pour le plaisir; qu'ils en disent autant. » (Ces *ils* sont
des premières personnes de l'Église et de l'État, des cardinaux et des évêques à qui il ose faire ce beau défi).
« Qu'ils en disent autant, et qu'ils produisent des preuves
de leurs profondes connoissances dans l'Écriture sainte et
dans la tradition : je suis du métier; nous nous connoissons; je sais ce qu'ils sont et ce qu'ils savent, et qu'ils me
permettent en ceci de ne les point regarder comme mes
maîtres. » On lui reproche « qu'il a dans la tête un certain système sur la proximité du retour des Juifs à la
connoissance du Messie et à la vraie religion, qui lui fait
dire quelquefois que le bruit que la Constitution vient
de faire dans le monde est le dernier coup de cloche
pour rappeler les restes d'Israël à l'Évangile ». Cela se
voit assez clairement dans le livre qu'il a fait sur l'Écriture sainte. Sur quoi, le dénonciateur dit assez plaisam-

ment qu'on fait dire aux cloches tout ce qu'on veut. Cela finit par dire qu'il seroit d'un dangereux exemple de laisser librement et impunément lever l'étendard de la rébellion à un homme qui, avec un air de triomphe, dans un interrogatoire qu'il n'étoit nullement nécessaire d'imprimer, attache, pour ainsi dire, à son char, son archevêque et son roi. En effet, l'abbé pouvoit dire les mêmes choses qu'il a dites d'un ton plus humble et plus chrétien. Mais ces d'Asfeld (ou Bidal) sont glorieux, et *Patin*, en parlant de la banqueroute du père, dit que personne ne le plaignoit, parce qu'il y avoit beaucoup de gloire dans cette famille.

La Goupillière, conseiller. — J'ai appris que le conseiller qui s'est tué s'appelait Bergeron de la Goupillière, fils d'un intendant de marine à Brest; que le père, mort l'an passé, en l'absence de sa femme, dit à sa fille qu'il avoit quelque chose d'important à dire à sa mère. La mère, qui étoit à Paris, ne put être à la mort. Le secret ne fut point su, et on croit que c'étoit une révélation d'argent caché, ce qui tourna la tête à la mère, qu'on a fait sortir de Paris et envoyée en Bretagne. Le fils, autrefois débauché, s'est mis à étudier beaucoup et gardoit encore une certaine fille chez lui pour ses derniers plaisirs. Le curé de Saint-Séverin l'en avoit fait sortir à Pâques dernier. La fille le poursuivoit partout, et demandoit qu'il nourrît des enfants qu'il avoit d'elle. Le papier est venu sur cela. Voilà bien des raisons pour perdre sa raison et pour se tuer quand on l'a perdue. Le Parlement a cessé tout d'un coup les procédures qu'il avoit commencées, quand il a su tous ces faits.

Soissons. — Petitpied. — Le nouvel ouvrage de M. de Soissons, dénoncé à la Sorbonne et supprimé par ordre de la cour, a engagé les appelants à faire paroître un excellent ouvrage, que M. Petitpied avoit fait, dès l'année 1719, contre les premiers avertissements de cet évêque, et qui est imprimé en deux parties en cette même année 1719, quoiqu'il ne paroisse qu'aujourd'hui. Cela est précédé d'un *Avertissement*, de quatre-vingt-deux pages, écrit dans un style très-vif contre le dernier mandement de M. de Soissons, et où on fait l'histoire de ce qui s'est passé en Sorbonne à cette occasion. Ce mandement n'est point un mandement, mais une copie de deux lettres écrites à M. de Boulogne, qu'il a jugé à propos d'adresser à son clergé. Ce n'est point, dit-on, un auteur qui parle avec précision et justesse, un auteur exact et judicieux qui porte la lumière dans l'esprit de ses lecteurs, c'est un écrivain confus qui brouille tout, qui chicane partout et qui s'égare sans cesse. On ne vit guère en même temps plus de fierté et plus de foiblesse, une affectation de confiance plus excessive jointe à un égarement plus continuel. Il en sera de ses écrits comme de ceux de feu M. l'archevêque de Cambray, auxquels ils ressemblent assez, par une certaine éloquence de sophiste qui en fait tout le prix, etc. On rapporte (p. 80) un endroit très-beau, tiré de *La Perpétuité de la foi* (t. I, liv. XI, ch. 8), qui distingue les caractères de la vraie et de la fausse éloquence et qui mérite d'être lu et relu. — Pour l'ouvrage de M. Petitpied (1), qui suit cet *Avertissement*, c'est un chef-d'œuvre de critique, nette, simple, vraie, et qui ne doit pas faire plaisir à l'éloquent prélat ou à celui qui lui prête ces paroles nombreuses et abondantes, et ces phrases recherchées dont ses mandements sont remplis. J'ai appris qu'un M. Ericard, chanoine de Soissons, lui ayant fait quelques objections sur ces mandements, après en avoir été bien pressé, jamais le prélat ne lui put répondre, et le chanoine connut bien qu'il n'étoit point l'auteur de tous ces ouvrages qui paraissent sous son nom. Cependant, il est juste qu'il en

---

(1) Nicolas Petitpied, docteur de Sorbonne, mort en 1747. Voir sur les persécutions que ses opinions jansénistes exaltées attirèrent à ce docteur les *Mémoires de Maurepas*, II, 180.

ait la honte, comme il en auroit la gloire s'ils étoient bons.

27 mai. — ARRÊT. — AGENTS DE CHANGE. — On a publié divers arrêts : l'un du 17 mai, qui rétablit les agens de change en charge, comme avant l'arrêt de suppression du 30 août 1720. Ils étoient créés par édits de décembre 1705, août 1708, mai 1713 et novembre 1714. (Droit 50 sous par 1,000 liv., 25 sous par le prêteur, 25 sous par l'emprunteur, et pour les prêts en marchandises, demi pour cent de la valeur.

Autre arrêt du 18 mai, concernant les actions intéressées qui avoient été déposées dans les provinces aux directeurs des comptes en banque.

BILLETS VISÉS. — Autre, du même jour, qui ordonne que les récépissés des billets de 1,000 liv. et de 10,000 liv. donnés par les directeurs des comptes en banque dans les provinces pour être convertis en actions et dixièmes seront visés par les commissaires.

Mercredi, 31 mai. — LE CHEVALIER DE BRETEUIL. — Le chevalier de Breteuil s'est battu dans la rue de Richelieu contre le chevalier de Gravelle (1), officier aux Gardes, qui a tué Breteuil d'un coup dans la gorge qui a passé jusqu'au cœur (2). Ils avoient eu, il y a trois ou quatre mois, un démêlé. Breteuil, mauvais plaisant, lui avoit dit que s'il alloit chez lui, il casseroit ses glaces comme celles d'un agioteur, et poussa très-loin cette plaisanterie. Gravelle alla chez Breteuil le lendemain pour lui demander satisfaction ; il ne lui en voulut pas faire ni se battre. Sur quoi Gravelle lui donna quelques coups de canne dans son lit, dont Gravelle se vanta à qui voulut l'entendre. Depuis ce temps, le chevalier de Breteuil n'étoit souffert de personne ; il avoit été obligé de se défaire de sa compagnie aux Gardes ; sa famille lui avoit fait faire ses vœux

---

(1) Ou Des Gravelles.
(2) Voir sur ce duel Saint-Simon, XI, 398 et Barbier, I, 133.

dans l'ordre de Malte, et enfin, plus par désespoir que
par courage, il s'est battu, a attaqué Gravelle, qui passoit
dans un fiacre, qui est descendu de sang-froid, et qui, d'un
coup d'épée, a envoyé Breteuil au pays d'où personne ne
revient. Avant de mourir, il étoit plus d'à demi-mort ; il
ne savoit ce qu'il faisoit, et est mort déshonoré à la grande
honte des Breteuil. La maison qu'il occupoit s'est trouvée vide. Le curé de Saint-Sauveur l'a enterré, à la prière
de l'abbé de Breteuil, son frère, maître de la chapelle
du Roi, qui ne devroit pas occuper une place que l'on a
vue remplir par un archevêque de Rheims, duc et pair
de France, et par un cardinal de Polignac. Le Parlement veut informer comme de duel, et les Breteuil ne
seroient pas fâchés d'avoir un duelliste dans leur famille.
Défunt poltron aimoit fort une mademoiselle de Chaige,
ou Hamelin, fille d'un fermier général (dont la mère
avoit épousé en secondes noces le comte d'Uzès et n'a-
voit pas autrefois déplu à M. de Chamillard, dans le
temps de son ministère). Cette fille, qui est riche et bien
faite, avoit bien mal placé ses amours. Mais un mauvais plaisant est assez du goût des femmes, qui aiment
mieux être amusées qu'aimées. — *Note postérieure.* Elle
a depuis passé à Raffi-Desches, qui, après lui avoir fait
un enfant, l'a épousée, et ils se sont donné tout leur bien
par le contrat de mariage. Mais après la mort de Raffi,
cette donation a été cassée par arrêt de la Cour des aides,
qui a paru singulier, et qui doit faire peur à ceux qui
épousent leurs maîtresses.

JUIN 1721.

1ᵉʳ *juin* (2, 3, 4.) — CAMALDULES. GROSBOIS. — J'ai été
pendant quatre jours à Grosbois, chez M. Bernard,
maître des requêtes, où je me suis reposé, et j'ai été voir
la solitude des Camaldules, où j'ai vu les cellules et

maisons du prince Ragotzy (1), qui est retourné en Hongrie, et du maréchal de Tessé qui a pris une retraite (2). La vie de ces bons solitaires est bien dure, et plus austère que celle des Chartreux. M. de Fieubet est enterré là. Il s'y étoit retiré sur la fin de ses jours (3). Les bois qui les entourent sont charmants. Dieu y est servi dans une grande simplicité.

20 mai. — P. Charles. — Séparation. — La transaction entre M. le prince Charles et Mme d'Armagnac son épouse, qui contient leur séparation de corps et de biens, a été signée par eux et par leurs parents des deux côtés. Elle est par articles, comme un contrat de mariage. De la part du prince Charles, il y a eu pour témoins M. le maréchal de Villeroy, gouverneur du Roi, oncle maternel, M. le prince de Lambesc, neveu; et il y avoit encore la procuration de M. l'évêque de Bayeux, frère du prince, et de M. le duc d'Elbeuf, chef de la maison de Lorraine en France. De la part de Mme d'Armagnac, il y a eu Mme la maréchale de Noailles, aïeule, le duc et la duchesse de Noailles, père et mère, le cardinal de Noailles, archevêque de Paris, grand-oncle, le duc de Gramont, le maréchal d'Estrées et le marquis de La Vallière, oncles à cause de leurs femmes. Les notaires sont : Lefèvre et Ballot. Lefèvre a la minute. Je ne m'attendois pas que le Cardinal, qui a fait le mariage, signeroit ce démariage ; mais il signe tout ce qu'on veut pour et contre, et j'ai su du notaire qu'en signant et lisant l'endroit qui porte la restitution de la dot, il dit : « *Chacun le sien n'est pas trop,* » ce qui est une grande puérilité dans une affaire de cette importance. Nous avions mis la dernière main à cette transaction, M. le lieutenant civil et moi, la veille,

---

(1) Voir sur Ragotzy, le célèbre chef de la grande insurrection hongroise, Saint-Simon et *Quinze années du règne de Louis XIV*, par E. Moret, t. II, ch. XI, (p. 19).

(2) Voir sur cette retraite du maréchal de Tessé, Lemontey, II, 181.

(3) Saint-Simon III, 36.

et il arriva que Mme la lieutenante civile accoucha, avec grande peine, d'un fils pendant que j'étois chez lui. Il ne reste plus à cette transaction que la cérémonie de la faire homologuer au Parlement. Elle a été homologuée par arrêt du 30 juin suivant.

6 *juin*. — D'ARGENSON. — ESTAMPE SATIRIQUE. — On a gravé une estampe sur la mort de M. d'Argenson (1). Il y est représenté en robe longue de Garde des sceaux et avec une perruque très-noire. Un diable avec une masse et un flambeau marche devant lui, et le mène aux trois juges d'enfer. Un autre diable avec une masse le suit et lui donne des coups de pied au cul et des coups de la masse pour le faire avancer; et un autre petit diable lui porte la queue de sa robe. Dans le fond, on voit sa bière renversée à coups de pierres par les harangères de la Halle. On le voit dans différents petits tableaux; tantôt assis, avec des filles au-devant de lui qui lui comptent de l'argent, avec ces mots : *Contribution des filles de joie*; tantôt en conversation avec des religieuses avec ce nom : *Mme du Trainel*. En un autre endroit, Law, qui a sur son visage un as de pique, habille la France et l'Ombre la déshabille, et à côté, un diable avec ce titre : *Faux arrêt*. Et dans un fond, on voit des roues et des potences, et deux hommes avec une torche au poing faisant amende honorable et leur nom au-dessus : *Le Normand* et *Gruet*, qui sont deux hommes qu'il protégeoit, et que la Chambre de justice avoit condamnés. Au bas, il y a l'Ombre inique condamnée par Minos, Eaque et Radamante. Cette estampe a été vendue publiquement, mais tout aussitôt supprimée, avec des ordres très-rigoureux. Voilà une vengeance publique qui ne lui fait pas grand mal.

PAPE. — On dit beaucoup de bien du Pape; il a bien des neveux et des nièces; mais il ne veut pas que sa famille se mêle du ministère. Rome est bien aise de voir

---

(1) Voir Barbier, I, 134.

un pape prince et baron romain; elle ne l'avoit vu de longtemps. Il est cardinal du 7 juin 1706. Il a deux frères, le duc de Poli, et un religieux bénédictin; une sœur, veuve du duc d'Aquasporta; trois neveux, fils de son frère; une nièce, épouse du duc Sforza Césarini; trois neveux, fils d'une sœur qui a épousé le prince Raspoli, et deux enfants ou neveux du duc d'Aquasporta. Matière de népotisme.

Voleurs. — On s'est saisi de plusieurs voleurs au faubourg Saint-Germain; le chef, nommé Cartouche (1), homme hardi, a tué deux ou trois archers, s'est dépouillé, a monté par une cheminée, et s'est sauvé, à dix maisons de là, par une porte qu'il s'est fait ouvrir par force. On le prenoit pour un diable qui voloit sur les tuiles, et il court encore.

Conseil de santé. — Il y a un conseil de santé établi au sujet de la peste. Il se tient tous les lundis par les princes du sang, le maréchal de Villeroy, le chancelier, le contrôleur général, les secrétaires d'État et le premier médecin.

M. le P. Dodun et M. Lepelletier de Souzy, fils du contrôleur général, nommés commissaires des finances, avec MM. d'Ormesson et de Gaumont qui le sont déjà.

Prince de Modène. — Le prince de Modène et sa femme, qui avoient fait la belle équipée de sortir de leurs États, y retournent, et l'affaire est accommodée par la médiation de M. de Chavigny, envoyé à Gênes, qui les remènera dans la maison de leur père. C'est un tour de jeunesse dont ils se souviendront longtemps, et qui pourra bien leur coûter bon dans un pays où on ne se venge pas après la mort, comme en France.

Nouvelle tracasserie dans les amours du Palais-Royal. — Le Régent a congédié Mme de Parabère, et lui

---

(1) Voir, sur ce brigand célèbre, *Cartouche*, par B. Maurice, Paris, 1861.

a conté tout doucement le mot de Mahomet II, qui dit à sa maîtresse : « Voilà une belle tête, je la ferai couper quand je voudrai. » Ce trait historique ne plut point à la dame, qui est partie pour Beauran, auprès de Beaumont (1), et qui, de là, doit aller dans une terre plus éloignée. On parle beaucoup de Mme d'Averne (2), femme d'un officier aux gardes, qui est très-belle, et que le Régent voudroit avoir. Les articles sont proposés, mais non encore acceptés. Cent mille écus pour elle, une compagnie pour son mari. Tout cela ne la gagne point, et elle s'en va à Averne pour l'été. A ce qu'elle dit, c'est un rocher ; mais La Fontaine dit :

> Rocher fût-il, rochers aussi se prennent.

Ainsi le Régent demeure veuf de maîtresse. On dit qu'il a découvert que Mme de Parabère entretenoit toujours correspondance avec le chevalier de Beringhem, par le moyen de M. de Breteuil, intendant de Limoges, qui lui envoyoit les lettres du chevalier dans ses paquets. On trouve ces Breteuil partout ; mais ils ne se mêlent pas de bonnes affaires.

BOUILLON. — COMTE D'ÉVREUX. — Le vieux duc de Bouillon, âgé de quatre-vingt-deux ans, est très-mal. Il a envoyé quérir le comte d'Évreux, son fils, à qui, après l'avoir fait attendre trois ou quatre heures, il a fait dire qu'il ne le verroit point, à moins qu'il ne lui donnât un blanc-seing pour accommoder l'affaire qu'il a eue avec le duc d'Albret, son frère, au sujet de la terre de Tancarville. C'est Mlle de Bouillon et les dévots qui ont joué ce tour. Le comte a pris conseil du maréchal de Villeroy, qui lui a dit de ne point donner ce blanc-seing, que quelque moine pourroit remplir contre lui. L'affaire se plaide à la Grand-Chambre. Le duc d'Albret veut avoir par retrait cette

---

(1) Cette terre appartient encore à la famille.
(2) Voir, sur Madame d'Averne, *Les Maîtresses du Régent*, Dentu, 1861.

terre, qui n'est pas un propre, mais qui peut être retirée en Normandie comme acquêt. Le comte l'a vendue à Law. Le contrat a été résolu faute de paiement. Depuis la résolution, le retrait a été fait. Voilà le procès. Le comte d'Évreux ne veut pas perdre une terre de 35 à 40,000 liv. de rentes, que son frère lui veut payer en billets de banque, et la cabale se mêle pour la lui faire perdre dans le temps que le procès va se juger. On crie qu'il refuse son père à l'article de la mort, et il dit qu'il ne refuse pas d'avoir pour juge son père, qui ne le peut pas juger en l'état où il est. C'est une injustice de dévots et de courtisans mêlés ensemble. Depuis, le duc de Bouillon a vu ses enfants ensemble et ne leur a parlé de rien.

DIALOGUE DES MORTS. — Les jansénistes, qui se voient exilés de tous les côtés, ont fait un *Dialogue* où ils font parler le défunt P. Le Tellier et M. Ravechet, syndic de Sorbonne, mort à Rennes. Ils défient la Régence d'exiler ceux-là. La matière roule sur les appels au concile ; il y a de bonnes autorités, tirées des *Capitulaires*, et on y agite la question des appels interjetés avant le concile de Trente et que ce concile n'a pas jugés. On demande ce qu'ils sont devenus, et la réponse est qu'ils subsistent toujours et qu'il y en a plusieurs à juger au prochain concile. Cette matière est curieuse et nouvelle.

DUC DE LA FORCE, CASSATION. — Le duc de la Force, qui voit que le Parlement prend sérieusement son affaire, s'est pourvu en cassation au Conseil de toutes les procédures criminelles faites contre lui, et prétend qu'il y a plusieurs contraventions à l'ordonnance. Il y a un bureau pour cette cassation dont M. d'Armenonville est le rapporteur. MM. de Labourdonnaye, Fagon, de Châteauneuf, comm., etc. La requête est imprimée et a été présentée au roi le 26 mai. On l'envoie dans toutes les maisons. La principale nullité est, à ce qu'il prétend, qu'il n'y a point de corps de délit, et qu'on n'a point fait de procès-verbal des marchandises qui le constate, et que ces marchandises, ou le procès-verbal, n'ont point été représentés lors de l'interrogatoire. Il impute une animosité au Parlement, et dit que l'honneur que le Régent lui a fait de le choisir pour être du secret de ses conseils, ou *la conduite du Parlement n'a pas toujours été approuvée*, a mis le comble à cette animosité. Il parle mal du P. P. Il critique les dernières remontrances, en ce qu'elles font mention des anciennes remontrances auxquelles le Roi n'a point eu d'égards. Il ne pense pas à l'état où la France est réduite aujourd'hui, parce que la conduite du Parlement n'a point été approuvée, et que ses remontrances n'ont pas été suivies. Il ne pense pas aussi qu'on ne peut pas imputer une animosité à tout un corps, à tout le corps de la Cour. Et quant aux nullités sur lesquelles il demande la cassation et l'évocation au principal, sauf aux autres parties à procéder où et ainsi qu'il appartiendra, cela est contre l'ordonnance, qui défend de juger un des accusés sans l'autre, et la procédure ne peut pas être bonne et mauvaise en même temps. Le *Mémoire* pour consulter contient très-nettement, et par dates, toute l'affaire du duc de la Force. La consultation est d'avis de la cassation. Elle est signée : de Sacy, du Portault et Thierry, et datée du 18 mai 1721.

9 *juin*. 10-11. — AMOURS DU RÉGENT. — Le Régent poursuit sa proie, et l'aura. Il a été chez Ariague, son trésorier, où il a trouvé madame d'Averne et son mari et d'autres dames qui étoient prêtes à souper. Il leur a fait compliment, a dit qu'il vouloit rester avec eux, et faire apporter son souper, ce qu'il a fait, et on s'y est fort réjoui.

> Et Bacchus et Cérès, de qui la compagnie
> Met Vénus en train bien souvent,
> Furent de la cérémonie.

Le lendemain 10, la corbeille a été envoyée, comme pour une noce. Il y avoit des pierreries et de l'argent, et cela a achevé la capitulation. On a appliqué à cette aventure l'hémistiche de Virgile :

..................................*Facilis descensus Averni,*

Et le rameau d'or que la sibylle montra à Enée, sans lequel on n'y pouvoit entrer :

Hoc tibi pulchra suum ferri Proserpina munus
Instituit..........
Carpe manu namque ipse volens facilis que sequetur.

Le soir, les deux amants se sont trouvés à la Roquette, dans la maison de Dunoyer, qui étoit autrefois dans les vivres, et on y a passé une partie de la nuit, et, le lendemain, le Régent dit à ses amis : « *Je suis arrivé.* » La dame s'appelle de Brégy, en son nom, est fille de condition, jeune, belle et bien faite. Son mari s'appelle Ferrand d'Averne, et est lieutenant aux Gardes. Il a l'incommodité de tomber du haut mal; cocu de plus, non pas d'aujourd'hui, car la dame étoit maîtresse du marquis d'Alincourt, qui est au désespoir de cette quitterie, et qu'on a entendu dire aux Tuileries au comte de Brégy, son frère : « *La c... m'avoit promis de n'en jamais rien faire, et qu'elle aimeroit mieux coucher avec un Savoyard qu'avec lui,* » en parlant du Régent. Le maréchal de Villeroy en a fait ses compliments au prince, et a dit que cela alloit renvoyer le marquis d'Alincourt (son petit-fils) à sa femme, Mlle de Boufflers, qu'il a épousée depuis peu, et raccommoder un ménage en en brouillant un autre. Voilà comme la Cour se joue de la débauche. Le mari est très-content et a eu aussi sa corbeille. La famille de la dame est très-fâchée, mais c'est une affaire faite. Il en faut revenir à ce que disoit le duc de la Feuillade : « *Il n'y a si bonne famille où il n'y ait des p.... et des pendus.* »

12 *juin.* — Le marquis de Nesle (1) a été nommé pour

---

(1) Père des quatre sœurs maîtresses de Louis XV.

porter la queue du manteau du Roi à son Sacre, auquel on songe déjà. Il ne la portera que le lendemain, à la cérémonie des cordons bleus. C'est le prince Charles qui la doit porter le jour du Sacre. Le marquis d'Alincourt espéroit avoir cet honneur, mais on lui a ôté tout, jusqu'à sa maîtresse, et un malheur ne vient jamais sans l'autre. On a fait porter au marquis de Nesle d'autres choses qui lui ont fait obtenir cette faveur, et celles de sa femme n'y ont pas nui. A cela est attaché de droit le cordon bleu.

Dimanche, 14 juin. — D'AVERNE. — Le Régent est allé à Saint-Cloud l'après-dînée avec sa nouvelle maîtresse. Elle a paru publiquement dans les jardins avec lui, dans une chaise découverte, et la dame s'est bientôt défaite de toute honte. Madame, qui est à Saint-Cloud, n'a pas ignoré cette promenade, quoiqu'on l'ait évitée. Les princes ne peuvent pas avoir de plaisirs secrets, et c'est un des malheurs de leur condition. On a dit que, de même que le Parlement n'a pas voulu rentrer dans Paris qu'après que Law en seroit dehors, ainsi madame d'Averne n'a voulu se livrer qu'après que madame de Parabère seroit chassée. Ainsi elle a le triomphe entier.

16 juin. — Le mardi 16 juin, à l'Opéra, elle a paru, dans la loge du Régent, très-parée, à la face de tout Paris; elle avoit pour compagnie madame Dodun, qui est très-jolie, femme d'un des principaux officiers du Régent, et qui sera sa complaisante. Elle a aussi des amants, et cela fera la partie carrée.

HABITS DE NOEUDS. — On a vu à l'Opéra et aux Tuileries des habits d'un goût nouveau. Ils sont tout brodés de nœuds de soie, que les dames ont fait tout cet hiver pour les hommes. Il y en a de toutes couleurs; les vestes et les bas sont brodés de même. On demandoit aux dames à quoi servoient tous ces nœuds, que l'on regardoit comme un amusement d'enfant, mais elles avaient leur dessein, et puisqu'elles ont habillé les hommes, il faudra bien que les hommes le leur rendent. On a mis de ces nœuds jusque sur les harnois des chevaux et on en a vu à ceux de M. de Meslay, conseiller au Parlement, qui est superbe en équipages, et dont le mérite est borné là.

19 *juin*. — Procession de Saint-Sulpice. — Le jour de la petite Fête-Dieu, le roi a été voir passer la procession de Saint-Sulpice au Luxembourg. Elle a passé devant l'*Hôtel des ambassadeurs*, où est l'ambassadeur turc, qui a vu la procession par les fenêtres, avec toute la décence et le respect qu'on eût pu demander à des catholiques. Il n'a pas fait comme un prince de Hesse, luthérien, qui est ici, et qui s'est fait chasser de la chapelle du roi pour n'avoir pas voulu se mettre à genoux au lever-Dieu (1).

18 *juin*. — La Force. — J'ai appris que le Duc de la Force a été débouté de sa cassation hier au bureau où elle a été rapportée, mais c'est encore un secret. Il n'a pas eu une seule voix pour lui.

L'ambassadeur turc doit donner un concert en musique turque, sur le théâtre de l'Opéra, avec des musiciens qu'il a amenés de son pays, et ensuite il y aura un grand bal. Nous verrons ce que l'on dira de cette musique. Ils ont des castrats comme en Italie, mais je les crois plus employés au sérail qu'à chanter.

ÉPITAPHE DU GARDE DES SCEAUX D'ARGENSON.

Ci gît ce chef de la justice,
Lequel maltraitant les p....
Et vivant parmi les nonains
A péri par la chaude p.....

QUATRAIN SUR QUATRE PERSONNES.

De Law avoir fait un papiste,
Du cardinal un apostat,
Du chancelier un scélérat
N'est-ce pas être bon chimiste ?

---

(1) Voir sur cette aventure Madame, II, 321.

D'Argenson. — Ce jour, MM. d'Argenson frères et madame de Collandre sont convenus d'exécuter le testament du Garde des sceaux, leur père, autant qu'ils le pourroient, et de se faire justice sur la succession de madame leur mère, qu'il paraissoit avoir oubliée. On a fait des états des deux successions. Le fils aîné a toutes les terres de Touraine. Le puîné, une terre en Berry, la charge de chancelier de l'ordre de Saint-Louis, l'hôtel d'Argenson à Paris et toutes les autres maisons. Mme de Collandre a tous les meubles, la vaisselle d'argent, la bibliothèque et un contrat sur la ville. Il lui reviendra plus de 220,000. liv. Sur-le-champ, la bibliothèque a été cédée à l'aîné pour 14,000 liv. Cela s'est passé chez M. Berruyer, mon confrère, où nous avons fait plusieurs assemblées. J'étois pour Mme de Collandre; M. Barbier pour le puîné, qu'on appelle le comte. L'aîné est le marquis et a, en effet, le marquisat d'Argenson. M. l'archevêque de Bordeaux, frère du Garde des sceaux, s'y est toujours trouvé. Le Palais auroit bien voulu juger ce testament, qui étoit assez bizarre, mais il ne le jugera point. Le puîné, qui est intendant de Touraine, a trouvé moyen de se faire donner sa charge par le roi, et son frère n'en a que la décoration. C'est un tour d'adresse qui s'est joué dans les derniers jours de la maladie; mais cette charge, créée par un édit que le Parlement n'a pas voulu registrer, et qui donne des ornements militaires à des gens de robe, pourra bien être supprimée à la majorité.

Un Théatin, qui le voyoit souvent, m'a dit qu'il négligeoit tout pour avoir le plaisir de causer à la grille de la supérieure du Traisnel, dont il ne pouvait se détacher; qu'il étoit incessamment pendu à cette grille, qu'un jour il fit attendre les États de Languedoc jusqu'à dix heures du soir, à la tête desquels il y avoit des archevêques et des évêques, pendant qu'il étoit au parloir à s'amuser; qu'il entendit les harangues très-attentivement, qu'il y répondit sur-le-champ avec une éloquence et une présence d'esprit merveilleuses et même avec beaucoup de grâces; que cela fit oublier la malhonnêteté qu'il avoit eue, et qu'il retourna bien vite à son parloir, pour voir son amie et achever sa journée. Sur la fin de ses jours, il ne voyoit personne, sous prétexte qu'on le faisoit parler; mais son enchanteresse le retenoit, et lui tenoit lieu de tout. Outre les 6,000 liv. de son testament, il a donné 15,000 liv. aux Théatins, pour servir à la décoration d'une chapelle, par une donation à cause de mort que nous avons trouvée nulle, et il vouloit qu'on y mît une inscription qui porteroit qu'il avoit fait ce don dans la même église où le Régent avoit fait d'augustes libéralités et pour en marquer la reconnoissance. (Donation du 24 mars.) *Note.* Il y a une fondation de trois grandes messes, dont l'une le jour de Saint-Philippe, fête du Régent. Il est dit dans cet acte que le Régent avoit donné 150,000 liv. en billets de banque pour bâtir cette église, mais les billets ayant mal tourné, l'église est restée fermée à demi faite, et c'est un monument subsistant dans Paris de la ruine que le papier a causée.

21 *juin.* — LA FORCE. — On a su publiquement que le Conseil n'a point admis la cassation du duc de la Force, malgré les phrases académiques de son confrère, M. de Sacy, avocat au conseil, de l'Académie françoise, qui a dressé sa requête. Le Parlement a commencé à travailler à la confrontation des témoins, et les gagne-deniers de la Douane ont été confrontés au Duc. Voilà la pairie bien humiliée, mais il faut remplir les formalités. *Aliter hæc sacra non constant.*

La marquise de Caumont, belle-sœur du duc de la Force, qui a près de cinquante ans, vient d'*accoucher de deux garçons en un jour.* Ils viennent au monde dans un mauvais temps pour voir le déshonneur de leur maison. Cette belle-sœur est une fille de condition, qui n'ayant rien, avoit épousé en premières noces Michel de la Brosse, gros caissier, dont elle est devenue veuve sans enfants.

Elle a mis la main dans la caisse, et a épousé en secondes noces le marquis de Caumont. Ses enfants auront le duché, car le duc de la Force n'en a point eu, et n'habite point avec sa femme.

Un courtisan faisant sa cour au Régent sur ses bonnes fortunes, il a dit : « Pourquoi n'en aurois-je pas ? Le président Hénault et le petit Pallu en ont bien. » (L'un est président des enquêtes, l'autre conseiller au Parlement, et ils ont tous deux bien de l'esprit, mais ne sont pas taillés en gens galants.)

La peste est à la Canourgue, dans le Gévaudan, et cela fait grand'peur. Il y a à Dijon des clous malins qui se sont communiqués. L'ancien évêque d'Autun a ordonné une fête pour le 20 de ce mois, une procession solennelle du Saint Sacrement et un Salut pour détourner le mauvais air de dessus la Bourgogne. Nous voyons avancer ce fléau, mais il faut espérer que le ciel le détournera.

L'ambassadeur turc a été à Versailles. Il a été enchanté de la magnificence des bâtiments, des jardins et des eaux. Le marquis de Villars, fils du maréchal, a eu dans la foule un coup de hallebarde sur la tête par un Suisse et a pensé être tué. C'est un fils unique. Cet ambassadeur est fort aimé des dames (1). Ils ne disent pas en turc, le dieu d'amour, ils disent le *prince de cela*, et cette principauté vaut bien la divinité.

LA FORCE. — Il paroit un mémoire manuscrit, pour répondre à l'imprimé, en trois colonnes, du duc de la Force contre les remontrances du Parlement. Il est du style de l'abbé Mainguy, conseiller de la Grand'Chambre ; ce mémoire est plein d'une ironie fine et d'une louange maligne du Duc, ce qui étoit le grand art de Saint-Evremont, dont le caractère ne paroit original que dans les pièces de ce genre. On y dit que le public a obligation au duc puisqu'il n'a pas monopolé le blé et le vin, qu'il

---

(1) Et son fils encore davantage. V. Madame, II, 7,270.

a laissé les aliments; qu'on ne peut pas faire un monopole plus noble que de faire venir du thé du Levant, des porcelaines du Japon, et du mirobolan des Indes, que les remèdes usent plus le corps qu'ils ne le guérissent ; qu'il a amassé des drogues pour certains maux qu'on ne s'exposera plus à gagner quand les remèdes seront plus chers; que la distribution en devroit être mise entre les mains de gens qui connoissent le point d'honneur, et autres traits piquants qu'il faut voir dans ce mémoire. Il paroit depuis plus d'un mois, et avant la cassation demandée et jugée. Ce duc est exposé à toutes sortes de hontes publiques et particulières. Et il paye cher ses réalisations.

Les Anglois réduisent le bien des directeurs de leur Compagnie du Sud chacun à une certaine somme. Ils leur laissent pour vivre et retranchent tout le reste. C'est une Chambre de justice abrégée, qui devroit bien s'exercer en France contre tous ceux qui ont pillé la nation.

L'affaire de la *Constitution* se renouvelle tous les jours. On a exilé le supérieur des conférences de l'église de Saint-Laurent. L'abbé Couët en a ouï un autre, qui a dit, en conférence, que le P. Quesnel *étoit un homme* à jeter par les fenêtres. Les clercs ont dit qu'ils ne l'écouteroient pas et en demandent un autre. Les exilés, dans les diocèses molinistes où ils se trouvent, sont tourmentés, et on les veut faire rétracter leur appel. Un dominicain prêchant à Liége contre la *Gazette* moliniste qui s'y imprime et qui est pleine de calomnies, un laïque s'est levé et a dit : « Avec votre permission, mon père, vous protégez donc les appelants? » — Il y a un procès contre l'imprimeur de cette *Gazette*, intenté par l'abbé d'Orval, qui se plaint des calomnies qu'on y a mises contre lui et ses religieux. Ce sont les jésuites qui ont inventé cette *Gazette* pour faire contre celle de Hollande, où les nouvelles des Jansénistes sont toujours très-exactement rapportées.

Le Pape a été agrégé à la noblesse vénitienne. C'est un honneur pour tous les deux. Il a ordonné au cardinal

Albéroni de sortir de Rome, jusqu'à ce que son procès soit jugé.

Il y a eu un concert, qui n'a point été turc, et grand bal masqué au Palais-Royal, la nuit du 21 au 22. Toutes les femmes y ont couru et les hommes les y ont suivies : on est ruiné et on danse. Voilà les François.

BILLOT, DE LA VILLE D'USEZ. — Les paris ont été jusqu'à 200,000 liv. Il a plu le jour de Saint-Gervais, et pour vérifier le proverbe qui dit qu'il pleut 40 jours après, il s'est fait dans Paris des gageures considérables pour et contre la pluie. Il y a un pari de 15,000 liv. d'un seul homme, Billot, de la ville d'Usez (les paris ont été jusqu'à 200,000 liv., Francine en a eu 10,000 liv.), qui parie pour la pluie des quarante jours, et qui perdra ses 15,000 liv. le jour qu'il ne pleuvra point. Tout le monde parie, qui plus, qui moins, c'est une folie nouvelle et il faut toujours en avoir quelqu'une.

L'évêque de Soissons a demandé la place de l'Académie françoise qu'avoit M. d'Argenson. L'évêque de Blois (Caumartin) s'y est opposé, et a dit pour raison que M. de Soissons avoit écrit personnellement contre le cardinal de Noailles; que les Noailles étoient alliés aux Richelieu; que le cardinal de Richelieu étoit fondateur de l'Académie; et sur cette généalogie, il a conclu à l'exclusion du prélat, dont l'élection a été remise à une autre fois.

MAILLY-DUBREUIL. — Mailly-Dubreuil, receveur général des finances de Tours, marie sa fille au vicomte de Tavannes. Il en a déjà marié deux; l'une, au comte d'A...-....., l'autre à M. de Creil, maître des requêtes.

Ces Mailly se disoient de la maison de Mailly, mais par un bel arrêt, ils ont été déclarés paysans et défenses à eux de mettre le *De* et de se dire de cette maison. L'arrêt a été imprimé depuis peu. Pour s'anoblir, ils prennent les Tavannes.

M. Sonnis, receveur général des finances de Paris, donne sa fille, qui est belle, à M. Garnelot, de Rouen, qui est dans la gendarmerie. Le comte de Riom (de Mme de Berry) vouloit l'épouser, mais il se réserve pour galant.

Autre mariage de Mlle de Champignelle, fille du marquis de Champignelle, avec un M. de Dampierre, capitaine de vaisseau, qui est fort riche, et la demoiselle peu, mais elle est belle et bien faite.

22 *juin*. — On a appris que la duchesse de Modène est retournée à Modène le 5 juin, mais l'affaire n'est pas accommodée, et son mari n'est pas retourné. Voilà de quoi bien regretter la cour de France, *ce riche lieu*. C'est une équivoque sur le nom de ce duc que l'on croyoit de ses amis.

L'évêque de Soissons fait signer une souscription dans son diocèse pour acquiescer à la *Constitution* et tenir les appelants pour hérétiques ; mais elle ne durera pas longtemps, car les arrêts empêchent ces sortes de souscriptions et les défendent aux évêques.

Le privilége du nouveau *Mercure* a été accordé par le Régent au Sr Dufresny, qui l'a composé dans le commencement de la Régence, homme fort extraordinaire, poëte, peintre, jardinier, et qui a un grand goût pour les parterres, et avec cela très-mal à son aise. Il a cédé son privilége aux sieurs Fuzelier et La Roque. Ce Fuzelier a bien de l'esprit, mais trop satirique pour un ouvrage public. La Roque est un officier de guerre, gendarme, qui a fait quelques ouvrages. Le *Mercure* vaquoit par la mort de l'abbé Buchet, arrivée le 30 mai, qui a eu beaucoup de désagréments dans cet ouvrage par les censures qui en ont été faites, et même, dit-on, par quelques coups qui lui ont été donnés. Le *Mercure* de mai, donné depuis sa mort, contient les provisions de la charge de colonel-général de l'infanterie de M. le duc de Chartres, qui est une pièce très-curieuse. Toutes les fonctions y sont détaillées (1).

---

(1) Voir sur le *Mercure*, *l'Histoire de la presse*, par M. Hatin, tome. II,

Il y a une académie d'histoire à Lisbonne dont le roi est protecteur. Les académiciens ont fait beaucoup d'ouvrages sur les archevêchés et évêchés du Portugal, et cela sera curieux un jour. On devroit ainsi partager en France les antiquités d'une ville ou d'un diocèse ou d'une province à quelques personnes qui en feroient des traités singuliers.

Les exils continuent toujours au sujet de la Constitution, et cela a fait faire une jolie chanson qui sera ici jointe.

30 *juin*. — Arrêt qui homologue la séparation du prince Charles d'avec sa femme, sur les conclusions du procureur-général.

JUILLET 1721.

1ᵉʳ *juillet*. — *Au prima-mensis*, en Sorbonne, il y a eu bien du bruit. Par lettre de cachet, M. Sollain, syndic, a été destitué de son syndicat, à cause d'un discours qu'il a prononcé le 4 juin, où il a dit des choses bien hardies. On a donné au public la relation de ce 4 juin, où il y a copie d'une lettre de cachet très-singulière par laquelle il est défendu à aucun docteur de rien proposer en Faculté qu'il ne l'ait communiqué huit jours auparavant au doyen et au syndic, et s'ils trouvent que la proposition soit importante, qu'elle touche la hiérarchie, l'autorité ecclésiastique ou séculière et les libertés de l'Église gallicane, il leur est ordonné d'en donner aussitôt avis ensemble ou séparément à M. le chancelier d'Aguesseau, sans le consentement exprès duquel ils ne pourront faire lesdites propositions ni qu'elles soient enregistrées sur aucun registre. La relation dit qu'on

---

et sur Dufresny, l'heureux et ingénieux portrait dit. Houssaye. (*Portraits du dix-huitième siècle*).

anéantit par cet ordre les droits de leur Compagnie, autorisée par l'Église et par l'État, et dont le Parlement est protecteur, et qu'on rendroit M. le Chancelier arbitre souverain de la doctrine et le maître absolu de la Faculté si ce nouvel ordre avoit lieu. C'est à l'occasion de cette lettre que M. Sollain avoit dit des choses très-hardies qui l'ont fait destituer. Le Roi a nommé à sa place le sieur de Romigny, neveu du doyen Charton, pour l'exercer dans trois mois jusqu'à l'élection. Cela a paru nouveau, plusieurs docteurs ont parlé et ont demandé une députation au Roi. Le suffrage a été de cent quatre voix, mais comme la proposition n'avoit point été faite par le syndic, il a formé sa conclusion sur ce qu'il avoit proposé, qui regardoit la nomination d'une chapelle et l'élection de deux conscriptions à la place de M. d'Asfeld et Quinot. Pourquoi tous les autres ont protesté, et veulent aller au Roi remontrer le droit de la Sorbonne. Cette affaire est importante, à cause de l'autorité donnée au Chancelier, qui a pris ouvertement le parti de l'accommodement.

Le Pape a fait cardinal son frère, qui est un bénédictin, évêque de Terracina.

6 juillet jusqu'au 12. — DUC DE LA FORCE. — Le lundi 7, le Parlement s'est assemblé, et a commencé de travailler au procès de M. le duc de la Force. Il y avoit les trois princes du sang, dix ou douze ducs et toutes les Chambres. On a continué de travailler toute la semaine dès le grand matin, jusqu'à onze heures et midi. Enfin, l'affaire a été terminée le samedi 12 sur les une heure après midi. Tous les accusés ont été entendus, et M. le duc de la Force lui-même, qui a bien parlé, qui a protesté, comme s'il étoit devant Dieu, qu'il ne connoissoit point le chevalier Landais, qui s'est expliqué éloquemment, et qui n'a été embarrassé que sur le cautionnement par lui prêté pour Bernard, son secrétaire, dans une société de la Louisiane. Toute sa famille étoit à la porte de la Grand-Chambre. Il a fait là un personnage bien différent de celui du jour de la Régence, où il protesta contre le Parlement et contre le Premier Président, qui ne lui vouloit pas ôter le bonnet. Il a paru dans un état bien humilié, mais l'arrêt l'humilie encore bien davantage, et voilà un triste exemple des procès criminels et des engagements que l'on prend contre son honneur.

Par l'arrêt, le contrat de vente des marchandises fait à Orient a été déclaré nul et simulé. Les marchandises confisquées. La vente en sera faite par un huissier de la cour, en présence d'un substitut de M. le P. général, et le prix des épiceries donné un tiers aux épiciers et les deux autres tiers aux hôpitaux que la cour nommera. A l'égard des autres marchandises, le prix du tiers sera réservé jusqu'à la contestation plus ample entre les épiciers et les verriers, et les deux autres tiers aux hôpitaux. Orient, qui a dit avoir acheté, blâmé et en 100 liv. d'amende. Le chevalier Landais, qui a dit avoir vendu; Bernard, secrétaire du duc de la Force, et Duparc, son beau-frère, admonestés et en 20 liv. d'aumône. « *Et sera tenu le duc de la Force d'en user avec plus de circonspection, et de se comporter à l'avenir d'une manière irréprochable.* Les quatre autres accusés, Orient, Landais, Bernard et Duparc, condamnés en 6,000 liv. de dommages et intérêts et aux dépens. Sur le réquisitoire des gens du roi, les statuts, arrêts et règlements exécutés, et défenses aux communautés religieuses de plus souffrir chez eux des magasins de marchandises.

L'arrêt a été exécuté sur-le-champ. Orient a été blâmé et les autres admonestés. Pour la note du duc de la Force, elle est et demeurera à perpétuité dans l'arrêt pour sa honte et le déshonneur de sa maison. Les juges ont été persuadés, à entendre Orient, que c'étoit un fripon, et que toutes ces marchandises étoient au duc de la Force. Il s'est trouvé, dans la visite aux Augustins, 5,300 pièces de porcelaine qui ont été demandées par les verriers, et 8,000 livres de thé. On a distribué, peu avant le jugement du procès, une requête de conclusions civiles pour les épiciers, faite par M. Prévost, qui a été trouvée très-bonne, et un petit mémoire particulier sur la définition du monopole. Voilà enfin cette grande affaire terminée. J'ai su secrètement que le duc de la Force, craignant qu'on ne le fît peut-être arrêter, avoit un sauf-conduit du Roi dans sa poche. Il a juré qu'il ne connoissoit point le chevalier Landais, et le duc étoit toujours chez lui demeurant à ma porte, et dans la même maison demeure aussi M. Thierry, avocat au Conseil, qui est un de ceux qui ont signé la requête en cassation.

L'arrêt a été imprimé en trois grandes feuilles in-folio. On ne l'a pas vendu publiquement, mais les apothicaires et les épiciers l'ont débité chez eux à leurs amis et au public, à qui en a voulu. Sur la confiscation, on donne 10,000 liv. aux Cordeliers et 10,000 liv. aux religieuses de Sainte-Perrine de la Villette. M. le P. P., qui est père temporel des Cordeliers, et qui a une sœur à la Villette, a fait cette distribution.

Le même jour, l'ambassadeur turc a pris son audience de congé, présenté par le prince de Lambesc, avec les mêmes cérémonies et les mêmes troupes qu'il avoit à sa première audience. Il emporte avec lui la louange d'un homme d'esprit et d'un galant homme. On ne sait pas au vrai quelle a été sa négociation. Il a voulu visiter la Sorbonne, la Faculté vouloit le recevoir à une thèse, mais on lui a fait apercevoir qu'il ne lui convenoit pas d'assister à une dispute sur la religion chrétienne, et il n'y a point été.

15 juillet. — Le duc de la Force a marié son neveu, le comte de Roure, avec mademoiselle de Biron, et lui a fait de grands avantages. Il a attendu le jugement du procès, parce qu'il ne pouvoit rien donner pendant qu'il duroit. Ce neveu est fils de madame du Roure (1), qui a

---

(1) Voir Madame, et les pamphlets qui font suite aux diverses éditions de l'*Histoire amoureuse des Gaules*.

été maîtresse de feu monseigneur le Dauphin, et, depuis lui, de beaucoup d'autres qui ne sont pas de si bonne maison (M. de Collandre a d'elle une grande fille très-bien faite). Ce mariage mettra le duc de la Force un peu en crédit auprès du Régent, dont le marquis de Biron est favori. On dit qu'il a demandé à rentrer au conseil de Régence, et que le Régent lui a dit : « Je ne réponds pas que si je vous y menois, le Roi ne vous en fît sortir. »

GAGEURE SUR LA PLUIE. — Le parieur qui a gagé sur la pluie est un nommé Billot, de la ville d'Usez. Il a ouvert son pari à qui a voulu ; beaucoup de gens se sont présentés. Aux uns il a parié de l'argent, aux autres des billets, et il en a fait pour plus de 200,000 livres. Son valet lui disoit qu'il en faisoit comme des billets de banque. Il a plu environ quinze jours ; la pluie ayant cessé, tout Paris a dit que le parieur avoit perdu, et en ce moment la tête lui a tourné, il a fallu assembler ses parents pour le faire interdire. Quelques personnes ont retiré de l'argent, quelques autres l'ont rendu ; on l'a regardé comme un fou ; il avoit gagé contre des montres, de la vaisselle d'argent, des tabatières, des dentelles et jusqu'à des vieilles chemises. On lui a trouvé ses poches pleines de ses billets prêts à distribuer. Enfin, il a disparu par le conseil de sa famille et nous en avons perdu le proverbe : *Quand il pleut le jour Saint-Gervais, il pleut quarante jours après.* J'ai vu l'interdiction prononcée par le lieutenant civil. On l'a mis à Charenton. Monsieur le Lieutenant-civil m'a dit qu'après l'avoir interrogé ; il lui dit : « Je suis tout consolé, car le Roi me donne dix mille livres de pension, et me fera chevalier de Saint-Michel. » Le L. C. lui demanda sur quoi il se fondoit, et il répondit qu'il s'étoit trompé dans son pari et qu'il ne se tromperoit point dans cette espérance. J'ai été consulté dans cette affaire. Loiseau traite au long des gageures, et il y a plusieurs arrêts sur cette matière, mais il n'est permis de gager que sur des choses vertueuses ou épreuves de force et de divertissements ou de course, mais non sur des événements qui sont en la main de Dieu, comme la pluie et le beau temps.

M. le duc du Maine est rétabli dans toutes ses charges, des Suisses, de l'artillerie et des carabiniers, et a fait la revue de tous les Suisses, hors le général et la compagnie-colonelle, qui étoit de garde. Il ne vient point, pourtant à la Cour.

Madame d'Averne. — Le Régent triomphe avec sa nouvelle maîtresse, Mme d'Averne. Les dames de la Cour le flattent dans ses plaisirs. La maréchale d'Estrées lui a donné une fête magnifique avec sa dame, et le Régent doit la lui rendre. On remarqua qu'à cette fête il but à la santé de Mme de Parabère. Les poëtes se sont exercés à faire une parodie de trois scènes, l'une entre le mari et la femme, où le mari excite la femme à se rendre. Il commence par ce vers :

> J'ai reçu tout l'argent et vous êtes livrée.

La deuxième est de la femme toute seule, qui dit qu'elle ne résiste qu'à cause de son galant, M. d'Alincourt, qu'elle a peine à quitter. La troisième est entre M. d'Alincourt et elle. Là, ils se font des reproches; elle dit que le Régent est de son goût; le marquis lui répond qu'il lui a connu un appétit plus grand, et enfin, il finit par la mépriser et par dire qu'il la verra bientôt chantée sur le Pont Neuf (1).

On a parlé d'une aventure de nuit, arrivée aux Tuileries, où le Régent se promenoit avec ces dames. Il fut insulté par trois hommes, qui le traitèrent mal et sa maîtresse aussi. M. de Biron voulut aller après, ils lui dirent qu'il faisoit un vilain métier; qu'ils ne lui conseil-

---

(1) Voir *Les Maîtresses du Régent*. (2me édition, Dentu, 1861.) Nous avons publié cette pièce *in extenso*.

loient pas de les suivre et qu'il n'iroit point jusqu'à la porte. Il s'en retourna paisiblement, et, depuis ce temps-là, la porte des Tuileries a été fermée à dix heures.

M. de Souvré se promenant avec deux de ses fils à la campagne, il dit à l'aîné : « Rebenac, j'avois passé deux fois cette rivière-là à neuf ans ». Le bailli du lieu, qui étoit avec eux, dit qu'elle étoit dangereuse et pleine de fosses. Le père dit : « N'ayez pas peur, il n'ira pas, il craint trop pour sa vie. » Quelque temps après, le père étant parti, M. de Rebenac se déshabille et se jette à l'eau. Il n'avoit pas fait dix pas qu'il tombe dans une fosse, et on ne l'a pas revu depuis. Son frère aîné étoit mort l'an passé de la petite-vérole, celui-ci noyé âgé de vingt ans. Reste un troisième, qui est le chevalier de Souvré, qui se trouve fils unique.

Les estampes satiriques deviennent à la mode. Il y en a deux sur la *Constitution*. L'une où on voit Jansénius, M. Arnaud et le P. Quesnel dans le ciel. Les rayons du Père éternel passent au travers d'un verre ardent, qui est entre les mains du P. Quesnel, et qui va brûler la Constitution, tenue par un Icare que l'on voit trébucher. Dans un coin, il y a un petit morceau d'enfer, d'où les vingt-quatre vieillards des Jésuites s'approchent avec Molina et les pères Tellier, Dornin, Lallemant, Daniel, etc.; et à l'autre côté, est l'enterrement du dernier Pape, dont le corps est porté par des Cardinaux et des Jésuites. L'autre estampe représente des pasteurs qui se battent avec des houlettes, et, pendant ce temps-là, les loups s'emparent des brebis. Le graveur de ces estampes a été arrêté et mené à la Bastille. C'est le Sr Jollain qui a été pris, mais il s'est trouvé qu'il étoit innocent, et un autre graveur a été à confesse se découvrir et porter la planche, ce qui a fait sortir Jollain de prison.

M. le duc de Lorraine marie le chevalier de Lorraine, fils du comte de Marsan, avec Mlle de Craon de Beauveau (qui est fille de sa maîtresse et qu'il aime depuis longtemps). Il fait le chevalier grand-maître de sa maison, avec 20,000 liv. d'appointements et 36,000 pour sa table, et on donne 100,000 écus en fonds de terre à la future épouse. On a vu cette Mme de Craon à la Cour de France avec son mari, quand ils y sont venus depuis la Régence, et à la manière des princes, mari, femme, maîtresse, amant, tout cela alloit ensemble. Le duc de Lorraine s'honore d'avoir un prince de son sang pour Grand-maître de sa maison, et ne s'honore pas en le mariant à la fille de sa maîtresse. Mais il suit les grands exemples qui ne sont pas loin de lui (1). La différence est qu'il y a un père ou plutôt un mari qui couvre tout. *Pater est quem nuptiæ demonstrant.* J'ai vu les lettres du duc d'Elbeuf sur ce mariage à M. le prince Charles, qui y a consenti, mais qui, pour cela, ne s'est pas raccommodé avec le chevalier de Lorraine, avec qui il est brouillé, pour avoir pris le parti de la famille de Noailles dans l'affaire de la séparation. Le chevalier prend le nom de prince de Lixin (2). Il a un frère qu'on appelle prince de Pons, qui a épousé Mlle de Roquelaure.

On a chanté des chansons sur le jugement du duc de la Force, sur l'air des *Pendus:* il ne perdra pas une petite miette de honte.

18 juillet. — On m'a apporté une lettre latine imprimée, *De vera et non interrupta episcoporum ad nos usque Anglorum successione, ad unicam Epistola.* C'est l'ouvrage d'un Anglois, qui prétend que la succession des évêques d'Angleterre n'est pas interrompue. Il vaut tout autant dire que le schisme n'a point fait d'interruption. Or, le schisme une fois supposé, l'interruption est nécessaire, puisque le schisme est une division. Il y a beaucoup de

---

(1) Voir, sur les amours du duc de Lorraine avec Mme de Craon, Madame (I, 314, 395, 374; II, 72, 79, 82).

(2) Tué plus tard en duel par Richelieu, qui avoit épousé sa sœur. Voir Barbier, II, 463.

particularités dans cette lettre sur le sacre de l'évêque Parker, et c'est une réponse à un livre imprimé en 1720 : *De la croyance de l'Église catholique*, chez Coignard. L'auteur indique un imprimeur à Londres (Vaillant) qui recevra les objections.

Il paroît une nouvelle *Liste* de trois cents appelants des provinces qui ont renouvelé leur appel et qui s'opposent à l'accommodement. Il y en a de toutes les villes du royaume. A la fin de cette liste, les religieuses de Saint-Denis font une déclaration, pour confirmer encore leur appel. Leur général (le Père de Sainte-Marthe) a écrit une lettre circulaire, par laquelle il paroît approuver l'accommodement et espérer que le Pape l'approuvera aussi, ce qui fait un grand bruit dans l'ordre des Bénédictins, qui n'est point en cela de l'avis du général.

20 *juillet*. — ÉTOFFES DES INDES. — On a publié un arrêt du 8 juillet 1721, qui exprime les peines contre ceux qui débiteront ou porteront des toiles et étoffes des Indes. Peine de la vie contre ceux qui en débiteront et feront commerce. Même peine contre les commis et autres qui en feront entrer, et les hôteliers qui les recevront. Fouet et bannissement contre les tailleurs, fripiers, tapissiers, couturières. Récidive, galère aux hommes, bannissement perpétuel aux femmes. Confiscation et 3,000 liv. d'amende contre ceux qui en porteront, etc. L'occasion et la crainte de la peste a fait donner cet arrêt, qui ne peut être trop rigoureusement observé. Le lieutenant de police y tient la main avec sévérité.

PÈRE LELONG. — Le Père Lelong (1), bibliothécaire de l'Oratoire, s'étant fait transporter, à cause de sa maladie, chez

---

(1) *Bibliothèque historique de la France, contenant le catalogue des ouvrages imprimés et manuscrits qui traitent de l'histoire de ce royaume, ou qui y ont rapport ; avec des notes critiques et historiques.* Paris 1719, in-fol. Les matériaux amassés par le P. Lelong, pour une 2me édition de son ouvrage, ont été mis en œuvre par *Fevret de Fontette*, qui l'a porté à 5 v. in-fol.

M. Ogier, receveur général du Clergé, qui demeure dans l'Ile (1), il a voulu recevoir les sacrements. (Il est mort le 13 juillet 1721, et a été enterré à l'Oratoire de Saint-Honoré.) Le curé de Saint-Louis, moliniste, lui a refusé les sacrements, parce qu'il est appelant et qu'il n'a pas même voulu recevoir l'accommodement. On a été au cardinal, qui a donné ordre qu'on les lui donnât; qu'on ne parlât plus de cela; et ils lui ont été donnés par un vicaire de la paroisse. Le P. Lelong est un homme très-laborieux, que le grand travail a accablé, et qui nous a donné depuis peu la *Bibiothèque française* in-folio, ouvrage immense et très-curieux. Il faisoit imprimer son *Catalogue des commentaires de la Bible,* avec de grandes augmentations. Il n'a que cinquante ans, et il meurt. Voilà où le grand travail conduit les hommes. Ce sera une très-grande perte.

TRUDAIEN. — La nuit du 20 au 21 juillet, est mort M. Trudaine (2), conseiller d'État et ancien prévôt des marchands, et dont la fonction a été interrompue pendant cette Régence. Il avoit assisté à un conseil tenu sur les affaires publiques, le 15 de ce mois, où il y eut autant d'avis que de personnes. Il en sortit la tête embarrassée. Après quelques saignées et de l'émétique, il a tourné à la mort en deux jours; un abcès lui a crevé dans la tête. On lui a trouvé deux polypes et du sang dans le cerveau, et enfin il est mort, au grand regret de tous les bons citoyens, qui comptoient sur lui, dans la crise où on est de la destruction de toutes les fortunes du royaume. Le maréchal de Villeroy a fait un long et magnifique éloge de lui devant le Roi et en présence du Régent. Voilà ce qui lui reste de sa probité et de son honneur pour ce monde. Il n'avoit que soixante ans. Sa destitution de la

---

(1) L'Ile Saint-Louis. M. Ogier était neveu du Père Lelong, qui mourut chez lui, le 13 juillet 1721.

(2) Voir Saint-Simon, XI, 412.

charge de prévôt des marchands l'avoit affligé. Il est d'une basse famille de Picardie, venant de tanneurs, et il y a encore à Amiens une enseigne parlante d'une truie qui mange dans un plateau, dont le nom est *A la Truye qui daisne ;* c'est un rébus fait sur le mot de Trudaine, que portait un tanneur, maître de cette maison. Il y a à présent un Trudaine évêque de Senlis. Un autre Trudaine officier de gendarmerie; et le défunt laisse plusieurs enfants, dont un est conseiller au Parlement. Sa femme est La Sablière, et est petite fille de la célèbre Mme de La Sablière; et sa mère est encore vivante en Angleterre, où elle est retirée pour la religion.

LECOCQ. — Le 20 juillet, jugé aux requêtes du Palais que M. Lecocq, conseiller au Parlement, qui étoit retiré en Angleterre par ordre du Roi, n'est point réputé mort civilement le jour de sa retraite, mais que sa mort doit être seulement comptée du jour de sa mort naturelle. C'étoit une belle question en interprétation des édits de la religion, qui exceptent les réfugiés par ordre du Roi. Il y a des *Mémoires* imprimés.

25 juillet. — Le duc de Bouillon est mort (1) fort âgé, après une longue maladie. Mlle de Bouillon, sa fille, qui l'a toujours aimé à la folie, a été neuf semaines sans se déshabiller, et est dans une douleur au delà de toute expression. Elle ne veut voir ni les lieux ni les gens qui ont vu son père. Cette tendresse, plus forte que celle d'une fille ordinaire, n'a jamais pu être soupçonnée, et ne ressemblait pas à celle de Mme de Bouillon pour ses enfants, dont la chronique a mal parlé (2).

M. le duc d'Aumont est tombé en apoplexie et on craint beaucoup pour lui. C'est un bon et magnifique seigneur, qui a été ambassadeur en Angleterre (3), où il

---

(1) Voir Saint-Simon, XI, 92.
(2) Voir, sur la duchesse de Bouillon, Amédée Renée (*Nièces de Mazarin*).
(3) Voir sur ce duc prodigue et galant, Saint-Simon, notamment sur son ambassade en Angleterre, XIII, 29.

a beaucoup dépensé et qui a pour femme une des plus sages dames de la Cour et qui a été des plus belles et des mieux faites. C'étoit Mlle de Pienne; elle est sœur de Mme de Châtillon, femme du cordon-bleu.

L'ABBÉ DUBOIS, CARDINAL. — Ce soir, 25 juillet, est arrivée la nouvelle de Rome que le Pape avoit donné le chapeau de cardinal à Mgr l'archevêque de Cambray (1), autrement l'abbé Dubois. On croyoit ce chapeau perdu, mais le voilà retrouvé. La famille du Pape, qui n'est pas riche, en a touché de bon argent, et a mieux fait que le défunt qui promettoit et ne tenoit point.

CHANSON SUR CE CHAPEAU.

Or, écoutez, petits et grands,
Un admirable événement,
Car l'autre jour notre Saint-Père
Après une courte prière
A, par un miracle nouveau,
Fait un rouget d'un maq....:

Pour célébrer plus dignement
Un miracle si surprenant,
Seigneur, ecoutez ma requête,
Et dans l'antienne de sa fête
Exemptez-nous du *Requiem.*
Domine salvum fac Regem.

AUTRE.

Or, écoutez la nouvelle
Qui vient d'arriver ici :
Rohan le commis fidèle
A Rome a bien réussi,
Mandé par Dubois son maître
Pour acheter un chapeau.
Nous allons le voir paroître
Et couvrir son grand cerveau.

---

(1) Voir, sur ce fameux chapeau de l'abbé Dubois, ses négociations, et l'argent qu'il coûta à la France, la curieuse quoique partiale dissertation de Lemontey (11,47).

Que chacun se réjouisse,
Admirant Sa Sainteté
Qui transforme en écrevisse
Ce vilain crapaud crotté.
Après un si beau miracle
Son infaillibilité
Ne doit plus trouver d'obstacle
Dans aucune Faculté.

Les mœurs de Son Éminence,
Son esprit, sa probité
Sont aussi connus en France
Que sa grande qualité.
On sait d'ailleurs les services
Qu'il a rendus au Régent :
Aussi, pour pareils offices,
Fillon (1) au chapeau prétend.

26 juillet. — Le cardinal Dubois. — Le Régent a présenté au Roi le nouveau cardinal Dubois, et lui a dit qu'il n'y avoit point d'homme dans son royaume qui eût rendu de plus grands services que lui à l'Église et à l'État. Cela se peut justifier par la part qu'il a eue aux traités d'alliance avec les couronnes étrangères, et à l'accommodement de la Constitution. De savoir si l'Église et l'État en sont mieux, c'est une autre question.

20 juillet. — Mme d'Averne. — Le Régent a donné une fête magnifique à la maréchale d'Estrées, dans une maison de Saint-Cloud, qui étoit autrefois à l'électeur de Bavière. Mme d'Averne y étoit brillante, avec Mme du Deffand et une autre dame. Plusieurs autres dames se sont excusées d'y venir, et n'ont point voulu prendre part à cette joie. Il y avoit beaucoup d'hommes de la cour du Régent. La fête a duré une partie de la nuit. Les jardins de Saint-Cloud étoient illuminés de plus de 20,000 lumières, qui faisoient avec les cascades et les jets d'eau

---

(1) Célèbre appareilleuse. Voir sur cette femme, qui joue un certain rôle dans les affaires secrètes du temps, les *Mémoires de Maurepas* et les *Mélanges de Boisjourdain*.

un effet surprenant. Tous les carrosses de Paris étoient dans le bois de Boulogne, à Passy et à Auteuil, et on voyoit de toutes parts les délices de Caprée. Il a paru des vers que l'on a mis dans la bouche de Mme d'Averne, en donnant un ceinturon à son amant.

> Pour la mère des Amours
> Les Grâces autrefois firent une ceinture.
> Un certain charme étoit caché dans sa tissure,
> Avec ce talisman la déesse étoit sûre
> De se faire aimer toujours.
> Ah! pourquoi n'est-il plus de semblable parure?
> De la même manufacture
> Sortit une ceinture
> Pour l'amant de Vénus.
> Mars en sentit d'abord mille effets inconnus
> Vénus qui fit le don ne se vit pas trompée :
> Aussi depuis ce temps le sexe est pour l'épée ;
> Les Grâces qui pour vous travaillent de leur mieux
> Ont fait un ceinturon sur le même modèle.
> Que ne puis-je obtenir des dieux
> La ceinture qui rend si belle
> Pour l'être toujours à vos yeux ! (1)

Jeudi, 31 juillet. — MALADIE DU ROI. — Au milieu de cette joie, il est arrivé une grande tristesse pour tout le royaume. Le Roi est tombé malade, la fièvre lui a pris à la messe, il a été obligé d'en sortir, et il a été saigné du bras. Le Régent, qui étoit resté à Saint-Cloud tout ce jour, a été averti et n'en est revenu qu'à minuit.

AOUT 1721.

1er *août.* — La fièvre du Roi ayant redoublé et même avec transport, les médecins ont été en grande dispute sur la saignée du pied, que le premier médecin ne vou-

---

(1) Cette pièce a été attribuée à Voltaire qui était, quand il voulait, assez plat courtisan pour faire d'aussi mauvais vers.

loit pas : elle a été proposée et soutenue par le jeune *Helvétius* (1), médecin ordinaire du Roi, qui ayant tenu pendant trois quarts d'heure le pouls de S. M. et senti monter et augmenter une chaleur violente, a rangé tout le monde de son avis. Le Roi a été saigné du pied. Il s'est trouvé fort mal sur la fin de la saignée. Toute la Cour étoit dans un grand effroi, mais il est bientôt revenu, et il a dormi pendant sept ou huit heures depuis.

2 *août*. — Le samedi matin, on a donné au Roi, à deux fois, deux grains d'émétique, qui a très-bien opéré, et cette médecine a achevé de le mettre hors de danger et de le guérir tout à fait de cette maladie violente et périlleuse, où il a été traité sans aucun ménagement. Il a encore dormi toute la nuit avec grande tranquillité.

Dimanche, 3 août, et jours suivants. — Paris a appris avec une joie incroyable la bonne santé du Roi. Il ne se peut rien ajouter aux démonstrations de joie qui ont paru dans tous les états et toutes les conditions. (2) Les prières, le *Te Deum*, les feux, les illuminations, les danses, les chants, les cavalcades, les fêtes bourgeoises et populaires, en un mot, tout ce que l'on peut imaginer de plaisirs excessifs en ce genre, ont occupé tout Paris pendant plusieurs jours. Les poissonnières ont porté au Louvre un esturgeon de huit pieds de long, les bouchers un bœuf et un mouton, chacun a porté son offrande, qui

---

(1) Jean-Claude-Adrien Helvétius, né le 18 juillet à Paris, en 1685, fut le médecin de Marie Leczinska. Il mourut le 17 juillet 1755.

(2) Il faut lire, dans Barbier et dans Marais, les détails de cette maladie pour comprendre à quel point la France fut folle de Louis XV enfant, car c'est trop peu dire amoureuse. Cette tendresse universelle pour le dernier et pâle rejeton de tant de rois; cette paternité populaire pour le Joas qu'on croyait toujours menacé, ont quelque chose de vraiment touchant. Quel dommage que Louis XV n'ait pas été un grand roi ! Il le devait, ne fût-ce que par reconnaissance pour l'amour de son peuple, amour exalté, amour jaloux, qui mettoit, selon les vicissitudes de sa santé, la France en larmes ou en joie. Barbier, à propos de l'effet de l'émétique, dit : « Il a fait une *évacuation charmante.* » Tout étoit *charmant* chez le Roi. On lui savait gré de vivre, et on en adoroit les témoignages les plus vulgaires.

plus, qui moins, et les rues ont retenti jour et nuit du cri de *Vive le Roi!* On alloit danser dans le *Palais-Royal*, et boire à la santé du Roi, et, en se battant la fesse, on disoit : « *Et voilà pour le Régent* ». Le petit peuple se faisoit un Roi et le promenoit dans Paris. Les grands ont fait des dépenses prodigieuses en feux et fusées volantes et artifices, et on a vu, à l'hôtel de Mailly, au bout du pont Royal, une illumination magnifique et d'un goût nouveau.

4 *août*. — Lettre du Roi au cardinal de Noailles, pour faire chanter un *Te Deum* en actions de grâces de sa convalescence. « Je viens de recevoir une nouvelle marque de la protection de Dieu, dans la maladie courte mais dangereuse dont sa Providence m'a tiré. J'ai senti dans cette occasion et son pouvoir et sa bonté; l'un et l'autre m'engagent à lui témoigner ma soumission et ma reconnoissance. C'est par d'humbles actions de grâces que je dois m'acquitter de ces justes devoirs et des tendres témoignages que j'ai reçus de l'amour de mes sujets (1); m'assurant qu'ils seconderont avec zèle mes sentiments, je vous fais cette lettre, etc. »

On a remarqué qu'à ce *Te Deum*, quand le Régent est entré dans Notre-Dame, on n'a pas dit un mot, mais quand le maréchal de Villeroy est entré et Mme de Ventadour, les cris de *Vive le Roi* ont retenti jusqu'aux voûtes.

Le peuple n'a pas manqué de répandre le bruit que le Roi avoit été empoisonné dans un mouchoir (2), et

---

(1) Barbier, complet cette fois, donne de grands détails sur les démonstrations et les réjouissances populaires qui saluèrent la convalescence du Roi, I, 148, 149, 150, 151.

(2) Voir Barbier, I, 151. C'était là l'opinion populaire, dont la frêle santé du Roi, les solennelles défiances de Villeroy, le dévouement plein d'ostentation de Mme de Ventadour, les perfides insinuations de la colère des princes légitimés redoublaient et irritaient sans cesse l'animosité. Si le Roi était bien portant, ce n'était plus qu'un doute. Dès que le Roi tombait malade, c'était un cri. Lors de la fameuse maladie de 1721, lors de la translation à Versailles, les mêmes accusations circulèrent, qui avaient salué l'installation du Régent au Louvre. Mais il ne faut s'étonner de rien de la part d'un peuple qui, lorsque

qu'il l'avoit dit lui-même. On ne veut pas que les rois puissent avoir des maladies naturelles.

Je me suis trouvé très-mal d'une colique le samedi 2 de ce mois. J'ai souffert de très-grands maux. J'ai été saigné deux fois et purgé. C'étoit une colique de vents qui m'a donné ces douleurs; elle n'a cessé que par une préparation d'opium qui m'a fait dormir et jeter les vents au dehors. C'est toujours la suite de mes maux d'estomac.

La Sorbonne ne s'est point assemblée au *prima mensis* comme à l'ordinaire, ayant reçu une lettre de cachet qui lui défend de s'assembler jusqu'au 1er septembre pour aucune affaire, hors les exercices des études.

On a vu, à la porte du lieutenant de police, une affiche manuscrite portant que les maq.... feroient chanter un *Te Deum* pour le Roi, et que le cardinal Dubois y feroit l'office et la cérémonie. Cette affiche a été bientôt arrachée.

12 août. — Le P. Lelong, de l'Oratoire, est mort et a été apporté le 13 à Saint-Honoré, où le vicaire de l'église de *Saint-Louis dans l'Ile* a fait un grand éloge du défunt. Il étoit mort chez M. Ogier, receveur du Clergé, son neveu. C'est une grande perte pour les lettres, et pour moi en particulier, qui étois fort son ami. — *Note postérieure.* Sa vie se trouve à la tête de sa *Bibliotheca sacra*, qui a été imprimée, depuis sa mort, en deux volumes in-folio. Elle est du P. Desmoletz, bibliothécaire de l'Oratoire, son successeur.

16 août, samedi. — Le Roi est sorti, pour la première fois, et a été à Notre-Dame faire ses actions de grâces. Il a

---

le coche de Lyon fut arrêté par les voleurs, accusa hautement le duc d'Orléans d'avoir fait faire le coup. La misère rendait la nation injuste. Médire, après tout, n'était-ce pas sa seule vengeance? Saint-Simon, Madame et Duclos ont raconté fort en détail les manéges de Villeroy et ses précautions outrageantes. Le peuple de la Cour, plus peuple qu'un autre, accréditait des soupçons qui faisaient ressortir l'importance et le dévouement de ceux qui étaient chargés de garder le Roi et qui se donnaient le mérite de le sauver perpétuellement. (Voir, pour plus de détails, les *notes* de notre édition des *Philippiques*, p. 286, 335.)

paru, dans son carrosse, très-pâle. Le peuple a renouvelé sa joie et ses cris, et on ne peut exprimer jusqu'où cette allégresse est portée.

Le duc de Chartres a été malade et saigné du pied, mais sa maladie a bientôt passé. On n'en parloit seulement pas.

Le Régent ne quitte pas le Roi et couche au Louvre; sa nouvelle maîtresse triomphe toujours. Il a donné à son mari le gouvernement de Navarreins en Béarn, que monsieur de Louville a vendu 80,000 liv. qui n'ont guère coûté à payer. On lui a aussi donné le cordon rouge. Le Régent demandant à celui qui lui avoit porté tous ces présents, s'il étoit bien content : « Content, Monseigneur, les cornes lui en sont venues à la tête, » répondit le Mercure (1), et cette réponse étoit bien de lui.

Le jeune duc de Boufflers (2) devoit épouser Mlle d'Auvergne, qui est en Hollande. Cela s'est rompu, et il épouse Mlle de Villeroy, fille de ce duc. Son fils a déjà épousé Mlle de Boufflers, c'est un double mariage. Le duc de Boufflers est gouverneur de Flandres, et a 20,000 écus de rentes en fonds de terre. Il aura plus de 1,800,000 liv. de la demoiselle.

Villars, Mariage. — Le marquis de Villars, fils du maréchal (3), a épousé, le mardi 29 de ce mois, Mlle de Noailles, sœur de Mme d'Armagnac et fille du duc. La famille de Noailles avoit exigé du maréchal que le P. Charles n'en sauroit rien avant la conclusion. La parole a été

---

(1) Probablement Nocé.

(2) Joseph-Marie, duc de Boufflers, né en 1706, fut lieutenant général assez distingué. Il fit lever le siége de Gênes aux Autrichiens, en 1747, et mourut le même jour. Fils du héros de Fleurus et de Malplaquet, mort en 1711. Sa veuve, Marie-Angélique de Neufville de Villeroy (1707-1787), se remaria au maréchal de Luxembourg.

(3) Honoré-Armand, prince de Martigues, marquis, puis duc de Villars. Il fut reçu pair en 1728, et entra à l'Académie à la mort de son père. Il mourut en 1770, dans son gouvernement de Provence. Il épousa Amable-Gabrielle de Noailles, née en 1706, morte en 1742.

tenue, mais le maréchal l'a fait dire bientôt au prince, qui a été chez lui sans le trouver, et qui lui fait dire qu'il se souvenoit bien d'avoir appris la guerre sous lui; qu'il avoit été son général, qu'il seroit toujours son serviteur, mais qu'il ne seroit point son parent. Le prince m'a dit qu'étant à Notre-Dame avec le Roi, il avoit parlé avec le maréchal pendant très-longtemps; que la chose s'étoit traitée très-gracieusement entre eux et que le duc de Noailles, qui étoit présent, n'étoit point du tout content de cette conversation.

Suger, Histoire. — On a publié dans ce mois trois vol. in-12; l'*Histoire de Suger,* abbé de Saint-Denis, ministre d'État et Régent du royaume sous Louis le Jeune; à Paris, chez Barrois. Elle est de l'auteur de la *Vie d'Abeilard,* qui a paru l'année passée. C'est l'abbé Gervaise, ci-devant abbé de la Trappe (1). Cet abbé a depuis été arrêté et enfermé dans un couvent par ordre du Roi et du Pape.

— *Note postérieure de Marais.* Elle est écrite avec beaucoup de liberté et de facilité. Il y entre des réflexions critiques, politiques, chrétiennes. L'auteur a consulté les pièces originales, et a rendu cet ouvrage très-digne de la curiosité des lecteurs. Le P. Maimbourg et Mézerai y sont censurés en plusieurs endroits. Saint Bernard n'y est pas en trop bonne posture. Il y a des morceaux de traduction excellents, entre autres le discours que le pape Innocent II fit à Louis le Gros, dans le concile du Rheims, sur la mort de son fils, qui est tiré de la chronique de Maurigny, et qui est un chef-d'œuvre d'éloquence et de consolation. J'ai lu ce livre pendant ma maladie, et il m'a beaucoup amusé et instruit. L'affaire de Gilbert de la Porée y est traitée comme une injustice faite à ce docteur, et ses opinions y sont discutées.

---

(1) Voir sur cet abbé Gervaise les détails curieux donnés par Saint-Simon, I, 395 à 402.

J'ai aussi lu pendant ma maladie les *Réponses* (3° et 4° partie) de M. Petitpied aux avertissements de M. de Soissons, et je n'ai jamais trouvé dans un ouvrage polémique tant de netteté, d'évidence, de force, de précision et d'ordre, joint à un esprit singulièrement propre à développer le faux d'un raisonnement qui a toute l'apparence du vrai. Il décrit bien le danger qu'il y a de railler le jansénisme ; cela est tout nouveau, et l'évêque de Soissons, s'il n'est pas l'auteur des avertissements, doit être bien fâché d'y avoir donné son nom. S'il en est l'auteur, il est couvert d'une confusion immortelle, et le chapeau de cardinal qu'il cherche ne l'en sauvera pas. M. Petitpied pousse l'invective un peu bien loin, mais c'est toujours une conséquence de ses arguments, et il ne paroît pas qu'on lui en puisse faire reproche ; il établi, dans la IV° partie, la nécessité absolue d'avoir égard à l'intention d'un auteur et d'examiner son livre. Il pose des principes excellents sur cette matière. Il n'oublie pas Cicéron, d'où il en tire plusieurs. Il discute aussi la matière des soupçons, et comment on peut tenir un auteur pour suspect. Tout cela est plein de solidité et de lumières, et on est très-bien battu par un tel ennemi.

Le Chancelier. — On parle d'ôter encore les sceaux au Chancelier, et de les donner au cardinal Dubois, et d'établir ce cardinal premier ministre, pour en faire un Richelieu ou un Mazarin. C'est lui qui seul a la clef de toutes les affaires étrangères, et il l'a aussi des affaires intérieures du royaume ; tous les autres ministres ou secrétaires d'État ne sont que ses commis, et ils le disent eux-mêmes. Le Chancelier a perdu l'estime des honnêtes gens et n'a pas acquis celle des gens de la Cour. Il est dans un château branlant.

Sorbonne, Remontrances. — La Sorbonne a fait dresser des *Remontrances* au Roi qui sont fortes et respectueuses. Elle se plaint des exils, des exclusions, de la défense de recevoir aucune dénonciation qui ne soit communiquée à monsieur le Chancelier, et qu'on n'ait obtenu permission de lui. Ils disent que quelque grande que soit sa dignité, on doit se souvenir qu'il est laïque, et que lorsqu'il accorde un privilége pour un livre qui traite des matières de religion, il ne le fait qu'après avoir consulté un docteur de Sorbonne. Et par la nouvelle condition, on fait dépendre la Faculté de son seul jugement, pour savoir quels sont les points de doctrine qu'il est de l'utilité de l'Église qu'elle examine ou non. Tout le but de ces remontrances est d'être maintenue dans la liberté de soutenir l'ancienne doctrine, que l'on voudroit bannir de ses écoles, pour y introduire une doctrine nouvelle ou étrangère.

HEXAPLES EN 7 VOLUMES. — On m'a fait présent des 7 volumes des *Hexaples*, in-4°. C'est un ouvrage immense, où dans la colonne des *Remarques*, il y a des dissertations fortes et pleines de lumières pour la discussion des points théologiques agités dans la Constitution, et où on fait voir que les Jésuites ont fait un système complet et un corps entier de religion nouvelle. Voyez, au 2º tome à la fin, l'histoire de Baius, et la bulle contre lui, où il n'y a ni points ni virgules. Il y a une *Préface* assez longue et pleine de faits, mais qui eussent pu être mieux écrits. On attend encore deux volumes qui contiendront l'histoire entière de la *Constitution* depuis sa naissance jusqu'à présent, et qui seront très-curieux. Voyez, au 7º tome, une très-belle lettre de M. Arnaud, qui n'a jamais été imprimée, où il s'exprime sur ce qu'il avoit maltraité les évêques, dans un écrit fait en 1663.

AVOCATS. — Sur la fin du Parlement, le corps des avocats s'est plaint d'un arrêt rendu en la quatrième Chambre des enquêtes, qui enjoint à un avocat de la Rochelle d'être plus circonspect dans ses termes et écritures. On a prétendu que cette injonction attaquoit la liberté de la profession, et que l'avocat n'avoit point manqué, puisque sa partie avoit signé les mémoires et requêtes où étoient les mots injurieux. La Chambre n'a pas voulu rétracter cet arrêt ni le réformer, deux des messieurs étant restés *in deliberatis*. Sur cela, les avocats ont délibéré de ne plus plaider ni écrire à la quatrième et de n'assister aucun de messieurs de la Chambre de leurs conseils : *neque scriptis, neque verbis, neque consilio*. Cela a passé pour une affaire de conséquence au Palais. On verra à la rentrée ce qui en arrivera. M. Feydeau, qui est un de ceux qui n'a point voulu revenir, m'a dit que les injures étoient atroces, et qu'on accusoit un officier d'avoir été cassé à la tête d'un régiment, parce qu'il avoit fui à une bataille, et cependant le fait n'étoit pas vrai, et l'avocat eût pu aisément s'en instruire (1).

SEPTEMBRE 1721.

8 septembre. — M. le Duc a donné une fête au Roi dans sa maison de Vanvres. Il y avoit vingt-trois dames. Mme de Prie, sa maîtresse, y étoit magnifique en pierreries. Mme la duchesse d'Humières l'a fait sortir de sa place, parce qu'elle étoit plus commode et plus fraîche. Il y a eu une chasse, un concert de musique, un feu ; et le Roi est revenu souper au Louvre. Au feu il y avoit cette inscription latine :

Qui nunc in lusus cœlum cicumvolat ignis,
Si tibi sint hostes, Gallia, fulmen erit.

On l'a ainsi traduite :

Ce feu qui pour te plaire éclate dans les cieux,
Brillant témoin des vœux que fait pour toi la terre,
Grand Roi, si de ta gloire il est des envieux,
Deviendra bientôt un tonnerre.

---

(1) Barbier donne des détails très-circonstanciés sur cette querelle de Palais (I, 155, 156, 157). Si les faits rapportés par Barbier sont exacts, l'avocat n'avait pas volé sa réprimande.

Je vis M. le Duc le lendemain, chez Mme de Saint-Sulpice, qui est toujours malade de sa brûlure, et il y conta lui-même la description de sa fête. De la manière dont il parla de l'accident de cette dame, il ne paroît pas qu'il y ait jamais eu aucune part. Il me demanda si on pouvoit ôter la tutelle de ses enfants à une femme qui avoit eu le c... brûlé.

PRUNELAY. L'AIGLE. — L'abbé de Prunelay, diacre et chanoine de Chartres, a enlevé d'un couvent de cette ville de Chartres, Mlle de l'Aigle, qui est belle comme le jour. On n'a pu découvrir leur marche. Ils sont passés en Angleterre, et on a appris qu'ils ont changé de religion et se sont mariés publiquement dans une église de Londres. Ces Prunelay sont d'une très-bonne noblesse du pays chartrain. La demoiselle vérifie le proverbe qui dit: « Les grandes beautés sont rarement heureuses. » Mme de l'Aigle est dame d'honneur de Mme la Duchesse; voilà une équipée bien fâcheuse pour cette famille. L'abbé protestant va devenir maître d'école ou quelque chose de pis. (Il est depuis revenu en France avec sa femme, et ils vivent très-mal à leur aise. Ils donnent à jouer au Luxembourg.)

Dimanche, 15 septembre. — MARIAGE DU ROI ACCORDÉ. — Il s'est tenu un conseil de Régence, à la sortie duquel on a appris que le mariage du Roi est accordé avec une petite princesse d'Espagne qui n'a que trois ans et demi, étant née le 31 mars 1718 (1). Cette nouvelle a surpris tout le monde et a donné lieu à beaucoup parler. On est étonné que le Roi ne soit destiné à faire des enfants que dans douze ans d'ici, et qu'on ait ainsi éloigné sa postérité. L'Infante doit être amenée en France, au mois de mars prochain, pour être élevée à la françoise. M. le Régent a dit que l'on avoit été obligé de négocier ce mariage, parce que l'empereur

---

(1) Marie-Anne-Victoire, Infante d'Espagne. Renvoyée en Espagne en 1725, elle fut fiancée au prince du Brésil, roi de Portugal sous le nom de Joseph Ier. — Voir Barbier, I, 159.

cherchoit à donner une archiduchesse au prince des Asturies. Il semble que l'on retombe dans l'ancienne querelle des successions, car il pourroit arriver que cette Infante ou ses enfants succéderoient à l'Espagne, et réuniroient les deux monarchies.

Dans ce même conseil, il a été arrêté que les papiers ne seroient liquidés et arrangés qu'après qu'on aura compulsé tous les contrats faits chez les notaires, en 1719 et 1720, contenant des acquisitions ou des constitutions, pour connoître si les déclarations sont vraies. En voilà encore pour trois mois au moins, et c'est un amusement pour le public, qui, à la fin, n'aura rien de tous ces malheureux effets. M. le Duc, M. le prince de Conti, M. le maréchal de Villeroy, M. le Chancelier, M. le duc de Noailles s'y sont fortement opposés, mais leur avis n'a point prévalu. (1)

L'arrêt qui ordonne la représentation et extrait de tous les actes des notaires, depuis le 1er juillet 1719 jusqu'au dernier décembre 1720, est du 14 septembre. Les notaires de Paris doivent les fournir aux commissaires du Conseil, et ceux des provinces aux intendants.

Le cardinal de Mailly, archevêque de Reims, est mort d'aploplexie, dans son abbaye de Saint-Thierry, à Reims, le 13 septembre, âgé de soixante-trois ans. Né le 4 mars 1658, fait cardinal le 29 novembre 1719. Punition et vengeance, disent les jansénistes. Il n'a pas longtemps joui de la pourpre, elle l'a étouffé. La scène qu'il a faite dans son église, le jour de l'Assomption, d'où il avoit fait bannir et exiler bien des gens, et dont il avoit fait réduire le chapitre à un très-petit nombre, qui avoit rétracté son appel, est une chose curieuse et dont les *Gazettes* ont parlé. On donne l'abbaye de Saint-Étienne de Caen au comte de Clermont, prince du sang.

17 *septembre*. — Mort de Mme la Grande-Duchesse, fille de Gaston et petite-fille de Henri IV, née le 28 juillet

---

(1) Voir Barbier, T, 159.

1645, mariée le 19 avril 1661; laisse un fils né le 24 mars 1671, et a eu une fille mariée à l'Électeur Palatin (1). Elle a fait Mme d'Espinoy sa légataire universelle, sans songer à ses enfants. Le Grand-Duc, son mari, est encore au monde, âgé de quatre-vingts ans; elle l'avoit quitté, ne pouvant se faire aux manières d'Italie. Le Parlement a envoyé deux commissaires, M. Brayer et M. Rounaylt, pour apposer scellé. Mme d'Espinoy a fait paroître son testament, et l'envoyé du Grand-Duc a été fort étonné. (Le testament a été cassé le.... *Note de Marais.*)

Le duc de Chaulnes s'est fait donner un grand chemin entre Suresne et Puteaux par les habitants et les seigneurs, qui sont grands-voyers, pour accommoder une maison qu'il a à Suresne. Il a fait enclore de nuit ce grand chemin dans son enceinte, par des Suisses. Cela a déplu au duc de Grammont (ou de Guiche), qui a une maison voisine, et à qui ce chemin étoit utile; sur cela on a affiché à la porte de l'église de Suresne:

« *Il a été perdu un grand chemin de onze heures à minuit entre Flamanville et Sylvain, qui va de Suresne à Puteaux. On prie ceux qui le trouveront de le remettre aux messiers, sinon ils seront réputés voleurs de grands chemins.* »

Brevet d'arpenteur et calculateur en faveur de M. l'abbé Terrasson (2).

De par le dieu porte-marotte,
Nous, colonel de la calotte,
Pour travailler utilement
A la gloire du Régiment,
De l'avis de tous les notables,
Gens très-sçavans et très-capables,
Donnons à l'abbé Terrasson,
Homme docte en toute façon,

---

(1) Voir, sur cette digne sœur de Mlle de Montpensier, aussi romanesque et aventureuse qu'elle, Madame, I, 237, 403.

(2) L'abbé Terrasson, ami et commensal de Law, avait défendu son système. Voir Lemontey, I, 341.

Surtout dans la géométrie
Dont il connoît la théorie,
La charge de grand arpenteur,
Mesureur et calculateur
Des espaces imaginaires.
D'autant qu'il a déjà donné
Des preuves solides et claires
Que son esprit n'est point borné,
Témoin le riche et beau Système
Par un grand génie inventé
Et dont il a par maint problème
Prouvé l'infaillibilité.
Sur ce, jugeons qu'il faut admettre
L'état de savant géomètre
Dans notre corps très signalé,
Pour être par lui calculé
Tout ce qui peut par le décuple,
Être augmenté jusqu'au centuple
Afin de décupler les fonds
Pour augmenter nos pensions.
Et d'autant que ce grand génie
Tient bon, et n'a point déguerpi
De la nouvelle colonie
Établie à Mississipi,
Malgré tout esprit incrédule
Qui l'a traité de ridicule,
Lui soumettons ce grand pays
Pour en mesurer l'étendue
Et tous les fonds de très-grand prix
Dont raison nous sera rendue
Par le géomètre susdit,
Tant par discours que par écrit.
Espérons que la dividende
En sera plus sûre et plus grande
Sur le rapport qu'il en fera,
Et que l'on communiquera
Aux calotins actionnaires,
Lesquels n'ont point réalisé,
Comme certains millionnaires
Peuple avare et mal avisé.
Au surplus, et pour récompense,
Assurons audit arpenteur,
Mesureur et calculateur,

NOVEMBRE 1721.

Sur les brouillards de notre France
Deux mille écus en attendant
Qu'il ait un plus grand divident
Sur la riche et prochaine flotte
Qui reviendra dudit pays
Avec innombrables profits.
Lui décernons double calotte
Aussi bien que le grand cordon.
Par moi, Torsac : plus bas, *Aymon.*

25 septembre. — VOYAGE DE BOURGOGNE. — Je suis parti le jeudi 25 septembre pour aller en Bourgogne. J'ai été d'abord au Fay, près Joigny, qui est une terre appartenant à M. de Bangy, dont la mère étoit ma cousine germaine. Ensuite, j'ai été à Sergins, proche Tonnerre, voir M. et Mme de Tenance, qui sont mes amis. Elle est fille de M. Rolland, mon ami. J'ai été deux mois en ce voyage et ne suis revenu à Paris que le dimanche 16 novembre. L'air m'a fait beaucoup de bien. Je n'ai rien vu de curieux; les villes m'ont paru peu de chose. En passant à Villeneuve-le-Roy, où ma chaise a rompu, j'ai vu M. l'abbé d'Asfeld dans son exil, et l'ai trouvé dans un vilain Hôtel-Dieu, mal logé, mal meublé, avec un valet qui fait le maître et qui mange avec lui. C'est laide chose qu'un exilé. J'ai lu dans les *Hexaples* (t. 7) un interrogatoire fait, dans le quatrième siècle, à un abbé Maxime qui ressemble fort au sien, et il n'a pas été fâché de suivre cet exemple; mais on coupa la langue et le bras à cet abbé, qui fut en même temps martyr et confesseur.

NOVEMBRE 1721.

16 novembre 1721. — Le jour que je suis arrivé, il y avoit un grand bal au Palais-Royal, où étoit le Roi, à l'occasion du double mariage du Roi avec l'Infante d'Espagne, et de Mlle de Montpensier, fille du Régent (1), avec le prince des Asturies. Si quelque princesse devoit espérer d'épouser l'héritier de la couronne d'Espagne, on n'auroit jamais dit que c'étoit la fille du duc d'Orléans, à qui l'Espagne a tant fait de reproches publics et injurieux ; mais la Providence et la politique gouvernent bien des choses ici-bas, et il ne faut jamais s'étonner de rien. L'Italien dit que : *Il mondo si governa da se stesso.*

On a appris que l'Empereur a donné un décret pour laisser la *Constitution* sans en parler. *De indifferentia servanda circa constitutionem.* Il a écrit au cardinal d'Albani, à Rome, pour obtenir du Pape cette tranquillité et cette indifférence pour l'Empire et pour les Pays-Bas, où cette bulle fait beaucoup de peine et cause tous les jours de nouvelles discordes. Il a publié un mémorial de cinquante-huit articles, en latin, pour expliquer ses griefs à cette occasion. Voilà l'évêque de Soissons bien démenti, qui a dit et publié dans tous ses écrits que cette bulle étoit reçue par toute l'Allemagne. Le Pape ne s'est pas encore expliqué. Il voudroit conserver l'honneur et les droits du Saint-Siége, et cela ne s'accorde guère avec le silence sur la bulle.

Lettre des sept évêques. — Sept évêques de France ont écrit une lettre très-forte au Pape, en latin et en françois, pour lui demander la rétractation de la *Constitution*. C'est un chef-d'œuvre de précision et de véhémence. Le défunt Pape y est très-mal traité, et peut-être trop mal, car le respect est toujours dû à ceux qui sont dans les premières places ; mais on ne veut pas rougir de l'Évangile, et le manteau de la religion couvre bien des libertés.

---

(1) Louise-Élisabeth d'Orléans, née en 1709, mariée à Lerma, le 20 janvier 1722, à Louis, prince des Asturies, devenu roi d'Espagne, le 15 janvier 1724, par suite de l'abdication de son père ; veuve le 31 août de la même année, rentrée en France en 1725 ; morte au Luxembourg, le 16 juin 1742. Voir sur les frasques de cette princesse fantasque, Lemontey, dans sa curieuse *Notice* sur *les Filles du Régent, Revue Rétrospective*, t. I.

Cette lettre, datée de juin 1721, n'a paru qu'en ce temps-ci. Elle est signée de l'ancien évêque de Tournay et des évêques de Pamiers, de Senez, de Montpellier, de Boulogne, d'Auxerre et de Mâcon. On y dit tout haut que les jésuites gouvernaient le défunt Pape. *Quem ipsum regebat præpotens Societas, unde nunquam animo divelli potuit.* Il y faut remarquer que ces évêques disent qu'ils ont sommé les censeurs romains de leur déclarer en quoi ils faisoient consister l'hérésie de l'appel au Concile, qui a été qualifié d'hérétique par un bref. Cette procédure est singulière. Ils disent aussi que le Pape a voulu finir son pontificat en condamnant le catéchisme de Montpellier (1), par un bref du 1er février 1721, qui est un livre excellent. *Cæteri omnibus cumulum adjiciens extremo actu Clementis XI pontificatum concludit.* L'Accommodement y est appelé : *Pax luctuosa.*

ÉVÊQUE DE SOISSONS. — On écrit plus que jamais contre l'évêque de Soissons. Il ne lui reste plus rien de son éloquence, qu'on a montré être fausse et sophistique; et encore moins de sa théologie, qui est pleine d'erreurs et de faux principes. Outre les deux tomes de M. Petitpied contre lui, il paroît nouvellement une *Lettre d'un théologien*, qui est de 145 pages in-4°, où l'on suit pied à pied tous les raisonnements de ses écrits sur la bulle, et c'est encore un ouvrage merveilleux. Le prélat a reçu sa récompense en ce monde pour son beau langage : on l'a fait de l'Académie françoise, mais il est bien malmené sur les bancs de Sorbonne, et la Faculté de théologie n'est pas pour lui. On voit, à la tête de cette grosse lettre, une lettre de M. de Soissons à M. de Boulogne, qu'il avoit supprimée, et qui avoit été dénoncée à l'Université, à cause de certaines propositions contraires à nos libertés. La Régence n'a pas fait justice sur cette dénonciation pour ses

---

(1) Voir sur ce *Catéchisme* et ses vicissitudes les *Mémoires de Maurepas*, I, 285.

conséquences, mais la pièce demeurera à la postérité, qui en tirera vengeance un jour.

26 *novembre*. — CARTOUCHE. — En ce mois, il y a eu l'exécution (1) d'un célèbre voleur, nommé Cartouche, qui s'est enfui deux fois des prisons, et qui auroit encore trouvé moyen de s'échapper s'il n'eût été surpris. L'arrêt contre Cartouche est du 26 novembre 1721. Autre arrêt du 10 décembre contre Le Chevalier, dont il est parlé dans cet article. C'est un jeune homme de vingt-quatre ans, le plus habile et le plus adroit voleur qu'on eût vu de longtemps. Le Parlement s'étant saisi de l'affaire, on a découvert cent autres voleurs, et on ne fait plus que pendre et rouer, au grand soulagement de Paris, qui étoit plein de ces fripons. Il y a des enfants de famille, des femmes et de toutes sortes de gens. Quand on les mène à la Grève, ils demandent à parler. On les mène à l'Hôtel de ville, ils y passent la nuit, et y font ce que l'on appelle *la nuit blanche*, mot transporté de la Cour à la Grève. Là ils découvrent tous leurs complices, et on ne les exécute que le lendemain. Il y est arrivé un fait singulier d'un nommé Ballagny (dit Capucin), qui a révélé qu'un jour on le fit sortir de sa prison avec Cartouche et d'autres, du temps qu'ils étoient au Châtelet; qu'on les mena dans une chambre haute où il y avoit un lit vert; qu'il s'y trouva plusieurs hommes, en belles perruques et habits galonnés, qui s'adressèrent à eux et leur demandèrent, en présence du lieutenant criminel et du procureur du Roi qui y étoient, s'ils n'avoient pas entre eux un jargon ou argot, et s'ils ne chantoient pas certaines chansons. Ils en convinrent. Ils dirent plusieurs mots de leur jargon et chantèrent des chansons que Cartouche dit avoir faites et qui étoient très-jolies. Le lieutenant-criminel dit que c'étoit dommage qu'un si bel esprit se fût adonné à voler. Il y avoit du vin sur une table, et l'on

---

(1) Voir sur cette exécution, Barbier, I, 174, 175.

buvoit; le vin manqua et on en alla quérir d'autre, et cela finit par de l'argent que ces messieurs donnèrent aux prisonniers qui en firent bonne chère le soir. Or ces messieurs étoient les Comédiens françois (1), qui vouloient avoir ces chansons et cet argot pour mettre dans une comédie, qui a été scandaleusement jouée sur le théâtre sous le titre de *Cartouche, ou Les Voleurs* (2). Cette dénonciation ayant été écrite et rapportée à la Tournelle, il y a eu des avis pour décréter, sur-le-champ, le lieutenant-criminel et le procureur du Roi; un autre avis pour leur faire une rude mercuriale; un troisième avis pour ordonner qu'il seroit informé à la requête de M. le P. général, du contenu en la dénonciation sans dire contre qui. Ces juges l'ont su. Le procureur du Roi a demandé qu'on n'informât que les chambres assemblées, parce qu'il est conseiller honoraire au Parlement; mais on lui a dit que l'arrêt ne parloit point de lui, et qu'il seroit temps d'avoir égard à cette remontrance, si les informations le chargeoient. Tout Paris a été surpris de cette indécence, qui est bien proche de la prévarication, et on dit qu'au Châtelet on ne faisoit pas bonne justice aux voleurs. L'information se continue; on en verra la suite. Une des femmes pendues a poussé l'insolence jusqu'à dire à son confesseur, qui étoit borgne : « B..... de borgne, ôte-toi de là; c'est toi qui es cause de ma mort pour avoir fait parler Messié. » Il fallut lui en donner un autre; et elle dit : « Pour celui-là, il est plus joli, je vais lui dire tout; » et aussi, elle passa la nuit à l'Hôtel de ville, à dire ses complices. En lui donnant la question, elle dit au valet du bourreau : « Accommode-moi bien, afin que ces messieurs ne voient pas ma *boutique*. » Jamais on n'a vu rien

---

(1) Le Grand, auteur de la comédie de *Cartouche*, et Quinault, qui faisait Cartouche.

(2) Comédie en 3 actes et en prose. Elle a été imprimée en 1721, in-12. Elle fut jouée treize fois. Voir Barbier, I, 107, 177.

de plus impudent et de plus corrompu que ces recéleuses.

Quand on a dit au Régent qu'il ne falloit pas laisser jouer *Cartouche*, il a dit que, du temps du Roi, on avoit bien joué la *Jobin* ou la *Voisin* qui avoit été brûlée (1).

DÉCEMBRE 1721.

5 *décembre.* — On a publié ce jour le célèbre arrêt du 23 novembre, qui contient le règlement et le tableau pour la liquidation et réduction des effets visés. Ce règlement marque les réductions qui seront à faire par les commissaires du Roi, suivant cinq classes d'origines : 1° les remboursements faits par le Roi ; 2° Les remboursements de particulier à particulier ; 3° les ventes d'immeubles. 4° Les ventes des meubles, marchandises et denrées comptant ; 5° les origines non déclarées. Les honnêtes gens ont vu avec horreur leur ruine dans ce plan, où l'on n'a aucun égard aux deniers comptants portés par force à la Banque et convertis en billets, dans un temps où il étoit défendu, sous peine de confiscation de tous effets mobiliers, d'avoir plus de 500 fr. chez soi. On répond à ceux qui s'en plaignent : « Pourquoi avez-vous été si sots d'avoir porté votre argent ? « Il y a sur plusieurs origines des pertes prodigieuses. On regarde cet ouvrage comme merveilleux. Il est de la façon des Pâris, ces nouveaux financiers, qui y ont fait garder un ordre tel qu'il n'en a jamais paru un semblable. On a composé des *Dictionnaires* de tous les noms et surnoms du royaume, et chacun y trouve sa confession, tirée des actes des notaires qui ont été représentés. Le Roi, par cet arrêt, se charge de 40 millions de remboursement, et non plus.

Le lendemain, 6 décembre, on a publié un autre ar-

---

(1) *La Devineresse* ou *Madame Jobin*, comédie en cinq actes, en prose, de Thomas Corneille et de Visé, représentée pour la première sur le théâtre Guénégaud, le 19 novembre 1679.

rêt, du 23 novembre, qui concerne les actions de la Compagnie des Indes; elles sont fixées à cinquante mille, la réduction s'en doit faire de même, suivant les origines, et le règlement qui est annexé à l'arrêt. Le Roi ne se charge point de ces actions. La Compagnie les payera, s'il y en a jamais une, car elle est à présent supprimée, et on en a mis la régie entre les mains de deux commissaires du conseil, MM. Fagon et de Machault, et du contrôleur général des rentes, homme dont la charge effraye le commerce et les négociants. On a dit de ces deux règlements qu'ils sont *impayables*, et aussi le sont-ils, de nom et d'effet. Les pauvres actionnaires de bonne foi se voient encore plus ruinés que les autres porteurs d'effets; car on ne leur tient pas seulement compte des 150 liv. par action qu'on les a forcés de payer l'année dernière; et on dit à cela comme à l'argent porté : « Pourquoi avez-vous été si sots ? »

On a en même temps publié deux autres arrêts. L'un du 23 novembre, qui établit la manière dont se fera la liquidation par les commissaires du conseil, et deux bureaux où seront réglées les difficultés, d'abord par huit conseillers d'État et huit maîtres des requêtes, et quand il faudra interpréter l'édit, un autre bureau chez M. le Chancelier. L'autre, du 7 décembre, nomme cinquante maîtres des requêtes, pour la liquidation, et huit conseillers d'État, distribués en quatre bureaux. Les maîtres des requêtes seront deux à deux et se règleront sur les deux plans, et sur des instructions particulières qui ont été imprimées au Louvre et qui contiennent 38 articles. J'ai vu ces instructions, qui représentent les opérations faites et à faire. C'est un travail des plus surprenants. Il ne faut plus douter à présent du Jugement universel, dit un plaisant, et pour peu que le bon Dieu ait un peu plus d'esprit que les Pâris, il ne sera pas en peine de juger le monde, puisqu'ils ont jugé tout le royaume en général et en particulier.

Le lundi 8. — Les maîtres des requêtes se sont assemblés dans les salles de l'hôtel de la Banque, et ont commencé le travail de la liquidation pour les petites sommes. Toute déclaration de 500 fr. ne souffre aucune réduction. Ils continueront jusqu'à 10,000 liv., et ensuite toutes les autres viendront. On sait déjà son sort, par le règlement général, suivant lequel chaque effet doit être jugé par rapport à son origine, et les commis des Paris ont déjà attaché à chaque déclaration une feuille de papier qui la juge, en sorte que proprement le maître des requêtes ne fait que vérifier les calculs. On est bien sûr d'être réduit, mais comment payera-t-on la partie non réduite? C'est ce qui n'est pas bien clair. Le Roi se charge de 40 millions par an, pour éteindre les arrérages et les capitaux des dettes, suivant la répartition qui sera arrêtée au conseil. Il faut donc attendre cette répartition.

6 *décembre*. — PRINCE CHARLES. — Ce jour, la grande affaire de M. le prince Charles, qui concerne sa séparation de corps et de biens, a été tout à fait terminée, et la restitution faite de toute la dot, par quittance passée par-devant Ballot et Lefèvre. Il y a eu bien des difficultés. M. le lieutenant-civil ne s'est pas comporté à la fin comme au commencement. Il s'est avisé de parler à M. le maréchal de Villeroy contre le prince Charles, qui en ayant eu une explication très-vive avec lui, le magistrat fut réduit à pleurer, et à se cacher dans sa portière, où le prince le laissa très-honteux d'une telle tracasserie. Le 30 novembre, j'allai au Louvre chez M. le maréchal de Villeroy avec le prince. On y expliqua les moyens de lever les dernières difficultés. Le maréchal, quoique fort âgé, me parut très-vif, très-poli, habillé même galamment, et me fit beaucoup d'honnêtetés, comme on n'en manque pas à la Cour. Il s'avisa de dire à la fin au prince Charles, que son affaire n'auroit pas fait tant d'éclat s'il lui en avoit parlé d'abord : sur quoi le prince parla avec force, noblesse et dignité, et dit qu'il

avoit fait ce qu'il avoit dû, en parlant au père de sa femme; qu'il avoit trente-sept ans; qu'il ne consultoit que son cœur pour les procédés, et qu'il en étoit content. La conversation s'échauffa : il dit que l'éclat ne venoit point de lui; que sa femme l'avoit quitté, et que personne ne lui en avoit parlé depuis (ce qui est vrai); il alla jusqu'à dire au maréchal qu'il protégeoit des fripons, en parlant des Noailles, ce qui fut relevé par le maréchal, qui dit qu'il ne devoit pas parler ainsi de gens en dignité dont il avoit épousé la fille, et il répondit qu'il ne les connoissoit pas alors et que tous les jours ils le trompoient, lui, maréchal, et qu'il le savoit bien. Cela fut poussé très-loin : le maréchal, embarrassé, et le prince toujours ferme, qui, à la fin, me prit par le bras et me donna la main tout le long des degrés du Louvre, à la vue de tout le monde qui attendoit la messe du Roi, comme il eût fait au Roi, dont il est grand-écuyer. Il me parloit en chemin faisant, et vint dans mon cabinet se reposer, et me dit en m'embrassant presque les larmes aux yeux : « Il ne faut jamais parler à un homme de sa femme, et il ne faut pas qu'il en parle jamais. Ces gens-là croient savoir vivre et ne le savent point. » Je fus touché d'un sentiment si naturel et si noble, et lui dis qu'il avoit eu raison dans tout ce qu'il avoit dit au maréchal et qu'en tout il étoit admirable; et en effet, le maréchal avoit grand tort de le tracasser, après une affaire finie. Le prince retourna à la messe du Roi, trouva le maréchal, qui l'embrassa, et ils sont restés si bons amis, que le maréchal, depuis ce temps-là, a dit à tout le monde que, du commencement jusqu'à la fin de l'affaire, le prince avoit toujours eu raison, dans le fond et dans les procédés.

Quelques jours après, toutes les quittances données, il est venu un prêtre particulier de Saint-Germain l'Auxerrois parler au prince, de la part de Mme de La Vallière, pour l'engager à reprendre sa femme. C'est la première personne qui lui en a parlé. Le prêtre lui a dit que l'on convenoit qu'il avoit raison en tout. Le prince lui a répondu : « Laissez-moi donc jouir de ma raison, voulez-vous que j'aie tort?» Le prêtre, entre autres choses, lui a dit que les hommes ne pouvoient séparer ce que Dieu avoit joint. Le prince a répondu : « Celui qui nous a joints de la part de Dieu nous a séparés. C'est le cardinal de Noailles qui nous a mariés, et il a signé des premiers la transaction qui nous sépare. Je ne sais pas changer de religion tous les huit jours. » Ce dernier mot, dit malignement sur tous les changements du cardinal, à l'occasion de la Constitution, fut bien aperçu par le prêtre, qui en sourit. Le prêtre demanda au prince de parler à Mme de La Vallière dans quelque maison étrangère; il répondit en badinant qu'il n'étoit pas accoutumé à de si bonnes fortunes. Enfin toute cette conversation se termina à des honnêtetés réciproques, et l'idée d'envoyer un simple prêtre, après, plus de dix mois, dans un cas si important, est une grande folie, et encore plus quand l'affaire est finie depuis huit jours. On ne peut presque pas douter que la famille de la princesse l'a abandonnée, de propos délibéré, dans cette occasion, et il n'y en a que trop pour justifier le prince en tout ce qu'il a fait. Si sa femme n'avoit point quitté son appartement, il y eût eu beaucoup de peine à la séparation et peut-être elle n'eût jamais été faite. Nous en sommes souvent convenus ensemble. Enfin, il n'y a plus que le ciel qui puisse faire ce raccommodement, et comme je le disois un jour à M. le lieutenant civil : « La main de Dieu n'est pas raccourcie. »

21, 22, 23 *décembre*. — Le prince Dolgorouki, Moscovite, ambassadeur du Czar (1), a donné une grande fête qui a duré trois jours, pour la réjouissance de la paix faite avec la Suède (2). Le dimanche 21, il y a eu un

---

(1) Depuis 1720. Voir sur cette fête originale, Barbier, I, 178.

(2) « Par cette paix, qui fut signée à Nystadt, le 10 septembre 1721, la Suède perdait la Livonie, l'Esthonie, l'Ingrie et une partie de la Finlande et de la

grand dîner, où se sont trouvées trente-cinq dames de la Cour, et le soir un beau feu d'artifice et un grand bal, dans une salle qui a été élevée, parquetée et bâtie en peu de temps, au milieu du jardin de son hôtel, rue de l'Université. Le lundi 22, autre repas donné à plusieurs seigneurs, aux ambassadeurs étrangers et à tous les ministres et secrétaires d'État. Le cardinal Dubois y étoit. M. le maréchal d'Huxelles n'a pas voulu s'y trouver, n'ayant point approuvé cette paix, et ayant toujours sur le cœur la mort du roi de Suède (1), que l'on soupçonne avoir été tué par un de ses propres gens, et par un coup des plus traîtres, tramé par une grande puissance. M. de Bentenrieder, envoyé de l'Empereur, un des plus grands hommes que l'on voie, car il a plus de sept pieds de haut, se trouva auprès de M. de la Vrillière, qui est des plus petits; et l'ambassadeur d'Espagne dit à quelqu'un que si l'on mesuroit les hommes à l'aune M. de la Vrillière n'y gagneroit pas; et il lui fut répondu qu'il y perdroit aussi si on les mesuroit par la capacité, cet Allemand étant un des plus habiles négociateurs de ce temps-ci. Le troisième jour, se fit une fête moscovite pour le peuple. On y vit un bœuf entier, que l'on avoit fait rôtir avec grand soin. Il parut sur ses quatre pieds avec les cornes dorées, placé sur une estrade, à deux heures après midi, au-devant de la porte de l'ambassadeur. Il y avoit aux quatre coins des veaux, des moutons,

---

Carélie. Le czar donnait en échange deux millions d'écus, et Auguste II, électeur de Saxe, était reconnu par la Suède comme roi de Pologne. » (*Note du commentateur* de Barbier, I, 179).

(1) Le 30 novembre 1718, Charles XII, allant reconnaître la tranchée ouverte devant le fort principal de la forteresse de Frédésicksall, et s'étant appuyé sur le parapet pour considérer les travaux, fut frappé mortellement par une balle de fauconneau. Cette mort mystérieuse a été l'objet de controverses qui durent encore. Lemontey accuse Voltaire, qui penche pour un assassinat, de légèreté. Mais l'opinion de Voltaire semble prédominer et est entrée dans les Biographies (Biog. Didot) et dans les Histoires les plus récentes, publiées en Suède.

des cochons et quelques volailles, et grande quantité de pains qui furent tous jetés au peuple, auquel un homme, qui monta sur le bœuf et qui le coupoit par tranches, distribua ainsi tout cet animal, ce qui parut plus d'un boucher que d'un divertissement et d'une fête. On avoit pratiqué dans les bords de l'estrade quelque artifice qui tira au commencement et qui effraya la populace, mais elle revint bientôt, et cette nouveauté que l'on n'avoit jamais vue en France, du bœuf rôti, attira bien du monde dans un endroit où il n'en pouvoit guère tenir. M. le Duc, M. de Charollois et autres princes, étoient dans l'académie de Du Gast, vis-à-vis l'hôtel de l'ambassadeur. Le czar a fait faire de pareilles fêtes dans toute l'Europe par ses envoyés, et sa nation l'a déclaré empereur de la Russie, *Père de la Patrie* et Pierre-le-*Grand*, dans une cérémonie publique faite à ce sujet le........ octobre dernier. Ils disent que l'empereur Maximilien a déjà traité un czar d'*Empereur* de Russie il y a deux cents ans. C'est le Sénat qui a donné le nom de *Père de la Patrie* et celui de *Grand*, et il arrive à cette nation barbare de marquer cette époque par une inauguration qui sera mise dans l'histoire, au lieu que l'on n'a jamais su découvrir précisément de quel jour et en quel temps Louis XIV a été nommé le *Grand*. M. Bayle m'a écrit une lettre autrefois sur cette obscurité ; elle est dans le volume de ses *Lettres*, (1) à propos du titre de *Louis-le-Hardi*, donné à M. le Dauphin par un soldat ; sur quoi La Fontaine fit une ballade finissant par ce refrain :

Louis le bien nommé, c'est Louis-le-Hardi.

(Mais ce nom ne lui est pas resté, parce qu'il n'est pas devenu roi.)

25 *décembre, Noël.* — Mme la princesse de Conty (2) a

---

(1) Lettre du 13 octobre 1701, t. II, p. 726 des *Lettres* de Bayle éd. de 1714, p. 3 p. in-12.
(2) Louise Élisabeth de Bourbon-Conti, née en 1690, mariée en 1713. Voir

quitté son mari et son hôtel, et s'est retirée chez Mme la Princesse, sa grand'mère. Depuis quinze jours, son mari la tourmentoit beaucoup. Il est bizarre, jaloux, amoureux, et d'un esprit très-difficile. Il lui demanda un jour à quoi elle rêvoit, et comme elle ne lui répondit rien, il dit : « Vous pensez que vous voudriez bien être défaite de moi. » Elle lui dit que c'étoit vrai, et qu'elle seroit bien heureuse. Il a voulu savoir d'elle si elle le faisoit cocu ; elle lui a répondu qu'elle en savoit dix manières dont il ne s'apercevroit pas. « Mais, le suis-je ? » — « Il faudra bien que vous le soyez un jour, si vous me traitez toujours de même. » Cela l'a piqué : il a eu des soupçons contre M. de Clermont (1) qu'il a fait sortir de sa maison. Enfin la nuit de Noël, il défendit à la princesse d'aller à la messe de minuit, ni de faire réveillon avec aucun homme. Elle suivit son ordre. Il va de son côté se réjouir dans une maison qu'il a au Marais, et y demeure à boire jusqu'à sept heures du matin. La Antier (2) et Thevenart (3), de l'Opéra, y étoient ; il revient à sept heures à l'hôtel de Conty. Il n'étoit pas de sang-froid ; il entre dans l'appartement de la princesse, qui étoit endormie, tire ses rideaux, l'éveille, et lui dit qu'elle a été avec des hommes à la messe de minuit, contre sa défense. Il la maltraite beaucoup de paroles, lui jette un des rideaux sur le vi-

---

sur ses querelles, son procès et sa séparation, un des grands scandales conjugaux de l'époque, Madame (I, 132, 227, 343, 376, II, 158, 194, 217). Les *Mémoires de Maurepas*, I, 236. Barbier (I, 180, 182, 185, 205, 207, 207, 208, 211, 215, 216, 222.) Son mari était Louis-Armand, prince de Conti, né en 1695, mort en 1727.

(1) Georges-Gaspard de Clermont-Gessans, comte de Clermont, marquis de Saint-Aignan, colonel du régiment d'Auvergne, premier gentilhomme du prince.

(2) Célèbre chanteuse, née à Lyon, débuta en 1711, quitta le théâtre en 1741 et mourut à Paris, le 3 décembre 1747. Voir Castil-Blaze, *Histoire de l'Opéra*, et les *Lettres de Mlle Aïssé*.

(3) Gabriel-Vincent Thévenard, né à Paris, le 10 août 1669, une des meilleures basses-tailles qui aient existé. Reçu à l'Opéra en 1687, prit sa retraite en août 1727 et mourut le 24 août 1741.

sage; il y avoit une frange d'or qui la blesse. La princesse, grosse de sept mois, lui dit qu'en l'état où elle est il la va faire mourir; qu'il devroit s'aller coucher et la laisser en repos. Il se retire. L'après-dînée, elle prend son parti, va chez Mme la Princesse (1), renvoie ses équipages et ne revient point. Le prince, qui donnoit à souper à toute la jeunesse de la Cour, rentre chez lui, apprend que sa femme n'est pas revenue, court comme un furieux dans sa maison, se retire dans sa chambre et ne vient point souper avec cette jeunesse, qui y soupa fort tristement. Mme la princesse de Conty, sa mère, et la dame de la Roche, sa dame d'honneur, arrivèrent. Ils tiennent conseil. La mère va trouver le Régent, crie et se désespère, et dit que son fils a beaucoup d'amis et que l'affaire va faire un grand éclat. — «Tant mieux, lui dit le Régent, s'il a des amis, ils lui donneront bon conseil.» — «Mais, monsieur, la populace va se déclarer pour lui et s'assembler.» — La populace, dit le Régent, une escouade du guet m'en fera raison. — «Mais il assemblera la noblesse.» — «Hé! mon Dieu, madame, il n'assemblera pas quatre chats.» La princesse s'en retourne peu contente (2). La dame de la Roche, de son côté, étoit allée chez Mme la Princesse, à qui elle dit impudemment mille injures; qu'elle faisoit la dévote; que ce n'étoit point l'être de retirer une femme qui quitte son mari; qu'elle étoit une recéleuse plus coupable que celles à qui le Parlement faisoit le procès; qu'on alloit mettre le feu à sa maison. Mme la Princesse, âgée, timide, ne sachant que faire, envoie quérir le guet à pied et à cheval pour la garder, et écrit à Madame, mère du Régent, pour lui apprendre son état. Madame lui répond

---

(1) Anne de Bavière, née en 1648, avait épousé en 1663 Henri-Jules de Bourbon, prince de Condé. Elle était grand'mère des deux époux, la princesse de Conti étant Bourbon par son père et le prince de Conti étant Condé par sa mère. La branche aînée et la branche cadette, Condé, et Conti, s'alliaient fréquemment par mariages.

(2) Barbier, I, 181.

qu'une Allemande ne doit point avoir peur; qu'elle ne reconnoît point là sa parente, et qu'elle doit garder la princesse de Conty jusqu'à ce qu'elle soit accouchée. La dame de la Roche s'évade : on expédie une lettre de cachet contre elle pour l'envoyer à 150 lieues, puis on la révoque, pour ne point irriter le prince de Conty davantage; quoiqu'elle ne fût donnée que pour avoir perdu le respect dû à Mme la Princesse. Le prince de Conty vient le même soir chez le Régent, qui soupoit avec ses dames. Il lui parle; on envoie quérir le cardinal Dubois, qui étoit couché; on le fait relever; il va chez Mme la Princesse demander la princesse de Conty : on la lui refuse, et voilà ce qui se passe le 25, jour de Noël. Le lendemain, le prince de Conty va partout, parle à M. le premier Président du Parlement, aux avocats généraux, et dit qu'il est prêt de la recevoir dans l'hôtel de Conty, d'en sortir pour la laisser seule, ou de se retirer dans un petit coin de son palais où il ne la verra point, qu'enfin il l'aime; que c'est sa femme; qu'il la veut avoir et qu'il donnera une requête pour qu'elle lui soit rendue. On lui conseille de ne la point donner; que la procédure sera longue; que quand il auroit un arrêt, il ne pourroit le faire exécuter, et qu'on lui fera un procès en séparation pour les mauvais traitements, qui sont publics, et qui ne sont pas nouveaux. Le 27, Mme la princesse de Conty, fille du Roi, M. le cardinal de Noailles (qui n'en a pas tant fait pour Mme d'Armagnac sa nièce), M. le Chancelier, ont été la redemander, et on la leur a refusée, aussi bien qu'à M. l'abbé Mainguy, conseiller de la Grand-Chambre, et à M. de Gaumont, maître des requêtes. La princesse dit tout haut qu'elle ne peut pas retourner avec son mari, qui est un furieux, et qui lui a déjà donné deux fois du mal, dont elle a été obligée de se faire guérir par des chirurgiens qu'elle nomme. Quoiqu'on la plaigne, on ne laisse pas de dire qu'elle est fort inconsidérée; qu'elle prend plaisir à le fâcher et à lui dire des choses piquantes;

qu'elle irrite sa jalousie par une coquetterie affectée, et qu'il y a bien quelques petites choses à dire sur sa conduite qui n'est peut-être pas si nette qu'on le dit bien, sur le chapitre de M. de Clermont et de quelques autres. Il y a un M. de la Chapelle, secrétaire du prince, de l'Académie françoise, qui ne lui donne pas de bons conseils, non plus que la dame de la Roche, à ce que l'on dit. La Chapelle est auteur des *Lettres* appelées *Lettres de Suisse* (1), faites pendant la dernière guerre, et où il y avoit une sorte d'éloquence, et des maximes politiques assez bonnes. Il a fait un *Catulle* (2) en vers et en prose; ses idées sur la religion sont d'un esprit fort. Enfin, ce n'est pas un bon sujet; un jeune prince, déjà obstiné, et d'un goût bizarre et méchant, n'est pas bien entre ses mains. Le public dit que si le prince eût bien fait, il n'eût point couru après sa femme; qu'il l'auroit dû laisser dans sa retraite, comme le prince Charles a fait de la sienne; lui renvoyer ses femmes et ses équipages, paroître ne s'en point soucier, et qu'on eût été trop heureux de revenir le chercher. Chacun raisonne à sa manière : mari, femme, matière très-délicate, et dont on ne doit guère se mêler. Il faut vivre avec les bons maris et ne point quitter les mauvais, avec qui il faut souffrir. C'est le sort des femmes depuis qu'elles sont femmes.

27 décembre. — Mme la duchesse de Ventadour (3) est partie pour aller conduire Mlle de Montpensier en Espagne et recevoir la Reine, qu'elle doit ramener en France. Cette députation du prince de Rohan a fait

---

(1) *Lettres d'un Suisse à un Français, où l'on voit les véritables intérêts des princes et des nations de l'Europe qui sont en guerre. Bâle* (Paris), 1703-11, 2 v. in-12.

(2) *Les Amours de Catulle* (Paris), 1680, in-12. Espèce de roman historique entremêlé de pâles traductions des plus jolies pièces de l'élégiaque latin,

(3) Charlotte-Éléonore de la Mothe-Houdancourt, morte en 1727, gouvernante des enfants de France. Elle était veuve de Louis-Charles de Lévis, duc de Ventadour.

dire que c'étoit un rang que l'on donnoit à la maison de Rohan, qui s'égaloit à celle de Lorraine, acoutumée à avoir ces honneurs, et au préjudice des princes lorrains, qui conduisoient seuls les ambassadeurs de toutes les nations aux audiences du Roi. M. le duc de Lorraine en a écrit en France aux princes de sa maison. Ils m'ont fait l'honneur de me demander conseil et de s'assembler chez moi le 27 au matin, M. le duc d'Elbeuf, M. le prince d'Elbeuf (Emmanuel) son frère, et M. le prince Charles. Ils m'ont dit que M. le cardinal Dubois leur avoit dit la veille que M. et Mme de Richelieu avoient reçu Mme la Dauphine de Bavière en 1680, par commission du Roi, et que cela n'avoit donné aucun rang. J'ai vérifié le fait dans la *Gazette de France* et dans *le Mercure galant* de ce temps-là, il s'est trouvé vrai. Le duc de Créqui alla en Bavière porter les présents; il ramena la princesse en France, trouva à Strasbourg ou à Freigtheim, deux lieues au delà, M. et Mme de Richelieu avec une lettre du Roi. Il les présenta à Mme la Dauphine, qui les salua en baisant, et à qui ils donnèrent la lettre; puis ils entrèrent ensuite en fonctions l'un et l'autre de chevalier d'honneur et de dame d'honneur. Ce fait vérifié, il a été pourtant arrêté, qu'à cause du bruit de la députation, et pour en opposer un autre à celui-là, les princes iroient parler au Régent, et lui dire qu'ils n'entendoient point conduire l'ambassadeur d'Espagne à l'audience de congé qu'il devoit avoir du Roi, et pour laquelle le duc d'Elbeuf avoit été nommé, et qu'on pouvoit se servir de qui on voudroit, puisqu'on avoit pris le prince de Rohan pour recevoir la Reine. Ils ont été sur-le-champ tous trois au Palais-Royal, ont dit au Régent leurs griefs et leur dessein; il leur a répondu qu'on n'avoit jamais pensé donner aucun rang ni droit à M. de Rohan, qu'il n'avoit été envoyé que comme duc, et, pour mieux dire, comme gendre de Mme de Ventadour. Il leur a cité l'exemple de M. et de Mme de Richelieu, et a dit qu'il seroit bien fâché de déplaire à M. le duc de

Lorraine, son beau-frère, et à eux, princes de sa maison qui étoient en France ; et que, pour la conduite des ambassadeurs, il ne la pouvoit point changer quand il voudroit, parce qu'il étoit établi en France que tous les ambassadeurs généralement n'étoient conduits aux audiences du Roi que par des princes de la maison de Lorraine, et que les ambassadeurs n'en voudroient point d'autres. Cette réponse, qui s'est répandue dans toute la Cour, a contenté les princes, et le prince d'Elbeuf conduira le duc d'Ossonne, ambassadeur extraordinaire d'Espagne pour les mariages, à l'audience du Roi. Cette démarche a bien donné sujet de parler, mais il étoit nécessaire de la faire, pour éclaircir le fait, et détacher la maison de Rohan de l'égalité ou même des préférences qu'elle tâche de se procurer sur la maison de Lorraine. J'ai appris, de M. le comte de Blansac, que M. de Rohan lui a dit à lui-même qu'il n'avoit eu cet emploi que comme duc et titré, et non point à cause de sa maison.

On a appris ces jours-ci avec étonnement qu'un notaire, nommé Thomas, avoit fait banqueroute, qu'il avoit délivré des contrats faux sur la ville et que M. de Nangis y perdoit 240,000 livres. Si les dépositaires de la foi publique sont des trompeurs, à qui se fiera-t-on ? Voilà les malheurs de ces derniers temps.

M. de Boulainvilliers, homme de qualité et de beaucoup d'esprit (1), m'a prêté les deux premiers livres d'un manuscrit de la *Vie de Mahomet,* qu'il a composée. [Il est mort le 23 janvier 1722. Je l'avois vu la veille, et il me dit qu'il avoit donné ses deux manuscrits de *Mahomet* à

---

(1) Henri de Boulainvillers, d'une ancienne maison originaire de Picardie. Il est célèbre par la hardiesse de ses opinions religieuses, par son goût pour l'astrologie et sa réhabilitation enthousiaste de l'organisation féodale. Grand remueur de faits et d'idées, et qui n'a point encore été mis à sa place. La *Vie de Mahomet* a été imprimée en 1730, *Londres* et *Amsterdam,* in-8°. On trouve dans la *Biographie Michaud* un catalogue assez complet de ses manuscrits.

relier ensemble, afin qu'ils ne fussent pas dissipés, en cas qu'il vînt à mourir. C'est une grande perte. Il a été confessé avant de mourir.] [J'ai lu sa préface sur le *Journal de la vie de saint Louis.* C'est une pièce merveilleuse.] (*Note postérieure de Marais.*) Il prétend prouver que ce n'étoit pas un misérable et un imposteur, tel qu'on le dit ordinairement, mais un grand homme, qui s'est habilement servi des circonstances du temps et du pays où il étoit, pour établir une religion, et se rendre le maître de deux grands empires. On ne prend pas assez garde à une époque si singulière. Cet ouvrage est merveilleusement écrit, d'un style de qualité, et avec des expressions nobles, claires et précises et propres à l'histoire. Il y a des morceaux excellents de métaphysique. Il y en a d'autres très-délicats sur la religion. Il approprie plusieurs chapitres de l'*Alcoran* aux faits de la vie de Mahomet. Il va jusqu'à justifier que dans l'Alcoran, il y a une vraie prophétie, qui a échappé à tous les docteurs musulmans, par ignorance des faits historiques, et cette preuve, qui n'est que trop sensible, feroit de Mahomet un vrai prophète, s'il n'étoit prouvé d'ailleurs que pendant sa vie il n'en a tiré aucun avantage; qu'il a pu dire ce qu'il a dit par une imagination échauffée, et s'il n'y avoit pas de doute sur le temps où Mahomet a révélé cette prétendue prophétie. Le premier livre contient une belle description géographique et historique de l'état de l'Arabie et des pays voisins, au temps où a paru Mahomet. Le deuxième contient la vie de Mahomet, jusqu'à la troisième année de sa vocation, c'est-à-dire à 615, où il débita cette prophétie des Romains qui venoient d'être battus par les Perses, et qui les battroient dans dix ans, ce qui arriva justement en 625, dans les dix années prédites, où Kosroës fut entièrement défait, et perdit honteusement toutes les conquêtes qu'il avoit faites sur les Romains en 615. On fait descendre Mahomet d'Abraham en droite ligne, et sa généalogie est rapportée. Il faut lire ce livre avec quelque précaution, à cause de certaines critiques indirectes de la religion chrétienne, et il n'appartient pas à tout le monde de manier des matières si hautes et si délicates. M. de Boulainvilliers est célèbre par quantité de mémoires qu'il a faits sur l'histoire de France, et principalement sur la première race. (Le P. Lelong 741, 6,881, 11,830, 12,611, 16,441.) Il est excellent généalogiste, chronologiste exact, grand historien, métaphysicien sublime, et il a pris pour son amusement la science de l'astronomie judiciaire, qui a fait beaucoup de bruit à la Cour, où ces sortes de connoissances sont recherchées par les femmes, et qui l'honore beaucoup moins que tous ces autres talents admirables qu'il a portés au dernier degré de lumière. C'est avec cela un homme doux, commode à vivre, paisible dans la société, bon ami, et qui possède dans une grande élévation d'esprit une très-grande simplicité de cœur. Il n'a rien fait imprimer (1). Le P. Lelong parle de lui en beaucoup d'endroits de sa *Bibliothèque historique* (741, 6,881, 11,830, 12,611, 16,441), et indique les manuscrits et éclaircissements qu'il a faits sur notre histoire. Il est d'une très-grande maison, des plus anciennes, et alliée à Mlle de Montpensier et aux princes de Croy.

31 *décembre*. — M. le maréchal de Villeroy a dit à M. le prince Charles qu'il s'étoit très-bien conduit dans l'affaire de M. de Rohan, et que l'on avoit su que les Rohan, par le moyen du cardinal, avoient espéré d'obtenir du Pape qu'il se contenteroit d'une personne de cette mai-

---

(1) « Boulainvilliers n'avait rien fait imprimer lui-même. Mais comme il laissait facilement prendre deux copies de ses manuscrits, on avait de son vivant, imprimé d'une manière incomplète plusieurs ouvrages de lui à Londres et ailleurs; quelques-uns de ses nombreux écrits ont été publiés après sa mort. Il en est qui ont obtenu plusieurs éditions et ont été traduits en différentes langues. (*Note de l'éditeur de la Revue Rétrospective.*) Les notes et préfaces critiques sur le *Journal du règne de Saint-Louis et de Philippe-le-Hardi*, par Aubery, 4 v. in-4°, manuscrit, fait partie de la bibliothèque de l'ordre des avocats de Paris. (*Ibidem.*)

son pour conduire son Nonce aux audiences du Roi; après quoi, les autres princes étrangers n'auroient plus rien à dire, parce que le Nonce tient le premier rang parmi les ambassadeurs; mais le Pape n'a pas donné dans ce panneau, et aime, tout autant qu'un autre, que ses Nonces soient honorés et présentés par les princes lorrains.

— Mme de Saint-Sulpice, dont il est parlé au 13 février de cette année, m'est venue voir il y a huit jours. Ses blessures sont fermées à la fin; mais elle a une jambe plus courte que l'autre, et il faudra qu'elle aille aux eaux pour être guérie tout à fait. Pendant sa maladie, elle a pensé mourir, et on avoit tiré d'elle un certificat par lequel elle expliquoit le fait de sa brûlure, et disoit que nul de ceux avec qui elle avoit soupé n'y avoit eu part. C'est une décharge, tant bonne que mauvaise, pour les princes et Mme de Prie; mais on n'en a pas fait usage, et on a bien fait. Ses parents, d'un autre côté, ont voulu la faire destituer de la tutelle de son fils, ce qui s'est terminé par lui donner deux conseils, M. de Rolinde, conseiller au Parlement, et moi. M. le Duc me demanda un jour chez elle, si une femme qui avoit le c.... brûlé ne pouvoit plus être tutrice, et je lui dis que ni ses maisons, ni ses contrats, ni ses autres effets n'étoient brûlés, et que cela suffisoit pour la maintenir dans sa tutelle.

Le ballet des *Quatre Éléments* (1) a été réprésenté au Louvre devant le roi, qui y a très-bien dansé. Les vers sont de Roy, la musique de Destouches et de Lalande. Cela n'a pas été trouvé bon; mais la représentation est magnifique. Roy a dit qu'il avoit parlé du maréchal de Villeroy dans l'*Épître*, pour suivre le chemin des pensions. Le maréchal lui a dit : « N'est-ce pas vous qui étiez commis

---

(1) Vers de M. Roy, musique de Lalande et Destouches, danse du Sr Balon. Il fut donné au public, sur le théâtre de l'Académie royale de musique, le 29 mai 1725.

du duc de la Force? Lisez vos vers; » et puis a renvoyé le poëte sans pension.

Le Pape nous avoit envoyé un Jubilé pour cet Avent. Il étoit indiqué et prêt à gagner, mais la *Constitution* en a empêché l'effet. L'évêque d'Amiens a fait faire un catéchisme où il posoit par articles qu'on ne pouvoit gagner le jubilé sans accepter la *Constitution*; qu'on ne pouvoit pas recevoir la rémission de ses péchés par un prêtre appelant ou refusant, etc. On a débité ce catéchisme par tout le royaume; il a fait grand bruit, et pour empêcher les suites, on a mieux aimé suspendre le jubilé, qui a été remis jusqu'à ce que les temps soient plus tranquilles. Le Pape ne s'explique point encore; il demande qu'on lui fasse raison des sept évêques qui lui ont écrit la lettre où son prédécesseur est maltraité, et cependant, on le croit pencher du côté de la tolérance.

J'ai appris, par une voie sûre, que le cardinal de Noailles a écrit au Pape sur son exaltation, et a souhaité avoir une réponse douce et qui ne parlât de rien. Le Pape y a consenti, et a laissé le cardinal de Rohan maître de faire la lettre, que le Pape a signée. Elle est tendre, affectueuse et comme d'un père à son fils. On a su cela, car le diable est bien malin; il s'est vu à Rome, entre les mains de certains cardinaux, des lettres qui disoient que le cardinal de Noailles n'étoit point dans des sentiments de paix. La lettre n'a point été envoyée. Il a fallu une négociation nouvelle; enfin, le cardinal de Rohan la rapporte en France actuellement, étant dans son voyage et retour, et l'on croit que le Pape laissera l'affaire sans confirmer ni rétracter, et qu'il ne se dira ni ne fera rien pour ni contre, en sorte que chacun restera dans son opinion. Voilà un état bien difficile à soutenir.

— Grande tracasserie dans les femmes du Palais-Royal, Mme de Brossay dit en soupant avec le Régent, et étant en joie : « M. le Duc a donné la v..... à Mme de Prie, Mme de Prie l'a donnée à M. de Livry; M. de Livry l'a donnée à sa femme; sa femme l'a donnée à la Peyronie et la Peyronie les guérira tous. » M. de Fargis, qui étoit du souper, et qui n'aime point Mme du Brossay, à cause qu'elle a brouillé Mme du Deffant avec Mme d'Averne, a publié ce discours, dont tout le monde a été fâché, et il est disgracié du Régent. Il a fait une liste de cinquante-deux personnes qui ont eu Mme du Brossay. Le Régent l'a lue, il n'en a fait que rire, et voyant venir Nocé, il lui dit : « Voilà notre philosophe qui va faire quelque critique. » — « Cela peut être, dit-il, voyons. » — Il lit : « Il en faut mettre un cinquante-troisième qui est moi. » Quelques jours auparavant, à l'Opéra, le Régent s'arrêta à une loge où étoient Mme de Flavacourt, Mme de Sabran et Mme du Brossay, et elles lui dirent : « Monseigneur, arrêtez un peu quelque temps à votre vieux sérail. »

FIN DE L'ANNÉE 1721.

ANNÉE 1722.

JANVIER.

6 janvier. — Prince de Conti, sa femme. — M. le prince de Conti n'ayant pu obtenir qu'on lui rendît sa femme, s'en est allé à l'Ile-Adam, avec soixante seigneurs de la Cour, où il a demeuré cinq ou six jours à chasser et à faire bonne chère. On a remarqué que le duc d'Elbœuf, le prince Charles et le comte d'Évreux, qui ne sont point avec leurs femmes, ont été de ce voyage. M. le comte de Toulouse et le prince de Vendôme y étoient. Ce prince, qui étoit autrefois le Grand-Prieur, est d'une si grande malpropreté, qu'il est convenu avec le comte de Toulouse de ne lui jamais frapper dans la main et de ne se mettre point à table auprès de lui. Entre ces seigneurs a paru l'abbé de Roquette (1) qui leur servoit d'aumônier. Le prince de Conti dit : « L'abbé n'est pas aumônier d'un mauvais lieu, mais il ne s'en faut guère, puisqu'il l'est de l'Ile-Adam. » A son retour, il a fait des instances nouvelles pour reprendre sa femme. Le cardinal de Noailles lui dit qu'on la lui rendroit après qu'elle seroit accouchée. — « Comment, Monsieur, lui dit-il, croyez-vous que je puisse me passer de femme si longtemps? » — Le cardinal lui dit que Madame étoit dans un état à la laisser reposer. — « Oh! pour moi, dit le prince, je ne crois pas que ce soit un péché mortel de coucher avec ma femme quand elle est grosse. » — *Non nisi nave plenâ tollo victorem.* On a su que, dès le même jour, il a pris une maîtresse, nommée Mlle de Porte, fille d'une bonne famille, que le Régent a voulu

---

(1) Neveu de l'évêque d'Autun, original, dit Saint-Simon, du *Tartuffe*.

avoir et qu'il a ratée, disent les libertins, qui a passé au duc d'Elbœuf, et que le duc d'Elbœuf a donnée au prince de Conti, qui, d'entrée de jeu, lui a donné 5 ou 600 pistoles. Il l'a menée dans une maison qu'il a au Marais, rue Xaintonge, où loge le comte de Marton, qui, ce soir-là, étoit très-mal; il l'alla réveiller après souper, et lui dit : « Marton, je suis au cinquième. » — « Grand bien vous fasse, Monseigneur, lui dit Marton, laissez-moi dormir. » La Chapelle, son secrétaire, a fait chanter chez lui une cantate dont le dessein étoit : *Achille descend aux enfers suspendu entre l'Amour et la Haine*, qui est une allégorie faite sur son divorce, et l'on a appris que, tous les jours, il fait un plaidoyer entre Mme de la Roche et lui, où il plaide sa cause contre elle et se la fait gagner ou perdre, suivant ses idées différentes. Il y a eu des exploits dressés pour sommer Mme la Princesse de rendre sa femme, et sa femme de revenir. La tête lui tourne de jalousie et d'amour, et son inquiétude naturelle ne le quitte point. On lui a fait cette chanson sur un noël : *Laissez paître vos bêtes*.

L'éclat de la noblesse
N'empêche pas d'être cocu,
Et de plus d'une Altesse
Cocuage est connu.
C'est donc à tort
Que le Bossu
Se fâche fort
D'être cocu,
Quand pour tel il se voit connu.
Henri-Quatre lui-même
Cornes portoit dessus son front.
Et sous son diadême
Supportoit cet affront.
Son fils Louis cornard étoit.
Madame Anne un peu le faisoit,
Ou toute seule elle engendroit.
Si Louis quatorzième
N'a pas passé pour cornard
C'est un bonheur extrême
Ou l'effet du hasard.

Duc de Chartres. — M. le duc de Chartres est tombé malade d'une grosse fièvre : saigné plusieurs fois du bras, du pied, émétique, abcès vidé par le nez parce qu'il ne s'étoit jamais mouché; mais la fièvre ne le quitte point; on dit qu'il s'est épuisé auprès de la petite Quinault, comédienne, qui est sa maîtresse, et grosse de lui de quatre ou cinq mois (1). Le Régent, son père, lui a dit : « Nous ne sommes pas de fer, il se faut ménager. » Cette Quinault est très-jolie et bien faite. Elle a été auparavant au marquis de Nesle, et a commencé par Samuel Bernard, qui l'a eue le premier pour 50,000 livres, et l'a eue longtemps. Il viendra d'elle quelque prince ou au moins quelque seigneur, comme le Régent a eu l'abbé de Saint-Albin de la Florence, fille de l'Opéra et un autre fille qu'il a eue de la Desmares, comédienne, qu'il a mariée à M. de Ségur, qui ne sont point reconnus. Le chevalier d'Orléans, qui est reconnu, est d'une meilleure mère, car il est de Mlle de Séry, comtesse d'Argenton, et il y en a plusieurs de Mme de Parabère, qui ne sont point encore nommés. Il met en pratique ce que le poëte Laîné lui dit un jour après la bataille d'Hochstoedt :

> Tout un peuple alarmé n'a plus qu'une espérance,
> Prince, à mille plaisirs livre tes jeunes ans;
> Reçois plus que jamais la Séry, la Florence :
> Dans l'état où l'Anglois vient de mettre la France,
> On ne peut trop avoir de bâtards d'Orléans.

Constitution. — La Constitution est toujours au même état du côté de Rome. Le Pape ne s'explique point. L'Empereur le presse. On a dit en France que ces Rescrit et Mémorial de l'empereur étoient faux.

---

(1) Il en est venu une petite fille qui est restée chez la Quinault et y étoit encore en 1735. Le duc de Nevers aime la mère et y est fort attaché. (*Note de Marais*). Cette Marie-Anne Quinault, fille aînée de l'acteur de ce nom, fut attachée au théâtre de 1714 à 1725 et mourut, dit-on, en 1790.

Le cardinal de Noailles propose aux appelants de signer une soumission en ces termes :

« Nous déclarons qu'au sujet de la Constitution *Unigenitus*, nous entrons volontiers dans les sentiments de paix de S. É. et de MM. les évêques, et que nous sommes très-éloignés de mettre aucune opposition aux moyens que leur zèle pour la vérité, la discipline et les droits du royaume leur pourra inspirer, pour la procurer à l'Église, sans préjudice de notre appel. »

Le supérieur des Feuillants a signé cet écrit et Dom Torquois, aussi Feuillant, et par là ont évité l'exil.

9 *janvier*. — MARIAGE DE FRANCE ET D'ESPAGNE. — L'échange s'est fait aujourd'hui de Mlle de Montpensier, qui va épouser le prince des Asturies, avec l'Infante d'Espagne, qui est destinée au Roi. Cela s'est fait dans l'île des Faisans (1), où se fit autrefois le mariage du Roi. Cette île n'a que vingt-cinq toises en tout. On y a fait une maison de cinq toises et une chambre mi-partie par un tapis de deux couleurs pour faire l'échange juste. L'Infante vient en France; on dit qu'elle est très-jolie. On l'a d'abord mise dans une chaise à porteurs pour passer les montagnes, puis elle prendra tel chemin que Mme de Ventadour voudra, car ils courroient risque de ne rien trouver par où ils sont venus, ayant très-mal payé leur gîte; ce qu'on ne pourroit jamais croire, s'il n'étoit vrai que les bienséances sont à présent très-peu ménagées et qu'on prend partout.

L'évêque de Langres, qui n'a pas la tête très-bonne, depuis qu'il prit dans saint Prosper une objection pour une réponse, a donné un mandement pour empêcher l'exécution d'un arrêt du parlement de Dijon, qui enjoint aux ecclésiastiques de faire la garde pour la peste.

---

(1) Ile située dans la Bidassoa, à 4 kil. de son embouchure, qui appartient, par égale portion, à la France et à l'Espagne. Il y avait un pavillon construit sur la limite avec deux ailes égales appartenant à chaque territoire.

Le Parlement a déclaré le mandement abusif. Le clergé, qui craint cette garde, veut obéir à l'évêque, mais il craint encore plus la saisie du temporel. On y a envoyé M. de Tavannes pour y mettre ordre. Les officiers disent que s'il s'agit de tirer sur quelque transfuge, ils ne recevront pas l'ordre d'un prêtre qui sera à la tête d'un détachement ce jour-là. Ainsi, voilà de la brouillerie partout. M. de Langres eût mieux fait de se reposer et de mieux étudier ses livres.

Réunion des religions. — On travaille en Allemagne à réunir le Luthérianisme et le Calvinisme; mais tous ces conciliateurs auroient plutôt trouvé la pierre philosophale, et ils feront une bonne guerre de religion au lieu de faire la réunion qu'ils cherchent.

Corps des traités de paix. — On imprime un *Corps universel diplomatique* en douze volumes in-folio, en Hollande. C'est un beau dessein de ramasser tous les traités de paix et d'alliance entre tous les pays de l'Europe et toutes les pièces qui y ont rapport. Nous avons six volumes seuls du traité d'Utrecht, qui sont très-précieux (in-12). Il y a déjà plusieurs Recueils de traités à Paris et en Hollande.

Mandement du cardinal Dubois sur le jubilé. — Le Jubilé a été à Cambray. Le cardinal Dubois, qui en est archevêque, a adressé pour ce sujet un mandement fort beau à son clergé et à son peuple. Il commence par dire « que c'est une consolation pour lui et une heureuse conjoncture, dans sa première Instruction pastorale, de n'avoir à annoncer que les grâces du Seigneur et ses miséricordes; que rien n'est plus selon les inclinations de son cœur que ces pensées de paix, de rémission et d'indulgence. » Dans un autre endroit, il dit : » Tout éloigné que nous sommes, nous ne vous perdons point de vue dans cette multitude d'affaires où nous nous trouvons engagé. La Providence, dans la suite de nos années, ordonnera de nous selon ses desseins; mais de quelque manière qu'il lui plaise d'en disposer, nous n'oublierons point que vous êtes notre troupeau, etc.... Ce n'est pas d'aujourd'hui que les pasteurs des âmes, soit ecclésiastiques soit réguliers, ont été, par certains engagements, séparés de leurs ouailles ; combien de fois cette grande lumière de notre France, saint Bernard, fut-il obligé de quitter sa retraite, de paroître dans les cours des princes et d'entrer avec des puissances étrangères dans des négociations étrangères? » Il rapporte ensuite l'endroit d'une lettre de saint Bernard, qu'il s'applique dit-il, avec toute la proportion convenable, où il dit à ses frères qu'il est au milieu d'eux par la charité, quoique absent : « Quiconque est pour la règle, quelque part que nous soyons, il est avec nous, mais qui voudroit s'en écarter et mépriser l'ordre, nous ne saurions le reconnoître quand il seroit à nos côtés et que nous l'aurions sous nos yeux. » Il dit « que si Dieu a voulu nous affliger, il a bien voulu aussi nous soutenir ; car n'est-ce pas à son adorable Providence que nous devons attribuer la tranquillité dont jouit l'État? » En parlant du Pape, il dit « qu'un mérite encore plus éclatant que sa naissance, longtemps éprouvé, et universellement reconnu, l'a fait élever, du consentement unanime de toutes les puissances, au suprême pontificat. » Il ordonne de prier pour la paix de l'Église. Il finit son mandement par dire : « Avant que cette paix si désirable et si attendue soit enfin consommée, nous ne croyons pas qu'il y ait un meilleur avis à suivre que celui de saint Jérôme, lorsque, dans une pareille conjoncture, il conseilloit à une personne également éclairée et pieuse de ne point trop raisonner, mais de s'en tenir à la foi du pape *Innocent*. » Ce mandement est du.........

Il y a bien des réflexions à faire sur ce que ce cardinal, plus brutal qu'un cheval fougueux, aime la paix et l'indulgence ; sur ce qu'il dit des desseins de la Providence dans la suite de ses années, comme s'il ne devoit pas être content qu'un petit prêtre comme lui, et un Limousin, fils d'un apothicaire de Brives, soit devenu archevêque de Cambrai et cardinal; sur la comparaison de lui à saint Bernard; sur son amour de l'ordre et de la règle, lui qui est un homme plein de désordre et de déréglements; sur la tranquillité de l'État, qui est ruiné, et où il se donne de l'encens par les traités qu'il a faits avec les étrangers; sur le Pape qui a été fait du *consentement unanime de toutes les Puissances*, sans parler du Saint-Esprit ni du Sacré-Collége, lui qui est cardinal, et enfin sur ce passage de saint Jérôme, et la foi du pape Innocent XIII, qui est un jeu de mots avec le nom du pape Innocent XIII et en même temps une destruction de la foi du Pape Clément XI. Du reste, ce mandement est très-bien écrit, et, s'il l'a fait lui-même, comme on le pense, c'est un homme qui a beaucoup d'esprit et qui négocierait avec le ciel, si les négociations y étoient reçues. L'Espagnol dit : *Pleitar con la lei di Dios.*

La *Gazette de Hollande*, du 26 décembre 1721, contient une amnistie donnée par l'Empereur pour une émotion arrivée à Malines, qui est décrite très-vivement dans ce décret. Les circonstances en sont très-singulières et méritent d'être gardées.

Il y a, dans cette *Gazette* et les suivantes, un traité entier de paix conclu à Neustadt, le 30 août 1721, entre le roi de Suède et le Czar. Il est très-bien dressé; il paroît que le Czar y a ordonné, en homme qui donnoit la loi, car plusieurs articles portent : *Le Czar l'ayant voulu ainsi.* Le gros du traité est que le roi de Suède cède la Livonie, l'Estonie, l'Ingermanie, une partie de la Carolie, Ubourg, Riga, Duneborde, Piet, Revel, îles Dougré, d'Aré, Moin, etc., et le Czar cède au roi de Suède le duché de Finlande et donne 2 millions d'écus. Le Czar ne se mêlera pas des affaires domestiques de la Suède, ni de la forme de la Régence établie dans ce royaume. Le défunt roi de Suède seroit bien étonné de voir ses États si réduits : il est allé se faire tuer à un siége, et après avoir fait l'Alexandre, voilà ses États dispersés comme ceux de ce conquérant.

MÉDAILLES. — J'ai vu une médaille frappée pour le Roi et l'Infante, qui sont d'un côté représentés ensemble, avec ce mot dans l'exergue, *Ludovici magni pronepotes*, et de l'autre, un olivier embrassé par une vigne : *in publica commoda crescent*. Le premier mot est simple et sublime : *Ce sont les petit-fils de Louis le Grand*; il n'en faut pas dire davantage, et voilà le bisaïeul dans sa médaille sans y être, qui voit ses deux arrière-petits-enfants unis ensemble par le mariage accordé. C'est le cardinal Dubois qui a fait ces devises.

Le duc de Fallari s'est échappé du château de Joux, en Franche-Comté, et a passé en Suisse, où il a recommencé ses escroqueries. On l'en a chassé. Où ira-t-il à présent? Le Pape d'aujourd'hui n'est point Valençay.

Le grand-duc de Toscane a fait travailler à un *Mémoire* pour prouver que l'État de Florence est indépendant, et n'est point fief de l'Empire ; qu'ainsi on n'a pu en disposer par les traités d'alliance, qui attendent leur exécution du Congrés de Cambray. (Un Italien m'a donné ce *Mémoire*, qui est bien plein de preuves, mais assez mal digérées. Il est du défunt abbé Renaudot.) Il montre que Charles-Quint n'a pris part à la nouvelle forme de gouvernement de Florence que comme allié du pape Clément VII (Médicis), puis en qualité de médiateur entre la maison de Médicis et la République, et enfin comme arbitre choisi, et que les Allemands ont pris pour investiture ce qui n'est qu'une sentence arbitrale. L'extrait de ce *Mémoire*, qui est très-curieux, est dans la *Gazette de Hollande* du 20 janvier 1722, et les précédentes et suivantes. L'Empereur y prépare des réponses, et voilà de la besogne pour les défenseurs des intérêts des princes. Ce qui est singulier, c'est que, sans égard à cette contestation, on a toujours disposé de cet État dans les traités comme fief de l'Empire, sujet à l'investiture, et on le promet aux enfants du roi d'Espagne.

Vendredi 23. — M. le comte de Boulainvilliers est mort; je l'avois vu la veille avec un pouls assez mauvais. Chirac, médecin du Régent, disoit que ce n'étoit rien. Sidobre, au contraire, qu'il étoit en grand danger, et il avoit raison. Il m'avoit envoyé chercher, le mercredi, son manuscrit de *Mahomet*, et me dit le lendemain : « J'ai envoyé quérir mon relieur pour relier tous les cahiers ensemble, car si je meurs, cela seroit dissipé. » Je lui avois donné un *Mémoire* de ma façon pour les négociants de Saint-Malo contre la compagnie des Indes, et il venoit de le lire tout entier, et m'en parla en homme très-instruit. S'étant trouvé plus mal, M. le duc de Noailles, son ami, lui a mené le Père de la Borde, père de l'Oratoire, qui l'a confessé le vendredi matin, et il est mort, sur le midi, sans avoir pu recevoir les sacrements. Cette mort a fait beaucoup parler à cause de cet ouvrage sur Mahomet; le vulgaire, qui ne sait jamais parler juste, a dit qu'il étoit mort mahométan. Ainsi, il seroit mort de toutes les religions dont il a parlé dans ses ouvrages. Ses manuscrits seront bien recherchés. Il n'a jamais rien fait imprimer. J'ai vu un manuscrit où sont plusieurs figures astronomiques de certains rois de France, de reines et d'autres personnes illustres (1). Il y a des savants comme Cardan, Érasme, Morin, etc., et avec ces figures, tirées sur l'instant de la naissance de chacun, on trouve le caractère de chaque personne et les événements de leur vie appropriés à l'état du ciel marqué dans cette figure. Ce sont des horoscopes qu'il a faits pour justifier sa science astrologique. J'ai remarqué entre autres Mme la duchesse

---

(1) Au mois d'octobre 1811, on a fait la vente de la bibliothèque de M. Javiel de Forges, dont le fond provenait de celle du comte de Boulainvilliers. Il s'y trouvoit plus de 2,000 vol. sur la philosophie hermétique et sur les sciences dites occultes. Le n° 509 du Catal. a pour titre *Pratique abrégée des jugements astronomiques*, par le comte de Boulainvilliers, manuscrit in-4° et le n° 570 : *Pratique abrégée des jugements astrologiques sur les Nativités*, par le comte de Boulainvilliers, 3 vol. in-4° manuscrit. Ce doit être là le manuscrit dont parle Marais.

de Villars, morte en 1701, dont il fait un portrait singulier et dont il parle comme d'une personne qu'il a aimée; la figure de feu Monsieur, père du Régent, et d'autres princes, se trouve dans ces cahiers, dont il y en a eu d'égarés. J'ai vu une lettre du mois de décembre dernier où il dit qu'il y a longtemps qu'il a renoncé à cet art, qu'il a brûlé par deux fois tous les livres d'usage qui lui servoient à ces prédictions, et qu'il n'a gardé que ceux qui sont chers, parce qu'on en peut faire de l'argent. La même personne qui a ces cahiers m'a dit avoir vu un manuscrit de lui qui a pour titre : *L'Apogée du soleil*, où ayant fixé, selon lui, une chronologie et une bonne table astronomique, il a prétendu montrer que tous les grands événements arrivés dans le monde depuis sa création étoient conformes à l'état du ciel en ce temps-là, et qu'ils ont dû arriver par la force et l'influence des astres. Il détermine ainsi un nouveau déluge, au retour des mêmes conjonctions, et la ruine presque générale du monde en un certain temps. C'est un ouvrage de pure imagination, car la chronologie n'étant point sûre, et étant disputée entre les savants jusqu'à augmenter ou décroître le temps de près de deux mille ans, il ne peut plus y avoir rien de certain dans l'état du ciel lors des grands événements. Mais cela montre toujours jusqu'où cette science peut être poussée par un homme qui l'aime, et que l'esprit humain, qui a des bornes, ne cherche qu'à les passer. Ses autres ouvrages lui assureront une meilleure réputation. Le Régent a donné à Mme de Boulainvilliers, sa veuve, mille écus de pension le même jour de sa mort. C'est une d'Alégre, qu'il a épousée en secondes noces, dont il n'a point d'enfants. La première étoit Hurault des Marais et il en a deux filles, l'une mariée à M. Bernard de Rieux, conseiller au Parlement, l'autre à M. de la Boissière, lieutenant du Roi, de Dieppe, qui est l'aînée. Les garçons ont été tués à la guerre. Voilà la maison fondue. Il a fait une grande *Histoire généalogique* de la maison de Boulainvillers, car c'est ainsi que son nom s'écrit et non Boulainvilliers. Le P. Lelong en parle (1).

On a publié plusieurs arrêts en ce mois rendus avant et pendant janvier.

Arrêt du 10 janvier 1722 qui ordonne que tous trésoriers et autres comptables, qui doivent acquitter des charges et dépenses, représenteront dans un mois les extraits de leurs journaux avant septembre 1720, et depuis septembre 1720 jusqu'à la fin de la même année, pour connoître ce qu'ils ont de billets de banque et ce qu'ils en ont effectivement reçu : il sera procédé à la vérification de ces extraits, et les commissaires nommés jugeront en dernier ressort les contraventions. C'est une sorte de Chambre de justice contre ces trésoriers qui ont converti les deniers publics en billets de banque qu'ils ont négociés à beau marché. Les commissaires nommés sont :

Conseillers d'État.	Maîtres des requêtes.
MM. De la Bourdonnaye.	MM. Dodun,
Fagon.	Beaussan.
D'Ormesson.	La Granville.
De Gaumont.	Signy.

Il y a un procureur général de cette commission nommé M. d'Aube, conseiller au conseil du commerce. C'est un homme de Rouen, neveu de M. de Fontenelle.

Arrêt et lettres-patentes, du 30 novembre 1721, qui ordonnent l'ouverture de plusieurs routes dans les bois de la capitainerie d'Hallate. C'est M. le Duc, capitaine de ces chasses, qui a obtenu cet arrêt pour chagriner un M. Lombard d'Ermenonville, qui a cette terre d'Ermenonville, proche Chantilly, dont il n'a pas voulu accommoder M. le Duc. Le voisinage des princes n'est jamais bon :

> Heureux qui ne les connoît guère ;
> Plus heureux qui n'en a que faire.

---

(1) N° 41,460 de l'édition de la *Bibliothèque historique* donnée par Fevret de Fonteite.

Édit de décembre 1721 (publié le 18 janvier 1722), qui porte rétablissement de six offices d'affineurs; deux à Paris et quatre à Lyon, qui avoient été supprimés et les fonctions réunies à la Compagnie des Indes. Cet édit ôte à la Compagnie la régie des affinages, qui dépendoit du bénéfice de la Monnoie, qui lui a déjà été ôté. Ainsi, on la dépouillée de tout. Il y a vingt-huit articles dans l'édit qui règle la fonction des affineurs. Cela est bon à lire et à savoir. Il est registré en la Cour des monnoies, le 29 décembre 1721.

Arrêt du 2 décembre 1721 pour les rentes viagères sur le Roi dont on jouira du quartier comme lors de l'acquisition.

20 janvier. M. Fagon, conseiller d'État, a été nommé conseiller au conseil royal des finances (1). Il a la place de feu M. d'Aguesseau, qui n'avoit point été remplie. C'est une dignité considérable qui donne entrée dans toutes les grandes affaires de l'État. Il n'entre pas dans le conseil des dépêches, qui n'est composé que du Régent, du Chancelier, et des quatre secrétaires d'État et du maréchal de Villeroy, chef du conseil. J'en ai fait compliment à M. Fagon, qui m'a répondu par une lettre très-gracieuse. Je le lui avois mandé : « *Quand on sait tout, on peut tout avoir* », et aussi est-ce un des hommes du conseil les plus instruits. Il n'a que quarante et un ans.

Le mariage du prince des Asturies avec Mlle d'Orléans a été célébré en face d'Église en Espagne, par le cardinal de Borgia. On a mis le prince et la princesse ensemble dans un lit pendant quelque temps, en présence de toute la Cour, puis on les a séparés.

BIBLIOTHÈQUE SATIRIQUE 1722.

L'Art de mener les maris par le nez, par le marquis Scotti, dédié à la reine d'Espagne.

---

(1) Fagon, fils du premier médecin de Louis XIV, mort en mai 1744. (Voir Barbier, III, 515.)

L'Art de diviser les hommes à l'infini et le secret de profiter de leur division, par le duc d'Orléans.

Les Agréments du mariage, par le prince de Modène au prince des Asturies.

Traité de la patience chrétienne et politique, par le duc du Maine, dédié aux François.

Du Choix des justes dans la distribution des biens ecclésiastiques, par le pape Innocent XIII, dédié au cardinal Dubois.

Traité de la véritable grandeur, auquel on a ajouté une *Dissertation excellente sur le commerce,* dédié au maréchal d'Estrées, par le duc de la Force.

Triomphe de l'esprit sur la raison, par le duc de Richelieu, dédié au duc de la Feuillade.

Nouveau traité des infiniment petits, dédié aux grands de la cour de France, par un auteur anonyme.

Traité des jubilés et des indulgences plénières, par la présidente Fillon, dédié au cardinal Dubois.

Nouveau guidon des finances, par le sieur Law, revu et corrigé par le duc de Bourbon.

Le ridicule de la jalousie et les moyens de l'éviter, par Mme d'Averne, dédié au prince de Conti.

Les avantages que le roi d'Espagne doit trouver dans son alliance avec M. le duc d'Orléans, par le docteur Filtz-Moritz.

L'accord de la morale de l'Évangile avec celle des princes, par le cardinal de Rohan.

De la fausseté des vertus humaines, par M. de la Houssaye, dédié à M. le chancelier d'Aguesseau.

De la religion du cardinal de Noailles et de celle du chancelier d'Aguesseau, par un hypocrite de leurs amis.

FÉVRIER 1722.

Février, *lundi* 2. — Lettre a M. le Chancelier. L'affaire des négociants de Saint-Malo, contre la Compagnie des Indes, étant sur le point d'être jugée, j'ai envoyé mon *Mémoire* à M. le Chancelier avec la lettre suivante :

Monseigneur,

Quoique je ne sois point avocat au Conseil, j'ai pris la liberté d'écrire un mémoire pour les négociants de Saint-Malo, contre la Compagnie des Indes, et je prends encore, Monseigneur, celle de l'envoyer à V. G. Accoutumé que je suis à vos anciennes bontés, je me flatte qu'en le lisant vous trouverez quelques traits qui ne vous déplairont pas, et ce style de force et de précision que vous aimez, que vous nous avez appris, et qui donne en même temps de la lumière et des grâces. Comme j'ai su que cela devoit passer devant vous, monseigneur, je n'ai eu que vous pour objet en le composant; et j'ai dit : Dans l'éloignement où je suis de M. le Chancelier, ne pouvant plus le voir, l'entendre, l'admirer comme je faisois autrefois, du moins je m'en approcherai par cet écrit et il le verra. Et il en sera peut-être touché et il se souviendra de celui qui, depuis si longtemps, est avec le plus profond, et il ose dire le plus tendre respect, Monseigneur,

De Votre Grandeur,

Le très-humble et très-obéissant serviteur,

Marais.

2 février 1722.

Mardi 3. — Saint-Malo. — Ce jour, l'affaire de Saint-Malo a été rapportée au Louvre par M. Fagon. M. le Chancelier, qui s'étoit très-bien instruit, a opiné pour les négociants contre la Compagnie. Il a été suivi de M. le prince de Conti, du maréchal de Villeroy et de M. d'Ormesson. Le Régent a pris parti pour la Compagnie, et s'est presque fâché. On a dit beaucoup de bien des Malouins, et enfin, il a été ordonné qu'ils seront remboursés de leurs marchandises et vaisseau saisis aux Indes, fret et assurances en espèces fortes, ce qui est favorable pour eux; mais on ne leur rend pas justice entière, car ils auroient bien plus gagné, s'ils avoient eux-mêmes vendu leurs marchandises.

Dauphiné. — J'ai dîné avec M. d'Armenonville, secrétaire d'État, qui m'a appris ce jugement, et qui m'a dit qu'il sortoit d'un conseil de santé sur la peste, où on venoit de nommer un officier-général, pour commander en Dauphiné, quoique le commandement appartienne au Parlement de Grenoble ; mais on a jugé la matière si importante, qu'on ne peut la confier à gens trop expérimentés, et puis on n'est pas fâché de mortifier les Parlements.

Vendredi 6. — Princesse de Conti. — Mme la princesse de Conti, que l'on ne croyoit pas si avancée dans sa grossesse, est accouchée d'un prince, qui a été nommé le comte d'Alais. On l'a porté à l'hôtel de Conti, chez le prince de Conti, son père, qui l'a bien reçu. La mère reste toujours chez Mme la Princesse, jusqu'à ce que la paix se fasse. M. le Chancelier a assisté aux couches.

Law est très-bien à la cour d'Angleterre ; il a baisé la main du Roi ; on lui doit donner un sauf-conduit, pour revenir en France accommoder ses créanciers, et peut-être pour donner du mouvement à la Compagnie qui est morte.

Saint-Simon. — Le roi d'Espagne a donné la Toison au fils aîné du duc de Saint-Simon, et a fait le cadet grand d'Espagne de la première classe. Ce sont de beaux présents de noces, qui relèveront bien cette maison, et elle en avoit besoin.

Samedi 7. — M. le Chancelier a fait part du mariage de sa fille aînée avec M. le comte de Châtellux (1), au Roi et aux princes du sang. Les articles ont été signés aujourd'hui. Le comte de Châtellux a trente-huit ans et la demoiselle vingt et un. Il est d'une grande maison de Bourgogne, capitaine de gendarmerie, et en possession de la terre de Châtellux de plus de 25,000 liv. de rente. Il avoit été autrefois dans l'état ecclésiastique ; mais ses frères ayant été tués à la guerre, il est devenu l'aîné de la mai-

---

(1) Guillaume-Antoine de Beauvoir, marquis de Chastellux. Cette famille portait le nom de Beauvoir et non de Luxe, comme le prétend Barbier. (I, 189.)

son, et, en cette qualité, il est premier chanoine d'Auxerre, portant habit de guerre avec l'aumusse. (Bayle, dans sa dernière édition, a fait un article de *Chastellux* pour marquer cette singularité). Il rencontre une fille très-bien élevée, et il est de son côté très-vertueux et d'un grand mérite à la guerre. Il est brigadier de la dernière promotion. Voilà un mariage fort bien assorti. Il est oncle de Mlle de Saint-Chamans, que Samuel Bernard a épousée, et ainsi, Samuel Bernard se trouve neveu de la fille du Chancelier, lui qui a plus de soixante-dix ans. J'ai parlé ailleurs de ce mariage de Bernard et de la famille de Chastellux et des jeux de la fortune.

Dimanche 8. — PRINCE CHARLES. ELBOEUF. — J'ai dîné au Louvre avec M. le prince Charles, M. le duc d'Elbœuf et M. de Blaru, avocat, mon confrère, qui avoit plaidé, depuis quelques jours, une cause pour le duc d'Elbœuf contre la demoiselle du Theil, qui se prétend fille légitime du défunt abbé de Lorraine, frère du duc, et d'une demoiselle de la Mésangère, qu'elle dit que l'abbé avoit épousée. Elle rapporte un contrat de mariage sous seing-privé et un acte de célébration. Quand il a fallu vérifier les pièces, les experts écrivains ont rapporté qu'elles étoient fausses ; qu'à la signature de Lorraine il y avoit deux n (*Lorrainne*) ; qu'elle étoit même mal imitée, aussi bien que la signature du frère de la demoiselle. Les trois experts ont été unanimes. La fausse princesse a soutenu que l'art des écrivains étant incertain, ils ne pouvoient décider de son état ; elle a demandé un nouveau rapport. M. de Lamoignon, avocat général, a dit que ce n'en étoit pas le cas, et la requête a été jointe à l'appel comme d'abus. Ainsi, voilà une princesse mal pourvue, et qui a entrepris une sotte affaire. L'abbé de Lorraine (qu'on appeloit l'abbé d'Orcamp) a dit, dans son testament, que Dieu lui avoit donné une fille d'une demoiselle, qu'il auroit épousée, si sa santé le lui avoit permis. Mais il n'en faut pas toujours croire les mourants, qui mentent comme d'autres.

Ici, quand les pièces seroient vraies, le mariage seroit nul, parce qu'il n'a pas été fait par le propre curé.

M. de Blaru nous a dit, en dînant, que le lendemain on devoit juger, à l'Officialité, la dispense obtenue par l'abbé de Coetlogon, de son diaconat, pour épouser Mlle Du Revest, qu'il aime depuis longtemps. Autre ecclésiastique concubinaire, qui étoit ami de Law, et qui a gagné des millions dans le règne du papier. On soupçonne qu'il a fait former opposition à sa dispense, pour manquer à la parole qu'il a donnée d'épouser, et qu'il veut rester mauvais prêtre plutôt que d'avoir une femme. L'affaire a été jugée le 9 à l'Officialité. (*Première note ajoutée par Marais.*) La dispense a été rejetée, et l'abbé gagne sa cause en la perdant. (*Deuxième note ajoutée par Marais.*) Depuis, l'affaire a été jugée à Lyon, la dispense admise, et il a fait le mariage.

On dit aussi à ce dîner que le duc de Chartres étoit mieux; que sa maîtresse étoit congédiée, et qu'on lui avoit envoyé mille pistoles et un brevet de mille écus de pension. Le duc d'Elbœuf dit tout haut : « Cela vaut mieux qu'un prince du sang et que tous nos princes du sang ensemble. »

Ce jour, il est arrivé au conseil de Régence un fait singulier (1). Le Régent a présenté, avant d'y entrer, le cardinal de Rohan (arrivé depuis peu de Rome) au Roi ; et lui a dit que quand des personnes de dignité avoient été dans les pays étrangers pour les affaires de l'État, l'usage étoit de leur donner des honneurs à leur retour, comme l'entrée dans le Conseil. Le Roi lui a dit qu'il le vouloit bien. Le maréchal de Villeroy étoit là, qui fut bien surpris, n'ayant rien ouï dire de ce dessein. Sur-le-champ,

---

(1) Voir, sur cette grande querelle de préséance, ménagée par Dubois, et qui causa la seconde retraite du Chancelier, Barbier I, 188, et Lemontey, T. II, p. 61 et suiv. Voir aussi Saint-Simon, toujours intéressant et passionné sur ces sujets d'étiquette.

on entra dans le Conseil, et le Régent dit au cardinal de Rohan de prendre la place du comte de Charolois qui ne viendroit pas ; il la prit ; les ducs présents, entre autres le maréchal de Villars, le duc d'Antin, le duc de Noailles, protestèrent, et dirent que cette séance étoit contre leur dignité et contre l'usage. Le Régent dit qu'ils étoient mal instruits et qu'il y avoit beaucoup d'exemples des cardinaux qui avoient eu séance au Conseil après les princes du sang. M. le Chancelier, qui n'étoit pas encore arrivé, entra, et fut bien surpris de voir le cardinal de Rohan en place et au-dessus de lui. Il parla au Régent à demi-bas, qui lui répondit comme aux ducs et que le Roi le vouloit. Le Chancelier fut donc obligé de céder et de voir le cardinal au-dessus de lui. Dans ce moment, survint M. le comte de Charolois, qui trouva sa place prise ; mais le Régent dit au cardinal de la quitter et de prendre celle du Chancelier, et au Chancelier de prendre celle d'après ; ainsi, il fut obligé de changer encore une fois de place, et cela ne lui plut point. (Une dame de la cour dit là-dessus, qu'on appeloit cela prendre sa médecine en deux verres.) Cette séance a fait rechercher les exemples. Le cardinal de Richelieu, qui entra au Conseil en 1624, et prit séance avant le connétable de Lesdiguières, fit un mémoire où tous les exemples sont rapportés ; il y en a beaucoup, tirés de du Tillet, qui prouvent que, dans les Conseils, les cardinaux ont toujours été placés avant les Connétable et Chancelier et avant les Ducs. Tome II du *Recueil des pièces de l'histoire de Louis XIII,* imprimé à Paris, 1716, in-12, p. 553. Ce qui est remarquable, c'est qu'à la suite, on a imprimé un acte du 9 mai 1624, donné par le Roi au maréchal de Lesdiguières, Connétable, et signé par MM. de Loménie et Potier, secrétaires d'État, qui porte que le Connétable n'a cédé sa place que par commandement du Roi, sur la très-instante prière qui lui en a été faite par la Reine, sa mère, à condition que cela (l'acte est daté de Compiègne) ne serait point tiré à conséquence contre lui ni contre ses successeurs Connétables; et ce, à un seul des cardinaux (c'est-à-dire au cardinal de Richelieu). Cet acte paroît fait en présence de M. de la Vieuville, surintendant des finances et de M. Du Hallier, capitaine aux Gardes; tous deux chevaliers de l'ordre, et on croiroit que cet acte est vrai; cependant M. de Brienne (Loménie) dans les *Mémoires* que nous avons de lui imprimés depuis peu (tome 1er, p. 179, in-12, *Amsterdam*, 1719), parlant de cet acte, dit : « On nous ordonna, à d'Ocquevre et à moi, d'expédier cet acte, et de n'en point délivrer de copie au Connétable, mais le secret fut mal gardé, quoiqu'il eût été bien recommandé, car le Cardinal ayant été averti de la chose, obtint du roi que cet acte seroit lacéré, quoique nous l'eussions déjà signé. (C'est moi qui ai le premier fait cette découverte dans les *Mémoires* de Brienne.) Ce ne fut pas moi, mais d'Ocquevre que l'on soupçonna d'avoir découvert ceci au premier ministre. » Il faut qu'il en soit resté quelque copie, puisqu'il a été imprimé dans ce *Recueil* de pièces, et ainsi, tous les grands secrets se découvrent.

Le Chancelier et les Ducs font de grands mouvements. Le Cardinal de Rohan en fait de sa part, mais il est en place; le Régent a bien mené son affaire, en lui faisant prendre séance avant d'en parler à personne, et en France, en matière de rang, on ne descend jamais. Voilà le Cardinal de Rohan bien récompensé d'avoir négocié le chapeau du cardinal Dubois. On prétend que cette place n'a été donnée que pour en faire autant au Cardinal Dubois, au premier jour. Aussi appelle-t-on le cardinal de Rohan tout haut, depuis ce temps-là, le *Chausse-pied* du cardinal Dubois. On dit *qu'il lui est venu faire son lit*, et on l'appelle aussi *le cardinal de la Planche*.

Le fils du duc de Villeroy, qui s'appelle le Duc de Retz, a pris séance au Parlement, comme duc de Villeroy.

Abbé de Ravannes. — L'abbé Petit de Ravannes, homme

entièrement dévoué au cardinal de Rohan, a été fait conseiller d'État, sur la démission du cardinal Dubois, qui l'était depuis deux ou trois ans. On a été surpris de voir cet abbé, qui ne sait ni droit civil ni peut-être le canonique, entrer dans le conseil d'État. Mais le Régent fait tout passer, et depuis qu'on a vu sa fille donnée au Prince des Asturies et mariée à l'héritier de la couronne d'Espagne, et l'infante d'Espagne mariée en France, il ne faut plus douter de rien.

Mariage de l'Infante. Ce mariage, qui n'a point été concerté avec les Puissances alliées, fait que l'on doute du succès du congrès de Cambrai, et il y a même quelque bruit de guerre et d'une ligue de l'Angleterre, de la Hollande et de l'Empire, contre nous. Le *Mémoire* du Grand-Duc n'est pas publié pour rien.

LA MARÉCHALE D'ESTRÉES. — On rit beaucoup du jeu qui s'est fait de la maréchale d'Estrées, qui a fait semblant d'aimer le Chancelier. Avec sa sagesse, il a donné dans le panneau; il se laissait appeler : *mon folichon*, par cette femme, qui a causé la mort du jeune et bel avocat-général Chauvelin; et lui, qui sait toutes ces choses, devroit savoir que les femmes de la cour, encore plus que les autres, sont capables de faire tourner la tête aux plus prudents et de faire apostasier les sages.

Toute la cour va chez le Chancelier, lui faire compliment sur le mariage de sa fille, dont il est très-content. Il se doit faire le lundi gras à Saint-Roch, à midi. Le curé de Saint-Paul n'a pas voulu publier les bans du mari, jusqu'à ce qu'il ait su la mort de ses père et mère. Le Chancelier lui a donné son certificat sur ce fait, le curé l'a rejeté et a dit qu'il ne pouvoit pas certifier pour le mari de sa fille, et il a fallu que MM. Barillon et de Morangis, maîtres des requêtes, parents des Châtelux (la mère s'appeloit Judith Barillon), aient donné ce certificat; sans quoi, le curé n'eût pas publié les bans, et il est dans la règle. Entre les compliments, M. l'évêque de

Fréjus, précepteur du Roi, a dit qu'il se seroit présenté pour épouser Mlle d'Aguesseau, s'il avoit cru qu'on la donnât à un chanoine, et que l'évêque l'auroit emporté : mauvaise plaisanterie sur le canonicat militaire d'Auxerre, mais les évêques de cour sont de vrais soldats. La Fontaine disoit :

> Dieu ne créa que pour les sots
> Les méchants diseurs de bons mots.

Lundi 16. — CHATELLUX. — Le mariage de Mlle d'Aguesseau avec M. de Chatellux a été célébré à Saint-Roch en grande cérémonie, à midi. On a trouvé mauvais que le Chancelier eût un siége de distinction, car il y a des gens qui contrôlent tout. Lorsqu'il a fallu signer sur le registre, le Chancelier s'étant aperçu que la qualité de premier chanoine militaire d'Auxerre n'y étoit pas, il l'a fait ajouter. Le dîner s'est fait en particulier chez la maréchale de Chamilly, et le soir, il y a eu un grand souper en famille de 38 à 40 personnes, précédé d'un beau concert qui a duré 4 heures. Lors de la signature du contrat de mariage, le Chancelier a signé le premier, à cause de sa dignité ; entre les signatures des parents et celle de Samuel Bernard, qui a épousé la nièce de M. de Châtellux. Les présents ont été de 400 louis en or, qui valent à présent 18,000 livres, et de plusieurs bijoux d'or et des nippes galantes. Le lendemain de la noce, les mariés étoient très-contents. Le cardinal Dubois a dit, dans sa visite au Chancelier : « Monsieur, je vous tiens grand-père d'aujourd'hui. »

CARDINAL DE ROHAN. — La séance du cardinal de Rohan fait grand bruit. Il a su que c'étoit moi qui avois fait la découverte du fait des *Mémoires de Brienne*, qu'il a eu par un de ses amis et des miens. Il a promis de s'en souvenir, dans l'occasion, et en a été faire part au cardinal Dubois, à qui il m'a nommé. Le cardinal Dubois en a aussitôt informé le Régent, à qui le Chancelier avoit envoyé l'acte du connétable de Lesdiguières; et le Régent a dit, à ce qu'on m'a rapporté, *Le Chancelier est un f......* *car il sçavoit la réponse à l'objection qu'il me fait.* J'ai dit, sur cela, que le Chancelier ne pouvoit pas tout savoir; qu'il n'avoit peut être pas lu les *Mémoires de Brienne*, qu'on venoit d'imprimer; ou n'avoir pas fait attention à ce fait, et que l'acte étant dans les historiens entier et en forme, il faut bien qu'on l'ait eu de quelque endroit. Il s'agit de savoir où l'a pris l'auteur du *Recueil* de Louis XIII et s'il n'est point ailleurs. On parle d'un beau *Mémoire* qui fut fait en 1673, par l'archevêque de Reims, au sujet de la séance que les cardinaux vouloient avoir au lit de justice et qu'ils n'eurent point. Il est imprimé en 1685 in-4°, chez Maguet, à la suite d'un *Recueil* de pièces qui concernent le différend des jésuites avec les curés d'Amiens, sur la communion pascale. *Locus peregrinus.*

Le mariage du chevalier de Chabannes, capitaine aux gardes, avec Mme d'Ormesson-Ducheré, veuve, qui étoit fait dès le 19 décembre dernier, a été déclaré. Les Chabannes sont d'une des meilleures maisons de France. Madame d'Ormesson est parente, par son premier mari, de la Chancelière, et elle est propre sœur de la présidente Chauvelin, qui sont des Beauvais d'Orléans, riches à millions par le commerce de mer. Ce mariage d'une femme qui a trois enfants n'est pas approuvé; mais le chevalier trouve de l'argent et grande chère, et c'est ce qu'il aime.

Italiens. — Timon. — Les Italiens jouent une pièce intitulée *Timon, ou le Misanthrope,* qui fait grand bruit. Elle est très-bien écrite, tout en françois, d'un goût nouveau et à la manière des *Dialogues* de Lucien. L'auteur (qui est un M. de l'Isle, autrefois commis de M. de Torcy,) y a semé une morale très-forte, prise dans la pure raison, et ce seroit une merveille, si les Italiens n'écorchoient pas le françois, et si l'ouïe, qui est le sens le plus délicat, n'étoit pas blessé de cette mauvaise prononciation.

Romulus aux François. — La Motte. — Les *François* jouent de leur côté : *Romulus*, qui a aussi été très-bien reçu. Elle est de M. de la Motte, qui s'est avisé sur le tard d'être poëte tragique. Depuis trente ans, il tâte son génie, et s'est amusé à faire des opéras, des odes, des fables, des critiques d'Homère qui n'ont eu de succès que parmi les estimateurs du mérite médiocre. Enfin, il s'est fait poëte de cothurne, et ses amis l'ont encore beaucoup élevé. J'ai voulu voir cette pièce, les vers m'ont paru assez faciles, mais point du style dramatique. Il y a des situations très-intéressantes; tout cela roule sur l'amour de Romulus pour une Sabine, fille de Tatius, et on ne s'attend point à tant d'amour dans le fondateur du peuple romain. Despréaux, dans son *Dialogue des romans*, a bien frondé tous ces héros amoureux. La conduite n'est point bonne : il y a un siége, une bataille, une conjuration et une autre bataille dans les vingt-quatre heures. Baron y déclame dans la sublime perfection, et j'ai admiré cet acteur de soixante-huit ans, qui rend tous les autres acteurs très-imparfaits. La pièce paroît finie au quatrième acte, mais la déclamation de Baron fait valoir le cinquième, et on en passeroit encore un sixième pour l'entendre.

Pierrot Romulus. — Polichinelle. — Les Marionnettes ont critiqué cette pièce et ont joué *Pierrot Romulus*. La critique est plaisante, et est de Lesage et Fuselier, qui travaillèrent autrefois pour les danseurs de corde, quand ils parloient, ce qui a donné lieu à cette chanson :

> Lesage et Fuselier évitant du haut style
> La beauté,
> Pour le Polichinelle ont abandonné Gille
> La rareté !
> Il ne leur reste plus qu'à montrer par la ville
> La curiosité.

Les comédiens ont voulu se plaindre de cette critique et faire taire Polichinelle. Baron fit un beau discours à

M. de La Vrillière sur cela. Le compère ou voisin de Polichinelle, qui y étoit appelé, dit qu'il n'avoit point l'éloquence nécessaire pour répondre à ce discours ; qu'il ne diroit que deux mots : que, depuis plus de cinq cents ans, Polichinelle étoit en possession de péter et de parler, et qu'il demandoit d'y être conservé. Cela lui fut accordé sur-le-champ, et les comédiens s'en retournèrent avec leur courte honte. *Ridiculum acri*, etc.

ROMULUS ; SA VIE PAR PLUTARQUE. — TARRATIUS. — Plutarque a fait une *Vie de Romulus* qui est excellente, et qui contient plusieurs faits historiques très-curieux. Quand on a lu cela, on trouve la tragédie bien fade ; il y parle d'un Tarratius, fameux mathématicien et astrologue, qui trouva la naissance de Romulus et l'année de la fondation de Rome, par son art « pour ce qu'ils disent, que, par un même artifice, se peut prédire ce qui doit advenir à un homme en sa vie, quand on a su l'heure de sa nativité, et connoître aussi l'heure de sa nativité quand on a su ce qui lui est advenu en sa vie ». Voilà toute la science de M. de *Boulainvilliers*, et cela marque qu'elle est bien ancienne. Ce Tarratius étoit ami de Varron et de Cicéron. Plutarque dit sur cela que ces choses et autres semblables plairont d'aventure plus aux lecteurs pour la nouveauté et curiosité, qu'elles ne les offenseront par leur fausseté. Il n'y a pas un jugement plus sage. Cicéron convenoit de la vérité de cette science sur les hommes, mais non sur les villes et autres choses inanimées. J'ai su que M. de Boulainvilliers laisse plusieurs manuscrits sur cet art divinatoire, et d'autres ouvrages secrets, tels que l'*Histoire de sa vie*, ajustée jusqu'à cinquante-neuf ans au thème de sa nativité, l'*Histoire de la Régence* jusqu'à ces derniers temps, où il y a plusieurs portraits vifs et satiriques, et autres pièces très-curieuses, qui seront bien recherchées (1).

---

(1) La trace de ces manuscrits est malheureusement perdue.

RELIGION CHRÉTIENNE PROUVÉE PAR LES FAITS RECHERCHÉS, in-4°, chez Dupuis, par l'abbé Houteville (1). — (Je pense de ce livre qu'il ne parvient qu'à nous donner une foi humaine de la religion, à peu près comme nous l'aurions de l'histoire romaine.) Il paroît un livre de *La Religion chrétienne prouvée par les faits*, avec un *Discours historique et critique des auteurs qui ont traité de la vérité de la religion*. Ce livre est écrit dans le style affecté de nos auteurs modernes, qui est vicieux en beau, plein d'ornements où il n'en faut point, et de tours véritablement précieux, qui énervent et amollissent la langue, au lieu de l'embellir. Il appelle l'Évangile : *le Système de Jésus-Christ*, et il demande permission pour faire passer ce mot, mais on ne la lui accordera pas. On voit une recherche forcée de pensées nouvelles et fleuries, qui ne convient guère à un pareil sujet. C'est tout ce que l'on pourrait faire dans un roman, et peut-être l'auteur, avec toute cette préparation, a-t-il voulu faire un roman de la religion qu'il paroît défendre. Il loue M. de La Motte et M. de Fontenelle, que l'on connoît pour auteurs de cette nouvelle éloquence, et pour n'être pas des plus religieux.

---

(1) Alexandre-Claude-François-Houteville, littérateur français, né en 1686 à Paris, où il mourut, le 8 novembre 1742. Il entra dans la congrégation de l'Oratoire, qu'il quitta pour être attaché comme secrétaire au cardinal Dubois. Voir sur son livre, au point de vue de l'éloge, le *Journal de Trévoux* (t. V), et au point de vue de la critique, les 20 *Lettres de l'abbé des Fontaines à l'abbé Houteville*. L'abbé Houteville entra à l'Académie française le 23 février 1723 et fut secrétaire perpétuel le 27 février 1742. Voir son Éloge par Marivaux, tome V du *Recueil de Harangues prononcées par les membres de l'Académie française*. En 1749 et 1765, on a publié des éditions améliorées de son livre de la *Religion chrétienne prouvée par les faits*. — On remarquera la verdeur critique et l'énergique bon sens de cet article de Marais, jugeant l'école des précieuses de la Régence avec une sorte d'indignation du goût et de colère de la raison. Marais, ami de la Fontaine et disciple de Boileau, a, dans ce passage, quelque chose de la sardonique finesse de l'un, de l'incisive âpreté de l'autre. Il parle en *classique* autorisé contre les romantiques de 1722, les Fontenelle, les La Motte, les Marivaux, contre lesquels ce ne fut point trop d'un Desfontaines et d'un Fréron.

Le *Discours préliminaire* est tout composé de portraits vifs et de bouquets de fleurs. En parlant des lettres de saint Augustin, il dit : « On sent qu'il n'affecte point d'aimer, il aime. » Il met le livre de Grotius : *De la vérité de la Religion*, après la *Méthode* de Descartes, et ce livre est fait en 1620, temps où Descartes n'avoit pas encore écrit. Il parle de la possibilité des miracles, comme s'ils étoient dans l'ordre de la nature, et est bien loin et du style et des pensées de M. Pellisson, dans son *Traité de l'Eucharistie*. Il ne parle pas de M. Pellisson, qui a fait des livres sur la religion, et il a cru éviter par là la comparaison des styles. Il ne parle pas de Denis le Chartreux qui a aussi écrit sur cette matière. Une matière si grave et si sublime ne devoit pas être traitée dans ces phrases frivoles et puériles, et on lui reprochera toujours d'avoir ramassé, à la fin de son livre, douze objections très-fortes contre la religion, auxquelles il n'oppose pas des réponses si fortes, en sorte qu'on peut dire de lui ce qui est dit de Pantagruel, qu'il aimoit fort les syllogismes ; qu'il les savoit très-bien faire *in modo et figurâ*, mais qu'il ne pouvoit les résoudre. Il est même très-périlleux de donner au public ces objections ramassées en un même lieu, quand on y répondroit bien, parce que les libertins se chargent de l'objection et laissent là la réponse. A-t-il cru mieux faire qu'Abbadie, de qui M. Pellisson dit, en s'adressant à Dieu dans une tendre prière : « Père des lumières et des miséricordes, ce n'est point sans vous qu'on écrit pour vous avec tant de clarté et tant de force ; ne laissez pas vos dons imparfaits ; achevez en lui ce qui reste à faire pour son salut, pendant qu'il travaille au salut des autres, et qu'en adorant sur son sujet les abîmes de votre sainte Providence, nous n'adorions pas moins ceux de votre infinie bonté. » Voilà ce qu'on appelle des grâces et non pas ce style *persévéramment* étudié (c'est un terme de notre nouvel auteur), cette déclamation perpétuelle employée dans une matière de discussion et de critique, et cette obscurité métaphysique qui se rend seulement claire aux personnes et aux génies qui se flattent, mal à propos, de bel esprit. C'est à eux qu'il appartient d'entendre que le cœur est *un souverain fier et ombrageux dont les lois nous trahissent et nous perdent ;* que monsieur de Cambray est *un moniteur qui ménage notre délicatesse et ne nous fait obéir qu'à nous-même, qui n'étale point ses connoissances, il en fait part ; — sa capacité se convertit en présent — la métaphysique neuve ; — une légèreté de style qui n'est qu'à lui ne cesse de prêter des ornements à la raison — humaniser une science. — Il me permet de passer sous silence. — Ceux qui sont faits à l'usage du raisonnement — laisser ses principes en chemin*, etc. Il dit quelque part qu'Isaïe n'a point dans son style *ces ornements ambitieux et façonnés qui décèlent l'art et l'étude,* et c'est le vrai caractère de l'auteur. Il se vante qu'il ne rapporte point, dans le troisième livre, des difficultés faibles et usées, mais presque toujours celles qu'on ne savoit point, qu'on ne lit en aucun ouvrage ; et les plus fortes qu'il a pu se faire en méditant sur la religion (p. **197** *Préf.*). Voilà un beau fruit de ses méditations ; il prétend être par là : *inventeur* (c'est comme son ami La Motte a *inventé* des fables) ; il dit que si ces objections ne sont pas assez ingénieuses pour l'honorer comme inventeur, elles marquent au moins une sincérité qui ne déguise pas. Mais on se seroit bien passé de cette invention et de cette sincérité, qui peuvent jeter dans de grands abus. Il a fini son livre par une longue prière, où il dit : « Seigneur, nous voilà parvenus à ces temps déplorables... où l'esprit de *système* a corrompu la droiture primitive, etc. » Étourderie qui ne lui fait pas penser au *Système* dernier du gouvernement, où tout a été corrompu, dont l'application est si facile à faire dès qu'il se sert du terme de *Système*, qui est le mot du temps. M. l'abbé de Houteville, à ce que j'ai appris, a été père de l'Oratoire à Tours, et est sorti de cette congrégation, pour des raisons qui n'honorent pas ses mœurs. Dans les ruelles, on s'arrache son livre des mains, et l'on ne se souvient pas de ce qu'a dit Despréaux :

> Son trop d'esprit s'épand en trop de belles choses,
> Tous métaux y sont or, toutes fleurs y sont roses.

J'ai découvert que dans le chapitre VI de la deuxième partie, il a pillé une très-grande partie d'un sermon de monsieur de Cambray (Fénelon), prêché le *jour des Rois*, qui est imprimé, et l'a copié presque mot pour mot. Pur plagiat. Il allonge aussi le *Discours* de M. de Meaux sur l'histoire universelle.

15, 16, 17. — CARNAVAL. — CARDINAL DE ROHAN. — SÉANCE AU CONSEIL AU-DESSUS DES DUCS. — Le dimanche 15, il n'y a point eu de Conseil de Régence, à cause de la dispute sur la séance du cardinal de Rohan. Les ducs se sont assemblés chez le Chancelier et chez le Régent. L'affaire n'a pu s'accommoder ; il y a eu de gros mots entre le Chancelier et le cardinal Dubois. Le Régent a dit au Chancelier qu'il croyoit qu'il avoit plus de lectures. On a appris que le cardinal Dubois devoit entrer au Conseil de Régence, et cela a rendu encore la matière plus difficile.

Dimanche 22. — Ce jour, le cardinal Dubois est entré avec le cardinal de Rohan au Conseil de Régence, comme on l'avoit bien prévu ; mais ni le Chancelier, ni les ducs et pairs, ni les maréchaux de France ne s'y sont point trouvés. C'étoit un parti pris entre eux qui a été courageusement soutenu et exécuté. Ainsi, la préséance n'a pas été grande. Ce Conseil étoit composé du Roi, du Régent, de M. le Duc, de M. le comte de Charollois, du comte de Toulouse, du cardinal de Rohan, du cardinal Dubois, de l'ancien évêque de Troyes (1), de M. de Torcy, de M. de la Vrillière, de M. de Canillac, de M. Des Fors et du marquis de Biron. Les cardinaux n'ont donc précédé qu'un évêque, un secrétaire d'État et quelques gentilshommes. Le ma-

---

(1) Hurault de Cheverny.

réchal de Villeroy, quoique gouverneur du Roi, n'a point voulu entrer à ce conseil, ni les maréchaux de Villars, de Berwick, Tallard, d'Estrées, d'Uxelles, de Bezons et de Montesquiou; ni les ducs de la Force, de Gramont, de Saint-Aignan et de Noailles, qui en sont membres ordinaires. Le Régent a dit qu'il ne s'en soucioit guère et qu'il se passeroit bien d'eux. Attendons la suite. Le chausse-pied reste toujours au cardinal de Rohan (1).

ALBÉRONI. — On voit dans les *Gazettes de Hollande* depuis peu une *Lettre apologétique* pour le cardinal Albéroni, qui est pleine de faits curieux et anecdotes. Il y traite la question de savoir si un cardinal, ministre d'un Roi, est obligé de découvrir au Pape les secrets de son maître, et cette question vient bien à ce temps-ci, où on met les cardinaux dans les conseils. Si Rome leur fait un crime de ne pas avertir le Pape de ce qu'ils savent qui peut regarder l'état ecclésiastique, il est d'un grand danger de les faire ministres. Tout bien considéré, les cardinaux, faisant serment au Pape, ne doivent passer ici que pour étrangers, et tous les exemples contraires, quoiqu'il y en ait beaucoup, sont des défauts dans le gouvernement.

INFANTE. — On ne parle, à Paris, que des préparatifs (2) pour l'Infante qui arrive incessamment. Le carême est un vrai carnaval. On ne songe qu'à danser, à baller, à faire des feux et des réjouissances; il y aura bal au Louvre, à la Ville, au Palais-Royal, et illuminations partout. Le jubilé est renvoyé à Pâques. Tous les seigneurs font des dépenses prodigieuses en habits. Je sais d'un maître d'hôtel du roi, qu'ayant demandé au Régent un ordre pour les fruits et collation du grand bal du Roi, il a dit : « Il n'en faut point donner, car cela romproit le jeûne, » et a seulement ordonné des liqueurs qui ne le

---

(1) Voir Barbier, t. I, 192.
(2) Voir sur ces préparatifs, Barbier, t. I, p. 192, 193, 194.

rompent pas. Depuis quelques jours, on s'est plaint des robes abattues des femmes, qu'elles portent partout et jusque dans les églises. Le Régent a répondu qu'il ne feroit aucun changement sur cela; qu'il avoit toujours troussé les femmes, et qu'il ne vouloit pas que, sous sa Régence, on dît qu'il les avoit fait trousser elles-mêmes. Il tourne tout en raillerie, et vient à bout de tout.

Livres curieux. — Dans les pays étrangers, on parle de deux livres nouveaux. L'un paroît à Vienne, en latin, sous le nom du comte Ereodi, évêque d'Eylau, qui soutient, dans ce livre, qu'il faut tuer et massacrer tous les hérétiques, parce qu'ils sont pires que tous les plus grands criminels. L'Empereur en a été surpris, et fera désavouer ce livre. En Angleterre, on a fait: l'*Apologie ou défense de la maison de Hanovre,* qui est une cruelle satire contre le roi Georges. Le tonnerre gronde contre lui dans son royaume, et on peut craindre ou espérer qu'il lui arrivera malheur. Le mémoire du cardinal Albéroni parle aussi d'un livre fait contre le défunt Pape et sa famille, par l'ordre du duc à Naples, et que le cardinal fit supprimer. Cela doit être curieux; il met cette suppression parmi les services rendus au Pape, et apprend que la disgrâce du cardinal de Giudice étoit venue par un certain Macœnas, Espagnol, qui s'étoit fait créer procureur général de la monarchie espagnole, et qui avoit fait faire des écrits contre le Pape, la Cour de Rome et les cardinaux.

On croit que la cour de Rome ne trouvera pas bon que les cardinaux aient pris séance au conseil après le comte de Toulouse, qui est légitimé.

Samedi, 28 *février*. — M. le Chancelier renvoie les sceaux. — Otés et donnés a M. d'Armenonville. — Sur les trois heures après midi, on a su que les sceaux avoient été ôtés à M. d'Aguesseau et donnés à M. d'Armenonville, secrétaire d'État de la marine. Ils lui avoient été déjà ôtés le 28 janvier 1718, et rendus le 8 juin 1720. Il ne les a gardés cette fois-ci qu'environ 21 mois. C'est l'affaire des cardinaux qui lui attire cette disgrâce. Il a ordre de se retirer demain à Fresnes (1).

Avant-hier, M. le cardinal de Rohan m'envoya prier, par une personne de confiance, de lui faire un mémoire pour soutenir sa préséance au conseil. Je l'ai refusé, par les liaisons d'amitié et de respect que j'ai pour Monseigneur le Chancelier.

Du même jour. — INFANTE. — On a publié une ordonnance du Roi qui porte que S. M. ayant donné différents ordres pour que l'entrée de l'*Infante d'Espagne* soit accompagnée de toute la magnificence convenable, le Roi a ordonné que, le jour de son arrivée, toutes les rues et places qui se trouveront sur son passage seront ornées et illuminées, et que ledit jour, toutes les fenêtres des maisons de la ville et faubourgs de Paris soient illuminées, et les feux allumés devant toutes les portes à la manière accoutumée dans les occasions de réjouissance. Porte Saint-Jacques, rue Saint-Jacques, le petit Châtelet, les rues de la Lanterne, pont Notre-Dame, rues Planche-Mibray, des Arcis, des Lombards, retournant par la rue Saint-Denis à celle de la Ferronnerie, La Chaussetterie, Saint-Honoré, jusques et y compris la rue du Chantre jusqu'au vieux Louvre (2).

NOMS DONNÉS A L'INFANTE. — Il a été affiché d'autres ordonnances du prévôt des marchands, où la princesse est appelée : l'*Infante d'Espagne, future épouse et compagne du roi.* Dans des lettres écrites aux chefs des compagnies, il y a : *madame l'Infante.* L'ordonnance du roi dit tout court : l'*Infante d'Espagne*, et le Roi doit savoir son nom mieux que personne.

PRINCESSE DE LÉON (3). — Ces jours passés, il y a eu une

---

(1) Barbier, I, 194.
(2) Voir Barbier, t. I, p. 194.
(3) Voir, sur cette princesse de Léon, les *Mémoires* du président Hénault et Saint-Simon IV, 77, 78, 147 148. C'était Mlle de Roquelaure, laide et bossue,

débauche chez le Régent, où la princesse de Léon (fille aînée du duc de Roquelaure) s'est trouvée dans la chaleur du vin; on l'a visitée partout, et on a dit qu'elle avoit une *perruque carrée*; sur cela, il y a eu mille mauvaises plaisanteries. On a dit que cette perruque lui étoit restée du président Hénault, qui a été son amant; d'autres ont dit que c'étoit une perruque de cérémonie, à cause qu'elle est présentement aimée par Des Granges, fils du maître des cérémonies. La princesse n'en étoit pas plus honteuse le lendemain. Elle a beaucoup d'esprit, mais elle s'est livrée aux maîtresses. C'est d'elle qu'on a dit qu'elle est bossuée et non pas bossue, parce qu'elle a des bosses partout. Elle épousa le prince de Léon (Rohan-Chabot) malgré père et mère; il l'enleva, et on fut trop heureux de la lui donner. Elle est une des deux filles que la duchesse de Roquelaure eut en une même couche et à qui le duc de Roquelaure dit : *Mesdemoiselles, je ne vous attendois pas sitôt* (1). C'est qu'elle en accoucha sept mois après son mariage, et on prétend qu'elles étoient du feu Roi. L'autre est mariée au prince de Pons, de la maison de Lorraine.

MARS 1722.

Dimanche, 1ᵉʳ mars. — Il y a eu Conseil de Régence le matin. Les lettres du nouveau Garde des sceaux ont été scellées. Les cardinaux y étoient; il a fait son serment et pris place après eux. Les ducs et pairs et maréchaux de France n'y sont point venus, hors le maréchal de Villeroy, qui s'est mis derrière le Roi, comme gouverneur de S. M. Le marquis de Biron dit, en entrant, au Régent : « Au moins V. A. R. n'a pas oublié de dire au Garde des sceaux

---

enlevée par le prince de Léon, fils du duc de Rohan, premier amant de la danseuse Florence, dont le Régent eut M. de Saint-Alloin.

(1) Voir Mᵐᵉ de Caylus.

de prendre séance après les cardinaux : « Oh ! répondit-il, il sait de quoi est la triomphe » (1).

CHANCELIER PARTI. — Le Chancelier est parti, dès sept heures du matin, avec sa famille et son nouveau gendre, pour aller à Fresnes. On a su que le Régent, en lui demandant les sceaux, lui a écrit une lettre fort obligeante, et pleine de reconnoissance des services qu'il a rendus à l'État. M. de la Vrillière, qui alla reprendre les sceaux, ne l'ayant point trouvé, dit à son secrétaire : *qu'il n'avoit qu'un petit mot à lui dire.* Tout cela a paru ironique. Le comte de Chatellus soutient cette disgrâce héroïquement, et ne croyoit pas voir sitôt son beau-père déplacé. Madame la Chancelière laissa échapper ce mot : *Toujours, ma fille est mariée.* Ils ont laissé à Paris M. l'avocat général, leur fils aîné, pour exercer sa charge. Il y a un petit-fils de sept ans fort joli, qui pleuroit ; on lui dit que cela étoit vilain et qu'il falloit avoir du courage et remercier Dieu de tout. Il répondit naturellement : « Je suis fâché, et on ne veut pas que je pleure. Encore si cela étoit arrivé après l'entrée de la Reine. »

Lundi 2. — Entrée de l'Infante d'Espagne, qui s'est faite avec beaucoup de magnificence (2). J'y étois et l'ai vue fort à mon aise. D'abord, le Roi a paru, avec les princes du sang, et une petite partie de sa maison qui l'accompagnoit. Il avoit été au-devant d'elle à Berny (3). Ensuite on a vu l'ambassadeur d'Espagne (4) avec de beaux équipages, puis tous les Mousquetaires, Gendarmes, Chevaulégers et Gardes du corps. Le gouverneur de Paris, le duc de Gesvres, avec ses gardes, pages et valets de pied richement habillés, et beaucoup de chevaux de main. Sa dépense étoit superbe. Le prévôt des marchands, les éche-

---

(1) Terme de jeu.
(2) Voir sur cette entrée Barbier, I, 196, 197.
(3) Près de Sceaux, dans le département de la Seine, château de Mansard.
(4) Le duc d'Ossuna.

vins, la Ville, le guet, les archers de ville, les grenadiers à cheval que j'oubliois. Enfin, l'Infante a paru, dans un carrosse où étoit Madame, et madame la duchesse de Ventadour qui la tenoit sur ses genoux. Tout cela en très-bon ordre. On a été étonné de voir, au milieu de cette marche, M. le maréchal de Villars à cheval, avec son fils et un gros d'officiers derrière eux. Il y avoit avec lui M. Le Blanc, secrétaire d'État de la guerre ; M. le duc de Saint-Aignan et l'ambassadeur de Hollande à cheval. Il ne s'est trouvé aucun autre maréchal de France, ni autre seigneur que lui, hors ceux qui étoient à leur poste. Il avoit un grand air de général, comme s'il avoit été à la tête d'une armée, et effectivement, il étoit à la tête de toute la maison du Roi, qui n'alloit qu'après lui. Il y avoit des arcs de triomphe dans plusieurs endroits de la ville, et entre autres, un dans la rue de la Ferronnerie, avec plusieurs inscriptions et devises latines, comme d'une petite grenade avec ces mots : *Gestat nondum matura coronam.* Le soir, toute la ville a été illuminée avec des feux partout.

L'Infante étoit à Chartres la veille : M. le cardinal de Rohan y alla et madame de Soubise. On avoit prévenu la princesse qu'il étoit fort laid, et plus laid que l'évêque de Bazas, qui lui avoit fait peur, mais qu'il ne falloit pas en rien témoigner. Quand elle le vit au contraire si beau (car c'est *La Belle Éminence*), elle ne dit rien, mais en dînant, une demi-heure après, elle dit : *Il faut donner le fouet à madame de Soubise parce qu'elle a menti.* On a connu par là qu'elle avoit de l'esprit et de la réflexion, et qu'elle se connoissoit déjà en hommes. Elle est très-vive et assez jolie, blonde, blanche et incarnat.

Le Parlement n'a point vaqué le jour de l'entrée. Il ne veut point prendre part à cette affaire publique, jusqu'à ce qu'il en soit informé par une voie convenable. Le Parlement de Bordeaux lui a fait les honneurs qu'on fait à la Reine.

Mardi 3. — Toute la Cour a été baiser la main de

l'Infante, hors les personnes titrées qu'elle a embrassées. Elle veut embrasser tout le monde. Ses petites mains sont toujours en l'air, et elle a beaucoup de grâce dans toute sa personne. Elle aime fort le Roi ; elle jette des baisers à son portrait, à la manière d'Espagne ; elle se met sur le petit bord de son lit en se couchant, et dit qu'il faut laisser la place au Roi qui viendra peut-être ; qu'elle a vu son père et sa mère dormir ensemble et qu'elle veut faire de même. On a remarqué qu'elle a dit, en parlant du prince des Asturies : *c'est le fils de la Savoyarde*, et on dit à la cour qu'elle est *mal embouchée*. Elle a été gâtée en Espagne. Quand le Roi l'a reçue, le jour de son entrée, il étoit sur les degrés du perron du Louvre ; elle voulut se jeter à ses genoux ; il la releva et l'embrassa, et il rougit beaucoup. Elle le voulut reconduire quand il sortit pour aller aux Tuileries. On dit au Roi qu'elle le reconduisoit ; il se retourna pour l'empêcher, et le maréchal de Villeroy lui dit : « Madame, le Roi vous prie de n'en pas faire davantage et il vous l'*ordonne comme votre seigneur et maître*, » ce qui n'a pas été trouvé bien, parce qu'étant Infante d'Espagne, et n'étant encore *qu'accordée*, le Roi n'est pas son seigneur et maître ; on n'est pas content des hauteurs que le maréchal donne au Roi, qui ne veut saluer que les personnes titrées, et qui n'ôte point son chapeau aux gens de condition. Cela est arrivé au chevalier de Conflans, homme de grande naissance, et premier gentilhomme de la Chambre du Régent. Le maréchal a dit à la nourrice du Roi : « Ayez l'honneur de baiser la main du Roi. » Enfin, on dit qu'il ne fait plus que radoter, et un grand seigneur m'a dit que le Roi et la Reine seroient élevés par le plus grand bourgeois et la plus grande bourgeoise qu'il y eût en France ; en parlant du maréchal et de la duchesse de Ventadour.

Le Chancelier est à Fresnes, et y sera. Les ducs, et principalement le duc de Noailles, l'ont mené là par leurs mauvais conseils. Il pouvoit s'asseoir après les cardinaux avec une protestation qu'il auroit faite secrètement, et il eût toujours eu après lui les ducs et les maréchaux de France dans le conseil de Régence, au lieu que pour avoir voulu s'obstiner, on lui a ôté les sceaux. Il n'est plus rien, et les ducs, quoiqu'ils n'aillent plus au conseil, sont toujours ducs et ont toujours leur dignité. Le Régent a fait une plaisanterie sur l'écrit qu'il demandoit avec les ducs, conforme à celui que Louis XIII avoit accordé au connétable de Lesdiguières en 1624, et il a dit : « Je veux faire comme Louis XIII, je vous donnerai l'acte, et je le déchirerai le lendemain comme il fit, et comme il est rapporté dans les *Mémoires* de Brienne. » Et il a effectivement déchiré un modèle qui étoit déjà dressé.

Voici une satire faite contre les cardinaux, à qui on a donné un brevet de la calotte.

>Des calotins la troupe entière,
>Offroit à Momus sa prière
>Quand ce Dieu toujours bienfaisant
>Apparut à son régiment
>Et lui dit : Troupe calottine
>Vous négligez vos plus beaux droits ;
>Vous sortez de même origine
>Que cette calotte divine
>Qui rend un cuistre égal aux rois.
>Des couleurs vous avez le choix,
>Or aujourd'hui je détermine
>Que ma calotte on enlumine
>D'un bel et beau couleur de feu :
>Après quoi vous verrez beau jeu.
>Du rang ne soyez point en peine,
>Car il faut vous dire en passant
>Que lors de l'établissement
>De cette dignité romaine
>On obtint mon consentement,
>Et que cette cour si hautaine
>N'auroit jamais sans mon secours
>Assujetti l'Europe entière
>A renverser une chimère.
>O vous, mes plus chères amours

Calottins dont je suis le père,
Nous vous rejoignons pour toujours,
A ces Romains que l'on révère,
Nous vous donnons les dignités
Priviléges, immunités,
Même rang et même séance
Dont on voit que jouit en France
Dubois et Rohan, son valet :
Nous agrégeons le pistolet
A notre troupe frénétique :
Quant à Rohan, prélat lubrique,
La bulle jointe avec ses mœurs,
Sa principauté chimérique
Qu'il tient d'une mère impudique,
Ont bien mérité nos honneurs ;
Qu'il soit mis dans notre chronique.
Nous confirmons aux cardinaux
Les honneurs de notre calotte,
Porter comme eux camail et cotte.
Désormais, soyons tous égaux ;
Nous entrerons dans leur intrigue ;
Nous aurons le duc d'Orléans
Et ferons ensemble une ligue
Contre tous les gens de bon sens.

Il n'y a encore rien de réglé sur les honneurs de l'Infante. En attendant, on la traite comme fille de France.

Jeudi 5. — Le Parlement et les autres cours souveraines ont été faire leur compliment à l'Infante, sur les lettres qui leur ont été envoyées de la part du Roi. Voyez le discours de M. le premier Président ci-après.

Il y a eu une *Relation* imprimée de l'entrée, où elle est appelée plusieurs fois l'*Infante Reine* : ainsi on ne peut plus douter de son nom ; cette relation étant faite au *Bureau d'Adresse* (1) et sous les ordres des ministres.

L'ABBÉ DE RAVANNE (2). — Le cardinal de Rohan a un page qui s'appelle Le Prince, qui a un petit grain de folie.

---

(1) Fondation de Renaudot. Espèce de succursale industrielle de la *Gazette de France*.
(2) Voir, sur cette anecdote, les *Mémoires de Maurepas*.

Ce page a été voir le duc de Mazarin, qui dit quelquefois des choses plaisantes. Il dit au page : « Pourquoi le cardinal ne t'a-t-il pas fait conseiller d'État au lieu de ce vied.... d'abbé de Ravanne, qui est un ignorant et que personne n'aime? » Le Prince revient chez le cardinal qui étoit à table avec vingt-deux personnes entre lesquelles étoit l'abbé. S. E. lui demanda d'où il venoit; il dit qu'il venoit de chez le duc Mazarin, qui étoit un honnête homme, qui ne cherchoit qu'à lui faire du bien, au lieu que S. E. ne lui en faisoit guère, et qu'il lui avoit demandé pourquoi elle ne l'avoit pas fait conseiller d'État, au lieu de ce faquin d'abbé de Ravanne qui étoit à sa table, que personne n'aimoit. L'abbé fut très-embarrassé. La compagnie jouit de son embarras et en rit; et quand on en a parlé au duc Mazarin, il a dit que cela étoit vrai, mais qu'il n'avoit pas dit au page de le dire. Ainsi, Dieu nous envoie des fous qui nous disent la vérité, parce que nous méprisons les avis des sages.

On dit que M. le Duc a pris le parti des cardinaux, et qu'il s'y est déterminé par l'avis de Mme de Prie. C'est une mauvaise plaisanterie sur ce qu'elle a des pertes de sang continuelles. La chanson le dit :

> Elle a l'esprit par trop aigre
> Et trop de pertes de sang.

On a su que la veille que les sceaux ont été ôtés au Chancelier, il demanda au Régent s'il n'avoit rien à lui ordonner, à l'occasion de l'arrivée de l'Infante. Le Régent lui dit : « Vous avez raison, je vais vous tailler de la besogne; vous ferez cela le dimanche, et puis cela le lundi, et ensuite jusqu'au jeudi. » Le Chancelier revint content chez lui et crut l'affaire apaisée; mais on lui ôta les sceaux le lendemain, qui étoit le samedi.

Samedi, 7 mars. — Le Garde des sceaux a tenu le conseil du Roi, qui s'appelle le conseil des parties (1) et y a

---

(1) On y prononçait sur les évocations qui enlevaient les procès aux juges

fait les fonctions de Chancelier. M. de la Vrillière, qui est son parent, y a pris la place de conseiller d'État, qu'il a depuis longtemps, et dont il n'usoit pas.

Dimanche 8. — Ce jour, on a affiché dans Paris une ordonnance du prévôt des marchands, pour faire des feux et des illuminations pendant trois jours de suite, dimanche, lundi et mardi, à cause de l'Infante-Reine.

Le soir, il y a eu un grand bal de cérémonie au Louvre, où les dames n'ont paru qu'habillées avec la robe de Cour. Il n'y a point eu de masques. Le Roi a ouvert le bal; les seigneurs étoient habillés en étoffe à fleurs d'or et de toutes couleurs. On a servi des liqueurs et de l'hypocras, mais pas une seule orange, ni autre chose à manger, quoique ce fût un dimanche et non jeûne (1).

Lundi, 9 mars. — Il y a eu, dans le jardin des Tuileries, une illumination des plus surprenantes et des plus gracieuses en même temps. Tout le grand parterre étoit éclairé de lampions, et il y avoit, d'espace en espace, des candélabres de bois taillés en ifs, aussi tout éclairés et qui faisoient un effet merveilleux. On a ensuite tiré un feu d'artifice fort vif, mais qui a paru trop court pour cette grande préparation. J'ai vu tout cela du Louvre, chez M. le prince Charles.

Mardi 10. — BAL A L'HÔTEL DE VILLE. — DISPUTE DES DUCHESSES. — Au bal de l'Hôtel de ville, où le Roi s'est trouvé et l'Infante-Reine aussi, il y a eu de grands débats entre les duchesses et les femmes de condition; les duchesses ayant voulu avoir les premières places, et les autres n'ayant pas voulu les céder. La duchesse de Brissac et la duchesse d'Olonne sont venues, qui ont voulu se

---

ordinaires, pour les attribuer à un tribunal spécial. Il jugeait les conflits, interprétait les ordonnances et arrêts sur lesquels il était consulté par les tribunaux. Enfin, il prononçait sur les remontrances des Parlements et autres Cours souveraines, pour les affaires concernant la justice et les fonctions de ces tribunaux.

(1) Voir sur toutes ces fêtes et réjouissances, Barbier, t. I, 198 et suiv.

placer sur des siéges qui étoient restés vides pour les princesses du sang qui dansoient. Mme de Polignac et Mme de Sabran, qui étoient au-dessous, leur ont dit que c'étoient les places des princesses. Elles ont répondu qu'elles les leur rendroient, et que ces dames descendroient plus bas. Les dames, qui n'ont pas trouvé cela bon, ont raillé la duchesse de Brissac sur un bel habit qu'elle avoit, et ont dit qu'une de ses parentes de Lyon le lui avoit fait faire. C'est qu'elle est fille de Pecoil, maître des requêtes, qui est fils d'un marchand de Lyon, et sa mère s'appelle Legendre, fille d'un fameux négociant de Rouen. Mme d'Olonne est meilleure, mais elle n'est pas à comparer à Mme de Polignac, qui est Mailly par elle et Polignac par son mari, ni à Mme de Sabran, qui est Foix et Sabran, et toutes deux des plus grandes maisons du royaume. Ces duchesses s'étoient mal adressées (1). Le jour de ce bal, il y a eu un très-beau feu à la Grève, qui a mieux réussi que celui des Tuileries.

8 mars. — On a su qu'au bal du Louvre, le roi balança à danser avec Mme de Gontaut qui le vint prendre. Le Régent dit : « Il n'y a point de difficulté sur cela. » Sur quoi, le Roi dansa avec elle; et M. le Duc lui dit : « V. M. a bien fait, mais il faut qu'elle la reprenne encore lorsque V. M. dansera. » C'est qu'on s'étoit imaginé que le Roi ne pouvoit danser qu'avec des femmes titrées. Tout cela vient de la fausse prétention des ducs contre la noblesse. Il n'y a qu'un mot sur ces querelles : toute femme qui a été présentée au Roi est femme de la Cour, et dès qu'elle est femme de la Cour, elle y a son rang et ses honneurs, et la duchesse ne lui est préférée que pour le tabouret et pour l'entrée de son carrosse dans la cour du Louvre. Du règne de Louis XIV, qui étoit toujours à Versailles, il y avoit peu de femmes de la Cour, parce qu'un homme

---

(1) Voir, sur cette singulière dispute, où les plus grandes dames se traitèrent comme des poissardes, Madame (II, 368).

de condition n'auroit pas tenu sa femme à Versailles dans un cabaret ou une chambre garnie, au lieu que les ducs, y ayant des hôtels, pouvoient plus aisément y avoir leurs femmes; mais à Paris, où tout le monde est logé, les femmes de la Cour reprennent leur place, et la noblesse ne le cède pas aux ducs ni aux duchesses, sinon dans les points qui ont mérité des distinctions, comme le tabouret et le carrosse.

14 mars. — Grand feu tiré dans la place du Palais-Royal, qui étoit illuminée de tous les côtés, et ornée d'arcades et d'architectures singulières, qui ont attiré tout Paris. Le Roi et l'Infante étoient au Palais-Royal. Il y avoit une peinture au fond de la place, représentant le foudroyement des Titans, sur quoi on a fait cette satire :

> La foudre qui confond les orgueilleux Titans
> Dont Philippe aujourd'hui nous retrace l'histoire,
> Doit nous graver dans la mémoire
> Qu'on ne peut assez tôt écraser les tyrans.

AVENTURE DU LANGUEDOC. — Il est venu nouvelle du Languedoc qu'une Mme Du Chéron ayant deux filles et deux garçons, l'aînée des filles a été déshonorée par un gentilhomme de la province qui lui a fait un enfant. Le frère aîné s'est battu contre le galant, et le galant l'a tué. Le cadet s'est battu aussi, et le galant l'a désarmé et marqué; puis le vainqueur est allé se cacher à Montpellier. Un matin, est arrivée la sœur cadette qui a dit au galant qu'il falloit épouser sa sœur ; il a répondu qu'il n'en feroit rien. Sur cela, elle lui a cassé la tête d'un coup de pistolet, dont il est mort sur-le-champ. On demande sa grâce; elle lui est promise. La question est de savoir si c'est un assassinat. Voilà les quatre enfants bien malheureux (1).

Jeudi 12. — DUC D'ELBŒUF. — DU THEIL. — MARIAGE. — La cause du duc d'Elbœuf contre Françoise-Henriette-

---

(1) Voir sur cette affaire, Madame, II, 364, 365, et Barbier, t. I, p. 213.

Louise du Theil, qui se prétendoit être fille de l'abbé de Lorraine, frère du duc, a été jugée, et elle a été déclarée bâtarde par l'arrêt qui a ordonné : *En tant que besoin seroit*, qu'il y a abus, et qu'il avoit été mal, nullement et non valablement contracté. La cour a jugé : *En tant que besoin seroit*, à cause qu'il y avoit un rapport d'experts qui déclaroient la signature de l'abbé de Lorraine, dans l'acte de célébration, fausse, et qu'il n'y avoit point de mariage. Si on avoit dit simplement : *Il y a abus*, il auroit semblé que la preuve par comparaison d'écritures étoit inutile en justice, et on en a grand besoin dans l'ordre judiciaire, principalement en matière criminelle. Si on avoit déclaré qu'il n'y avoit point de mariage, on se seroit écrié contre la décision d'un état fait par une preuve incertaine. M. de Lamoignon, avocat général, a établi pour maxime qu'il faut la présence de deux curés, ou, au moins, leur consentement, pour faire un mariage valable : « *Coram proprio parocho,* » et a dit que cela seul rendoit le mariage nul. La maxime a passé pour vraie. Il a dit aussi qu'il n'est pas nécessaire de quatre témoins, mais de deux seulement, de quoi je sais que l'on n'est pas convenu dans les opinions. Voilà la prétendue princesse bien éloignée de sa principauté.

15 *mars*. — Le Régent est tombé malade, pour s'être trop échauffé à son feu du Palais-Royal, et, d'autres disent avec sa maîtresse, qu'il a vue, le jour même d'une purgation, et après s'être enivré ce même jour-là.

Mme de Saint-Sulpice, qui va dans le monde depuis sa guérison, ayant trouvé Mme de Chabannes chez Mme de la Houssaye, qui lui dit qu'on lui avoit fait là une mauvaise plaisanterie de la brûler, elle répondit : « Il n'y a ni bonne ni mauvaise plaisanterie, c'est mon étourderie qui en est cause. » L'autre dame répliqua que personne n'en croyoit rien, et qu'elle étoit malheureuse de ne pouvoir parler, sur quoi Mme de Saint-Sulpice dit : « *Je serois encore plus malheureuse si je ne pou-*

vois justifier des innocents. » Tout le monde l'applaudit.

INTENDANTS DES FINANCES. — L'on fait cinq intendants des finances en titre d'office, MM. de Gaumont, d'Ormesson, Dodun, Pelletier de Signy, et M. Baudry, lieutenant de police, dont la charge retourne au fils de M. d'Argenson, qui l'a exercée pendant quelque temps, du vivant de son père, et qui quitte sa place d'intendant de Touraine, où on envoie en son lieu M. Hérault, maître des requêtes, ci-devant procureur-général au grand conseil.

M. DE MORVILLE, SECRÉTAIRE D'ÉTAT DE LA MARINE. — Le comte de Morville, ambassadeur pour le Roi en Hollande, et qui étoit au congrès de Cambray, fils du nouveau Garde des sceaux, est arrivé pour prendre possession de la charge de secrétaire d'État de la marine, dont il a la survivance, son père ne pouvant tenir ces deux places à la fois.

Le jubilé ayant été publié le ..... mars, pour commencer le dimanche de la Passion, et durer jusqu'au jour de Pâques, on a ouï crier par tout Paris la Bulle et ses instructions, avec le mandement du cardinal, qui a glissé dans ce mandement quelque chose sur l'accommodement des évêques, qui lui fait si peu d'honneur. Il fait le difficile sur l'absolution, *pendant qu'il accepte la Bulle,* qui est relâchée sur ce point.

21 *mars.* — Ce jour, j'ai été saluer monsieur le Garde des sceaux, qui se plaignoit que je ne l'avois pas vu. Il m'a accablé de bonnes grâces, et m'a dit très-honnêtement qu'il avoit tous les jours des difficultés, ou sur des points de droit, ou sur la police des Parlements, et qu'il me consulteroit et suivroit mes avis. En même temps, il m'a promis toute sorte de protection et de services pour moi et mes amis ; il avoit l'air très-riant et très-content, et il m'a paru être dans des dispositions très-bonnes pour rendre la justice la plus exacte. D'un autre côté, M. le Chancelier est à Fresnes, qui n'est point du tout

mécontent, qui s'amuse aux belles-lettres, aux mathématiques, à l'agriculture, et qui attend en paix le retour de la fortune. Dans sa première disgrâce, on avoit fait une chanson.

> Le chancelier d'Aguesseau
> S'étant mis en tête
> Qu'on lui doit rendre les sceaux
> Nuit et jour et répète :
> Va-t-en voir s'ils viennent, Jean,
> Va-t-en voir s'ils viennent.

GRAND-DUC. — L'Empereur a fait faire une très-bonne réponse au *Mémoire* du Grand-Duc, sur l'indépendance de Florence. Elle est insérée dans les *Gazettes de Hollande* de février et mars, et est bien plus savante que le *Mémoire* du Grand-Duc, fait par le feu abbé Renaudot.

La lettre du Roi au cardinal de Noailles, pour faire chanter le *Te Deum* pour l'arrivée de l'Infante, fait grand bruit, parce qu'on y parle de la réunion des deux branches de France et d'Espagne, qui cependant a fait tout le sujet de la dernière guerre, et à laquelle le traité d'Utrecht paroît très-opposé. Voici cette lettre :

Mon Cousin,

« L'Infante d'Espagne est arrivée dans ma cour, et j'en ai la joie la plus vive que mon cœur ait encore ressentie. Mon mariage avec cette princesse *réunira les deux branches descendues du roi mon bisaïeul*, et, par là, je remplirai *les plus doux souhaits* que ce monarque eût pu former. Ce qu'il y a de plus heureux et qui me touche le plus sensiblement, c'est que cette *union*, qui *affermit la puissance de mon État et celle d'Espagne*, ne cause point de ces *alarmes politiques* et de ces *jalousies cruelles* qui font *répandre tant de sang*, et qu'au contraire, toute l'Europe y *applaudit sincèrement, et ratifie, en quelque sorte, le traité de mon mariage*. Tout ce qui s'est fait sous mon règne n'a eu pour objet que de lier *tellement les*

Puissances entre elles, qu'il en résultât la tranquillité générale et que le bonheur des différents peuples fût un *bonheur commun* dont les *uns* ne puissent jouir sans les *autres.* Comme le souverain maître des rois n'est pas moins appelé le Dieu de la paix que le Seigneur des armées, j'ai cru qu'il étoit nécessaire de lui rendre grâces d'un *événement si propre à assurer la tranquillité publique.* Et je vous fais cette lettre, de l'avis de mon oncle le duc d'Orléans, pour vous dire de faire chanter le *Te Deum* dans l'église métropolitaine de ma ville de Paris, où mon intention est d'assister en personne, le 12 de ce mois, à l'heure que le grand-maître, ou le maître des cérémonies vous dira de ma part. Je lui ordonne d'y convier mes Cours et ceux qui ont coutume d'y assister. Sur ce, je prie Dieu qu'il vous ait, mon cousin, en sa sainte et digne garde. Écrit à Paris, le 6 mars 1722. Signé : Louis. »

Cette lettre a été imprimée dans la *Gazette de Hollande* du 20 mars, et ce qui est souligné a été imprimé en caractères différents du corps de la lettre. C'est une critique fine et tacite. On en a fait une parodie très-satirique dans la chanson suivante :

1.

Or, écoutez, peuples françois,
La belle épître de Dubois,
De Dubois ce grand politique.
Ordonnant prière publique
Révérez son habileté
Sa droiture et sa piété ;

2.

Admirez le noble jargon
Que prête à son Roi ce fripon,
Cette scandaleuse Éminence,
Ce champignon de la Régence,
Ce champignon empoisonné,
Le plus funeste qui soit né.

3.

Ce faquin fait parler son Roi,
Et vous allez voir comme quoi ;
Car en ordonnant des prières
Ce beau discours il lui fait faire
Par l'avis du duc d'Orléans :
« Je vais épouser un enfant. »

4.

Cela me fait bien du plaisir,
Du feu Roi c'étoit le désir.
Quoiqu'il fût mort quand elle est née
Pour femme il me l'a destinée,
Ce mariage remplira
Les plus doux souhaits qu'il forma.

5.

Ce que je vois de plus charmant
Et me touche sensiblement,
C'est que cette union charmante
Avec la mirmidonne Infante
L'Espagne à la France unira
Et leur puissance affermira.

6.

De mon hymen tel est le fruit ;
Il se fera sans aucun bruit,
Sans ces alarmes politiques,
Ces jalousies frénétiques,
En mil sept cent trente prochain
Si mon oncle n'y met la main.

7.

Toute l'Europe m'applaudit,
L'Empereur lui-même y souscrit.
Peut-être il s'attend à la niche
Que l'on fit à Margot d'Autriche ;
Mais l'a-t-on fait venir ici
Pour la renvoyer sans mari ?

8.

Urgel et Roses sont témoins
Des grands, des pacifiques soins
Que l'on a pris dans la Régence
Pour unir l'Espagne à la France,
Mon oncle, le duc d'Orléans,
Régit toujours avec grand sens.

9.

Il n'a fait la guerre et la paix
Que pour de sages intérêts.
Le beau-père a su le connaître
Depuis qu'à Madrid il est maître
Après Dieu, le Régent, ma foi,
Ne sert personne comme moi.

10.

Cousin, priez à haute voix
Le souverain maître des rois,
L'arbitre de nos destinées,
Enfin le grand Dieu des armées,
Qui n'est pas moins le Dieu de paix,
De favoriser ses projets.

11.

Pour un si bel événement
Faites haut un remercîment,
Mais priez Dieu bas qu'il me garde.
Vous, François, que ma mère regarde
Vous me voyez prêt à périr,
N'oserez-vous me secourir?

La lettre au cardinal a été faite par Fontenelle, de l'Académie françoise, sur les mémoires du cardinal Dubois; et c'est le même académicien qui avoit fait le manifeste contre l'Espagne en 1718. On fait de lui et de son esprit tout ce que l'on veut.

Le Régent continue d'être malade. On s'en prend aux médecins qui l'ont trop saigné. Bien des gens sont en campagne, et parlent de la Régence future. Le Parlement fait des assemblées secrètes pour savoir si on fera le Roi majeur avant treize ans et un jour, le cas arrivant de la mort du Régent. Le duc de Chartres n'a pas l'âge pour l'être. On craint la dureté de M. le Duc. On parle de rétablir le testament de Louis XIV, et de donner la Régence à M. le Duc, avec un Conseil que le Parlement nommera. Cette maladie empêche la fête et le feu du duc d'Ossonne, ambassadeur d'Espagne.

Lundi, 23 mars. — Le feu du duc d'Ossonne (1) a été tiré sur la rivière entre le Pont-Neuf et le Pont-Royal. L'illumination sur des bateaux rangés en ordre octogone a été d'un goût singulier. Le dessin étoit de Berain, dessinateur du Roi; il y a eu plusieurs descriptions. Le Régent, malade, n'a pu le voir : le Roi et l'Infante l'ont vu du Louvre. L'Infante tira plusieurs fois le Roi par sa manche, parce qu'il ne lui parloit point, et lui demanda : « Monsieur, ne trouvez-vous pas cela beau? » Il répondit que oui; sur cela, elle fit cent signes avec ses mains à ceux qui étoient autour d'elle, et dit : « *Il m'a parlé! il m'a parlé!* » Tous les jours on admire ses vivacités et ses grâces.

DISCOURS DU PREMIER PRÉSIDENT SUR L'INFANTE, A REMARQUER. — Le discours que le premier Président a fait à l'Infante ne plaît point à la cour (2), parce qu'il contient des reproches indirects de ce que l'on n'a fait nulle part au Parlement de ce mariage. Voici le discours :

« Le Roi nous ayant fait connaître le sujet de Votre entrée dans le royaume et dans cette ville, son exemple et ses *ordres* nous ont appris *à avancer de notre part les marques de respect qui Vous y sont destinés, et nous nous estimons heureux* de trouver en Votre personne des motifs pour nous en acquitter avec joie. Nous y trouvons le

---

(1) Voir Barbier, I, 203.
(2) Voir Barbier, I, 199.

pur sang de nos rois, et nous ne pouvons regarder que comme un *heureux présage* de Vous voir être déjà le lien de la concorde entre deux grands États et le sceau de leur tranquillité. Puissent tous Vos jours être marqués de ce précieux caractère! puisse l'innocence de votre âge attirer sur Vous et sur nous les bénédictions du ciel! Et lorsque ses desseins seront *entièrement accomplis*, puissent-ils *perpétuer à nos neveux*, par une longue suite de postérité, la justice et la paix que les inclinations du Roi nous font si constamment espérer de son règne. »

ALBANI. — Cordon bleu renvoyé. On a appris avec grande surprise que le cardinal Albani, neveu du défunt Pape, avait renvoyé le cordon bleu, qui lui avait été envoyé, après une négociation faite par le cardinal de Rohan. Depuis l'institution de l'Ordre, cela n'est point encore arrivé, et il est triste pour la France que cet exemple commence par un cardinal de basse extraction et de peu de mérites, et que le cardinal de Rohan nous ait engagés dans ce mauvais pas. L'Albani dit qu'il est attaché à l'Empereur, et qu'il ne veut point de dignités de la part de la France. L'abbé de Pomponne, Chancelier de l'ordre, qui a été employé à envoyer ce cordon bleu, est au désespoir que ce fait soit arrivé de son temps.

23 *mars*. — MADEMOISELLE DE VERMANDOIS. — Un ecclésiastique, précepteur de Mlle de Vermandois, sœur de M. le Duc (qui est dans l'abbaye de Beaumont-les-Tours), en est devenu amoureux. Il lui a écrit une lettre galante; la princesse l'a remise entre les mains de l'abbesse, qui en a averti l'ecclésiastique, à qui la tête a tourné, et il est allé tuer le chapelain de l'abbaye, qu'il a dit être cause que son affaire a été découverte. Il est arrêté (1).

MALADIE DU RÉGENT. — La maladie du Régent fait bruit parmi les maîtresses; on dit que les actions de

---

(1) Voir Madame, t. II.

Mme d'Averne baissent, et que celles de Mme de Prie haussent.

26, 27. — Le Régent s'est beaucoup mieux porté ; il a dormi. Il a mangé un morceau en public, et on a été bien aise de le voir, de crainte de pis. On dit qu'il est menacé d'un asthme ; d'autres disent qu'il a de l'eau dans la poitrine et qu'on craint l'hydropisie. Chirac, qui est un bon médecin, le traite très-bien, et fait espérer que l'on le verra bientôt en santé.

MÉMOIRE DES DUCS. — Il a paru ces jours-ci un *Mémoire* manuscrit, au nom des ducs et de la noblesse, contre les cardinaux. Je l'ai trouvé assez faible ; il ne répond pas à l'article 9 du règlement du Conseil du 3 janvier 1673, qui porte en termes exprès : « Les conseillers d'État, soit qu'ils soient prélats, gens d'épée ou de judicature, doyens des maîtres des requêtes ou des quartiers, n'auront rang et séance que du jour qu'ils y seront appelés, et serviront actuellement, nonobstant l'ancienneté de leurs brevets et qu'ils eussent même prêté le serment, à la réserve néanmoins des princes du sang, *des cardinaux* et des officiers de la couronne, qui précéderont les autres conseillers d'État. » Voyez le règlement d'Henri III, de 1582, pour le Conseil, où les cardinaux sont mis après les princes et avant les ducs. Il est dans un *Recueil* de plaidoyers et harangues, imprimé en 1618, in-8°. Voilà un règlement fait par Louis XIV, qui dans son énonciation, nomme les cardinaux après les princes du sang, et avant les officiers de la couronne. Ainsi, il semble que le rang des cardinaux soit réglé, et que la question soit jugée. Notez qu'en cette même année 1673, le roi prononça contre les cardinaux de Bouillon et de Bonzi ; mais il s'agissait d'un lit de justice, où les pairs ont leur séance de droit après les princes, et il s'agit aujourd'hui du Conseil, pour lequel le règlement est fait.

CHASTELUS. — J'ai vu M. le comte de Chastelus

(gendre de M. le Chancelier) qui revenoit de Fresnes, où le chancelier se porte très-bien. Nous avons parlé des cardinaux, et il m'a dit : « Si cette affaire-là n'étoit pas arrivée, on lui en auroit suscité une autre, » en parlant de son beau-père.

27 *mars*. — Nouveaux droits rétablis. On a publié aujourd'hui quatre arrêts : l'un pour établir une caisse de remboursement, pour servir de dépôt des différentes natures de deniers qui seront affectés au payement des dettes de l'État; le deuxième, qui rétablit les droits supprimés par différents édits de 1716, 1717, 1719 et 1720, portant imposition sur beaucoup d'affaires concernant la justice, pour six ans seulement; le troisième, qui rétablit les droits des courtiers jaugeurs, inspecteurs des boucheries et aux boissons; le quatrième, qui rétablit les trois quarts des droits des charges sur les portes, hors ce qui regarde le bois, le charbon, les fagots et cotrets. Tous ces droits seront portés à la caisse des remboursements et serviront à payer les dettes de l'État. Ainsi, les peuples, foulés par ces nouveaux droits, se payeront à eux-mêmes ce que le roi leur doit; et toutes ces grandes suppressions si vantées étant rétablies, on rentre dans une misère plus grande que jamais, puisque tout est ruiné, et que nous sommes encore surchargés.

Visa. — Les maîtres des requêtes travaillent toujours au visa et aux déclarations qui montent jusqu'à 50,000 fr. On leur veut donner des adjoints, qui ne sont pas de leur corps et ils y résistent. Le sieur d'Aube, conseiller du commerce, a voulu entrer dans l'assemblée tenue à ce sujet; ils l'ont exclu, mais on veut finir.

28 *mars*. — Arrêt qui nomme quarante-huit conseillers du Grand-Conseil; vingt-quatre du semestre d'hiver et vingt-quatre de celui d'été, pour travailler au visa avec les maîtres des requêtes. Il a fallu les recevoir.

Visa Fleuriau. — C'est le nouveau Garde des sceaux. L'édit qui crée cinq intendants des finances a été registré en la Chambre des comptes le 27. La modification est à la charge de rapporter, dans trois mois, lettres patentes qui règlent et fixent leurs appointements.

Peste. — La peste n'est plus en Provence. On rouvre le commerce. Arrêt du 14 mars, qui permet aux négociants de Marseille de faire sortir leurs vaisseaux destinés pour les ports d'Italie. Autre, du 28 mars, qui donne pareille permission aux négociants des villes maritimes et ports de Provence. Autre, du 30, qui permet l'introduction, dans l'intérieur du royaume, des marchandises de Provence non susceptibles de contagion, huiles, vins, eaux-de-vie, liqueurs, savon, riz, cire non ouvrée, café, métaux, galles, raisins secs, figues, amandes, prunes, capres, olives, anchois, thon et soles marinées, soufre, drogues de médicaments ou teintures, soudes, barilles, bois de buis, olivier et autres bois, à la charge d'une quarantaine de trente jours à Agde ou à Cette, etc. Ordonnance du roi du 31 mars adressant à M. l'amiral, pour l'exécution, des arrêts des 28 et 30 mars. Dieu veuille que l'air soit bien pur, et que le commerce ne nous nuise pas!

Librairie. — Bureau changé. Le Garde des sceaux a changé le bureau de la Chancellerie et de la Librairie. Il a été donné par arrêt du 7 mars, à MM. d'Argouges et de Harlay, conseillers d'État, et à MM. Morangis, Angrand, de Signy, Legros, du Luart, Bignon, de Blangy, Caumartin de Boissy et Maboul, maîtres des requêtes. C'est ce qu'on appelle le *Bureau contentieux.* Il y a un autre *Bureau gracieux* pour l'examen des livres, où est à la tête M. l'abbé de Vienne, conseiller en la cour, parent du garde des sceaux. C'étoit auparavant l'abbé d'Aguesseau, frère du Chancelier.

Clercs, Règlement. — Le 21 mars, le parlement a donné un arrêt qui porte règlement contre les clercs de procureurs, portant épée, cannes ou bâtons ou habits indécents ; et de la manière de recevoir les clercs, dont il y aura un registre. C'est un règlement nouveau et très-sage.

Le 26 mars, arrêt qui augmente les droits de la douane de Valence et de celle de Lyon, sur les damas, velours et satins étrangers, pour favoriser les manufactures d'étoffes d'or et d'argent de Lyon.

Il y a eu encore, dans ce mois, plusieurs voleurs de la suite de Cartouche suppliciés.

AVRIL 1722.

Avril. — L'ABBÉ DE FLEURY, CONFESSEUR DU ROI. — L'abbé de Fleury, confesseur du Roi, étant tombé en apoplexie, on a songé à lui donner un autre confesseur; il y a eu bien de la brigue; enfin le P. de Linières, jésuite, a été nommé et présenté; mais le cardinal de Noailles ne lui a point voulu donner de pouvoirs, parce qu'il n'en donne point aux jésuites. Ainsi, le confesseur est demeuré sans fonctions, et le Roi ayant été obligé de se confesser pour ses Pâques et son Jubilé, il a été à confesse le jour de la Quasimodo à M........ qui est un de ses clercs de chapelle, et qui a plusieurs fois confessé Mme de Maintenon. Le cardinal a déclaré qu'il ne donneroit point de pouvoirs à aucunes personnes de communauté pour confesser le roi.

LE ROI ET L'INFANTE. — J'ai oublié de marquer, sur la fin du mois de mars, que j'ai vu souper l'Infante et le Roi séparément. L'Infante m'a paru très-jolie, très-vive et pleine de petites grâces; elle a demandé à boire; on a dit : *A boire à l'Infante-Reine.* Mme de Ventadour lui a parlé de l'Espagne, et a demandé si elle ne voudroit pas y être; elle a répondu : « J'en serois bien contente, » et comme on a voulu lui faire entendre que cela vouloit dire qu'elle étoit bien contente, elle a dit : « Vous n'entendez pas cela, vous n'entendez pas cela. »

Mme la maréchale de Villars et Mme la duchesse de Noailles y étoient en grand habit sur des tabourets. J'ai vu ensuite souper le Roi, qui n'a pas dit un seul mot, qui m'a paru triste et sérieux et mangeant bien. Le maréchal de Villeroy a dit au maréchal de Villars que le Roi avoit bien de l'obligation à Mme de Villars d'avoir été au souper de l'Infante ; cela a paru une radoterie dont le maréchal de Villars s'est joué et a dit que l'étendue de cette obligation-là n'étoit pas bien grande, et enfin, le Roi n'a point parlé du tout, et s'est levé de table sans rien dire.

VERSAILLES. — VOYAGE DU ROI. — Vers Pâques, le bruit s'est répandu que le Roi alloit quitter Paris et s'en alloit à Versailles. Le Grand-Prieur, fils du Régent, lui ayant demandé *sur quel fondement* cela se disoit, le Régent, en colère, lui a répondu : *Sur le vôtre.*

Ce voyage est certain : c'est un secret d'État que l'on cherche à deviner. On en dit deux motifs : l'un pour accoutumer le Roi à *l'infante, qu'il n'aime* guère, l'autre pour mettre le Régent plus près du Roi et s'en faire connoître davantage. Le cardinal Dubois lui a fait entendre que cela étoit nécessaire, et le voyage a été déterminé subitement, au grand étonnement de Paris et de la Cour, pour le 15 au 20 mai. Le Régent sera aussi moins entouré de ses favoris ou roués, que le cardinal Dubois n'aime point, et qui le méprisent parce qu'ils le connoissent et l'ont vu bien bas. Tout le monde demande des logements à Versailles, les femmes comme les hommes. Mme de Saissac (1) a fait dire au Régent qu'elle lui sacrifieroit ses plaisirs et sa tranquillité et qu'elle ne pouvoit se passer de le voir.

NOCÉ EXILÉ. — Nocé, favori du Régent, lui a parlé très-haut sur le cardinal Dubois et lui a dit : qu'il pouvoit

---

(1) Voir sur cette dame et son mari, Saint-Simon, t. I, p. 342, 343 et les *Mémoires* de d'Argenson et du président Hénault.

bien faire d'un cuistre un cardinal, mais non pas du cardinal Dubois un honnête homme. Il lui a aussi fait entendre que ce cardinal le trahissoit, et qu'il avoit des intelligences en Espagne, pour faire déclarer le second Infant héritier de la couronne de France, en cas de mort du Roi. Pure folie. Une autre fois, trouvant le cardinal qui travailloit avec le Régent, Nocé a dit : « Fait-il là quelque maquerellage ? « sur quoi le Régent, sans se fâcher, lui a dit : « Tu n'en parles que par envie, parce que je ne me sers plus de toi. » Le cardinal a mis de son parti *Madame* et Mme la duchesse d'Orléans, qui n'aiment point le Nocé ; il a fait entendre au Régent qu'il étoit de conséquence, pour la nation et pour le bien de l'État, que le ministre des affaires étrangères ne fût pas traité ainsi, que tous les ambassadeurs ne voudroient plus travailler avec lui et le reconnoître. Cela a paru sérieux, et le Régent a résolu d'exiler Nocé, qui, l'ayant appris, est venu trouver le Régent et lui a dit qu'il venoit pour l'empêcher de faire une mauvaise action en exilant un homme qui lui étoit attaché depuis si longtemps. « Peux-tu croire cela, lui dit le Régent, toi qui me connois si bien ? » — « C'est parce que je vous connois, a-t-il répondu, que je n'en doute point. » Aussi, le même jour (12 avril), il a reçu ordre d'aller en Normandie dans ses terres, et on a aussi exilé Mme du Tort, sa sœur, qui est un bel-esprit du temps, fort amie de Fontenelle, grande approbatrice du nouveau langage et des sentiments métaphysiques dans le discours ; et il n'y a pas grand mal que ce bel-esprit soit hors Paris, car cela ne fait que gâter le goût. Pour Nocé, il disoit trop hardiment la vérité (l'exil est changé et est à Tours), et le Régent en a bien souffert. Il avoit autrefois épousé Mme de la Mésangère, fille de Mme de la Sablière que la Fontaine a tant louée. Il s'en dégoûta bientôt, prit pour maîtresse Mme de Strafford, fille du

---

(1) Voir, sur Nocé, *Les Maîtresses du Régent.*

comte de Gramont, qu'il emmena à Avignon, où il étoit encore lors de la mort de Mme de Nocé, sa femme, et il n'est revenu que pour la Régence, où il a tant fait qu'il y a gagné un exil. Ce qu'il y eut de singulier dans son mariage, c'est qu'il épousa Mme de la Mésangère, veuve et mère de la Mésangère, Maître-d'hôtel du Roi, qui en fut au désespoir, parce que après lui avoir pris sa mère, il lui prit encore Mme de Strafford, qui étoit sa maîtresse. Sur quoi on fit de fort jolies chansons.

Prince Charles. — M. le Prince Charles a été visiter la grande écurie à Versailles, et m'a dit au retour qu'il m'y avoit destiné un logement dans la chambre même où il a été élevé, que j'irois occuper quand il me plairoit.

Il est arrivé pendant les fêtes, un cas singulier. Une dame (Mme de Sandricourt), amie du chevalier de Marle, ayant affaire avec lui, lui dit qu'il manquoit quelque chose à son plaisir ; qu'il n'étoit pas tout à fait comme un autre, qu'il seroit très-aisé de le réformer, avec un petit coup de ciseau qu'elle lui donneroit elle-même, qu'il n'en auroit pas plus de mal que de couper le filet à un enfant. Le chevalier, amoureux, la crut, se mit dans ses mains, et elle lui fit une circoncision qui le mit tout en sang, qui le fit évanouir et dont il a été longtemps malade.

> Amour, amour, quand tu nous tiens
> On peut bien dire adieu prudence !

L'abbé de Grécourt, auteur du *Philotanus*, étant à Ussé à la chasse avec madame d'Ussé, qui étoit en habit d'homme, elle le pria de lui faire une chanson, et comme il a l'esprit plein de tours luxurieux, il lui chanta (1) :

---

(1) Le couplet, qui ne fait pas plus d'honneur à Grécourt comme poëte que comme prêtre, est impossible à citer. Les grivois le chercheront au manuscrit. Nous ne reculons devant aucune des libertés de langage qu'autorise

Mme d'Ussé est la deuxième femme de M. d'Ussé, qui avoit épousé en premières noces la fille du maréchal de Vauban, aussi libertine que celle-ci est sage. On dit qu'elle avoit un âne à son service. Elle a bien été chantée par Rousseau, qui a fait pour elle la *Volière.*

14 avril. — SANDRIER. — Les malheurs du temps tournent la tête à tout le monde. Sandrier de Mitry, receveur général des finances de Flandre, a disparu tout d'un coup, dès le 25 de mars, et on ne sait ce qu'il est devenu (1). La Mazé, autrefois fille de l'Opéra, très-jolie, qui avoit 3,000 livres de rentes sur la ville, et qui est ruinée par le Système, s'est noyée en plein jour, à la Grenouillère. Elle étoit en rouge, en mouches, en bas de soie couleur de chair, et a été là comme à la noce.

15 avril. — M. Roujault, conseiller au Parlement, a été reçu président de la quatrième des enquêtes, par la vacance de M. Dodun, qui lui a vendu. Le président Feydeau s'est démis en même temps, en faveur de son parent, M. Feydeau, ayant perdu deux de ses fils, conseillers, et on croyoit que M. Feydeau seroit reçu le premier et passeroit avant M. Roujault, à cause de l'ancienneté du président et de ses enfants morts. Mais M. le premier Président n'a pas voulu accorder l'assemblée des Chambres

---

le temps dont Marais écrit l'histoire avec la crudité qu'elle comporte forcément, mais nous n'admettons que les crudités savoureuses, et rejetons les dégoûtantes fadeurs. Le moraliste profite de tout, et les tableaux qui peignent les mœurs ne sont pas tenus à une stricte décence. La nudité est plus instructive et parfois plus chaste que le vêtement. Mais quand la lampe indiscrète d'un chroniqueur sans scrupules éclaire d'une lumière trop brutale ce qui doit rester caché, nous la soufflons net. Il est des pudeurs inviolables, et toute bégueulerie à part, nous supprimerons impitoyablement tout ce qui est indigne de l'histoire. Duclos pensait qu'on pouvait tout dire devant d'honnêtes femmes. Mais un jour qu'il était allé trop loin, la maréchale de Rochefort le rappela spirituellement à l'ordre en lui disant : « Pour le coup, Duclos, vous nous prenez pour trop honnêtes. » Nous en dirons autant parfois au bon Marais, au nom du lecteur honnête, mais qui veut être respecté.

(1) Voir Barbier, I, 212.

pour registrer la dispense de M. Feydeau; et M. Roujault, beau-frère de M. Lamoignon et neveu de l'abbé Pucelle, l'a emporté, au regret de tout le Palais, qui reproche même au premier Président que sa femme portoit le nom de Feydeau. Ces Feydeau ne sont pas anciens dans la robe; il n'y a pas cent ans qu'ils étoient dans les finances.

18 *avril*. — Le samedi 18, on a trouvé le corps de Sandrier dans la rivière, entre Croissy et Marly, avec deux grands coups d'épée dans le ventre (c'est le vendredi qu'il a été trouvé). Il avoit un justaucorps noir et point de culotte. Toute la famille l'a reconnu. On n'entend rien à cet assassinat. Le Régent dit qu'on l'a enlevé, et qu'il a été gardé, puis tué. On soupçonne qu'ayant une commission principale chez la Jonchère, trésorier de l'extraordinaire des guerres, d'où on a dit, depuis peu, qu'il a été détourné des fonds considérables par le ministre de la guerre, Sandrier, qui avoit le secret, a été tué, afin qu'il ne le dise pas.

ÉVÊQUES PAR LA GRACE DU SAINT-SIÉGE. — Un capucin ayant avancé que c'étoit une nouveauté suspecte à des évêques de ne pas employer le titre d'*Évêques par la grâce du Saint-Siége*, on lui a répondu que cette formule est nouvelle; que les premiers qui l'ont prise étoient des évêques latins de l'île de Chypre : l'archevêque de Nicosie dans ses constitutions publiés en 1251; les archevêques de Ravennes et Narbonne, 1365; l'archevêque de Canterbury en 1417. Cela est devenu plus commun, depuis que la promotion des évêques se fait dans le consistoire. Mais, en supposant la nécessité de cet usage, cela ne prouve point que le Pape eût une juridiction immédiate *sur toutes les églises*. Le concile d'Éphèse, assemblé *par la grâce de Dieu et l'ordre des Empereurs*, n'empêche pas qu'il ne soit assemblé par une autorité toute divine et indépendante du Pape. Les huit premiers conciles généraux, qui sont des conciles grecs, ont été assemblés par l'autorité des Empereurs. Les évêques qui omettent la formule sont plus conformes aux évêques des premiers siècles, puisqu'elle n'a commencé que 1300 ans après l'établissement de l'Église.

Mardi, 21 *avril.* — M. DE LA HOUSSAYE, CONTRÔLEUR GÉNÉRAL, QUITTE SA PLACE. — M. de la Houssaye, Contrôleur général des finances, s'est démis de sa place. On l'a offerte à M. Fagon, qui l'a refusée. M. Dodun n'a pas été si difficile; il est à présent Contrôleur général, et voilà le quatrième depuis la Régence. Sa charge d'intendant des finances a passé à M. Fagon, qui a le département des fermes générales, et qui n'est point chargé de la haine publique ni des volontés de la Régence.

BOURGEOIS DE PARIS. — Le premier fruit du nouveau ministère est un arrêt du 25 avril (où M. Dodun est nommé) qui rétablit les priviléges des bourgeois de Paris pour les foins et avoines qu'ils font venir de leur cru pour leurs provisions, et qui les décharge des nouveaux droits rétablis par l'arrêt du 22 mars dernier; et un autre arrêt du même jour (où M. Dodun est aussi nommé Contrôleur général) qui décharge les blés, orges et farines seulement de la perception des nouveaux droits.

LETTRE DES SEPT ÉVÊQUES AU PAPE SUPPRIMÉE. — On a publié, dans le même temps, un arrêt du Conseil, du 19 avril, qui déclare « la lettre des sept évêques au Pape (datée du 9 juin 1721) téméraire, calomnieuse, injurieuse à la mémoire du feu Pape, au Saint-Siége, aux évêques et à l'Église de France; contraire à l'affermissement de la paix de l'Église et aux déclarations de 1714 et 1720, registrées dans toutes les cours supérieures du royaume; attentatoire à l'autorité royale, séditieuse et tendante à révolte. Les exemplaires supprimés; défenses de la garder et distribuer, à peine d'être punis comme séditieux et perturbateurs du repos public. Ordonne en outre, S. M., qu'il sera procédé extraordinairement, suivant les constitutions canoniques et les lois du royaume, tant contre ceux qui ont composé, souscrit et signé, que contre ceux qui ont imprimé, débité et distribué ladite lettre ou qui pourroient l'imprimer et distribuer à l'avenir. » Les motifs de cet arrêt sont bien expliqués ; il y est dit que le Roi a été informé que cette lettre a été rendue au Pape par le moyen d'une intrigue pratiquée dans une cour étrangère, ce qui est directement contraire aux maximes inviolablement observées dans le royaume. Il est singulier que cet arrêt soit rendu au Conseil et non au Parlement ; mais on a déjà vu un arrêt du Conseil, en 1714, qui a supprimé le mandement de l'évêque de Metz et ceux de 1719 contre les mandements de Boulogne, de Senez, d'Arles. Il sera difficile de procéder contre les évêques, car il faudroit un concile de la province, suivant les lois du royaume, et ce seroit sept conciles pour sept évêques, et eux, ils ne demandent que des conciles.

Mme la princesse de Conti n'ayant pu s'accommoder avec son mari, elle a donné sa requête au Parlement en séparation de corps et de biens ; elle a été reçue et répondue le 25 avril. Un des faits est que son mari lui a donné du mal, mais il y a des enfants depuis et réconciliation. La cause sera plaidée à huis-clos. La princesse, qui n'est pas nette de toute galanterie, entreprend là un grand procès. Nous en verrons les suites.

VOYAGE DU ROI A VERSAILLES. — SACRE. — Le voyage de Versailles est toujours pour le temps de la Pentecôte. En même temps, on a annoncé le sacre du Roi à Reims pour le mois de septembre ; mais la Champagne a député pour le faire remettre, à cause de la vendange et des vignes, qui seroient perdues par les troupes et la quantité de monde qui doit se rendre à Reims. Cette raison a paru bonne, et le sacre est remis au 20 octobre. Chacun a recherché les livres et les figures et les cérémonies. Le Roi a lui-même demandé une gravure de la cavalcade de la Sainte-Ampoule à De Launay, directeur de la Monnaie des médailles, mais il ne l'a pu trouver. Il y a eu une taille-douce en 1655 de la cérémonie entière. Le P. Lelong en parle et de plusieurs autres sur cette matière (p. 556 et 557). Tous les ouvriers sont en campagne pour les broderies et les habits. Le prince Charles, Grand-Ecuyer, a fait rendre à la Chambre des comptes l'ordre qui le regarde, l'a porté au Régent tel qu'il s'est exécuté en 1654, et il s'y est trouvé un carrosse du Roi qu'il doit fournir. Le marquis de La Vrillière, se trouvant avec le prince chez le Régent lors de la lecture de ce *Mémoire* sans y être appelé, il dit « que le carrosse devoit être fourni par la Petite Ecurie. » Le prince Charles lui dit : « Monsieur le marquis, je suis bien aise que vous sachiez si bien ma charge et que vous l'ayez si bien étudiée. » Le petit marquis continua de parler indiscrètement pour le Premier écuyer, son parent et son ami ; mais le prince Charles lui dit de se taire quand on ne l'interrogeoit pas, et en sortant, il lui dit que ce n'étoit pas le lieu d'avoir des éclaircissements avec un homme comme lui. C'est toujours la querelle du Grand écuyer, qui est le maître et directeur de la Grande et Petite écurie ; et le prince ne souffrira pas aucune atteinte à sa charge. Il a découvert que le Premier Ecuyer avoit commandé un carrosse pour le sacre du Roi dès le mois d'avril 1721 à Mallet, sellier; mais il n'en aura pas l'honneur, l'ordre de la Chambre des comptes étant contraire.

On a créé une Chambre ou commission à l'Arsenal, pour juger en dernier ressort les graveurs et imprimeurs qui ont gravé, imprimé et débité des estampes ou libelles contre le gouvernement et la Régence, et contre le Pape défunt et la Constitution. C'est une inquisition nouvelle ; le président est M. Fromont d'Auneuil, maître des requêtes; le procureur-général M. de Vattan; les commissaires : MM. d'Argenson, Rouillé, de la Vigerie, Orry, Pajot, Le Gros, Sechelles, Talouet, Aubert, Mandar, Pinot, Caumartin. M. d'Argenson jugera-t-il ceux qui ont fait l'estampe contre son père?

27 *avril*. — Inquisition. — Autre inquisition : Des procureurs du Parlement s'étant trouvés dans un café, le dimanche 26, et ayant parlé de la Régence avec liberté, un d'eux, nommé *Desnoux*, ancien procureur, a été arrêté et mis à la Bastille ce matin. Il en est sorti et a été en prison pour trois mois (1).

Parlement assemblé sur les nouveaux droits. — Ce même jour, il y a eu une assemblée des Chambres, sur les lettres patentes données pour le rétablissement des nouveaux droits portés par l'arrêt du 22 mars. Il n'y a pas eu une seule voix pour les enregistrer. 67 ont été pour faire des remontrances et 78 pour nommer des commissaires. Ces droits supprimés et depuis rétablis sont insupportables au peuple, qui gémit sous le *Visa* dont l'opération ruine la France. On y travaille toujours à force.

Morant, notaire. — Un notaire nommé Morant, fils d'une fameuse marchande d'étoffes, a représenté au visa, comme dépositaire, six contrats de la ville, et cherchait à en faire faire la liquidation, qui se délivre au porteur ; mais il s'est trouvé que ces six contrats avoient été donnés en paiement d'une taxe de la Chambre de justice par la veuve du Sr Chambellain, receveur général des finances de Poitou ; et que ce Morant, qui étoit notaire du receveur de la Chambre de justice, les vouloit faire valoir après avoir été éteints au profit du Roi, supprimant la quittance d'extinction. Morant a été arrêté, mis à la Bastille, scellé apposé sur ses effets, puis l'affaire s'est accommodée et il a reparu, mais il n'en est pas moins fripon. L'affaire s'est découverte par un très-grand hasard, entre M. Guigou, conseiller au Grand-Conseil, qui est un des commissaires du *Visa* et gendre de la dame Chambellain ; et M. Hennin, son confrère, travaillant à côté de lui, dans le même bureau, à qui cette déclaration étant tombée, il l'avertit

(1) Voir Barbier, tome 1er.

que sa belle-mère y avoit intérêt. M. Guigou en ayant parlé à sa belle-mère, elle se souvint des contrats donnés à la Chambre de justice, et ainsi, Dieu qui veille pour la vérité, a permis que la fraude ait été découverte, dans le temps qu'on y pensoit le moins; et cela apprend à ne rien faire contre l'honneur et son devoir, car à la fin on sait tout.

MANUSCRIT, VIE DE D'AUBIGNÉ. — CAZZARIA. — LETTRES SUR LA RELIGION. — Il m'a été prêté un livre manuscrit contenant plusieurs traités écrits de la main de M. de la Monnoye, dans un caractère très-menu, qui lui est particulier et qui ressemble fort à l'impression. Le premier traité est la *Vie de Théodore Agrippa d'Aubigné* (1), faite par lui-même, où il y a plusieurs faits curieux, et qui ne sont pas fort honorables pour Henri IV, qu'il dépeint comme un prince jaloux, envieux, et qui vouloit faire de tous ses courtisans ses Mercures. D'Aubigné parle de sa noblesse, et dit que s'étant voulu marier il fut obligé d'aller en Anjou, lui qui étoit en Saintonge, pour chercher sa famille, et qu'il trouva à Chinon une chapelle où étoient ses armes et plusieurs gens de son nom établis dans cette province: c'est d'où sont venus les d'Aubigné, parents de Mme de Maintenon, dont il y a eu un archevêque de Rouen, et celui qui est à présent gouverneur de Saumur. Le deuxième traité est un *Dialogue italien* intitulé : *La Cazzaria del signor Arsiccio*, où il y a toutes les ordures imaginables, et des obscénités, de toutes les natures, qui ne peuvent jamais tomber que dans l'esprit d'un infâme Italien. Il y a 36 chapitres plus impudents l'un que l'autre. L'Arétin est modeste en comparaison, et l'Arsiccio, qui est un *academico intronato*, parle d'un livre qu'il a fait, intitulé: *Della genealogia e battisimo del Cazzo. — Della nativita e opera della poeta et della vita e passione del culo*

---

(1) *Histoire secrète de Théodore Agrippa d'Aubigné, écrite par lui-même*, plusieurs fois imprimée à la suite du *Baron de Fœneste*.

overo lumen pudendorum. Il ne paraît pas que ce *Dialogue* ait jamais été imprimé. Il y a, dans ce même volume, une Lettre contre la religion chrétienne, où l'auteur a ramassé tout ce qu'il a pu contre la religion, et à quoi on a répondu plusieurs fois, quoiqu'il dise qu'on n'y peut pas répondre. Le style en est fort clair et fort concis. On peut soupçonner M. de la M... (2) d'en être l'auteur, et ce *Recueil* impie et obscène est tout à fait de son goût. Il y a encore un poëme obscène en vers bourguignons, qui a pour titre : *Lettres de Godon*, où on n'entend rien ; la *Protestation* de M. de Courtenay, faite en 1662, et les *Vies* de quelques auteurs italiens assez obscurs.

28 *avril*. — BRETAGNE. — Le Parlement de Bretagne a refusé de recevoir les nouveaux droits rétablis; on leur envoie des troupes, et ce matin, 28 avril, il est parti un huissier de la Chaîne, nommé Denis, pour leur signifier les ordres du Roi. On leur a envoyé des lettres patentes depuis, et ils ont enregistré tout ce qu'on vouloit.

Le notaire Morant s'est tiré d'affaire parce qu'il avoit prêté la main à plusieurs personnes en place, pour s'approprier les contrats des partisans taxés à la Chambre de justice. Il faisoit signer des transports ou des procurations, au lieu de quittances de rachat, et on recevoit les arrérages à la Ville. On dit que le duc de Noailles ne s'y est pas épargné, pendant qu'il étoit à la tête des affaires, et c'est ce qui a sauvé ce notaire fripon, qui en auroit découvert bien d'autres, plus haut huppés que lui. Voyez comme le pauvre peuple est traité. Le lieutenant civil, qui fait le courtisan, n'a pas nui à la liberté de ce notaire, qu'il devoit faire punir comme son juge. Il est ami des Noailles.

---

(2) M. de la Monnoye.

MAI 1722.

Mai 1722. — On a donné au nouveau Contrôleur général le nom de *Colloredo*, parce qu'il a le cou roide et qu'il fait le glorieux. Il n'est pas fort habile en finances.

Lundi, 4 mai. — Duc de Gesvres. — Le marquis de Gesvres a été reçu duc et pair au Parlement, sur la démission du duc de Tresmes, son père. *Honores mutant mores*, mais ils ne changent pas la nature, et cela n'empêche pas ce marquis d'être impuissant. C'est lui qui a eu ce grand procès d'impuissance contre sa femme, qui, après beaucoup d'écrits très-savants de part et d'autre sur une matière fort délicate, s'est terminé par un accommodement, puis par la mort de la femme, qui a emporté sa virginité en l'autre monde. Nous avons un *Recueil* fort curieux, en deux volumes in-12, de tous les factums de ce procès, où il y a bien des ordures dites éloquemment et que toutes les dames de Paris ont bien lues et entendues. Voyez l'article *Quellenec*, dans le *Dictionnaire* de Bayle.

Saint-Simon. — J'ai vu le contrat de mariage du duc de Saint-Simon avec Mlle de Lorge, où tous les princes du sang sont nommés l'un après l'autre, ses cousins naturels, ce qui m'a surpris. Le duc de Saint-Simon s'est aussi démis de sa pairie en faveur du vidame de Chartres, son fils aîné, qui s'appellera le duc de Ruffec. Cette famille, qui n'est pas bien ancienne, et qui se pique d'une noblesse fausse, a bien besoin d'honneurs.

Carrosse du sacre. — La querelle du carrosse du sacre est toujours vive entre le P. Charles et le Premier écuyer. J'ai vu l'*État* de tous les carrosses de cérémonie ordonnés pour le Roi depuis l'invention des carrosses; il a été tiré de la Chambre des comptes, et ils sont tous ordonnés par le Grand écuyer. Le prince a dit au Régent : « Vous pouvez donner des dégoûts à qui il vous plaît, il suffit de ne pas les mériter. »

Dodun. — Il y a une petite Mme Dodun, assez jolie, femme du receveur général des finances de Tours, qui est amie de Mme d'Averne. Cette dernière ayant demandé au Régent s'il ne vouloit pas venir à l'Opéra dans sa petite loge avec Mme Dodun, il dit : « Je n'ai garde de manquer de me montrer avec la parente du Contrôleur général, cela me donnera de la distinction et on va bien me faire la cour davantage. » Ainsi, il rit de tout. Il a dit au Roi que M. de Lauzun, allant faire compliment à M. Dodun sur sa place, il lui avoit dit qu'il se réjouissoit de ce qu'il étoit d'année (1).

Monsieur de la Houssaye, ex-contrôleur-général, est allé aux eaux. Il avoit eu en effet une petite attaque d'apoplexie, et sa tête, qui n'avoit jamais été trop bonne, n'étoit plus bonne. Il étoit fort adonné aux femmes, leur disoit beaucoup de sottises, et leur en avoit fait beaucoup autrefois. Pendant qu'il étoit intendant à Strasbourg, les officiers lui avoient fait une devise d'une flèche en l'air pour corps, et ces mots pour âme : *Vite et roide*. Il demanda, il y a quelques jours, à Mme de Saint-Sulpice qui l'alloit solliciter, si elle n'avoit point eu le .... brûlé : Elle lui dit : « Je ne sais pas ce que c'est, je crois pourtant avoir lu ce mot-là dans un livre. » Il lui répliqua : « Je veux vous l'apprendre, c'est ce qui fait... » et elle fut bien surprise d'avoir cette audience du Contrôleur général, qui vouloit encore pousser plus loin l'aventure, si on l'eût laissé faire. Il est de ceux que Martial appelle *fellatores*. Mme de L. en sauroit bien que dire.

Jeudi, 7 mai. — PARLEMENT. — Le Parlement s'étant assemblé au sujet des arrêts portant rétablissement des nouveaux droits, il a été arrêté qu'il sera adressé au Roi des remontrances très-vives, très-instantes, et avec le plus grand nombre de députés qu'il se pourra. On ne s'attendoit pas à cette vigueur du Parlement, qui est si abattu, et apparemment, cela ne lui apportera pas grand crédit, ni

---

(1) Allusion à la fragilité du titre.

à la ville ni à la Cour. Ce ne sont plus que les efforts impuissants d'un corps malade.

On a publié une lettre du cardinal d'Althan, ministre de l'Empereur à la Cour de Rome, écrite au cardinal de Bissy, datée du 10 de mars 1722, imprimée au Louvre, par laquelle ce cardinal fait entendre que l'on donne un sens tout différent aux lettres écrites par l'Empereur sur la Constitution que celui qu'elles ont dans l'original; que cette Constitution a été reçue depuis longtemps par tous les évêques de ses États et de son Empire. Il dit que c'est un *triomphe des battus* que chantent de pauvres aveugles; que c'est une ancienne coutume du schisme et de l'hérésie de se vanter de la protection des Empereurs qui n'y ont jamais songé, etc. Cette lettre est d'un très-mauvais françois, et on ne sait pas trop si elle n'a pas été fabriquée en ce pays-ci.

Jeux. — Il a paru, en même temps, un arrêt du Parlement, du 21 mars 1722, qui défend encore les jeux de hasard et qui y met de nouvelles peines.

Remontrances du Parlement. — Le Parlement étant assemblé pour dresser des remontrances, il a reçu ordre de cesser, et de ne s'assembler que pour les affaires des particuliers, sans plus se mêler de celles qui ne lui sont pas adressées. C'est que les nouveaux droits qu'on a voulu établir dans le Palais sont renouvelés par des arrêts du Conseil, et comme le Parlement ne les veut point reconnoître, la Régence a trouvé mauvais qu'ils les veuillent examiner et corriger.

P. Charles. — Le P. Charles a eu un grand éclaircissement avec le cardinal Dubois, au sujet du carrosse du sacre. Il lui a parlé ferme, et lui a dit que depuis la Régence, M. le duc d'Orléans ne l'avoit jamais trouvé dans aucun parti, ni des princes du sang, ni des légitimés, ni des ducs, ni de la noblesse, ni d'Espagne, etc., qu'il ne s'étoit mêlé que de sa charge; qu'il avoit eu l'honneur de porter le Roi dans ses bras au lit de justice; qu'il avoit bien pris de l'amour pour lui et le Roi de même ; que le Régent devoit s'attacher ceux qui le méritoient et ne leur pas donner des dégoûts; qu'il ne demandoit que les droits de sa charge, que M. le Premier écuyer vouloit usurper. « Que veut-il faire du Premier, a-t-il dit, veut-il le garder pour quelque guerre civile ? » Ce qu'il a dit parce que M. le Premier ne passe pas pour homme de courage et qu'il a fui à la guerre. Ce discours a frappé le cardinal, il en a parlé au Régent, et le prince a eu toute satisfaction. C'est lui qui doit ordonner le carrosse et celui que le P. avoit ordonné sera achevé par les ouvriers de l'écurie, et sous les ordres de l'intendant contrôleur de la Grande écurie. Aussitôt, ces officiers s'en sont emparés, et ont payé ce qui étoit dû. M. le Premier, venant voir le cardinal, en a presque pleuré.

Quelques jours après, le P. Charles a été nommé pour porter le manteau du Roi au sacre. Le Grand écuyer n'y ayant point de fonction, on lui a donné celle-là, qui est très-honorable, et qu'un prince de la maison de Savoie a eue. Voilà la preuve que, dans les grandes cérémonies, les P. de la maison de Lorraine sont toujours les premiers après les princes du sang, et ni les Bouillon ni les Rohan, qui veulent faire les princes, n'atteignent à ces honneurs à leur préjudice. Le duc d'Elbœuf, aîné de la branche qui est en France, et le prince de Lambesc, fils du comte de Brionne, aîné du prince Charles, auroient pû être nommés avant lui, mais on l'a préféré à cause de sa charge, de sa fermeté et de sa bonne mine, et le dernier entretien avec le cardinal Dubois ne lui a pas nui.

Sacre du Roi. — Le maréchal de Villeroy doit représenter le connétable et porter l'épée de justice, comme premier maréchal de France. Le maréchal de Villars représentera M. le Duc, qui est Grand-maître. On a nommé quatre seigneurs pour accompagner la Sainte-Ampoule, qui sont : MM. de *Beauvau*, d'*Estaing*, d'*Aligre* et de *Prie*. Ce dernier n'est pas de la haute noblesse des autres, mais il est parrain du Roi et mari de Mme de Prie, ce qui lui donne toutes sortes de rangs. Les six pairs laïques seront représentés par les six princes du sang : Le Régent, le duc de Chartres, M. le Duc, le comte de Charolois, le comte de Clermont et le prince de Conti.

A propos du sacre, j'ai lu la *Dissertation sur la Sainte-Ampoule*, par l'abbé de Vertot. Elle est dans le *Recueil* de l'Académie des inscriptions et belles-lettres, t. 2, in-4°, 1717, p. 669. Il répond assez bien aux critiques, et se fonde beaucoup sur cette ancienne et auguste tradition, tant respectée dans le royaume. Il rapporte quantité d'impertinences d'Hincmarc, évêque de Reims, qu'il a fourré dans son récit. Nous avons plusieurs livres sur le sacre, rapportés dans la *Bibliothèque* du P. Lelong, et le *Cérémonial* de Godefroy en a conservé les cérémonies de plusieurs rois (p. 556-557).

On peut lire aussi, par curiosité, le huitième livre du poëme de *la Pucelle*, de Chapelain, où est décrit le sacre de Charles VII. Les vers n'en sont pas si mauvais que les satiriques le disent. M. Huet, dans son *Huetiana*, qui vient de paroître, prend assez ouvertement le parti de Chapelain ; il dit qu'on ne l'a critiqué que par les vers, sans considérer les parties et l'ordre du poëme, dont on ne peut même bien juger, parce qu'il y avoit encore douze livres, qui ont été supprimés par l'avis de M. de Montausier (1), et que Chapelain s'attira tous les auteurs contre lui, parce qu'ayant été nommé par M. Colbert pour faire une liste des savans à qui le Roi vouloit faire des pensions, tous ceux qui ne furent point sur la liste attaquèrent *la Pucelle* et la firent tomber.

Visa. — Le travail du Visa avance beaucoup. On coupe bras et jambes à tout le monde, et l'on appelle *aller à la Morgue*, quand on va voir la liquidation dans le re-

---

(1) V. dans la *Revue Rétrospective*, 1re série, t. II, p. 5, la *Préface* de ces chants inédits.

gistre. Un jeune maître des requêtes, nommé *Doublet de Persan*, qui vient d'un Doublet jadis laquais, dit à M. Chopin, conseiller au Grand-Conseil, qu'une liquidation qu'il avoit faite étoit mal faite, et qu'ils cassoient tous les jours leurs arrêts. M. Chopin lui répondit : « Ce n'est pas d'aujourd'hui que je sais que les gentilshommes font les verres et que les laquais les cassent. »

Versailles. — On se prépare à force pour le voyage de Versailles, qui est fixé au 2 juin. Un homme ayant dit : « On va mener le Roi à Versailles, et de là, à Saint-Denis, » il a été arrêté et mené à la Bastille.

Il a été annoncé publiquement qu'après le sacre, le Roi reviendroit à Paris. Il y avoit un arrêt qui avoit cassé tous les baux des maisons de Versailles, mais les choses ont été rétablies, et Paris sera bien aise de voir toujours son Roi. La Peyronie, premier chirurgien du Roi, l'entretient souvent de Paris; il lui dit qu'on n'est pas Roi sans voir son peuple; que ce peuple l'aime; qu'il en doit avoir de la reconnoissance; qu'il a marqué une joie excessive pour le rétablissement de sa santé, et que lui, La Peyronie, avoit bu sa santé dans les rues à plusieurs tables. Il lui a fait l'histoire de François Ier, qui dit à Charles-Quint : *Avez-vous un Paris;* « et le mot de Mme de S.. » ? « *Paris en ce monde et paradis en l'autre.* » Le Roi écoute tout cela attentivement. La Peyronie, qui est vif, Languedocien et hardi, dit tout ce qu'il veut, et il parle aussi pour lui-même, car il a bien des raisons de fortune et de galanterie qui lui font aimer Paris.

La princesse de Conti poursuit la séparation et est mise à Port-Royal pendant le procès. La dame de la Roche, dame d'honneur de sa belle-mère, vouloit qu'on haussât les murs, disant qu'ils étoient trop bas et qu'on pouvoit passer par dessus. On lui donne toutes sortes de dégoûts. Le prince de Mercœur, son second fils, est mort le..... de mai. Le prince de Conti voudroit en faire d'autres, mais sa femme ne s'y fie pas, et a conçu une antipathie extrême contre lui. La cause de la provision a été plaidée à la deuxième des requêtes du Palais, à huis clos, par Pothouin, avocat du prince, et Julien de Prunay, avocat de la princesse.

Guiscard. — Le comte de Guiscard, joueur de profession, s'est noyé; un autre homme s'est pendu et a fait un testament bien court, où il a dit : « J'ai trois actions, que je donne au Régent, et mon âme au diable. » Un cabaretier de la rue Montmartre s'est donné trois coups de couteau dans le ventre, pour l'infidélité de sa maîtresse. Quand on lui eut mis le premier appareil il l'arracha et dit : « Je ne me suis pas tué pour ne pas mourir. »

Le marquis de Plelo (1), Breton, épouse Mlle de La Vrillière, fille cadette du secrétaire d'État. (M. de Plélo, ambassadeur en Suède, a été tué au siége de Dantzig en 1734). Il est fils du comte de Moron. On lui donne 60,000 livres de rente. Ce comte de Moron avoit épousé la fille de M. de la Faluère, Premier Président de Bretagne. Il avoit une maîtresse que la famille de sa femme fit enlever; il se brouilla avec sa femme, ne la voulut jamais voir, et elle est ainsi morte sans s'être raccommodés; elle étoit à Paris et lui en Bretagne. Ces Bretons sont durs envers leurs femmes. J'ai été consulté, depuis quelques jours, sur une affaire importante du comte de Talhouet, qui a accusé sa femme d'adultère et qui l'a faite condamner, par sentence du juge de Redon, du 8 novembre 1717, à avoir la tête tranchée. Quelque temps après le jugement, elle s'échappa de la prison et fit bien, car son mari mourut en 1718, et l'affaire, qui n'est plus qu'avec des enfants du premier lit, est à présent bien plus graciable. Si à Paris la peine de mort avoit lieu contre les femmes galantes, on ne verroit point tant de cocus.

15, 18, 19, 20 *mai*. — La Régence ayant envoyé au Parlement une *Déclaration* pour les nouveaux droits, au

---

(1) Voir sur le marquis de Plélo les *Mémoires de d'Argenson*.

lieu de l'arrêt du Conseil, il a été délibéré d'y faire des remontrances, et elles ont été faites le lundi 18 mai, au Louvre, par M. le P. Président et plusieurs députés du Parlement. Quand il a commencé à lire, le Régent a dit que le Roi voyoit bien que cela lui faisoit de la peine, à cause qu'il est incommodé, et qu'il les pouvoit remettre à M. le Garde des sceaux, à qui il les a remises sur-le-champ, et qui a dit que le Roi y répondroit le lendemain, ce qui a été fait le mardi 19 mai au matin. Et là, le Garde des sceaux a dit, avec beaucoup de politesse, que le Roi voudroit déférer aux remontrances de son Parlement, mais que les temps ne le permettoient pas, et après bien des honnêtetés pareilles, qui ne sont que des paroles pour amuser, il a terminé son discours par dire que le Roi lui ordonnoit d'enregistrer. Dès le même jour, on s'est assemblé à la Grand'-Chambre l'après-dînée, mais les Enquêtes n'étant pas en nombre suffisant, on a remis au lendemain 20, où la déclaration a été enregistrée « *de l'exprès commandement du Roi à la Cour*, donné à entendre par la réponse faite en présence dudit aux remontrances de ladite Cour, pour être les présentes exécutées selon leur forme et teneur; et sera le Roi très-humblement supplié, *en tout temps et en toute occasion*, de vouloir soulager son peuple des impositions portées par les présentes lettres et laisser les bourgeois de sa bonne ville de Paris jouir de leurs priviléges dans toute leur étendue et liberté, comme ils en ont joui dans tous les temps, etc. » Cette déclaration a été aussitôt imprimée et publiée le 21 dans tout Paris avec cet enregistrement, où l'on voit que le Parlement s'est rendu après la cérémonie de la déclaration, qui a été très-bien dressée, et où il est dit que les droits en question avoient été établis par différents édits enregistrés en nos Cours de Parlement, et qui doivent être plus supportables par le long usage où l'on a été de les percevoir. C'est-à-dire que quand un impôt est mis en France, on ne l'ôte jamais, ou que si on l'ôte, c'est une raison de le rétablir, parce qu'il a été une fois mis. Au reste, cette déclaration ne dit pas un mot des derniers arrêts du Conseil, et on a flatté le Parlement par les édits qu'il a enregistrés.

22-30. — Osny. — Depuis le 22 jusqu'au 30 mai, fêtes de la Pentecôte, j'ai été à Busagny, près Pontoise, avec Mme de Saint-Sulpice (brûlée), et plusieurs personnes de ses amies, et j'ai été voir Osny, qui est une terre de M. de Goussainville, fils de M. de Nicolaï, Premier Président de la Chambre des comptes. J'y ai trouvé ce P. P. avec qui je me suis promené longtemps, et qui m'a parlé avec beaucoup d'esprit et de finesse. Ils sont grands dans cette famille, mais cela n'a pas passé au fils avec la survivance de la charge, que le Régent lui a donnée; il sera le huitième de père en fils dans cette charge.

Marseille. — Peste nouvelle. A mon retour, j'ai appris que la peste a repris à Marseille et dans la campagne; on y a renvoyé M. de Langeron, avec titre de commandant perpétuel du château et de chef du conseil de la santé, et 12,000 livres d'appointements. Il le faudra traiter comme un libérateur de la patrie et lui dresser des statues : *Liberatori patriæ*. Ses vaisseaux, qui sont partis de Marseille depuis le commerce renouvelé, sont peut-être allés négocier la peste partout.

Visa. — Les liquidations avancent; Mme de Nancré, amie de Law, s'étant présentée pour la liquidation, M. Taschier, C^r au Grand-Conseil, lui a dit : «Qui êtes-vous, ma bonne?» — «On m'appelle quelquefois Mme de Nancré, a-t-elle dit.» — Quoi! vous êtes cette Mme de Nancré qui a retiré Law chez elle quand le peuple le cherchoit? Je vais vous liquider comme il nous a liquidés.» La dame s'en est plainte au Régent, qui n'a rien tiré du commissaire, sinon qu'il traiteroit suivant le tableau, à moins que le Régent ne lui donnât un ordre par écrit du contraire.

JUIN 1722.

Juin. — PRAMENOUX, CHANTILLY. — On a su une aventure arrivée à Chantilly au dernier voyage. M. le Duc y étoit avec Mme de Prie, maîtresse altière et emportée; elle y avoit mené Mme de Pramenoux, autrefois Mlle de Chabannes. Ce fut sujet de jalousie; elles se dirent bien des sottises, et entre autres que Mme de Prie, quoique entretenue par un grand prince, n'en étoit pas moins une p..... et que Mlle de Ch. n'étoit pas faite pour faire le second tome de Mme de Saint-Sulpice. La dame de Pramenoux prétendoit qu'on lui avoit mis quelque chose dans son vin pour l'enivrer, et, en effet, elle parut comme ivre en sortant de table : elle tomba par terre. On l'emmena dans sa chambre, où elle voulut faire le testament de toutes les parties de son corps, et entre autres son endroit mignon à M. de Senneterre, pour le faire changer de goût, sa fourrure à M. Dolgorouky, ambassadeur du Czar, pour se tenir chaud en son pays, de ses deux tétons à M. d'Entrague pour faire une figure ou case au Biribi (qui est un jeu comme le hocca, où il y a des figures), de son tempérament à M. le Duc, et ainsi des autres. Sur le matin, on prétend qu'on la mena à un atelier d'ouvriers, qu'elle mesura tous pour savoir qui étoit le mieux conditionné. Cette aventure, qui devroit être tue, a été publiée de suite, et la dame de Pramenoux, honteuse, s'en retourne trouver son mari en Forez, n'ayant trouvé personne qui ait voulu accepter sa succession et se porter héritier de son corps vivant.

VERSAILLES. — Le Roi devoit partir le mardi 2 juin pour Versailles, mais son départ a été remis au lundi 15, à cause des réparations qui ne sont pas encore finies. Le Roi a une grande impatience de quitter Paris.

Jeudi 4. — FÊTE-DIEU, LE ROI. — Les Parisiens ont vu avec grand plaisir le Roi à pied à la procession de la Fête-Dieu de la paroisse de Saint-Germain, ayant à ses côtés les cardinaux de Rohan et de Polignac. Le jour a été très-beau ; il auroit voulu de la pluie, et avoit fait faire des souliers exprès, mais le ciel n'en a pas donné.

Logements a Versailles. — Il y a toujours grand débat pour les logements de Versailles. On a donné celui de M. de Louvois au cardinal Dubois, qui aura tout à la fin. Il vient d'avoir l'abbaye de Bergue, qui est régulière et qui vaut 30,000 livres de rentes. *Cardinales os apertum habent ad omnia beneficia.* Le logement de M. Le Grand a été donné à Mlle de Charolais, et celui de feu M. de Vendôme au prince Charles, qui dit qu'il ne peut trouver mauvais qu'on le déloge pour une princesse du sang et qu'on le loge où étoit M. de Vendôme.

Albéroni. — On travaille à Rome au procès du cardinal Albéroni, et il paroit une réponse très-forte à son manifeste. Elle est en françois dans différentes gazettes de Hollande ; c'est une pièce très-curieuse pour le temps, aussi bien que la réponse faite pour l'Empereur au *Mémoire* de la liberté de Florence, qui est dans la même *Gazette*.

Conjuration. — Angleterre. — Il s'est découvert une conspiration en Angleterre où entroient la plupart des seigneurs du Royaume. On devoit s'emparer de la Tour et du Roi, et de toute sa maison. Le Roi a écrit au maire et échevins de Londres une lettre qui a été publique, où il a dit qu'il étoit assuré qu'aucune puissance n'y entroit. C'étoit une conjuration toute domestique et insulaire. Les politiques disent que ce n'étoit qu'une figure pour faire peur au Roi, et l'empêcher d'aller à Hanovre, où il porte tous les ans l'argent d'Angleterre ; cependant, on prend de grandes mesures pour en empêcher les effets. Cette nation est née pour n'être jamais tranquille et proprement être esclave de cette liberté dont elle se vante, et qu'elle poursuit avec tant d'audace. Ils viennent de pratiquer l'inoculation ou greffement de la petite vérole, jusque sur les jeunes princesses du sang, et elle a réussi. On écrit contre, et l'auteur dit que c'est tenter Dieu.

Intendant des finances. — On a publié le département des finances où est à la tête M. Dodun, contrôleur général, et M. Fagon, intendant des finances, M. d'Ormesson, M. de Gaumont et M. de Baudry, et M. le Pelletier de Signy, aussi intendants des finances.

Jeux. — Arrêt du parlement du 21 mars 1722, contre les jeux, Hocca, Bassette, Pharaon, Lansquenet, la Duppe, le Biribi, avec des peines nouvelles.

Curés de Paris. — Les curés de Paris s'étant plaints de la réduction des rentes du denier 25 au denier 40, qui ruine les fabriques et les chaises, il a été rendu arrêt au Conseil, le 11 mars 1721, qui leur accorde 88,141, de supplément, pour être distribuées dans toutes les paroisses selon l'état de répartition qui y est attaché. Il a été expédié des lettres patentes sur cet ordre. Mais elles n'ont pu être vérifiées, et la faveur des pauvres n'a rien gagné sur les cours, qui veulent le supplément pour tous les sujets. Ces arrêts et lettres patentes ont été publiées en ce mois.

Meaupeou, Bernard, Gibert, Baussan, Legras, Lallemant. — Arrêt du 3 mai qui ordonne que les certificats de liquidation seront coupés en autant de parties qu'il sera jugé convenable, et à cet effet, plusieurs maîtres des requêtes commis pour viser les certificats, etc. Voilà matière à nouvel agiot et gare une vogue, *de même* au papier.

Visa. — Autre arrêt du 16 mai, que toutes les réponses aux avertissements sur les liquidations seront faites pour Paris pour le 25 mai, et pour les provinces dans le 10 juin, sans qu'après les temps il puisse être admis aucunes remises aux présentations.

D'Argenson. — Autre du 7 avril, qui donne au nouveau lieutenant de police (d'Argenson fils) la connoissance des procès des bouchers et négociants des marchés de Sceaux et de Poissy.

Versailles. Maisons. — Autre arrêt du 7 avril, qui ordonne que tous les baux subsistants des maisons et appartements de Versailles demeureront nuls et résolus, à commencer du 1er de mai, permet aux propriétaires d'en passer de nouveaux aux conditions qui ont été ou seront stipulées entre eux et les nouveaux locataires, à la charge de donner terme pour vendre jusqu'au 15 mai, sans que ce délai puisse être prolongé, pour quelque cause que ce soit, se réservant S. M. de pourvoir à la fixation des loyers, en cas d'excès de la part des propriétaires.

Receveurs généraux des finances. — Arrêt du 15, qui assujettit les receveurs généraux des finances d'Alsace, de Franche-Comté, Metz, Flandre et Hainault à porter à la caisse commune, établie à Paris, tous les deniers provenant des impositions de toute nature des différentes provinces, comme les autres receveurs généraux.

Autre arrêt du 14 avril concernant le dépôt des registres des comptes en banque. Arrêt du 13 mai qui nomme les sieurs de la Faluère et du Bois, conseillers au grand conseil pour travailler au visa avec les autres.

Consuls. — Déclaration du Roi, du 3 mai, enregistrée au Parlement le 16, au sujet des fallites et banqueroutes, dont la connoissance est attribuée aux consuls jusqu'au 1er juillet 1723.

Arrêt du 19 de mai, qui permet la sortie des charrues hors du royaume en payant les droits, et déroge ainsi à un arrêt du 29 décembre 1719, qui avoit jugé le contraire.

Saisies réelles. — Il a été publié un grand arrêt du Parlement du 29 avril 1722, concernant l'administration du Bureau des saisies réelles qui règle plusieurs abus, dont la Cour avoit été instruite en jugeant le procès criminel de Mormetat, pour l'arrêt du 27 janvier dernier. Ce règlement contient 49 articles et sera d'une grande utilité dans le public s'il est exécuté. Je dis si, car ces commissaires aux saisies réelles et leurs commis ont toujours tenu école de *vauriennerie*, et on a bien de la peine à y mettre ordre.

Rente du Clergé. Arrêt libre. — On a aussi donné au public l'arrêt du 14 avril, rendu sur la contestation des ouvriers et des propriétaires des rentes du clergé, qui demandent le payement des 40 années arriérées, sur quoi on a vu plusieurs mémoires curieux. Cet arrêt n'est que provisoire, et c'est ainsi que les plus grandes affaires se tournent en subtilités; il est dit qu'avant faire droit, les propriétaires contesteront plus amplement et cependant sans préjudice des droits des parties, le contrat passé avec le clergé, le 31 octobre 1715 exécuté, et en conséquence les propriétaires des anciennes rentes sur le clergé et les payeurs et contrôleurs seront payés comme avant les arrêts des 26 octobre et 25 novembre 1719, — 9, — 23 juillet, 30 avril, 15 octobre 1720, à l'effet de quoi les sommes imposées suivant le contrat seront reçues et remises par M. le R. G. du clergé aux payeurs que S. M. a rétablis dans leurs fonctions ainsi que les censeurs, pour être les rentiers payés en la manière accoutumée. Et ce à commencer pour l'année 1680. Voilà donc les rentiers qui seront payés en argent, nonobstant les arrêts de Law, les payeurs sont rétablis, mais les quarante ans seront toujours en arrière et y seront longtemps.

Constitution. — Empereur. — Il s'est débité un *Recueil* de 30 pages in 4°, latin et français, contenant les pièces qui concernent le refus de l'Empereur au sujet de la Constitution. Ce recueil contient le refus de l'Empereur et plusieurs lettres écrites par l'électeur de Cologne à l'Empereur et autres. Cela vient de la part des jésuites, qui y ont mis aussi la dernière lettre du C. d'Althame. Mais on a beau faire, on ne fera jamais croire que l'Empereur ait eu dessein de se déclarer pour la Constitution, et il est étrange qu'on veuille boucher les yeux à qui voit clairement le contraire.

13 *juin*. — Mlle de Charolais. Capon. — J'ai appris aujourd'hui un fait singulier : M. Capon, avocat du conseil de la princesse de Conti (la jeune), s'étant trouvé avant

les autres dans le cabinet, Mlle de Charolais y vint, qui lui fit honnêteté, et lui demanda en confiance si le procès de sa sœur contre son mari étoit bon. Capon lui dit qu'il pourroit se soutirer et se tourner de manière qu'on le gagneroit, il ajouta : « Vous me direz que Mme la princesse de Conti a eu des galants, M. de la Fare, cela ne dure plus, mais M. de Clermont, cela dure toujours. Il est vrai qu'un bon chien chasse de race. Mme la Duchesse a toujours eu des amants, et elle a, encore à présent, M. de Lassay. « La princesse, étonnée de tous ces discours, et craignant que Capon ne vînt aussi à elle et à nommer ses galants, se leva et dit : « Monsieur Capon, adieu, je n'entends pas les affaires, » et aussitôt elle vint conter son aventure à gens qui me l'ont redite, et à qui la princesse, en avouant sa surprise, ne put s'empêcher de dire que dans l'humeur où étoit Capon, il étoit prêt à dire aussi les amants qu'elle avoit eus. Voilà ce qui arrive à gens qui ne savent pas le monde. Le Capon méritoit bien d'être jeté par les fenêtres. Une dame de la cour dit sur cela qu'il n'y a rien de si ridicule qui ne doive être dit et fait jusqu'à la fin du monde, et que ceci y tient sa place.

14 *juin.* — ADIEUX AU ROI. — On est venu de tous les côtés pour dire adieu au Roi qui doit partir demain pour Versailles. Le Parlement, toutes les Cours et la Ville y ont été. On lui a présenté trois dames : Mme de Caraman, fille du président Portail, présentée par la princesse de Guise, a eu l'honneur de saluer le Roi, malgré la prétention des duchesses, qui disent que le salut n'appartient qu'aux dames titrées. Quelque temps après, Mme la duchesse de Lorge et Mme la duchesse de la Ferté ont amené Mme de Rambure, nouvelle mariée, qui a épousé le neveu du Premier Président, et Mme de Rambure n'a eu que la main du Roi, que la duchesse de la Ferté lui a fait donner. On dit que c'est comme duchesse qu'elle l'a fait faire ainsi pour confirmer son droit, et qu'elle a *chiffonné cette présentation* par malice. La troisième est madame d'Averne,

maîtresse du régent, mais on ne m'a pu dire comment cela s'étoit fait; elle doit aller à Versailles et y avoir même un logement au Louvre. C'est pour faire contre madame de Prie, qui y loge de droit, son mari étant associé à l'éducation du Roi. La corruption des Cours est si grande qu'on y fait toutes sortes de scandales sans attention.

Départ du Roi. — Le Roi est parti sur les trois heures après midi pour Versailles; tout Paris a été dans le Cours le voir passer; l'un disoit : il reviendra, l'autre : il ne reviendra pas. Dès qu'il fut arrivé, il alla se promener avec le Régent et le lassa de façon qu'il n'en pouvoit plus.

Canillac du conseil de Régence, Noailles et Canillac exilés. — Le matin, on a appris que M. le duc de Noailles étoit exilé, ainsi que M. de Canillac (1). Chacun en veut deviner la raison; on dit que le duc de Noailles étoit trop au goût du Roi; il étoit déjà arrivé à Versailles avant le Roi pour le recevoir, mais on lui a envoyé une belle lettre de cachet avec un beau compliment, par le sieur de Monthierry, gentilhomme ordinaire du Roi, pour s'en aller exercer son esprit et sa politique en Auvergne, à une terre à lui qui s'appelle Linière. Quand le Régent a appris cet exil au Roi, le Roi n'a pas dit un seul mot, ce qui passe ou pour enfance, ou pour dureté, ou pour dissimulation. Le duc a voulu faire croire qu'il n'avoit point d'argent pour partir; il a emprunté 10,000 liv. du Sʳ Bonnier, Trésorier de Languedoc, à qui il a écrit une lettre des plus honnêtes, et on sait que quand le duc étoit à la tête des affaires, il avoit voulu perdre à la Chambre de justice ce même Bonnier, qui en vient d'agir généreusement avec son persécuteur. Le Régent ne lui a point pardonné le parti qu'il a pris pour le Chancelier et pour les ducs, dans l'affaire des cardinaux et de leur préséance au conseil. On sait que le duc a dit au Roi, lors du dernier exil du Chancelier : « Sire,

---

(1) Canillac, du Conseil de Régence, et non pas des Mousquetaires (*Note de Marais*).

vous renvoyez le plus honnête homme de votre royaume ; la première chose que vous devez faire à votre majorité, c'est de le rappeler. » Le Régent ne pense pas de même. La faveur de la Cour est bien inconstante, car le Régent et le duc ont été autrefois les confidents les plus intimes, jusque-là, qu'ils faisoient semblant d'être brouillés et se voyoient les nuits. C'est un fait qui est arrivé sur la fin de la vie du feu Roi, et que je sais à n'en pouvoir douter. M. d'Effiat, ami du Régent, a été longtemps la dupe de cette intrigue. Le duc de Noailles n'a que quarante-quatre ans et peut voir encore bien des retours ; pour M. de Canillac, il prenoit de grandes libertés avec le Régent et étoit sur le pied de lui dire bien des vérités, mais à la fin les vérités déplaisent, et ceux qui les disent sont renvoyés. Canillac va à Blois.

16, 17, 18 *juin*. — Versailles. — Le Roi a un goût tout particulier pour Versailles, et si grand qu'il a été résolu de l'y laisser tout l'hiver. Dans une liste satirique d'exilés on a mis : « *Le Régent exilé à Versailles par ordre du cardinal du Bois.* » Il revient tous les jeudis à Paris et retourne tous les samedis matin. Mme d'Averne est toujours des voyages et s'ennuie fort à Versailles, où il n'y a ni spectacles ni Cours, et où on est si fort en vue qu'elle ne peut pas tromper son amant. Le duc de Richelieu est soupçonné de faire le Régent cocu de sa maîtresse. L'Infante est partie pour Versailles le 18 et est allée trouver le Roi.

Premiers gentilshommes de la Chambre. — Il y a eu une dispute entre les premiers gentilshommes de la Chambre et les officiers des Gardes du corps, au sujet de la galerie dont le Roi fait son appartement pour jouer et s'y divertir ; on en a fait sortir les officiers des Gardes du corps, parce qu'ils n'ont droit au corps du Roi que quand il n'est plus dans sa Chambre, et la Chambre est tout endroit que le Roi habite et où il veut être en son particulier. M. le Duc a décidé pour les premiers gentilshommes de la Chambre.

On a donné au maréchal de Villeroy la direction de Saint-Cyr, qu'avoit le duc de Noailles.

— Il est arrivé à Versailles un fait étonnant. — Un officier aux gardes (sous-lieutenant) nommé Botteville, étant avec un des ses amis, Saint-Just, lieutenant de dragons, dans un cabaret, a envoyé chercher Pernot, huissier de la chambre du Roi, et lui a fait dire qu'un de ses amis l'attendait. Il est venu; Botteville a fermé la porte, s'est jeté sur lui, lui a donné plusieurs coups d'épée sur le visage et l'a marqué; Pernot crioit : Messieurs, je n'ai que faire à vous, je ne vous connais pas. » En effet, c'étoit à son frère qu'ils en vouloient, avec qui ils avoient eu querelle quelques jours auparavant à Paris. Les batteurs s'en sont enfuis. La sous-lieutenance a été donnée sur-le-champ, et cela a passé pour un assassinat et guet-apens. M. de Botteville est parent de MM. de Beauveau, mais leur parent a fait là une vilaine action, et si on a bien roué en Grève le comte d'Horne, celui-ci n'est pas de meilleure maison que lui.

CARTOUCHE ET COMPLICES. — On pend tous les jours à Paris des complices de Cartouche, et, ce qu'on n'avoit point encore vu jusqu'ici, ces complices, prêts d'être suppliciés, font passer toute la nuit aux rapporteurs pour découvrir d'autres complices, et on n'en voit point la fin. C'est une génération éternelle de voleurs qui se tiennent et se décèlent les uns les autres. On a enfin découvert ceux qui ont assassiné Vergier (1); ils le vouloient voler, mais ils s'aperçurent qu'on les voyoit d'une fenêtre et ils le tuèrent. Neufchatel, soldat aux Gardes, qui a fait prendre Cartouche, étoit de ce meurtre. On lui avoit donné sa grâce à condition qu'il diroit tout et il n'a point dit ce fait. La question

---

(1) Toutes les *Biographies* ont assigné à la mort de Vergier une date inexacte. Il résulte de son acte de décès, inscrit sur les registres de la paroisse Saint-Sauveur, à Paris, qu'il y est mort le 23 août 1720, âgé de soixante-cinq ans.

est de savoir si on lui doit tenir parole, et on la lui tiendra, parce que la dénonciation de Cartouche est la chose la plus utile au public que l'on ait vue depuis longtemps. Dans cette recherche, deux exempts de M. d'Argenson ont été accusés, arrêtés et décrétés, le Roux et un autre : le Parlement les a fait arrêter. M. d'Argenson fils a été au Régent et a demandé qu'ils fussent délivrés, parce que c'étoit une haine du Parlement contre les gens qui avoient été à son père. On les a retirés de la Conciergerie en vertu d'une lettre de cachet et mis à la Bastille; mais depuis, le Parlement ayant démontré au Régent l'état des affaires, ils ont été ramenés à la Conciergerie pour y rester jusqu'au jour du jugement des complices de Cartouche, et après ce jugement, ils doivent être remis à la Bastille. Voilà tout ce qu'on a pu faire pour eux et c'est trop. M. Arnaud de Boesse, rapporteur de tous ces crimes, a été lieutenant général d'Angoulême, et c'est un des plus grands juges criminels qu'on ait jamais vus.

— Le bruit est grand que le duc du Maine va être rétabli dans son rang et dignité, comme le comte de Toulouse. Le cardinal Dubois a été à Sceaux et ce n'est pas pour rien.

MARÉCHALE D'ESTRÉES. — HÉNAULT. — La maréchale d'Estrées avoit pris le président Hénault pour son amant, elle l'a quitté et a pris à sa place le comte de Roussillon, qui est un jeune Franc-Comtois riche et assez bien fait, quoiqu'on lui trouve les jambes trop grosses et le nez plat. On a dit que la maréchale avoit fait tout d'un coup un grand saut du *Hainault en Roussillon*, et ce mot en a fait dire un autre sur Mlle de Charolois : *qu'elle avoit voyagé de Richelieu à Melun, et de Melun en Bavière.* L'avocat Capon lui auroit conté tous ces voyages, si elle ne l'avoit quitté brusquement. Bavière est le chevalier de Bavière, qui est son ami, et Melun le duc de Melun, qui l'a été. Pour le Roussillon, il est le fils d'un comte de Revel et d'une demoiselle de Marsilly, autrefois très-bien à la

Cour, et qui avoit passé par bien des mains. Il est mort, la dame de Revel est restée veuve avec ce fils fort riche, et qui a publiquement la bonne fortune de la maréchale d'Estrées, si bonne fortune y a.

Mlle de Marsilly avoit eu un premier mari qui avoit eu une autre femme qu'il avoit noyée. La faveur de Mlle de Marsilly, qu'il épousa, le tira d'affaire; elle épousa ensuite le chevalier de Broglie, son galant, qui a été le comte de Revel.

SAINT-HÉRAN. — M. de Saint-Héran, gouverneur de de Fontainebleau, est mort, son fils a sa survivance. Ils sont d'une très-ancienne maison d'Auvergne. L'abbé Marsollier, dans la *Vie* d'Henry de la Tour, duc de Bouillon, maréchal de France, avoit dit qu'un Saint-Héran, gouverneur d'Auvergne, avoit toujours été attaché au frère du maréchal. Cet attachement, qui approche fort de la domesticité, a déplu aux Saint-Héran, dont le vrai nom est Montmorin (1). Ils ont fait imprimer une lettre qui montre leur ancienne noblesse dès le onzième siècle, leur alliance avec les Bourbon et la maison de la Tour, et cette lettre est accompagnée d'une autre du 3 février 1719 de M. le duc d'Albret et de M. l'abbé d'Auvergne, où ils désavouent l'abbé Marsollier, et disent qu'il n'y a jamais eu d'autre attachement entre les deux maisons que la parenté et l'alliance depuis plusieurs siècles, et qu'ils n'ont point de part à ce qui a été dit par cet auteur. Leur lettre est adressée à M. de Caumartin, conseiller d'État.

SAINT-FRÉMONT. — M. de Saint-Frémont, ancien lieutenant-général, est mort fort âgé. C'étoit un cadet de Normandie, qui n'avoit rien et qui a beaucoup amassé, et est monté aux premiers honneurs de la guerre. Il ne s'est point marié. Il étoit estimé universellement. Il a voulu être enterré à la Charité des hommes; à son enterrement,

---

(1) C'est Saint-Herem qu'il faut lire. Le ministre de Louis XVI était de cette famille.

il y a eu bien du scandale. Le curé de Saint-Sulpice vouloit que ses prêtres le vinssent enterrer, les Frères de la Charité n'ont pas voulu. Le corps a été porté et reporté deux fois à la Charité et à Saint Sulpice ; à la fin, le commissaire du quartier s'en est mêlé, et les prêtres se sont retirés. Voilà l'avidité des gens d'église.

J'ai été consulté sur son testament; il a cherché un homme de son nom pour le faire son héritier; il s'appelle Ranend ; son neveu, frère de sa sœur, n'est que son légataire particulier.

— Castelas, Suisse, lieutenant-colonel des Gardes-Suisses, est mort. — Le vieux M. de Reynold, colonel de ce régiment, dont il auroit voulu avoir la place, l'a enterré.

La dame de Catigny, amie de Castelas depuis trente ans, est morte quinze jours après lui. Rare exemple d'amitié.

BRIGADIERS. — Plusieurs brigadiers d'infanterie ont été nommés, mais tant d'autres se sont plaints, que la promotion a été supprimée et renvoyée à un autre temps.

HÉNAULT. — CHANSON. — Chanson sur le président Hénault :

> A ma honte, rien ne s'égale,
>   Disoit en larmoyant
>   Le bourgeonné président.
> On m'a vu chez la maréchale.
>   Son beau mignon
> Chanter son c.. et son chignon,
> A présent cette martingale
>   Dit que je n'ai d'esprit
>   Qu'à la mesure de mon ..... etc.

26 *juin, vendredi de relevée.* — CONTI, SÉPARATION. — Après plusieurs audiences à huis-clos, dans la première Chambre des Requêtes du Palais, où la cause de la séparation entre le prince et la princesse de Conti a été plaidée, la princesse a été déclarée non recevable en sa demande,

permis à elle de rester au Port-Royal pendant six mois, où M. le prince de Conti pourra la voir tant qu'il voudra à la grille; après quoi, elle sera obligée de retourner chez son mari. Les plaidoiries ont été très-sages, il n'a rien été reproché sur la conduite de la princesse. Le Prince rapportoit une lettre nouvellement écrite, où sa femme paroissoit très-contente de lui. *Actio injuriarum reconciliatone abolitur* : Et puis une *princesse du sang*, qui peut donner des héritiers à la couronne, *ne peut pas facilement quitter son mari, et priver l'État* de successeurs. C'est une affaire de droit public. La princesse veut appeler, mais elle ne sera pas mieux au Parlement.

On a publié sur la fin de ce mois plusieurs arrêts, un du 6 juin, qui ordonne que les engagistes des domaines seront tenus de faire toutes les réparations nécessaires, de quelque nature qu'elles soient, même les grosses sans distinction, et quoique les engagements soient à vie.

Conseil du Commerce. — Suppression. — Un autre arrêt du 22 juin supprime le Conseil du commerce et rétablit un bureau de huit personnes composé de MM. Amelot, Pelletier-Des-Forts, Fagon, Saint-Contest, Machault, Dodun, contrôleur général, la Granville, maître des requêtes, d'Argenson, lieutenant de police. Le chef du Conseil royal des finances pourra faire tenir ce bureau chez lui quand il jugera à propos d'y assister. C'est le maréchal de Villeroy. Dans cet arrêt, le Contrôleur-général est nommé *conseiller au conseil royal*, au lieu que dans le précédent il n'est que conseiller d'État. C'est que le Conseil royal est rétabli depuis que le Roi est à Versailles, et que le contrôleur-général en est toujours. Les députés du commerce pour les provinces auront entrée au bureau. Voilà le duc de la Force, qui étoit du conseil du commerce, où il ne pouvoit plus être reçu avec honneur depuis son arrêt, renvoyé honteusement. Il est cause en partie de la suppression de ce conseil.

Rentes de la Ville, quartier ouvert. — Autre arrêt

du 24 juin, qui déclare que l'on ouvrira le payement des rentes des six premiers mois de la Ville, de 1722, au premier juillet, sur les contrats visés et liquidés avec la mention de la réduction, le certificat du notaire, qui sera attaché à la quittance, et l'enregistrement à l'hôtel de ville. Cet arrêt a réjoui Paris, mais on en éloignera l'exécution.

Lins. — Chanvres. — Par arrêt du 19 mai, il avoit été permis de faire commerce de lins, chanvres et laines avec l'étranger. Arrêt du 28 juin, qui réduit cette permission, et ne la donne que dans tout le royaume.

Cartouche. — Les exécutions des complices de Cartouche continuent toujours. On a roué un gentilhomme nommé de la Roche, qui avoit été page du maréchal d'Estrées, puis dans le service, et qui, s'étant débauché, avoit trouvé la malheureuse invention de donner des coups de bâton sur la tête afin de mieux voler. Il a passé la nuit à l'hôtel de ville, pour révéler ses complices, et n'a été roué qu'à cinq heures du matin.

Il est arrivé de Lyon une recrue de filles et hommes, complices de Pellissier, qui n'est pas encore jugé. On assure qu'il a déjà été roué une fois à Grenoble, que le bourreau l'épargna, et qu'il ne faudra que rouvrir les premières blessures quand on le rouera, comme on rouvre une saignée. Il avoit été aux galères de Bordeaux.

29-30 *juin*. — Confesseur du Roi. — J'ai été pendant ces deux fêtes à Busagny, près Pontoise ; j'ai appris là, que le Père de Linières, jésuite, a pris la maison des jésuites de Pontoise pour y être affilié, que comme elle est dans le diocèse de Rouen, il n'a pas besoin des pouvoirs du cardinal de Noailles pour confesser le Roi, et, en effet, il est parti de Pontoise et est allé, le jour de Saint-Pierre, confesser le Roi, à Saint-Cyr, qui est aussi un autre diocèse, quoique ce ne fût pas le jour ordinaire d'une confession royale. Ainsi, le cardinal est la dupe de son refus, et les jésuites se sont moqués de lui. Le cardinal Dubois est à présent maître de tout. On fera valoir à Rome la confession faite le jour de Saint-Pierre, et le confesseur n'aura pas manqué d'insinuer le respect pour le Pape et pour la Constitution.

La Gazette de France dit seulement que le Roi est allé entendre la messe à Saint-Cyr, mais non pas qu'il y ait été confessé.

JUILLET 1722.

Lettre du Roi en vers. — A mon retour, madame de L., (1) ma parente, qui avoit écrit au Roi une lettre en vers sur l'état où son départ l'avoit mis, m'a fait voir la réponse que le Roi lui a fait faire aussi en vers, et qu'il a bien voulu signer lui-même avec ceux qui composent sa petite connétablie, qui sont : le duc de Retz, Calvière, exempt des gardes du corps, Lapérouse, Moussy, Champcenetz, etc. Cette poésie est très-fine et très-délicate. Il y a aussi une lettre en prose où il lui marque qu'elle peut montrer cela à ses vrais amis, et n'en laisser prendre de copie à qui que ce soit. C'est une galanterie royale, qui honore fort Mme de L., et qui ne doit pas être publique. Voiture s'amusoit bien avec les princes et les princesses, mais non pas avec les Rois. C'est Calvière (2) qui est auteur de la prose et des vers, et qui dit que c'est le Roi qui a fait le plan de la réponse. J'ai été surpris de voir le propre nom du Roi. Le duc de Retz avoit signé : *le duc de Retz*, mais on a rayé ces mots : *le duc*. Il paroît que le Roi a du goût pour les choses d'esprit, puisqu'il est entré dans cet amusement jusqu'à vouloir y mettre son nom. Il y donne des nouvelles du petit Moussy, qui est devenu

---

(1) Madame de Lanjamet, depuis Madame de Brillhac, parente de Marais.
(2) Ce Calvière a laissé un *Journal* sur la même époque, dont MM. de Goncourt ont publié des fragments (*Portraits intimes du XVIIIe siècle*) et dont M. Niel, croyons-nous, possède le surplus.

grand, de joie de n'être plus page, des nymphes de Versailles, qui sont au-dessus de celles des Tuileries, des deux chattes du Roi, nommées *Charlotte et Pasca*, et des vers à soie qui n'ont voulu faire leur coque qu'à Versailles. D'abord, on dit que l'épître en vers de Mme de L. a fait douter si elle étoit de Voiture, d'autres ont dit qu'elle étoit de Scarron, mais on a reconnu Mme de L. à son esprit et à son amour pour le Roi, etc.

LE COMTE DE LA MOTTE. — M. le comte de la Motte a été fait grand d'Espagne ; les railleurs ont dit que ni sa femme ni sa fille n'avoient besoin de cela pour avoir la grandesse... Tous les Rohan, Ventadour et la Motte sont à présent en grand crédit ; on leur donne tout ce qu'ils veulent.

L'ABBÉ DE BRETEUIL. — Le Roi se divertit dans les jardins à faire mouiller ceux qui sont avec lui. L'abbé de Breteuil, maître de la chapelle, qui n'avoit que faire là, a été bien saucé. Il s'est fâché, et on s'est moqué de lui de vouloir faire le petit maître. Il représente peu dignement l'archevêque de Reims et le cardinal de Polignac, qui ont eu la même charge. Il ne peut prendre sa revanche qu'à la chapelle, avec de l'eau bénite.

L'ABBÉ FAUVEL, RÉTRACTATION. — On a publié la déclaration du P. Fauvel, ci-devant professeur de philosophie à Coutances, et à présent promoteur à Bayeux, portant rétractation entre les mains du Roi de plusieurs propositions, entre autres :

1. *Pertinet, ad multitudinem leges condere vel ad eum qui curam habet multitudinis.*

Ad illum pertinet tantum leges condere qui vim habet cogendi ad observationem legis ; atque sola multitudo, vel princeps, vel senatus nomine multitudinis vim habet cogendi ad observationem legis. Ergo, etc.

3. *Potestas quam reges habent eadnus in ipsis reperitur quatenus populis a Deo immediate concessa est et a populis regibus ipsis data.*

Sur ces propositions, il déclare que les rois, et nommément les rois de France reçoivent de Dieu, immédiate, leur autorité souveraine, et qu'ils ne la tiennent point des peuples ni d'aucune puissance spirituelle ou temporelle, que dans les monarchies c'est aux rois seuls qu'il appartient de faire des lois, etc. Il y a aussi des propositions rétractées sur le Pape. Il reconnoît que la primauté d'honneur et de juridiction lui appartient de droit divin, et qu'il tient immédiatement de Dieu l'autorité et toute la puissance qui appartient de droit à sa primauté, et que les évêques tiennent leur puissance immédiatement de Jésus-Christ. Il avoit dit : *A Christo mediatè et ab Ecclesia immediatè.* Cela a été signé à Paris, le 30 avril 1722, à la suite de la cour, et a été imprimé de l'*Imprimerie royale* et publié dans les rues au commencement de ce mois.

INVESTITURE DE NAPLES. — On a su de Rome que, le 6 juin, le Pape a accordé l'investiture du royaume de Naples à l'Empereur, qui a envoyé sa procuration au cardinal d'Althann pour faire le serment ordinaire. On a tenu pour cela une assemblée des cardinaux au palais du Quirinal. Ils s'y trouvèrent 27, et la Bulle fut signée par les cardinaux del Giudice, Paulucci, Barberini, Sacripante, Corsini, Gualtieri, Vallemani, Fabroni, Londodari, Corradini, Tolomeo, Scotti, Nicolas Spinola, Spinola de Saint-Agnès, Pereira, d'Althann, Salerno, Cinfuegos, Conti, Pamphili, Ottoboni, Imperiali, Alticori, Annibal Albani, Orighi, Olivieri, Alexandre Albani et par le C. Rianera, secrétaire du consistoire. Le Pape a refusé au cardinal d'Althann, qui est vice-roi de Naples, les mêmes honneurs qui furent accordés au duc de Medina, premier vice-roi de Naples, et a résolu de ne rien changer au cérémonial observé pour les cardinaux Zapata et d'Aragon, lorsqu'ils furent nommés à cette charge. Cette investiture a fort étonné les Espagnols; ils ont protesté, mais l'empereur est saisi et resta, et c'est pour longtemps.

Don Carlos, fils du roi d'Espagne, a conquis le royaume de Naples en 1734 et en est roi depuis sa conquête en Sicile, en 1735.

Constitution. — On écrit toujours sur la Constitution ; il paroit une grande lettre d'un théologien sur l'accommodement (159 pages in-4°), où on établit avec beaucoup de hardiesse qu'il est indispensable à ceux qui ont appelé de renouveler leur appel, et où l'auteur compare la déclaration du Roi sur l'accommodement à *l'Ecthèse et au type*, continuant cette comparaison avec des termes très-forts et même séditieux; il dit dans la préface que l'on ne peut que gémir de la surprise que l'on a faite à la religion de S. M. pour mettre l'auguste ouaille en contradiction avec son pasteur. C'est que la déclaration porte que la bulle est généralement reçue dans l'Église, et le cardinal de Noailles, avant *l'accommodement*, a démontré que la prétendue acceptation universelle n'est pas vraie. Il y a plusieurs autres comparaisons dans cet écrit où on ne feint pas de dire que la *Constitution* est *hérétique*.

M. de Soissons. — Il paroît encore une autre grande lettre d'un théologien contre M. de Soissons, c'est la 2ᵉ lettre : il en a paru une première sur la fin de 1729. On y discute le 3ᵉ *Avertissement* de ce prélat ; on continue de le traiter comme il mérite et de montrer à toute la terre ses *sophismes*, ses *tours captieux* et sa *fausse éloquence*. M. Pélispied et ce théologien sont venus au monde pour la gloire de la vérité et pour la honte de cet évêque.

Samedi 4. — Versailles. — Mᵐᵉ de Lanjamet est allée à Versailles, où elle a été très-bien reçue. Le Roi lui dit qu'il avoit sa lettre dans sa poche et qu'il la savoit par cœur. Elle a su que cette lettre avoit été lue à la leçon du Roi et chez le maréchal gouverneur, et trouvée fort jolie. Il y en a des copies, et de celles du Roi, entre les mains de plusieurs personnes à qui le Roi l'a donné lui-même, et il lui dit : *Écrivez-moi toujours, je vous répondrai toujours.*

Le Roi. — Le Roi se porte très-bien : il monte, il descend, il court, il se promène et prend de la couleur et de la force.

Cardinal Dubois. — Le cardinal Dubois est plus maître que jamais : il a eu un démêlé avec le cardinal de Rohan, qui lui a dit qu'il étoit un ingrat. Le Dubois lui a répondu qu'il ne lui devoit rien, et qu'à Rome il ne s'étoit rien fait sur les instances du Roi et des autres princes de l'Europe. Le Régent a voulu les raccommoder, le cardinal Dubois a dit qu'il aimoit mieux jeter sa calotte dans le feu. Depuis ce temps, le cardinal, de Rohan s'est rangé du côté de M. le Duc, qui se fortifie contre l'autorité naissante du ministre et du cardinal Dubois.

Duc du Maine. — Le duc du Maine retourne à la cour voir le Régent et non pas le Roi. On dit que le duc de Chartres a inspiré cette réconciliation à son père, parce que la maison de Bourbon pourra bien se déclarer à la majorité contre celle d'Orléans, et qu'en rétablissant le duc du Maine et ses enfants pendant la minorité, ils en auront l'obligation au Régent et leur famille se joindra à la sienne.

Visa. — L'opération du visa est à sa fin, les commissaires liquident : il y en a d'honnêtes gens qui n'écorchent pas leurs compatriotes, il y en a d'autres qui les égorgent comme des barbares, et comme s'il leur en revenait beaucoup. Frerune d'Amiral, maître des requêtes, fils d'un partisan, est un de ces tyrans. Les Pairs ou leurs commis renvoyent encore les liquidations, avant que d'être registrées et ont la hardiesse de les réformer. Quand les notaires vont pour retirer les contrats réduits, on veut que le pauvre réduit fournisse en papier de liquidation le supplément pour avoir son contrat entier. Et il faut qu'après avoir perdu son bien, il vende le peu qui lui reste pour avoir de ce papier sur la place. C'est une invention affreuse pour achever la ruine du peuple et des bonnes maisons, qui sont au désespoir.

L'action liquidée est à 850 livres sur la place, et il y en a telle qui a coûté 15,000 livres.

ArouËt batonné. — Le poëte Arouët, à présent Voltaire, a été arrêté dans sa chaise au pont de Sèvres par un officier (1), qui l'a bien bâtonné et l'a marqué au visage. Quelques jours auparavant, Arouët, trouvant cet officier à Versailles, avait dit assez haut pour qu'il l'entendît que c'étoit un malhonnête homme et un *espion*. L'officier lui dit qu'il s'en repentiroit et lui a tenu parole en le payant à coups de bâton. On dit qu'Arouët, qui est hardi, auroit dit à M. le Blanc, ministre de la guerre, chez qui il avoit vu cet officier à table : Je savois bien qu'on payoit les espions, mais je ne savois pas encore que leur récompense étoit de manger à la table du ministre. (Il est vrai qu'il y a bien des espions partout : il m'est arrivé à moi, étant aux Tuileries sur un banc, que M. le comte de Matton, de la maison de la Rochefoucault, qui est un jeune seigneur fort aimable, m'avertit en passant de ne point parler, parce qu'il y avoit à côté de moi un homme connu pour espion, ce dont je le remerciai fort. Tous les gens du banc

---

(1) Nous écrirons un jour ce curieux chapitre d'histoire littéraire, qui s'appelle : *Les coups de bâton de Voltaire*. Le plus indépendant des écrivains au dix-huitième siècle devait être le plus souvent victime de ce qu'on appelle *l'âge de bois*. Je ne vois guère, dans tout le siècle, que Roy qui l'ait été autant que lui. Rousseau, lui, n'a essuyé dans sa vie qu'une seule volée de bois vert, distribuée par La Faye. Quant à Voltaire, c'est tour à tour Beauregard, le chevalier de Rohan, Nadal, Poisson fils, qui se sont vengés de son esprit à coups de canne. La première de ces affaires, celle de Beauregard, est très-peu connue. Marais est le seul chroniqueur qui en raconte les détails, qu'on ne trouve ni dans Barbier, ni ailleurs. Le récit complet et commenté de cette scène déborde les limites d'une note. Nous la décrirons en son lieu, d'après Marais, le *Recueil* Maurepas, les *Recueils* imprimés et manuscrits du *Régiment de la Calotte*, Boisjourdain, Beuchot et Delort (*détention des philosophes*), nos autorités sur ce fait, que l'auteur du petit ouvrage intitulé *Des coups de bâton en littérature*, M. Victor Fournel, n'a pas connu. Une chose à remarquer tout de suite, c'est la parfaite indifférence de Marais pour ces mésaventures encore habituelles de son temps. D'Argenson, à propos de l'affaire du chevalier de Rohan, n'est pas plus pitoyable.

se levèrent et laissèrent l'espion tout seul). Arouët dit que cet officier est celui qui l'a dénoncé il y a deux ou trois ans et qui l'a fait mettre à la Bastille. J'ai su que cet officier ayant dit son dessein à M. le Blanc, lequel dessein allait même jusqu'à assommer le poëte, M. Leblanc lui dit : « Fais donc en sorte qu'on n'en voye rien. »

15 *Juillet*. — Brefs du pape au Roi. — On a publié dans Paris deux brefs latins de Notre Saint-Père Innocent XIII au Roi et au Régent, du 24 mars 1722, imprimés à l'Imprimerie royale. Il n'y a ni traduction françoise, ni lettres patentes, ni enregistrement au Parlement, ce qui est bien nouveau en France. Mais on s'est mis au-dessus des règles. Ces brefs sont écrits au sujet de la Constitution, dont le Pape prend le parti hautement, et aussi de la lettre écrite par les sept évêques, qui a déjà été condamnée. Le Régent y est bien loué ; on dit au Roi que le Saint-Siége a beaucoup à attendre de lui. « Præfectum cum ad regiam imdolem tuam pia et prœclara instituti ac dilectissimi, in Christo filii nostri Philippi Aurélianensium Ducis Galliarum rectoris prudentia singularis et eximium *Catholicæ Religionis studium* accesserit. » On y loue beaucoup aussi le cardinal de Rohan. « Cujus fidem candorem ac prudentiam cum sacra eruditione conjunctam in Domino commendaverunt. » Le but de ces brefs est d'exciter le Régent et le Roi à se joindre au Pape contre les sept évêques, et contre tous les appelants et refusants d'accepter. *Intelligis pastoribus hujusmodi oves Christi perdendas potius quam pascendas ulterius permulti non posse. On fait souvenir le Roi des dernières paroles de Louis XIV : cum supremis votis, morte imminente, regnum, tibi traditurus, unitatem tuendam et obolenda Religieris dissidia commendavit.* Voilà le triomphe entier des jésuites. La foi, la candeur et la prudence du cardinal de Rohan ont bien surpris le monde, qui sait bien le contraire : il croyoit à son retour tout gouverner, mais il a trouvé plus fin que lui. Ce n'est pas sans raison qu'on a donné ces brefs au public. Il y a quelque préparation

de procédure contre les évêques que nous verrons en son temps.

7, 8, 10 juillet et autres jours suivants. — Le Parlement est toujours occupé à juger les complices de Cartouche, qui augmentent de jour en jour.

Arrêt du 7 juillet contre Louis Lamy, serrurier, qui faisoit les fausses clés, rompu vif.

Arrêt du 8, contre Antoine Bécard, dit Perrault, rompu vif.

Arrêt du 9, contre Adrien Chevalier, pâtissier, id.

Du même jour, contre Jacques Chopin, id.

Du dit jour, contre Jean Riffaut. Pendu.

Du dit jour, contre Jean Baptiste le Maître. Rompu.

Du 10 juillet, contre Antoinette Néron, concubine de Cartouche, convaincue d'être *anguilleuse*, c'est-à-dire de voler chez les marchands sous son tablier et d'avoir assisté à plusieurs meurtres. Trois arrêts de mort du 4 juillet, contre Nicolas Courtin, menuisier, Charles Leclerc, joueur de violon aux guinguettes, et Jean-Baptiste Cybourt, valet dans la banque.

15 juillet, contre René Didier Dutans ou Dutemps; 16 juillet, arrêt de mort contre le fameux Pelissier, qu'on appeloit le marquis de Pelissier ou le marquis de Boislègue, condamné à Bordeaux aux galères, d'où il s'est sauvé en 1697, il a été pendu; il avoit volé la diligence de Lyon et des ponsoucelles de papier. Jamais il n'a voulu se confesser et a demandé un capucin au lieu de docteur de Sorbonne : on lui a refusé. Les capucins leur donnent l'absolution sans révéler les complices, ce que les docteurs ne font pas, et c'est ainsi que tous ces gens qui ne disent rien à la question parlent quand ils voyent que l'absolution leur sera donnée. Du 17 juillet, contre un garçon boucher, Pierre Vérel, dit Loyson.

Du 21, contre François Prémarteau, soldat, convaincu d'avoir fait *suer* les voleurs (c'est-à-dire de les avoir forcés à lui donner part de leurs vols dans le Louvre et les Tuileries) et d'avoir jeté des hommes par-dessus les ponts dans la rivière.

Du 21, contre le Moyne, cocher de place, qui conduisoit tous ces voleurs aux promenades des environs de Paris.

Du 21, contre Jacques Belleville, garçon serrurier; il est coupable d'un vol aux Gobelins.

Du 22, contre Cyr Cochois, qui étoit archer du guet, qui profitoit des ordres pour avertir Cartouche et qui s'entendoit avec lui; qui, après avoir été chassé du guet, avoit pris l'habit d'un des officiers et un bâton de commandant et soutenoit les voleurs, partageoit les vols, avoit le *shec*, c'est-à-dire sa part. Ce coquin avoit été aux galères en Provence, avant que d'être archer du guet, et voilà les gens qui nous gardent. Il est mort comme un saint et un martyr.

Du 23 juillet, contre Germain Savard, cabaretier, à la Haute-Borne qui retiroit Cartouche, et avoit un mot du guet tous les jours. Celui du jour où Cartouche fut arrêté étoit : *Y a-t-il quatre femmes?* Du dit jour 23, contre Marie-Jeanne Roger, dite la grande Jeanneton. Cette créature étoit à l'Hôpital depuis quelque temps. On l'en a tirée pour lui faire son procès. Quand elle a été à la potence, elle a accusé plusieurs personnes, on l'a menée à l'Hôtel de ville où elle a passé la nuit et le jour suivant, et n'a été pendue que le 24 au soir. A la question, elle n'avoit rien dit. On a arrêté toute sorte de gens sur sa dénonciation. Deux hommes Cent-Suisses, un cabaretier nommé Liardau et Roulle frères, gens riches que la nation suisse a réclamés et qu'on a menés au For-l'Évêque après avoir été à la Conciergerie. Il y a, dit-on, plus de cinquante personnes arrêtées et entre autres trois sœurs nommées les demoiselles de Saint-Vigor, filles galantes, chez qui il se faisoit des vols, après l'amour fini, et qui sont filles d'un Saint-Vigor, qui a été professeur de philosophie au collége de la Marche. Quand on voulut les prendre, l'exempt se méprit et amena à l'Hôtel de ville une compagnie de dames qui jouait à quadrille, et qui furent bien surprises de voir la grande Jeanneton, qui ne les connut point, ni elles non plus. C'est de quoi mourir.

PROFANATION. — NOTRE-DAME. — Au milieu de ces exécutions on a su que des coquins sont entrés dans une chapelle de l'église Notre-Dame (qui est de Saint-Thomas de Cantorbéry), qu'ils ont barbouillé l'autel, le crucifix et les nappes de la plus fine ordure, et déchiré le missel avec ce billet qu'ils ont laissé : *Plus on en exécutera, plus il y en aura*. Le cardinal de Noailles a fait une grande réparation de ce scandale, dont on ne peut découvrir les auteurs. On a aussi mis un billet à la porte d'un des présidents de la Tournelle, qui le menace de le brûler lui et sa maison si les exécutions continuent. Mais cela n'empêchera pas le cours de la justice.

CARTOUCHE ET COMPLICES. — Du 29 juillet, deux arrêts de mort contre Étienne Poulain, qui faisoit le métier de mouche et avertissoit les voleurs, et en recevoit de l'argent, et contre Jacques Tanton du Châteaufort, chandelier, qui, depuis 1697, avoit été d'année en année emprisonné pour vols au Châtelet. Et voilà comme le Châtelet jugeoit les voleurs, il les prenoit et les laissoit aller. Si cette affaire n'étoit parvenue au Parlement par un hasard singulier, nous étions dans Paris comme dans un bois, au milieu des meurtriers et des voleurs. On admire le zèle et la science du rapporteur (1), qui découvre les choses les plus cachées, qui ne se décourage point et qui, au contraire, prend de la force dans cette fonction qu'on prétend qui ne lui déplaît point, non plus qu'à M. Aubry, son commissaire, qui travaille avec lui, et à un M. de Vienne, conseiller, qui, de lui-même, se porte à cette besogne comme à une chose bien agréable. La Régence a donné mille écus

---

(1) M. Arnaud de Bouesse. Cet homme si zélé a été depuis reconnu pour un malhonnête homme, et il a été déshonoré dans le public. (*Note postérieure de Marais*).

à chacun des greffiers criminels et 4,000 liv. pour les exempts et autres employés à chercher et à arrêter les personnes dénoncées. M. de Roche a eu un présent de 2,000 écus. Le public devroit une statue à toute la Tournelle, qui purge Paris de tous ces fripons ; on n'entend crier que des *Arrêts du Parlement*, et cela vaut mieux que ces arrêts de liquidation où le monde est ruiné. La Grève punit les voleurs, mais à l'hôtel de la Banque, on fait d'autres vols qui ne sont pas punis, quoique plus essentiels. Le mot de la Conciergerie est de dire, quand un voleur est expédié : *Il est liquidé. On va liquider celui-ci, on va liquider celui-là,* et on a su que dans la forêt de Bondy, il y a des voleurs qui ne vous prennent qu'une partie de votre bourse et vous donnent un petit billet qu'ils appellent *de liquidation* pour montrer à d'autres voleurs, si on en rencontre, lesquels nouveaux voleurs prennent encore leur part, *du dixième ou du vingtième,* comme on fait à la Banque, soit sur les résultats et les décisions de tous les bureaux particuliers du Visa et de la commission générale, imprimés. On ne peut lire sans horreur tous ces jugements barbares, et on ne seroit pas jugé ainsi par les cartouchiens même. Ce sera un beau registre d'arrêts à garder que ces décisions *souveraines,* où toute la nation françoise a été jugée et dépouillée de son bien.

Versailles. — On sait peu de nouvelles de Versailles, sinon qu'on y joue un jeu affreux, qu'on y fait l'amour partout, que le cardinal Dubois augmente tous les jours en crédit, que le cardinal de Rohan tombe, que le Régent n'aime plus Paris, que le ministre de la guerre (M. Leblanc) a pensé être chassé, parce qu'il veut toujours garder pour sa maîtresse et avoir avec lui Mme de Pléneuf, mère de Mme de Prie, qui est brouillée avec elle depuis longtemps ; que Mme de Prie, qui est à M. le Duc, dont elle fait ce qu'elle veut et qui ne peut souffrir sa mère, a voulu en même temps faire périr l'amante et l'amant, qu'à la fin tout s'est raccommodé par la réconciliation de la mère et de la fille, et que cette affaire, qui n'est qu'une débauche et la querelle de deux p.... a occupé plus la cour que le congrès de Cambray. Cela n'est pas nouveau dans les cours. Voyez l'article de Padilla dans *Bayle*, il en dit de bonnes sur les maîtresses. Celles-ci sont restées avec leurs galants jusqu'à ce qu'il vienne un autre orage qui les noie tout à fait. Mme d'Avernes est toujours au Régent, qui la mène se promener publiquement aux Tuileries toutes les semaines. On a publié la mort de Mme de Parabère, l'ancienne maîtresse, et on l'a même dit au Roi, mais elle est réchappée, et Nocé est revenu de son exil en même temps. On lui a permis d'aller à Boran, qui est une terre à lui. Il se rapproche, et on croit que le Régent ne s'en peut passer.

PHILOTANUS. — GRAVEURS. — Les graveurs ont été jugés à la Chambre de l'Arsenal, et condamnés à une amende honorable et à trois ans de bannissement, ce qui a été fait pour contenter Rome, qui donne de beaux brefs de son côté.

L'arrêt est aussi contre ceux qui vendaient le poëme.

— *Deuxième Lettre en vers du Roi à Mme de Lanjamet, depuis Mme de Brillac.*

Le jour de la Madeleine, le Roi a fait écrire encore une lettre en vers à Mme de Lanjamet pour son bouquet, et l'a signée avec plusieurs personnes. Elle avoit écrit auparavant une épître sur une même rime en *ène*, et la réponse est sur la même rime. Mais il paroît que le poëte de la cour se lasse, car il dit qu'à la cour les poëtes passent pour fous : *c'est leur antienne* ; et il fait entendre que sans une autorité *souveraine*, il ne trouveroit pas un vers de sa *veine* ; les jeux d'esprit ne sont pas de longue durée à la Cour.

27 *juillet*. — D'AUVERGNE. — Mme la princesse d'Auvergne (en son nom d'Aremberg, veuve du P. d'Auvergne, colonel de la cavalerie de France qui avoit quitté le royaume sous Louis XIV), étant retirée au Port-Royal, y est tombée ma-

lade. Avant de recevoir les sacrements, elle a fait venir Mme la princesse de Conti, qui est dans le même couvent pendant le procès de séparation. Elle lui a dit qu'elle avoit épousé *Mézy*, son écuyer, et que, de plus, elle en avoit trois enfants, deux garçons et une fille à qui elle désiroit donner sa bénédiction en sa présence et celle de toute la communauté. On a envoyé quérir les enfants. Elle leur a donné sa bénédiction publiquement, et a ainsi déclaré un vilain mariage d'une princesse avec son domestique. Le lendemain, elle se portoit beaucoup mieux; on croit que sa maladie n'étoit qu'un jeu pour en venir à cette belle déclaration qui la déshonore, et qui est l'ouvrage de quelque dévot gagné par l'écuyer. La maison d'Auvergne n'y a pas voulu venir : elle est bien fâchée, mais il n'y a plus de remède. Il y a une fille du prince d'Auvergne, mariée depuis peu au prince de Sullzbach, dont la sœur vient d'épouser aussi le prince de Piémont. Le prince de Sullzbach aura des beaux-frères bien différents, l'un fils de Roi, l'autre fils d'un valet.

MALTE. — La nouvelle s'est répandue partout que les Turcs ont investi Malte avec plusieurs vaisseaux, et qu'ils ont même pris des rafraîchissements en Sicile parce qu'ils sont en paix avec eux. Le grand-maître est mort. Les chevaliers français n'ont pas été cités à cause de la peste de Provence.

RENTES DE LA VILLE. — Il y a eu deux arrêts, l'un du 27 juin, l'autre du 8 juillet, pour les formalités nécessaires aux contrats liquidés pour mettre les rentiers en état de recevoir leurs arrérages. D'abord, on devoit faire enregistrer tous les contrats à la Ville, mais, par l'arrêt du 8 juillet, cela est réduit à des certificats de notaire qui seront enregistrés et joints aux quittances. Ces arrêts déclarent *qu'au premier* juillet, on ouvre le payement des *premiers* six mois de 1722. Ainsi on est en arrière de six mois.

— Il y a eu un combat en Picardie entre des voleurs et la

maréchaussée. On y a envoyé trois bataillons. Les voleurs ont été ou tués ou pris, et leur chef, nommé Saint-Étienne, est des prisonniers.

31 *juillet.* — Débauches de la Cour. — On vit en débauche ouverte en Versailles ; il n'y a personne à la tête qui puisse contenir les courtisans et les dames. L'exemple manque. Les princes ont des maîtresses publiques, il n'y a plus ni politesse, ni civilité, ni bienséance. Ce n'est plus la cour de ce grand Roi qui d'un regard arrêtait les plus libertins, et on y voit régner tous les vices sous un Roi mineur qui n'a point encore d'autorité. Le maréchal de Villeroy, son gouverneur, a eu la douleur d'apprendre que la duchesse de Retz, sa petite-fille, a eu des galants de tous les étages depuis qu'elle est à Versailles, et il a su par la marquise d'Alincourt, son autre petite-fille, que la première a voulu la perdre et l'engager dans des galanteries. A une dispute qu'elles eurent entre elles en sa présence, celle-ci reprocha à la duchesse qu'elle avoit voulu lui faire prendre des lettres du duc de Richelieu, leur faire faire partie carrée, lui donner des amants, qu'elle n'y avait jamais consenti, mais que pour la duchesse, elle étoit *criminelle* (elle s'est servie de ce terme), qu'elle avoit voulu séduire le Roi même, qu'elle avoit porté ses mains sur lui, et dans des endroits très-cachés. Sur quoi, le maréchal, entrant en fureur contre la duchesse, il l'a sur-le-champ fait sortir de la cour et on l'a renvoyée à Paris. Cette histoire publique en a découvert encore d'autres.

La duchesse de Retz chasse de race ; sa mère, la duchesse de Luxembourg, se donnoit à tout le monde, sa fille veut faire de même. La marquise d'Alincourt est sage. C'étoit Mlle de Boufflers, qui a été élevée dans une école de vertu. Mais peut-on espérer qu'à la Cour d'aujourd'hui cela se soutienne ?

Il y a débauche aussi des jeunes seigneurs entre eux et ils ne s'en cachent point. Le jeune duc de Boufflers, le marquis de Rambure et le marquis d'Alincourt étant allés dans un bosquet, le duc de Boufflers voulut violer Rambure et n'en put venir à bout. D'Alincourt dit qu'il vouloit prendre la revanche de son beau-frère Boufflers. Rambure ne s'en défendit point et en passa doucement par là. Voilà les abominations que le voyage de Versailles a produites (1).

— Le Roi se lève de grand matin, les princes sont chez lui devant huit heures, et le Régent lui-même ne manque pas. Il y a plus de monde à son lever qu'à celui de Louis XIV. A huit heures trois quarts on ne sait plus où aller, et l'oisiveté engendre le vice.

Dans ce mois de juillet on a ôté quatre pensions sur le sceau à quatre personnes attachées au chancelier : l'abbé Veissière, l'abbé de Saint-Remy, Terrasson, avocat, et Couët de Montbray. L'abbé Veissière est celui qui a eu le prieuré de Marlou, par arrêt rendu contre l'abbé Tencin qui est à Rome. On s'est ainsi vengé de l'arrêt. L'abbé de Saint-Remy a été jésuite, mais il ne l'est plus ; Terrasson, avocat, a des frères et parents frères de l'Oratoire, et Couët est frère de l'abbé Couët, conseiller du cardinal de Noailles et bien avec le Chancelier.

Ces pensions ont été données à l'abbé Brissard, qui est à l'évêque de Fréjus, et qu'on a mis, à la place de Veissière, au bureau gracieux de la librairie. A l'abbé de Villiers, autrefois le père de Villiers, qui a fait l'*Art de prêcher*, en vers, un poëme de l'*Amitié* et quelques livres en prose, homme à présent très-âgé, et à deux autres molinistes nommés Grancolas et Gravelle. M. d'Argenson, quand il fut garde des sceaux, n'avoit rien changé à ces pensions, mais le garde des sceaux d'aujourd'hui fait tout

---

(1) On trouve de grands détails sur ces deux odieuses affaires dans Barbier, dans Madame, et surtout dans les *Mémoires du régiment de la calotte*, 1725. Il va sans dire que le recueil Maurepas, les Mémoires de Maurepas et Boisjourdain en font des gorges chaudes.

ce qu'on veut qu'il fasse, et c'est le moyen de garder les sceaux plus longtemps.

AOUT 1722.

La débauche des hommes et des femmes a éclaté davantage par des lettres de cachet qui ont été données et que le maréchal de Villeroy a demandées contre sa propre famille. M. d'Alincourt, son petit-fils, a été exilé à Joigny, et sa femme doit aller l'y trouver. La duchesse de Retz, renvoyée de la cour, est à Paris malade. Le duc de Boufflers est exilé en Picardie, sa femme s'y retire avec lui, et on lui donne un gouverneur comme à un enfant. Le marquis de Rambure, patient de toutes manières, a été mis à la Bastille; il est fils de la marquise de Fontenille, grande janséniste, et qui ne sait quel péché mortel son fils a commis. Quand le Roi a demandé pourquoi tous ces exils contre ces jeunes seigneurs, on lui a dit qu'ils avoient arraché des palissades dans les jardins, et à présent on ne donne d'autre nom à ces jeunes seigneurs *qu'arracheurs de palissades*. Ils appellent à la cour la duchesse de Retz, Mme de *Fiche-le-moy*, qui est le nom d'une revendeuse à la toilette, et la marquise d'Alincourt, ils l'appellent *la grande Jeanneton*, parce qu'elle a tout dit, comme cette misérable qui fut exécutée ces jours passés, et qui ne croyoit pas que son nom seroit immortalisé dans l'histoire. Ces deux mots sont de cruelles satires. On dit que quand on va chez le maréchal de Villeroy se faire écrire au sujet de cette disgrâce de sa famille (car c'est l'usage en France de se visiter sur les mauvais comme sur les bons événements), son Suisse demande : *Est-ce pour la porte de devant ou pour la porte de derrière?* Le maréchal est blâmé de tout le monde : il a déshonoré sa famille à plaisir, mais il n'a rien ménagé quand il a vu la personnne du Roi en compromis. Lorsqu'il parla au P. Charles, son neveu, de ce dessein, le prince lui dit : « *Monsieur, on ne fait point corriger ses enfants par le Roi,* il y a d'autres manières d'en venir à bout, et pour moi je n'en ferois rien. »

La jeunesse de la cour vouloit donner au Roi un goût pour les hommes. Sur quoi la duchesse de la Ferté a dit qu'on remarquoit dans l'histoire que la galanterie des rois rouloit, l'un après l'autre, sur les hommes et sur les femmes, qu'Henri II et Charles IX aimoient les femmes, et Henri III les mignons; Henri IV aimoit les femmes, Louis XIII les hommes, Louis XIV les femmes, et qu'à présent le tour des mignons étoit revenu.

4 *août.* — De ce jour, il y a un arrêt qui a un peu consolé les familles qu'on obligeoit de remplir les contrats réduits. Il ordonne que les commissaires du conseil feront mention de la réduction sur tous les contrats de la ville perpétuelles et viagères et sur les tailles, que les principaux ne subsistent plus que pour la somme à laquelle ils auront été fixés et les arrérages à proportion à partir du 1er janvier 1722. Que les propriétaires des rentes consentiront cette réduction par acte au pied de la minute et de la grosse, que les notaires transcriront ces mentions après la réduction, et en délivreront des certificats.

6 *août.* — SAILLANS, COURSE. — Le marquis de Saillans ayant gagé contre le marquis d'Entragues qu'il iroit deux fois de Paris à Chantilly et de Chantilly à Paris en six heures, ce qui fait 36 lieues, à condition qu'il changeroit d'autant de chevaux qu'il voudroit, la course s'est faite aujourd'hui matin. Saillans est parti de la porte Saint-Denis à six heures du matin, à une horloge qu'on y avoit apportée de l'Observatoire. Il y étoit revenu avant neuf heures. Il en est reparti aussitôt et étoit revenu à un peu plus d'onze heures et demie. Ainsi, il a gagné de beaucoup, et la course a paru très-belle, car c'est plutôt la force d'un homme que celle des chevaux puisqu'il en a changé tant qu'il lui a plu sur la route. Le monde disoit que Sail-

lans se romproit le cou et faisait une folie; folie ou non, il est arrivé entier et a gagné le pari qui étoit de 12,000 liv. Il a été chez un baigneur se nettoyer, a dîné chez M. de Montboissier, et a paru victorieux à l'Opéra, au grand déplaisir de plusieurs parieurs, qui avoient aussi gagé contre lui. Il devoit épouser Mlle de Coëtmadeu ces jours passés, mais il a manqué de parole, et elle s'est perdue en courant Il épouse Mlle de Maulevrier.

MANDEMENT. — LAON. — On a donné au public un mandement de l'évêque de Laon du 20 juin 1722, qui porte acceptation de la Constitution. Il ne parle pas du tout du *corps de doctrine*, mais il dit : « Vu *les mandements* de plus de cent douze évêques de France pour l'acceptation de la Constitution, dûment informés de l'acceptation qu'en ont faite *tous* les évêques catholiques de *toutes* les autres nations. »

C'est sur ce fondement que posant l'universalité de l'acceptation, il dit (1) « qu'on reconnoît enfin que par les appels au concile, on appelle en *effet de l'Église à l'Église* même, qui, quoique dispersée dans toutes les parties du monde, n'enseigne pas avec une autorité moins infaillible toutes les nations par la bouche des évêques unis à leur chef. » La question est donc réduite au fait de l'acceptation universelle et de savoir si les 112 évêques de France ont été dûment informés des acceptations étrangères. Et c'est une grande question. Il y a dans ce mandement une sorte d'abrégé d'explications de la Bulle qui sont bien claires, et le pasteur dit que sur les opinions enseignées par les théologiens catholiques, les écoles ont joui ouvertement de toute la liberté établie en France, dans toutes les parties du monde. Autre question de fait. On voit à la

---

(1) L'abbé de Saint-Albin, depuis archevêque de Cambrai. Mandement en 1734, condamné par arrêt du 18 février 1735; le Roi a évoqué le 20. Prince légitimé. (*Note postérieure de Marais*).

tête de ce mandement les armes de M. de Laon, qui est fils naturel de M. le duc d'Orléans, appelé autrefois l'abbé de Saint-Albin. Il porte l'écusson de France avec le Lanebel et la boiré à gauche et un orle autour de l'écu de 12 fleurs de lis disposées de trois en trois, la couronne ducale et le manteau semé de fleurs de lis. Dès qu'il a paru à Laon, la plupart des appelants a rétracté l'appel et a accepté.

Constitution. — On ne finit point d'écrire sur cette matière. M. de Soissons a accusé les appelants d'être schismatiques, M. l'évêque d'Auxerre a pris leur parti dans une lettre in-4° (de 38 pages), 13 novembre 1721, où il développe savamment cette matière du schisme qui n'avoit point encore été traitée. Il explique l'unité intérieure et l'unité extérieure de l'Église, il fait voir que les appelants sont toujours dans l'unité intérieure et extérieure, et que le principe de M. de Soissons est faux, hérétique, schismatique, et introduiroit dans l'Église et dans l'État l'anarchie et les séditions. Cette lettre est fort estimée ; il en faut toujours venir à dire que : « les bons avocats sont du côté de cette cause, si la cause n'est pas bonne ; » c'est un mot de feu M. le prince de Condé.

Lundi, 10 *août*. — Maréchal de Villeroy arrêté. — Ce jourd'hui, à trois heures après midi, le Régent a donné une grande marque de son autorité. Il a fait arrêter le maréchal de Villeroy, gouverneur du Roi, par M. le marquis de la Fare, son capitaine des gardes. Il y avoit aussi un détachement de Mousquetaires commandés par M. d'Artagnan. On a mené à Villeroy ce bon vieillard, qui s'étoit fait bien des affaires depuis peu avec le cardinal Dubois, et contre qui toute sa famille étoit indiposée depuis les dernières lettres de cachet.

Le matin, le Régent étant entré chez le Roi, dit au maréchal de se retirer parce qu'il vouloit parler au Roi en secret. Le maréchal le refusa, parla au Régent à une fenêtre et convint d'avoir une explication chez lui l'après-dînée.

AOUT 1722.

Sur les trois heures, M. de la Fare l'alla chercher, et le conduisant dans l'antichambre lui montra l'ordre de l'arrêter. Le maréchal demanda à parler au Roi, on lui dit que cela ne se pouvoit pas ; il voulut parler au Régent ; on le lui promit. Mais il fut mené par une grille dans le jardin, où un carrosse l'attendoit et l'emmena accompagné de M. d'Artagnan et des Mousquetaires qui l'avoient pris dans l'antichambre. Tout cela a été conduit très-secrètement; la querelle du matin avoit été préparée exprès, car les Mousquetaires étoient déjà avertis. On croit que le voyage de Versailles n'a été fait que pour cette expédition surprenante.

Mardi 11. — Tout Paris est consterné de la détention du maréchal, qui est fort aimé parmi le peuple. On vient de me dire que le maréchal de Tallard est gouverneur du Roi. Cela n'est pas vrai.

Le Prince Charles m'a dit que ce matin le Régent l'ayant aperçu chez lui, il lui a dit : « Prince Charles, je vous dois un compliment sur le maréchal, je l'ai fait arrêter, mais il m'y a forcé; hier encore, il n'a pas voulu sortir de la chambre du Roi à qui je voulois parler en secret, quoique M. le Duc, M. de Fréjus en fussent sortis. » Le prince lui a répondu : » Monseigneur, il peut avoir manqué, et que ne m'a-t-il point fait à moi sur mes affaires? Je ne vous ai point parlé sur une autre personne que vous avez renvoyée parce que je n'avois rien de bon à vous en dire (il entendoit le duc de Noailles); mais pour celui-ci, qui a l'estime publique, je lui dois justice et je ne puis m'empêcher de l'aller voir à Villeroy, si Votre Altesse Royale le permet. » Le Régent l'a trouvé bon, il y est allé, il a trouvé le maréchal avec son fils, assez tranquille et se portant bien, et lui a dit : « Vous êtes tous plus fâchés que moi ; » il a demandé des nouvelles du Roi, et il a été bien aise d'apprendre que le Roi le regrette, et a même pleuré le jour et la nuit qu'il est parti.

Le duc de Luxembourg est arrivé, et comme il est père

de la duchesse de Retz, cela a redoublé ses douleurs, et il a dit qu'au milieu de ses disgrâces il étoit bien malheureux d'avoir des affaires de famille si désagréables. Il lui est permis d'aller à Lyon, dont il est gouverneur ; il y doit aller dans quelques jours, et y commandera comme si rien n'étoit arrivé. Dans la conversation, au sujet du secret que le Régent, vouloit dire au Roi, il a parlé comme le Régent, et a ajouté que c'étoit une convention du Régent et de lui qu'il ne quitteroit point le Roi. Et le Régent lui a fait entendre que ces sortes de conventions avec le maître ne tenoient pas et ne faisoient point de lois.

Sur ce qu'on a dit au Régent que de l'envoyer à Lyon où il est puissant, on pourroit lui imputer ce qui pourroit arriver, le Régent a dit : « Je sais bien les postes que je peux lui confier, je ne me méfie point de lui en certains points, et je sais bien où il ne peut mal faire. »

Le lundi après que le Maréchal fut arrêté, le Roi, qui devoit sortir, ne sortit pas et parut fort triste, et il est vrai qu'il a pleuré la nuit. On a su que quelque temps auparavant il n'y avoit que certaines gens marqués sur une liste qui entrent chez le Roi. Le duc de Retz, quoiqu'il eût le bâton, ne put pas entrer, n'étant point sur la liste.

Le public fait mille discours, plus étranges les uns que les autres, sur cet événement ; l'un dit que le Roi ne vivra pas longtemps, l'autre que le Régent se veut faire maire du palais ou sénéchal du royaume. Chacun devine un avenir qu'il ne sait pas et qui est entre les mains d'un plus grand maître.

La création des maires et autres officiers des villes, qui avoient été supprimés par l'édit de 1718, est rétablie et l'arrêt en est passé au conseil. Ceux qui achèteront ces charges les payeront en papier de liquidation, et même les deux sols pour livre que le traitant vouloit faire payer en argent. Mais sur l'avis du maréchal de Villeroy, qui a fait remarquer qu'un homme qui achèteroit une charge de 20,000 liv. en papier, auroit bien de la peine à trouver 2,000 liv. d'argent, cela a été rejeté. C'est une de ses dernières actions; par ce moyen on va retirer le papier sur la place, il aura plus de valeur, et le Roi s'acquittera sans qu'il lui en coûte rien. Car il ne payera point les gages de ces charges, qui se prendront au denier 50 sur les dons et octrois des villes. Belle invention que la finance !

JOYEUX AVÉNEMENT. — TAXE. — On travaille au Louvre à tirer des archives toutes les impositions faites en 1643 et 1644, au sujet du joyeux avénement de Louis XIV, pour faire la même chose aujourd'hui à Louis XV. Toutes les communautés du royaume seront taxées à un certain droit payable encore en papier, et c'est un autre débouché de 80 millions. Le contrôleur général a des mémoires de cette sorte pour plus de 300 millions dont le Roi sera quitte sans rien payer.

Mercredi 12. — Le mariage de Mlle de Beaujolais, fille du Régent, avec don Carlos, second Infant d'Espagne, du second lit, a été déclaré aujourd'hui. La princesse a huit ans et le prince six ; c'étoit là le secret que le Régent vouloit dire au Roi. Nous voilà bien liés avec l'Espagne, et, quelque chose qui arrive il faut qu'elle soit pour nous. Cet Infant doit avoir le grand-duché de Toscane et Parme, suivant le traité d'alliance de 1718.

Filius Hispaniarum reginâ primo-genitus hujus descendantes masculi ex legitimo matrimonia nati etc. *in omnibus dicti proximi succedant.* (Art 5.)

Voilà une fille du Régent encore bien mariée (1).

On propose trois sujets pour remplir la place de gouverneur du Roi. 1° Le prince de Rohan, qui voudroit bien la tenir, car tous ces Rohan voudroient bien embellir leur principauté, qu'ils perdoient si le duc de Bourgogne avait vécu, aussi bien que les Bouillon la leur. — 2° Le ma-

---

(1) Elle est morte en 1734, à dix-neuf ans, en France.

réchal de Bervick, qui est un étranger peu propre à élever un roi de France, mais d'ailleurs fort vertueux. 3° Le duc de Charost, bon homme, dévot, et qui ne pense pas à mal.

Le Roi paroît assez gai en public, mais en particulier il est triste et se plaint et pleure la nuit, et on commence à bien penser de son cœur et de sa sensibilité.

On ne comprend rien au maréchal, qui part pour Lyon avec un brevet de commandement; cela fait voir qu'il n'a manqué en rien d'essentiel, et que sa disgrâce ne vient que de son humeur qui le faisoit obstiner le Régent, et à la fin il s'est lassé. Du Libois, gentilhomme ordinaire du Roi, le doit conduire à Lyon.

Jeudi 13. — Le 12, Mme Rolland, mon amie, a quitté Paris et est allée à Sévigny, chez sa fille, Mme de Tenance, où elle est arrivée le 16 au soir.

Le duc de Charost a été déclaré gouverneur du Roi, au grand déplaisir des autres prétendants. Ce gouverneur est bon ami des jésuites. Le prince de Rohan est bien fâché de voir que ce morceau lui a échappé. C'est le Roi qui a fait ce choix.

Voici comme la *Gazette à la main*, du 13 août, parle de la disgrâce de M. de Villeroy : « Il y avoit longtemps qu'on étoit surpris d'entendre tenir à M. le maréchal de Villeroy des discours peu mesurés sur M. le duc d'Orléans, sans que les représentations que l'on a faites sur cela à S. A. R. l'eussent pu porter à prendre un parti contre M. de Villeroy. Mais enfin S. A. R. lui dit, le 10, qu'il seroit temps d'informer le Roi des affaires de son royaume. Et ayant été le matin chez Sa Majesté pour commencer à lui en parler, M. le Duc et M. l'évêque de Fréjus, qui étoient là, se retirèrent pour laisser à S. A. R. la liberté de parler au Roi en particulier. M. de Villeroy avoit lieu de suivre leur exemple; il s'approcha et ne voulut pas que S. A. R. parlât au Roi qu'en sa présence, ce qui obligea Sa Majesté à l'éloigner de la cour et à l'envoyer le même jour à Villeroy. »

Le Roi confirmé. Le Roi reçut le sacrement de confirmation le dimanche 9 août, par les mains du cardinal de Rohan, et doit faire sa première communion le 15, jour de la Vierge. Le nouveau gouverneur entre sous de bons augures.

Les certificats de liquidation sont à 26 et leurs actions à 780.

AUDRAN, PEINTRE. — Audran, peintre du Roi, a ordre de peindre et redorer les culs-de-lampe de la Grande-Chambre. C'est une préparation pour la déclaration de la majorité.

VERS SUR LE VISA.

Je suis enfant de quatre frères (*les Paris*)
Qui m'ont logé dans un palais
Où je fais souffrir à grands frais
Les tortures les plus amères.
Cent robins se livrent à moi
Pour faire exécuter la loi.
Qu'un seul « *Nous Voulons* » autorise,
Et sous prétexte d'un tableau
Je ne laisse que la chemise
A ceux qu'épargne le tombeau.
Enfin la guerre ni la peste
N'engendrent rien de si funeste
Que les horreurs que je répans.
Grands et petits, rien ne m'échappe,
Et des moindres coups que je frappe
Leurs neveux saigneront longtemps.

J'ai vu un homme de qualité qui a été trois jours à Villeroy avec le maréchal. Il y est venu beaucoup de monde le voir avant son départ pour Lyon. La duchesse de la Ferté n'y a fait que pleurer, quoique personne n'y pleurât. Mme la marquise de Lambert et sa fille, Mme de Saint-Aulaire, y sont venues débiter de beaux sentiments. Le duc de Charost lui ayant fait part de son élévation, le maréchal a dicté sur-le-champ une réponse très-belle,

où, après les civilités ordinaires, il lui dit qu'il ne peut se
« réjouir avec lui de ce qu'on lui a donné la place de gouverneur, parce que lui, maréchal, tenait cette place de
la main du feu Roi, à qui il avoit promis de ne jamais
abandonner le Roi tant qu'il seroit au monde, et que se
voyant hors d'état de tenir une si noble parole donnée
à un grand Roi mourant, il ne pouvoit prendre part à
l'élévation de M. de Charost, qui le privoit de cette gloire
et le faisoit manquer à sa parole. » Cette lettre n'est point
du tout une radoterie, c'est une belle exposition du cœur
et des sentiments héroïques. Il a fait voir à tout le monde
le brevet de son commandement pour Lyon, et ayant
voulu montrer à Mme de Courtanvaux sa lettre de cachet,
elle a dit qu'il la falloit déchirer, et lui a dit en riant qu'il
la gardoit comme un titre de noblesse. Enfin, il est parti
le 14 pour Lyon avec Du Libois, gentilhomme ordinaire,
qui ne le gêne point du tout. Il a soixante-dix-neuf ans
passés du mois d'avril dernier.

Le Roi a dit : « Depuis qu'on m'a ôté M. de Villeroy, on
m'a donné deux gardes du corps, M. de Fréjus et le père
de Linières. On lui a apporté des figues, il en a envoyé
à Mme de Ventadour et a dit : « Je veux en envoyer au pauvre duc de Villeroy. « Cela marque toujours sa sensibilité.

15 et 16. — Le Roi a fait sa première communion le 15,
dans la paroisse de Versailles, par les mains du cardinal
de Rohan.

J'ai été à Busagny, près Pontoise, où j'ai appris que le
P. de Linières étoit allé à Saint-Cyr confesser le Roi. On
m'a dit qu'on ne leur avoit donné, pour avoir logé le
parlement pendant les cinq mois de son exil, qu'un
billet de 1,000 francs qui a été réduit d'un tiers au visa.

Lundi 17. — Évêque de Fréjus. — Il s'est répandu un
bruit bien singulier, que l'évêque de Fréjus, précepteur
du Roi, s'est retiré à quatre heures du matin on ne sait
pas où, et a laissé deux lettres, l'une pour M. le Duc, l'autre pour le Régent, où il explique les causes de sa retraite.

D'autres assurent qu'il a été arrêté et enlevé. Cela sera bientôt éclairci ; le précepteur n'étoit pas bien avec le gouverneur, et cependant les voilà tous deux disgraciés : belle devination pour les politiques. (1)

Le prince de Conti a envoyé à Pothouïn son avocat, qui a plaidé sa séparation, un carrosse, deux chevaux et un brevet de 1,500 livres de pension pour l'entretenir. C'est payer en prince.

Mardi 18. — M. DE FRÉJUS. — M. de Fréjus n'a point été arrêté. Il est parti en chaise sans rien dire à personne : on ne s'est aperçu de son départ qu'à la leçon du Roi. On a envoyé sur sa piste et il a été trouvé à Courson, chez M. de Bouillé. M. Des Fors, qui lui a été envoyé, a rapporté une lettre que le prélat a écrite au Roi, où il lui marque qu'il est parti à cause d'un mal de tête qu'il avoit et qu'il craignoit qu'on ne lui donnât pas de congé. Le Roi lui a écrit de se guérir promptement de son mal de tête, parce qu'il avoit affaire de lui.

Cette retraite est généralement blâmée et soupçonnée de mauvais desseins. Il veut faire croire qu'il n'a point eu de part à la disgrâce du maréchal de Villeroy et cependant on sait le contraire. On croit aussi qu'il veut, par malignité, rendre le Régent odieux, et que le public dise que le précepteur n'a pas voulu rester auprès du Roi après qu'on lui a ôté son gouverneur, parce qu'il ne veut point prendre part à tout ce que l'on pourra entreprendre. Le public, en effet, parle ainsi, et le Régent est très-fâché de cette malice. S'il punit l'évêque, on dira qu'il ôte au Roi tous ceux qui le pouvoient instruire et avoient sa confiance. S'il ne le punit pas, on dira ou qu'il le craint, ou qu'il est d'accord avec lui. Embarras de toutes parts.

Mais le Régent espère que la vérité se découvrira bientôt et que la honte en reviendra au précepteur, qui a fait

---

(1) Voir sur cette habile frasque de Fleury, Lemontey, T. II, et Duclos. Voir aussi les *Mémoires* de Maurepas et de d'Argenson.

là un tour d'écolier. M. de Belle-Isle, petit-fils de Fouquet, qui est un grand savant, a été aussi envoyé à Courson, et on croit que l'évêque reviendra au premier jour. Le cardinal Dubois a dit à un grand seigneur qui me l'a dit : « Voilà ces gens que l'on dit qui ont tant d'esprit, ils ne font que des folies. » Il s'est expliqué aussi sur la malice noire qui étoit dans cette retraite. Et ce n'est pas sans dessein que l'on avoit répandu le bruit qu'il avoit été arrêté. M. le prince de Conti lui-même l'a été dire par les maisons.

Ce soir mardi, 18 août, sur les neuf à dix heures du soir, l'évêque de Fréjus est revenu à Versailles; il a été deux jours dehors et a bien fait parler de lui pendant ce temps-là.

Mercredi 19. — M. DE FRÉJUS REVENU. — Ce matin, M. de Fréjus s'est présenté au lever du Roi à son prie-Dieu et a fait ses fonctions ordinaires. Je sais qu'il a dit à M. le cardinal de Rohan qu'il s'étoit trouvé dans une agitation si grande qu'il n'étoit plus à lui, et qu'il avoit besoin de ce repos pour faire des réflexions sur l'état où il se trouvoit. Le public ne s'est pas payé de cette raison, qui est celle d'un homme qui n'auroit plus de raison.

LAON. — MANDEMENT SAINT-ALBIN. — Le mandement de M. de Laon fait du bruit, parce qu'il contient plusieurs propositions contraires aux libertés de l'Église de France. Et entre autres il dit *que l'appel est nul de droit*, et il ne parle point du *Corps de Doctrine* et de la déclaration du Roi. M. le procureur général a fait entendre au cardinal Dubois qu'il y avoit quelque mouvement sur cela dans le Parlement. A quoi le cardinal a répondu : « C'est donc là le fruit des leçons que vous allez prendre à Fresnes chez M. le Chancelier; nous l'enverrons si loin que vous n'aurez pas occasion de le voir si souvent. »

Samedi 22. — CARDINAL DUBOIS PREMIER MINISTRE. — Le cardinal Dubois a été déclaré premier ministre d'État et en a fait le serment entre les mains du Roi. Le cardinal de Richelieu a été fait ainsi premier ministre par lettres du 21 novembre 1629, qui portent : « Nous vous avons choisi pour être un de nos conseillers en nos conseils, et notre *principal ministre* de notre État, pour, en cette qualité, assister à tous nos conseils et garder la séance. « Ces lettres lui furent données pour lui conférer la préséance dans le conseil, et on en fait autant pour le cardinal Dubois, qui en fera aussi d'autres usages.

Il y a dans la *Gazette de France* : *Principal ministre*, et qu'il prêta le serment le 23, entre les mains du Roi, en présence du Régent.

RÈGLES DU JEU DE LA CONSTITUTION.

Sur l'air : *du Branle de Metz.*

1.

Voici le jeu qu'on appelle
De la *Constitution.*
Jeu fin dont l'invention
N'est pas tout à fait nouvelle,
Et qui gagner y voudra
Au concile appelle, appelle,
Et qui gagner y voudra
Au concile appellera.

2.

Pour appeler au concile
On suit la tradition,
Et par la succession
Des apôtres l'on défile,
Mais qui neuf d'abord fera
Aura le gain trop facile,
Mais qui neuf d'abord fera
A l'un des appels ira.

3.

Qui, par six et trois commence
A vingt-six va se placer,
C'est là qu'on a fait tracer
L'appel où s'ouvrit la danse,

Et qui cinq et quatre fait
Au second appel s'avance,
Et qui cinq et quatre fait
A cinquante-trois se met.

4.

A six un point se présente :
Point des *Explications*,
Où par des contorsions
Pour passer on se tourmente,
Et pour ne se pas noyer
A douze on fait sa descente,
Et pour ne se pas noyer,
Certain prix il faut payer.

5.

Quand on est au nombre douze
Là, c'est l'*Acceptation*,
Dont nulle précaution
N'empêche qu'on ne s'y blouse,
Le grand nombre qui suivra
Quelque parti qu'on épouse,
Le grand nombre qui suivra
De mal en pis conduira.

6.

D'un à deux le plus grand nombre
C'est le deux : on le jouera.
Et par là l'on tombera
Dans le labyrinthe sombre,
Puis on rétrogradera
Comme au cadran d'Achas, l'ombre,
Puis on rétrogradera
Vers l'un d'où l'on reviendra.

7.

Lorsque par trois dans le *Schisme*
On se voit précipité,
On retourne à l'*Unité* :
C'est là notre catéchisme,
Mais on paye en retournant
Le prix de ce catéchisme,

AOUT 1722.

Mais on paye en retournant
Le même prix qu'en entrant.

8.

Quand la règle générale
Vous conduit au cabaret,
De l'*Accommodement* fait
Par la vertu cardinale,
Les joueurs vous régalez,
Et deux fois ils ont la balle,
Les joueurs vous régalez,
Et puis vous vous en allez.

9.

Le six dans la tour vous jette,
Tour de la confusion,
Où chacun parle un jargon
Que n'entend nul interprète ;
Vous payez en attendant
Que quelqu'autre vous rachète,
Vous payez en attendant
Que quelqu'autre en fasse autant.

10.

Quand vous ouvrez la barrière
Du triple *Avertissement*,
Par un double mouvement
Vous faites votre carrière,
Va le dé moindre en avant
Va le plus grand en arrière,
Va le dé moindre en avant
Ainsi Languet fait souvent.

11.

Dans le pays de Démocrite
Si le sort vous a jeté,
Vous cherchez la vérité
Sans espoir et sans... mérite,
Mais dès qu'un autre y viendra
Payez.........
Mais dès qu'un autre y viendra
Il vous en délivrera.

12.

> Lorsque par un cas bizarre,
> En allant ou revenant,
> Votre dé va rencontrant
> La mort dessous la tiare,
> Il faut, je n'y puis penser,
> O que la mort est barbare !
> Il faut, je n'y puis penser,
> Payer et recommencer.

13.

> Qui point sur point accumule
> Et croit faire son chemin,
> En approchant de la fin
> Doit craindre le ridicule,
> Au cardinal il viendra
> Et reçu recu... recule,
> Au cardinal il viendra
> Et reçu reculera.

23 août. — Un officier, qui avoit entendu dire que le cardinal Dubois, premier ministre, avoit des gardes, s'est offert pour en être le capitaine. Le cardinal lui a répondu : « *J'ai mon bon ange, je n'ai besoin que de lui pour me garder.* » Cela a paru d'un homme d'esprit et de courage.

23. — L'abbé de Rohan, sacré archevêque de Reims par le cardinal de Rohan, assisté des évêques de Senlis et de Soissons, au noviciat des jésuites.

J'ai été le 23, 24, 25, 26, à la campagne auprès de Pontoise, et j'ai trouvé que dans le diocèse de Rouen on ne fêtoit ni Saint-Barthélemy, ni Saint-Louis, quoique Saint-Louis ait fait beaucoup de fondations à Pontoise, où il a même établi un archidiacre et un grand vicaire.

25. — L'évêque de Soissons dit la messe au Louvre de Paris, pour l'Académie françoise.

26, 27. — On a envoyé au Parlement deux édits, l'un

pour le rétablissement de la *Paulette* (1), l'autre pour rétablir les maires et officiers de ville. Ils ont été refusés et il a été résolu de faire des remontrances. On leur a fait dire de ne pas venir à Versailles et de faire les remontrances par écrit : elles seront faites, et les édits ou seront registrés par l'ordre du Roi ou resteront revisés de plein droit, suivant le règlement du lit de justice de 1718. Ainsi, toutes ces remontrances ne sont plus que de vaines protestations qui ne guérissent de rien. Mais cela sert toujours à conserver les droits de la Compagnie et les libertés de la France.

La comtesse de Livry a gagné 300,000 liv. au vicomte de Tavannes, en jouant avec lui tête à tête au pharaon. C'est une grande folie, car la comtesse, qui a un mari, n'auroit pas payé, ni son mari pour elle, si elle avoit perdu. Le vicomte de Tavannes a épousé, l'année dernière, Mlle du Breuil, fille d'un receveur-général des finances, et en a eu cent mille écus. Voilà la dot jouée et les honneurs du gros jeu. Le joueur et la joueuse sont également blâmés. On s'est entremis pour cette affaire, et on a su que la dame avoit perdu d'abord 500,000 écus, que Tavannes l'a racquittée, et qu'ayant fait valoir les jetons jusqu'à 50,000 écus la dame a prétendu à la fin qu'elle en gagnoit, deux sans le trop bien prouver. L'accommodement est qu'on l'a fait contenter de 20,000 liv. comptant, qui est plus qu'il ne lui falloit.

FALCONNET. — Le cardinal Dubois a fait donner à Falconnet, médecin du Roi, et assistant du premier médecin, la survivance de cette place pour son fils, avec la pension de 9,000 liv. qui y est attachée, et une pension sur un bénéfice pour un autre fils, qui est ecclésiastique. Falconnet père est de Lyon, et étoit médecin de Villeroy, qui lui avoit fait avoir cette place auprès du Roi. Mais le ma-

---

(1) Voir sur la *Paulette*, Chéruel, Dictionnaire *des Institutions françaises*, T. II.

réchal n'avoit jamais voulu demander cette survivance, et l'éloignoit toujours jusqu'à la majorité. A peine a-t-il été parti, que Falconnet l'a obtenue, et ainsi le cardinal se fait des créatures de celles mêmes du maréchal.

Le 27 août, le cardinal Dubois a travaillé pour la première fois avec le Roi.

Lettres de premier ministre. 28 août. — Les lettres de *Premier Ministre* ayant été présentées au Grand-Conseil, la compagnie a dit qu'elle n'entendoit rien à cette vérification, et que la lettre de cachet étant adressée au Premier Président, c'étoit à lui à y répondre. (Il est certain que les lettres du cardinal de Richelieu n'ont point été vérifiées; elles sont adressées au Garde des sceaux de Marillac.)

Quinot. — Le sieur Quinot, bibliothécaire du Collége Mazarin, est mort, et laisse beaucoup de dettes et peu de bien. C'étoit un théologien appelant et de la société de Sorbonne. Il avoit l'abbaye de Beaulieu. Pendant sa maladie, qui a duré quelques mois, le Président de Blamont l'a sollicité de se défaire de cette abbaye, ce qu'il a fait, et le président l'a obtenue pour son fils. Il y avoit une pension de 1,600 liv. qui n'a point été payée, parce qu'on a fait scrupule au sieur Quinot qu'elle étoit trop forte. Et après sa mort, le président a suscité les économes en titre pour faire saisir le peu de bien de la succession, à cause des réparations que le défunt abbé n'a point faites. Ainsi, il a eu l'abbaye, sans pension, sur la démission volontaire, et il a fait tomber encore les réparations sur la succession de son bienfaiteur. C'est ce même président, exilé, qui opinoit si durement contre la Régence, dans les assemblées du Parlement et des évêques, mais qui s'est tourné du côté de la cour pour avancer sa famille. Il est déshonoré dans le Parlement, et il n'est pas mieux en public par cette dernière action, qui le déclare ingrat, après qu'il s'est déclaré traître.

On a fait courir un petit manifeste pour justifier la disgrâce de M. de Villeroy. Il est de la façon de M. de Fontenelle, de l'Académie françoise, et il n'en est pas meilleur pour le style. Il commence comme le manifeste contre l'Espagne, et l'auteur montre par là sa stérilité. Le style n'a pas la dignité nécessaire en ce cas. Voici le manifeste.

MANIFESTE SUR L'EXIL DE MONSIEUR DE VILLEROY. — « L'autorité royale n'est comptable qu'à Dieu et de ses desseins et de l'exécution de ses projets. Cependant, les rois et les dépositaires de leur puissance veulent quelquefois par bonté manifester les raisons qui les font agir. Il est de certaines circonstances où la sagesse les *sollicite* de renoncer à leurs droits, pour confondre les malintentionnés et ne pas scandaliser les faibles. Telle est la conjoncture présente. Le maréchal de Villeroy, gouverneur de Sa Majesté, vient de recevoir un ordre pour aller dans son gouvernement. Il seroit triste qu'à l'occasion de son éloignement le public pût soupçonner le zèle et la fidélité du maréchal pour son maître. Il *faut rendre* justice à la droiture de ses intentions, mais en même temps le *gouverneur présumoit* trop de la dignité de son emploi. Il affectoit un *air* d'indépendance que l'autorité royale et souveraine, et ceux qui en sont dépositaires, ne peuvent pas *tolérer*. Ses prétentions ne convenoient point à Sa Majesté ni aux princes de son sang. Il vouloit, pour ainsi dire, s'élever un trône particulier pour s'opposer à la Régence, *comme si* l'autorité royale pouvoit être divisée. Sans toutes ces indiscrétions, qui n'attaquent point la probité du maréchal, nous aurions encore la satisfaction de le voir auprès du Roi, mais les bonnes intentions ne suffisent pas dans les places importantes, il faut encore mesurer ses *démarches*, et se soumettre à l'esprit d'un gouvernement qui ne se propose que la gloire du Roi et le bonheur de ses sujets. »

Le manifeste d'Espagne commence par ces mots : « Les rois ne sont comptables de leurs démarches qu'à Dieu même, dont ils tiennent leur autorité. »

CARTOUCHE. 37 ACCUSÉS. — Arrêt du 22 août, contre trente-sept accusés de la compagnie de Cartouche, dont il y en a de roués, de pendus, d'autres fouettés, fleur-de-lisés, aux galères, bannis, et deux ou trois hors de Cour. Cet arrêt est très-bien dressé. Il y a beaucoup de femmes qui sont bannies hors du ressort du Parlement, à perpétuité, et leurs biens confisqués.

VILLEROY. — Le maréchal de Villeroy coucha à Mont le 15, le 16 à Villeneuve-la-Guyard, le 17 à Joigny, le 18 à Auxerre. Il a passé le 22 à Arnay-le-Duc en Bourgogne, qui est une dépendance du comté de Chavry, qui est une terre du P. Charles, son neveu. Le clergé et les officiers l'ont harangué; il a demandé si on n'avoit point reçu d'ordres de Paris et si l'on savoit la raison de son voyage. On lui a répondu que non. Le 23, en montant dans son carrosse, il dit à un des officiers de justice de Chavry : « Je suis bien fâché de faire un si grand voyage, je m'en serais bien passé. »

— Le 20 août, on a fait les funérailles du duc de Marlborough, à Londres, avec une pompe singulière. La description est dans la *Gazette de Hollande* du 28 août.

SEPTEMBRE 1722.

Septembre, samedi 5. — REMONTRANCES DU PARLEMENT. — Les remontrances du Parlement ayant été portées par M. le président d'Aligre, il y a été répondu que le Roi les recevoit en bonne part, mais qu'il vouloit être obéi; sur cela, on s'est assemblé, et il a été arrêté qu'il seroit fait d'actives remontrances, ce qui a été trouvé fort mauvais à la Cour. Les gens du Roi n'ont pas été bien traités : on leur a dit qu'on enverroit au Parlement des gens qui le feroient bien obéir. Cela s'est fait ces jours passés.

ÉDITS REGISTRÉS. — Aujourd'hui, samedi 5, il a été envoyé une lettre de jussion, et les édits de la Paulette et du rétablissement des maires et autres officiers de ville ont été registrés, *de l'exprès commandement du Roi.* Nous les verrons au premier jour.

Comte d'Évreux. — J'ai appris aujourd'hui, par un seigneur de la Cour, que le comte d'Évreux, colonel-général de la cavalerie, ne va point travailler chez le premier ministre, et que le Régent lui a dit : « *Vous ferez comme par le passé, il n'y a rien de changé pour vous.* » Le comte d'Évreux a dit à ses amis qu'il n'y avoit d'autre parti à prendre que de se défaire de sa charge, ou d'aller chez le ministre, si le Roi le vouloit.

Le cardinal Dubois a la feuille des bénéfices. C'est une belle porte pour faire des grâces.

Premier ministre. — Députation. — Tous les Corps et Compagnies ont député au premier ministre ; entre autres, on a remarqué l'Académie françoise : le compliment lui a été fait par l'évêque de Soissons. Le cardinal de Rohan, qui est de l'Académie, étoit de la députation, et on a vu le cardinal chez l'autre cardinal, ce qui a bien surpris. On dit que le cardinal Dubois lui a dit : « *Monseigneur, vous m'avez fait rougir deux fois.* » Ce que l'on a interprété de la première, lorsqu'il lui a apporté de Rome la calotte, et la seconde, qu'il l'a fait rougir de le voir parmi les académiciens.

Cela est vrai, je l'ai su de l'évêque de Rennes, qui étoit présent, et qui m'a dit qu'en sortant du conseil, le cardinal de Rohan avoit dit au cardinal Dubois qu'il alloit entendre la harangue de l'Académie, qu'il étoit du corps et ex-chancelier. L'évêque de Soissons a toujours lu sa harangue, qui étoit dans son chapeau. Le cardinal Dubois a assez mal répondu, et ce fut en repassant près du cardinal de Rohan, qu'il lui dit, en lui frappant sur sa bedaine, qui est assez grosse : « Monseigneur, vous m'avez fait rougir deux fois. »

M. de Marcieux, qui est dans la confidence du Régent, a été mandé de Dauphiné pour commander à Lyon sous les ordres du maréchal. C'est une garde honorable qu'on lui donne.

— L'abbé Bignon a obtenu pour M. Bignon de Blanzy, maître des requêtes, son neveu, la survivance de sa charge de garde de la bibliothèque du Roi, qui est une très-belle place. Le nom de Bignon porte respect avec soi. Depuis Jérôme Bignon, le célèbre avocat-général, ils n'ont point dégénéré. Il y a trois frères conseillers d'État et un capitaine aux gardes. L'abbé, qui a beaucoup d'esprit, n'a pas avancé du côté des prélatures, parce qu'on lui a trouvé les mœurs un peu trop gaies, et il aime mieux être conseiller d'État qu'évêque. On lui reproche d'avoir dissipé les estampes du cabinet du Roi, qui se donnent en présent aux ambassadeurs. Mais il y a apparence que c'est une calomnie, et si cela étoit, on ne lui auroit pas donné la survivance pour son neveu.

Cette dissipation d'estampes a été renouvelée en 1735, et un abbé de Chancey qui en avoit la garde à la Bibliothèque du Roi, autrefois jésuite, et mis à cette place par l'abbé Bignon, en a été renvoyé et mis à la Bastille où on lui a fait son procès en août 1735. L'abbé Bignon ne paroît point et est à sa tour de Mantes : il est fort soupçonné dans cette affaire. (*Note postérieure de Marais.*)

Il m'a été dit que leur mère, sœur du chancelier de Pontchartrain, qui faisoit la dévote, ne l'étoit point du tout, qu'elle avoit des amants, qu'elle voyait dans un très-grand particulier, et entre autres, un évêque d'Autun et un Duvivier, officier aux gardes, qu'elle appeloit *Le Milord,* avec qui elle s'enfermoit dans un oratoire où personne ne voyoit qu'elle faisoit tout autre chose que de prier Dieu; qu'à sa mort elle ne voulut point se confesser, qu'il y avoit très-longtemps qu'elle n'avoit reçu ses sacrements, et enfin que cette dévote avoit toujours trompé Dieu et les hommes pendant sa vie. Mais à sa mort, ayant fait remettre à Duvivier une cassette de lettres, il y en trouva d'un évêque et d'un autre qui lui reprochoient son amour pour Duvivier, et Duvivier a fait cette confidence à la personne qui me l'a redit, étant enragé d'avoir découvert la coquetterie de cette femme qui se flattoit de lui avoir sacrifié sa piété, sa vertu et tout son honneur. Et voilà comment tout se sait et que les faits les plus anecdotes se découvrent.

VERS SUR LE MARÉCHAL DE VILLEROY.

Villeroy, ton exil met le comble à nos maux.
Pour nous en consoler je demande aux échos :
Qui plaindrons-nous le plus, l'État, ou Villeroy ?
De leurs mourantes voix ils répondent : *le Roi.*

Dimanche, 6 septembre. — ÉDITS NOUVEAUX. — On a publié dans Paris l'édit portant rétablissement des officiers municipaux, qui sont : les gouverneurs, lieutenants du Roi, majors des villes closes du royaume, maires, lieutenants de maires, etc.... anciens, alternatifs et triennaux, pour en être la finance payée en contrats de rentes sur la Ville, rentes provinciales, finances d'office supprimées et autres créances de l'État liquidées ; et la déclaration du Roi portant révocation de la survivance, attribuée par l'édit de décembre 1709, et rétablissement du droit annuel des offices et charges, du 9 août 1722. L'enregistrement de l'édit porte : « Registrées, ouï et ce requérant le P. G. du Roi, pour être exécutées, selon leur forme et teneur, du très-exprès commandement du Roi, contenu en la réponse aux remontrances de la Cour à elle donné à entendre par le ministère des gens du Roi et depuis reitéré par les lettres de jussion à icelle Cour, et sera *ledit seigneur* Roi très-humblement supplié, en tout temps et en toute occasion, de vouloir bien avoir égard aux conséquences d'une création d'offices aussi onéreuse à ses sujets, sans approbation de ce qui est contenu au présent édit qui n'auroit été enregistré à la Cour. »

L'enregistrement de la déclaration est de même, hors

qu'il y a : « Et sera, ledit seigneur Roi, très-humblement supplié en tout temps, et en toute occasion, de vouloir bien laisser jouir les officiers de la survivance qui leur a été accordée par l'édit de décembre 1709. » Notez : 1° que l'édit des maires porte qu'il n'a point paru d'expédient plus sûr pour payer les dettes de l'État, et moins onéreux aux peuples que le rétablissement de ces charges, et l'arrêt dit au contraire que cette création est très-onéreuse aux sujets. Ainsi le Roi et son Parlement sont en contradiction. Mais *sic vivitur*, et on vendra les charges qui n'auroient point été vendues si le Parlement n'avoit pas enregistré.

2° La clause : *sans approbation* est tombée sur ce qu'il est parlé dans l'édit de rentes provinciales et de dettes de l'État liquidées, toutes choses que le Parlement n'a point connues ni registrées. On lui vouloit ainsi faire approuver le visa indirectement, mais le piége a été aperçu.

3° Voilà la Paulette rétablie, malgré le refus qui en a été fait, mais on a dû s'y attendre, les charges étant un bien dans les mains du Roi, et dont il fait et tire tout ce qu'il veut. On tiendra compte du rachat, en déduisant ce qui auroit dû être payé par l'annuel depuis 1709 et le denier 25.

4° Les Cours supérieures, les Chambres des comptes, les maîtres des requêtes, intendants des finances, gardes du Trésor-Royal, et percepteurs des revenus casuels sont exceptés de la Paulette : chacun a travaillé pour soi. Les intendants des finances qui travaillent au Conseil se sont exceptés. Paris, qui est l'un des gardes du Trésor royal, a fait pour ses confrères, et le trésorier des parties casuelles a fait aussi pour lui, quoique cet édit soit un grand profit à sa charge.

5° La suppression de toutes les charges municipales avoit été faite en grande connoissance parce que c'est la ruine des petites villes et bourgs du royaume, et on se ruine de nouveau pour empêcher la ruine.

Dic mihi quis furor est ne moriare mori.

On va revoir les syndics des paroisses et les greffiers des rôles et tailles, mangeurs de gens et du pauvre peuple.

— CROZAT. — Le sieur Crozat, célèbre négociant, qui a tant gagné de bien dans le commerce et aussi dans la finance (car son bien n'est pas tout pur) (1), marie son fils aîné à Mlle de Gouffier, de l'ancienne maison de Gouffier-Boisy, et dont la mère est Luynes. Il donne à son fils 130,000 livres de rentes; la fille ne lui apporte que sa qualité et est boiteuse. Le douaire est de 12,000 livres de rente, habitation 4,000 livres, préciput 50,000 livres et il reconnoît avoir reçu 200,000 livres qu'il n'a point reçues. Ce fils est colonel d'un beau régiment, et est estimé dans les troupes. Crozat a marié sa fille aînée au comte d'Évreux, colonel-général de la cavalerie, qui l'a quittée, a consenti à une séparation de biens, et lui a rendu sa dot. C'est le sort de tous ces mariages inégaux (2). On appeloit la comtesse d'Évreux, dans la maison de Bouillon, *le petit Lingot*. Elle avoit apporté 500,000 écus, que son mari lui a aisément rendus pendant le règne du papier, et par des dons que le Régent lui a fait sur les taxes de son propre beau-père. La comtesse est retournée chez son père, leste, jeune, et trop heureuse d'avoir retrouvé sa chambre de fille.

Le comte d'Évreux, homme singulier, a fait bâtir une maison magnifique au faubourg de Saint-Honoré, où il fait venir tous les officiers de cavalerie, qu'il traite hautement. Il a obtenu le don de Monceaux, qui est au Roi, et dont il a la capitainerie. Il y passe sa vie à la chasse, et il ne cache point son attache pour la duchesse de Lesdiguères, qui le suit partout, et qu'il trouve meilleure que la petite Crozat.

Lundi, 7 septembre. — Le Parlement a cessé. Il y avoit

---

(1) Il a été taxé à six millions à la Chambre de justice (*Note de Marais*).
(2) Elle est morte. La séparation a été cassée et cela a fait beaucoup de procès qui durent encore en 1735 (*Note postérieure de Marais*).

quinze jours qu'on ne parloit, à la ville et à la Cour, que du lit de justice, qui devoit être tenu à Versailles, où on devoit déclarer le Régent lieutenant-général du royaume, de la couronne, et autres grandes nouveautés. Mais tout cela est venu à rien, et le Parlement étant fini, adieu le lit de justice! On en a tiré l'enregistrement des édits, et c'est tout ce qu'on vouloit.

Il y a eu un démêlé entre le cardinal Dubois et le Garde des sceaux. Celui-ci ayant dit qu'il alloit demander au Régent quels maîtres des requêtes iroient au sacre, le cardinal lui a dit qu'il devoit lui en parler auparavant, que cela étoit dû à sa place et qu'il le devoit savoir. L'affaire s'est passée doucement. Les maîtres des requêtes ont été nommés. Ce sont MM. Lambert, d'Horbigny, Bernard, fils du célèbre Samuel Bernard, Fontnieu, *Talhouët*, la Granville.

TÉNANCE. — J'ai reçu des lettres de Mme R. mon amie, et de M. de Ténance, son gendre, qui m'ont appris que Mme de Ténance y étoit accouchée, le 1er de septembre, *d'une fille*, après un travail de 24 heures. Elle est à Sévigny, en Bourgogne.

Mardi, 8 septembre. — J'ai vu chez M. Bernard un écrit qui a pour titre : *Mémoire sur l'effet que produit la liquidation dans le public.* On y veut prouver que cet effet est merveilleux et la liquidation très-juste. Il est facile d'y reconnoître cette fausse éloquence qui déclamoit autrefois pour le Système du papier, et qui disoit que les billets de banque ne pouvoient perdre leur crédit sans entraîner la ruine totale de l'État, et qu'ainsi on devoit s'y fier. (Juin 1720) Il faudroit ôter la plume à ces sophistes qui ne persuadent personne, et qui veulent nous faire croire que nous ne sommes pas ruinés quand nous le sentons et l'éprouvons tous les jours. Misérables pensionnaires des Pâris, qui louent leur esprit et le mettent à gages pour prêcher le *grand effet des liquidations*, et ces liquidations perdent les trois quarts sur la place! Voilà une réponse bien courte à ces beaux écrits des La Motte et des Terrasson. La liquidation de 100 liv. est à 27 liv. La nouvelle création ne les a point augmentes.

CAISSE DU VISA. — J'ai vù aussi deux grandes tables arithmétiques concernant : l'une, la caisse générale du visa jusqu'au 5 septembre 1722 pour les rentes de la Ville, où j'ai trouvé que les contrats conservés en entier montent à 65,568,289 liv. Le tout faisant ensemble 385,557,745 liv., dont la Ville payera les rentes en entier. Ce qui fait environ 10 millions de rentes au denier 40.

L'autre contient la caisse des effets retirés jusqu'au 5 septembre.

Récépissés des receveurs des tailles. . . .	10,352,750
Récépissés du trésor Royal.	4,048,211
Receveur des charges.	44,688,6
Récépissés des monnoies.	204,382
Comptes en banque.	21,963, 575,12
Récépissés des directeurs de C. en B. . .	82,000
Billets de banque.	128,200,950
Rentes viagères sur la comp. des Indes.	38,079,525
Actions rentières n° 3,238, sommes. . .	32,388,000
Total	235,364, 063,3
Actions intéressées n° 41,032.	
Sommes.	128,133,087
Certificats délivrés d'actions.	20,721
Dixièmes.	7

Marquise de Charost. — Le Roi a donné à la marquise de Charost, belle-fille de son nouveau gouverneur, 6,000 livres de pension. C'est une dame de mérite que le papier a maltraitée.

Mme DU DEFFAND. — Mme du Deffand a obtenu 6,000 liv. de rentes viagères sur la Ville par ses intrigues avec Mme d'Averne et les favoris du Régent. Tantôt bien tantôt mal avec eux, elle a pris un bon moment, et a attrapé ces 6,000 livres de rentes, qui valent mieux que tout le papier qui lui reste. Son mari l'a renvoyée et n'a pu souffrir davantage ses galanteries avec Fargis, autrement *Delrieux*, fils du partisan Delrieux, qui se fit appeler de *Rieu*, et qu'on disoit qui avoit tant volé qu'il en avoit perdu une aile. — Voilà les gens qui ont la faveur de la cour. Fargis est un des premiers courtisans du Régent et est de ses débauches.

— Il m'est tombé entre les mains un manuscrit de M. de Boulainvilliers, qui est le *Journal de l'histoire de Saint-Louis*, fait autrefois par Aubery, avocat au Parlement, sous les ordres de M. Colbert, augmenté par le Sr Pean et corrigé par M. de B. Il y a mis à la tête une *Préface*, des plus curieuses qui se puissent lire, et qui est un morceau rare de notre histoire, où il traite des plus grandes matières, comme de la succession à la couronne, de la part qu'y avoient les seigneurs des grands fiefs, de la régence des Reines, des guerres privées qui se faisoient contre le Roi, de la justice et des citations et appellations, tout cela avec une liberté et une franchise qui ne se trouvent que là, aussi bien que la beauté du style. Il critique fort Mezeray, il méprise fort le P. Daniel, qui n'a écrit que pour écrire et non pour nous instruire. Il loue fort le Recueil de Duchesne et des autres historiens, qui n'est cependant qu'un ouvrage du hasard, et qui est dû au travail de ses généalogies, où il découvrit plusieurs manuscrits qu'il a depuis ramassés en recueil (1).

Il élève beaucoup le Recueil que Rymer a publié en Angleterre, où on voit publiquement ce qui étoit le plus caché. Il fait remarquer que saint Louis a changé le premier la constitution de la monarchie, et a introduit tous les changements contre la noblesse et les grands, et censure aigrement ceux qui croyoient que nos temps et ceux-là se ressembloient. « Misère de nos jours, (dit-il) de voir que l'on veut ôter la liberté dont ont joui

---

1) Le cardinal de Richelieu lui permit de le faire, parce qu'il lui avoit fait une fausse généalogie (*Note postérieure de Marais*).

ces anciens temps, et les réduire à l'esclavage où nous vivons. » Rien n'est plus fort et plus hardi que tout ce discours, rien de plus recherché, et quoiqu'on n'en puisse pas user dans ces temps-ci, cependant il semble que l'autorité devroit agir et empêcher le cours de ces manuscrits, qui apprennent des choses si curieuses et si contraires à la souveraineté qu'on est presque criminel en les lisant.

SACRE. — Le marché est fait pour la viande du festin royal du sacre à Reims à 900 liv., pour le lard 300 liv. et il en coûtera pour faire piquer cette viande seule 3,400, liv. parce qu'il n'y a dans Paris que 80 hommes qui sachent piquer. Il les faut payer et nourrir pendant leur voyage, et cela reviendra à cette somme. Je l'ai su d'un contrôleur-général de la maison du Roi. Ce détail peut entrer dans un *Journal*.

— Il n'est pas certain que les ambassadeurs aillent au sacre. Ils veulent avoir dans leur craie le POUR qui est une distinction, — POUR *l'ambassadeur d'Angleterre*, — POUR *l'ambassadeur de Hollande;* au lieu qu'ils n'iront point si on ne le leur donne point : on ne veut dire simplement que *L'ambassadeur d'Angleterre,* etc. Je tiens cette dispute de l'ambassadeur de Hollande lui-même. C'est une dure loi que le cérémonial et les anciens usages, qui n'ont souvent de raison que l'ancienneté.

BREF DU PAPE AU ROI POUR SE CHERCHER UN CONFESSEUR. — *A notre T. C. fils en Jésus-Christ, le Roi très-chrétien, Innocent XIII, pape.*

« Très-cher fils en Jésus-Christ, salut et bénédiction apostolique. Le bon naturel de Votre Majesté, sa piété envers Dieu, son attachement pour le Saint-Siége, et quantité de vertus dont le Très-Haut vous a comblé, demandent de nous que par une bonté paternelle nous lui procurions selon son désir tout ce qui peut contribuer à sa consolation et au bien spirituel de son âme. C'est pourquoi, ayant égard à la demande de Votre Majesté, nous lui accordons par ces présentes, de notre volonté apostolique, le pouvoir de se choisir pour son confesseur notre *très-cher fils Claude Bernard de Linières, prêtre régulier, profés de la compagnie de Jésus, dont la foi, la science, la prudence, l'intégrité et le zèle pour la religion nous sont parfaitement connus. Lequel pourra vous entendre en confession, vous absoudre de tous les péchés et délits, quels qu'ils soient, même des cas réservés à nous et au Saint-Siége*, contenus dans la bulle *In cœna Domini*, vous relever des censures et peines *ecclésiastiques*, de quelque manière que vous les ayez encourues, après vous avoir imposé une pénitence salutaire, et changer en d'autres œuvres pieuses les vœux que vous pourrez avoir faits, excepté ceux de chasteté et de religion. Donnant par ces mêmes présentes un plein pouvoir audit Claude Bertrand pour l'exécution des choses ci-dessus, nonobstant toutes oppositions qu'on pourroit former au contraire.

Donné à Rome, à Sainte-Marie-Majeure, sous l'anneau du pêcheur, le dix-neuvième mai an **1722**, *et de notre pontificat le second.*

SACRE. — PRISONNIERS. — Je me suis informé de la forme des abolitions du sacre. M. Samson, secrétaire du Roi, qui travaille au sceau, m'a dit que le criminel doit se rendre à Reims prisonnier, et s'y faire écrouer, qu'il faut qu'il prenne l'extrait de son écrou, et l'attache à un placet ou mémoire contenant le fait de son crime et conforme aux informations. Que ce placet sera distribué à un des maîtres des requêtes qui sont députés au sacre. Lequel le rapporte au *grand-aumônier de France*, dont le droit est de prononcer ces abolitions ou de les refuser. Quand elle est accordée, ce qui se fait de l'acte du maître des requêtes, on donne au criminel un brevet appelé *bulletin de respit*, contenant sa grâce, et suivant lequel il doit, dans six nuits, obtenir des lettres en chancellerie et les faire entériner devant les juges ordinaires, avec satisfaction à partie civile et les autres formes accoutumées.

Quand elle est refusée, on donne au criminel une pension, pour se retirer où bon lui semble, afin que le sacre ne soit pas un piége pour lui.

On n'admet pas les grands criminels, comme assassinat, rapt, viol et duel, mais beaucoup d'autres crimes qui ne font pas matière des rémissions ordinaires, et c'est en cela que l'abolition du sacre est utile. Il est parlé de ce privilége du grand aumônier de France dans l'*Histoire ecclésiastique* de La Cour, imprimée à Paris, in-fol. en 1645, livre 1, chap. 67. L'auteur est Guillaume de Peirac, ancien aumônier du Roi, qui dit, dans sa *Préface*, qu'il a été longtemps substitut de M. le procureur-général, feu M. de la Guesle, procureur général, et MM. Serven et Le Bret, et M. Marion avocat-général. Il rapporte, dans ce chapitre, deux rôles de prisonniers délivrés, l'un par M. Jacques Amyot grand-aumônier de France, le 26 février 1569, à l'entrée de Charles IX à Metz, l'autre par le P. de la Vallière, l'un des aumôniers du Roi, représentant le grand aumônier à Calais en 1601, sous Henri IV. Celui de M. Amyot finit par ces mots « auxquels tous, après leur avoir remontré le grand danger auquel ils se seroient remis, d'encourir une mort ignominieuse pour avoir perpétré tels crimes, les admonestant de s'en abstenir dorénavant, évitant les occasions de querelles, et s'adonner à meilleures actions et honnête vie, avons fait ouverture desdites prisons et mettre hors d'icelles, baillant à chacun d'eux, ainsi que nous avons accoutumé, le bulletin de respit de trois mois, dans lequel ils aient à obtenir lettres de rémission ou pardon des cas dessus dits. »

L'auteur, qui est savant, remarque, à la fin du chapitre, un arrêt du 23 juin 1518, rapporté dans Papon, livre 24, 417ᵉ arrêt, qui porte que les rémissions du Roi, pour son joyeux avénement ou entrée en une ville, se doivent lever dans six mois de la date du brevet du grand-aumônier, autrement, le temps passé, sont les impétrans déchus des rémissions et dit : « C'est toujours trois mois davantage que ne porte le procès-verbal. »

CHARTREUX. — Le procureur général des Chartreux a fait un trou à la lune, et a emporté tout l'argent qu'il a pu après avoir escompté les billets de la maison de Paris, et vendu les chevaux des frères des environs. Ce qu'il a dit faire par ménage, parce que les chevaux seroient chers au sacre, et seroient après à bon marché, puis il est passé en Angleterre, dit-on, avec une femme, car ces sortes de banqueroutes de moines ne se font point sans cela.

Il a surpris du cardinal Dubois un passe-port qu'il avoit demandé pour son frère, qui alloit négocier en pays étrangers, et cela pour mieux faire son coup, car il s'est servi lui-même de ce passe-port. On a arrêté son frère, qui a été mis à la Bastille ; l'affaire étant regardée comme crime d'État. L'ordre des Chartreux fait de grands mouvements pour le réclamer, mais ce n'est pas grande perte qu'un mauvais moine.

13 septembre et autres jours. — Arrêt du 13 septembre, qui a ordonné que les arrérages des rentes viagères courront du 1er janvier 1722 pour ceux qui porteront leur liquidation avant le 1er octobre.

Le même jour, autre arrêt qui a fait cesser les fonctions de tous les commissaires du visa, parce que leur travail est achevé.

Du 14. — Arrêt qui ordonne qu'il ne sera plus reçu aucune représentation ni remontrance contre les liquidations, et que l'on sera tenu de retirer ses certificats des effets liquidés dans le courant d'octobre pour Paris, et le dernier novembre pour les provinces, sinon nuls, à la réserve des contrats de rentes.

Le même arrêt autorise les notaires, huissiers et dépositaires publics et particuliers, les tuteurs, les maris, etc., à rapporter les effets visés et retirer les certificats, avec lesquels leur sera délivré une note des réductions. Sinon, ils seront responsables de la valeur entière.

Le 15, il a été publié un arrêt du 29 juillet qui a été tenu secret, par lequel il est dit qu'il sera fait *une imposition à titre de capitation extraordinaire* sur ceux qui ont fait des fortunes considérables à l'occasion du commerce du papier depuis le 1er juillet 1719, qui sera payable en rentes sur la ville, rentes provinciales et certificats de liquidation, qu'elle sera réglée à proportion de l'augmentation de la fortune et qu'on n'y pourra comprendre que ceux qui ont un grand nombre d'actions qu'ils n'ont point représentées au visa, ou en actions ou en autres effets, et ceux qui, d'une condition abjecte ou de l'état d'une fortune médiocre, ont passé depuis le 1er juillet 1719 une fortune considérable et fort au-dessus de leur condition. Il est dit que l'on payera huitaine après la signification du rôle moitié, l'autre moitié huitaine après, ou, faute de payer, que l'on donnera une soumission pour payer dans un mois. Sinon, contraints par toutes voies dues et raisonnables.

Le titre de *capitation extraordinaire* et de *supplément* a paru nouveau, mais on a voulu éviter le nom de *Taxe*, parce que plusieurs arrêts ont promis qu'il n'y en auroit jamais contre ces fortunes du papier, qui ont suivi la foi publique. On a travaillé secrètement au rôle pendant les mois d'août et de septembre, et il a paru aussitôt que l'arrêt qui l'a ordonné. Plusieurs familles innocentes, et plutôt pauvres que riches, se sont trouvées taxées par des erreurs et des méprises qu'il faut faire réformer.

Une de mes parentes, veuve de M. de Retz, avocat, est taxée à 99,579 livres, quoiqu'elle n'ait jamais eu qu'une action. Tout le monde crie et se plaint de cette taxe, les uns, comme ayant perdu plutôt que gagné, les autres pour avoir déjà souffert des réductions par la liquidation et ayant déjà été jugés, d'autres pour avoir gagné par des voies licites.

La désolation est partout, et on a ajouté dans le rôle la contrainte comme pour les propres deniers et affaires de Sa Majesté, qui n'est pas dans l'arrêt. Le sieur Fénelon, ancien directeur de la Banque, a été taxé à 1,400,000 livres et demande, par un placet très-touchant, que le Roi lui donne une place à l'Hôpital pour y pouvoir finir ses jours. On dit que le Régent, en signant ce rôle, dit : « Je suis fâché de signer cela, car il n'y a que les p..... qui en profiteront. »

Le sieur Virlois a été commis par ordre du 15 septembre pour recevoir les taxes, et le sieur du Harlay pour contrôler ses quittances.

Du 17 *septembre*. — RENTES VIAGÈRES. — Arrêt qui ordonne que ceux qui ont des rentes viagères sur la Compagnie des Indes, dont ils doivent jouir sur d'autres têtes, en consentiront l'extinction, en faisant leur soumission d'en faire remploi en rentes viagères sur la Ville, sous les mêmes conditions, sans que la Compagnie soit tenue d'en suivre l'emploi. Ainsi, les rentes viagères de la Compagnie vont la plupart sur la Ville, et le Roi s'en charge.

BRULEMENT DES PAPIERS DU VISA. — *Du* 21 *septembre*. — Arrêt célèbre qui règle la manière en laquelle il sera procédé au récolement et au brûlement de tous les registres et papiers qui ont servi pour les diverses opérations du visa. Il y aura 27 commissaires du visa qui travailleront au récolement et feront tout brûler. Les registres, les journaux, les états fournis par les notaires, les extraits, les dépouillements de ces états, les tomes des dictionnaires, les grands-livres, les listes, les registres et feuilles des décisions, tant de la commission générale que des conseillers d'État. Ce *brûlement*, car on s'est servi de ce mot, se fera après une vérification exacte, article par article, sur tous les livres et journaux de la nation, de la déclaration de chaque particulier et sur la liquidation. Après, on fera huit paquets qui seront brûlés l'un après l'autre, et ainsi, après le jugement universel du royaume, viendra la conflagration générale. Le bon de tout ce travail, c'est que s'il y a des erreurs contre le public, elles ne seront point réformées et que tout aboutira à brûler, à peu près comme les champignons qu'il faut bien choisir, peler, fricasser, puis jeter par les fenêtres. Polyphème, dans sa caverne disait à Ulysse : « Vous me paraissez bon homme, je vous mangerai le dernier. » De même, il y aura de l'ordre dans le brûlement et on y gardera le cérémonial, mais tout sera toujours brûlé, et les commissaires pourront *s'appeler contrôleurs des papiers brûlés.* Pour cette belle opération, on a fait construire une grande cage de fer, afin que les curieux ne tirent point des papiers du feu, et que l'air même n'en puisse détourner aucun. On ne veut pas qu'il reste rien de tout cet ouvrage, et on a bien raison de détruire par le feu un travail si injurieux et si ruineux à la nation, afin qu'il n'en reste point de mémoire. On brûle même jusqu'aux décisions du conseil. Mais ces décisions sont imprimées et entre les mains de bien des gens qui les feront passer à la postérité. Il est permis, par l'arrêt, à chaque particulier de retirer sa déclaration dans quinzaine, sinon elles entreront dans le brûlement général.

Du 29 septembre, arrêt qui fait un débouché des papiers en rentes provinciales au denier 50 créées par édit de 1720 et à jouir du 1er janvier 1722.

17 septembre. — Le mercredi 17 au soir, j'ai été attaqué d'une grande colique qui m'a duré quatre jours avec des douleurs très-vives, et qui ayant redoublé le dimanche au soir, je fus étonné qu'après quelque difficulté d'uriner, je fis une pierre grosse comme un grain de blé, et entourée de gravier. Je ne croyois pas pouvoir être attaqué de ce mal dont je ne me suis jamais senti. Mais Pline dit bien : « Quam multa latent in majestate naturæ.! » On m'engage à un régime exact et il faut bien le garder pour ne pas souffrir. Voilà le fruit du travail du cabinet.

GARDE DES SCEAUX. — MONSIEUR D'ARMENONVILLE. — Le vendredi 18, dans les intervalles de mon mal, j'ai eu une grande conférence, seul à seul avec M. le Garde des sceaux, au sujet d'une grande affaire de Bretagne, où il convient casser un arrêt rendu contre le sénéchal de Chateaulin. Il m'a traité très-gracieusement, m'a accordé le relief du laps de temps pour la cassation, et a dit qu'il rendroit arrêt pour ordonner que le P. G. du parlement examinerait les motifs, et cependant sursis à toutes poursuites contre ce juge. Sur ce que je lui ai proposé de signer un arrêt à propos du visa pour une personne de mes amis, il m'a dit : « C'est un arrêt de finance, je n'en rends plus; j'en ai assez rendus et voudrois bien les rétracter, je n'en rends plus que de justice et il est beau à un homme comme moi d'en finir par là. » Il est ensuite entré avec moi très-familièrement dans plusieurs confidences sur les affaires de l'État. Il me dit qu'il lisoit tous les arrêts qu'il scelloit et qu'on lui présentoit, et qu'il ne signoit jamais rien qu'après l'avoir lu. Le travail ne lui coûte rien, il est très-poli, reçoit bien le monde dans ses audiences, et fait rendre exactement des réponses par lettres. Je lui ai dit qu'il étoit fort aimé, et cela lui a fait plaisir. Il m'a fait entendre qu'il avoit plusieurs desseins de réforme envers des abus dans l'administration de la justice. Avant, M. le chancelier d'Aguesseau en avoit eu l'envie et m'en a demandé des mémoires que je lui ai promis. Je l'ai vu encore une seconde fois le vendredi 25, à son voyage de Versailles à Paris, car il y vient tous les vendredis tenir le sceau. Il n'y a amitié qu'il ne m'ait faite en particulier, et il avoit accordé le matin l'arrêt *sur la cassation dont j'ai parlé*, l'ayant dicté lui-même à M. Maboul, maître des requêtes. Il fut question, dans cette visite, du procureur général de Bretagne : il me dit que c'étoit un des méchants officiers que le Roi eût, et qu'il venoit de faire rendre un arrêt, en Bretagne, pour défendre au sieur de Lespine-Danican, son beau-père, de se remarier, mais que le conseil avoit cassé cet arrêt.

Université a Dijon. — Dans ce mois, l'on a beaucoup agité l'affaire d'une érection de deux Universités, l'une à Dijon, l'autre à Pau. C'étoit une affaire intriguée par les Jésuites, qui vouloient s'emparer de ces deux universités.

Mais l'Université de Paris y a formé opposition, et à elle se sont jointes celles de France, qui sont : Poitiers, Nantes, Angers, Reims, Caen, Toulouse, Bordeaux et Aix.

Les moyens d'opposition sont très-bien expliqués dans deux requêtes, qui ont été imprimées et données au public. Le Recteur, qui est M. Gobert, a fait merveilles. Il a été entendu en particulier par le Régent dans son cabinet pendant deux heures, et en public, au bureau des commissaires du conseil, où il en a parlé éloquemment et fortement et à la fois *l'opposition des Universités a été reçue, l'érection rejetée,* et il a été seulement accordé qu'il y auroit une faculté de droit à Dijon, en faveur de Monseigneur le Duc, qui l'a demandé pour la commodité des Bourguignons, qui prennent presque tous à Dijon le parti de la robe. Ainsi, les Jésuites ont échoué dans leur entreprise.

Les magistrats de la ville de Dôle étoient intervenus, et demandoient que l'Université de Besançon fût remise à Dôle, où elle a d'abord été fondée, et ces gens de Dôle avoient intelligence avec l'Université. Mais il a été découvert que les Jésuites agissoient sous main pour les Dôlois qui leur auroient remis l'Université, s'ils l'avoient obtenue, et qui reportoient aux jésuites tous les secrets de l'affaire, que ceux de l'Université, qui les croyoient de bonne foi, leur communiquoient.

Il y a à la fin de la requête de l'Université un arrêt du 17 septembre 1624 contre l'Université que les jésuites vouloient établir à Tournon, et un autre du Grand-Conseil du 19 septembre 1625, qui rejette aussi l'Université d'Angoulême. Ce sont deux pièces curieuses. Les requêtes sont écrites d'un style plein de nerf, de précison et de courage, et la vérité y est dite avec hardiesse. Les maximes de politique contre la pluralité des Universités sont tirées du *Testament politique* du cardinal de Richelieu, qui dit : « Qu'un corps qui auroit des yeux en toutes ses parties seroit monstrueux. » Ensuite on explique les maximes de nos pères avec égard, et les véritables intérêts de l'État. Il y a une raison dans la requête des élus de Bourgogne pour Dijon, c'est que la province françoise se trouve surchargée de plusieurs *millions de papier*, et que les habitants sont hors d'état d'envoyer étudier leurs enfants ailleurs. L'Université répond à cela : « Quelle est la province et la ville de ce royaume qui ne se trouve pas dans le même état ? Quelle est la province qui n'est pas surchagée d'un papier inutile à présent et dont on attend la valeur. Si Votre Majesté, Sire, doit jeter quelques regards de compassion, ne seront-ils pas mieux employés sur le grand nombre ? L'intérêt général ne doit-il pas l'emporter sur l'intérêt particulier ? »

PREMIER MINISTRE. — DUBOIS. — On a mis dans la *Gazette de Hollande* du 22 septembre la harangue de l'évêque de Soissons au cardinal Dubois, premier ministre, au nom de l'Académie française. Il lui dit en parlant de l'Académie : « Formée sous les auspices du Cardinal premier-ministre, elle en voit avec plaisir reparaître l'image et elle se flatte de voir bientôt dans la même dignité les mêmes prodiges. Elle se flatte de trouver en vous un second Richelieu et dans les actions et dans les bienfaits, etc. » Enfin, cette harangue est pleine de Richelieu. Mais le ministre n'est pas la dupe de ces flatteries. Il sent bien qu'il n'a plus rien à faire pour humilier les grands, qui s'humilient assez d'eux-mêmes, et qu'il n'a point de digue à construire à la Rochelle.

— J'ai su que le poète Arouët, prenant congé de lui (pour aller à Bruxelles où il est allé voir Rousseau et tenir avec lui une conférence pacifique sur les coups de bâton des poètes), il dit au ministre : « Je vous prie, Monseigneur, de ne pas oublier que les Voiture étoient autrefois protégés par les Richelieu, » se mettant ainsi hardiment au niveau de Voiture, dont il est bien loin. Le cardinal lui répondit : « Il est plus facile de trouver des Voiture que des Richelieu. »

Bignon, abbé. — On a appris que le cardinal avoit eu un démêlé avec l'abbé Bignon qui, pour la survivance de la garde de la Bibliothèque n'a pas été à lui, mais au Régent. Il pouvoit bien aussi y entrer quelque chose des estampes détournées dont j'ai parlé. Enfin, l'abbé a eu ordre de ne point aller à la Cour, et comme il est conseiller d'État, cet ordre est d'une grande conséquence.

La marquise de Charost, qui n'étoit pas bien avec ce ministre, ayant obtenu une pension, il lui a dit : « *Voilà comment je me venge,* » et elle lui a répondu : « Il ne vous manquoit plus qu'un cœur dans le royaume et vous le venez de gagner. »

Depuis le 20 jusqu'au 30 septembre. — Attaque du fort. — Le Roi et la Cour ont été occupés pendant ces dix derniers jours à l'attaque d'un fort construit entre Montreuil et Versailles. Le régiment du Roi, dont M. de Pezay, favori du Roi, est colonel, a fait l'attaque et la défense. On y a pratiqué tout ce qui se fait dans un véritable siège, tranchées, bombes, canons, attaques et prises des pièces différentes, le chemin couvert, les convois surpris, les mines, les secours et enfin la capitulation. Le sieur d'Esclavelles, officier du régiment du Roi, qui a rendu le fort, et qui a dit au Roi qu'il vouloit servir dans ses troupes, a été fait grand cordon rouge.

Ce jeu militaire, fait pour instruire le Roi, a fini le 30 septembre. Tout Paris y a été. Quelques gens du conseil ont eu leurs cheveux brûlés des bombes de carton. Dans la grande foule, il y a eu quelques blessés. On en fera des relations dans le *Mercure* et ailleurs. Mon journal ne se charge point de ce détail. Je ne sais si l'on dira qu'un espion ayant été pris, on lui fit son procès, et qu'aucun soldat du régiment du Roi n'ayant voulu pendre l'homme de paille habillé de leur habit, on prit un artisan de Paris qui fut forcé d'être bourreau, et à qui on donna un louis d'or pour sa peine et l'habit du pendu, de quoi l'artisan n'étoit point content du tout. J'ai ouï dire à un grand prince qu'on eût pu se passer de cet espion, et que le Roi lui devoit faire grâce, parce qu'il ne convenoit pas de faire un bourgeois de Paris bourreau malgré lui. Cela est plus fort que jeu.

Paris. Malte. — Le grand-maître de Malte a fait une belle réponse au commandant de la flotte ottomane qui lui demandoit les esclaves turcs. Il a dit que cette proposition lui étoit tout à fait agréable, que le dessein en étoit pieux, louable et plein de charité, et qu'elle excitoit en lui le même désir pour les esclaves chrétiens, et il lui a proposé le rachat et l'échange usités entre les princes de sa communion, parce que l'institut de Malte n'est pas de faire des esclaves. Mais quand ils prennent des pirates par la voie militaire, ils deviennent prisonniers et c'est une grande charité de les rendre de part et d'autre, comme étant la voie la plus usitée et la plus commode. Sur cette réponse le Turc s'est retiré. Elle a été écrite le 2 août 1722 et est dans le *Supplément de la Gazette* du 22 septembre. Elle est jolie, fine, et ne peut être trop admirée. Il seroit beau que les Turcs l'acceptassent, mais ils reviendront l'année qui vient et seront toujours Turcs avec Malte qui les battra.

Le marquis de Courtanvaux. Duels. — Le marquis de Courtanvaux a été blessé à Versailles de quatre coups d'épée, on ne sait par qui. C'est quelque duel. On parle aussi d'un autre duel entre M. de Coigny et le duc de Mortemart qui s'est fait à Rambouillet, chez M. le comte de Toulouse. M. de Coigny affectoit toujours de passer devant le duc, jusque-là qu'il monta dans une calèche où étoient des dames et où le duc devoit avoir place. Le lendemain à la chasse ils se sont battus avec des couteaux de chasse et se sont légèrement blessés. M. le procureur général a commencé les informés. Je viens d'apprendre que le marquis de Courtanvaux s'est battu avec un M. de la Baume, capitaine de cavalerie réformé. Celui-ci, étant au souper du Roi devant Mme de Maillebois, elle se plaignit qu'elle ne voyoit rien. M. de Courtanvaux, arrivant, poussa rudement le capitaine et lui dit que c'étoit sa place. Le capitaine lui dit : « Je crois, Monsieur, que vous n'avez pas ici plus de place que moi, car si vous en avez quelqu'une c'est dans la salle des Suisses. » Après le souper, le capitaine, qui avoit été poussé, suivit M. de Courtanvaux, le fit sortir de sa chaise, le fit mettre l'épée à la main et lui donna les quatre coups d'épée, dont on dit qu'il ne mourra pas. Il fait toujours bon ne point pousser ou frapper.

DACIER MORT. — M. Dacier, de l'Académie française, est mort le 18. Il a beaucoup travaillé, étoit grand grec, plein de littérature et a traduit Horace, Plutarque et plusieurs autres auteurs. Sa femme écrivoit et traduisoit mieux que lui. (Voyez le 1er article de la *Bibliothèque française*, 1723, in-12, Amsterdam. Il y a un article très-curieux sur lui et sa femme.) Despréaux dit que ce n'étoit qu'un grammairien. Il a bien soutenu le parti des anciens. Mais ses commentaires sur leurs ouvrages, où il a vu tout ce que bon lui a semblé, lui ont attiré bien des critiques, et surtout ce joli ouvrage de *Mathanasius* ou *Le Chef-d'œuvre d'un Inconnu*, ou par le commentaire sur une chanson de Pont-Neuf, il a été tourné en ridicule nouveau, qui a mis les rieurs de côté des modernes, quoiqu'ils n'y dussent point être.

Voyez la mort de Madame Dacier au 19 août 1720.

30 septembre. — MASSIEU MORT. — Mort de l'abbé Massieu, aussi de l'Académie française, excellent génie, grand orateur et qui, dans la *Préface* des œuvres de Toureil, qu'il a données depuis peu, a osé attaquer la Mote son compère, pour blâmer ses expressions nouvelles, précieuses et affectées, et ou, annonçant la décadence de notre langue il a dit : « que comme les grands hommes qui nous ont précédé en ont été les Cicérons et les Virgiles, il est à craindre que nous n'en soyons aux yeux de la postérité les Sénèques et les Lucains. » Il est difficile de réparer la perte d'un tel homme. Il y a dans le *Recueil* de l'Académie des Belles-Lettres plusieurs dissertations de lui qui ne respirent que la tendresse, la vérité et les grâces.

Il est mort sans confession. On mit dans son éloge : « Honestè vixit, honestè mortuus est; quid habet quod « queratur ? »

OCTOBRE 1722.

Taxes. — Arrêt du 3 octobre qui porte que l'on sera reçu à payer les taxes en actions sur le pied de 5,000 livres; ce prix doit accréditer les actions, mais tout ce qui devroit être n'arrive point.

Les taxés ont dit que ces taxes ne seroient pas mieux payées que celle de la Chambre de justice, et qu'il s'en falloit peu soucier.

Cela a donné un éveil et a fait rendre un arrêt le 6 octobre qui porte que les taxés de la Chambre de justice qui n'auront pas été déchargés payeront leur taxe dans deux mois en papier, sinon, après deux mois, en argent.

On a trouvé encore un expédient pour faire payer les nouvelles taxes, c'est que les débiteurs des taxés seront reçus à payer en papier ce qu'ils leur doivent, et à les acquitter ainsi de leurs taxes à proportion. Il y en a un arrêt du 31 octobre, il y en a un autre du 26 octobre qui règle les procédures pour la vente des meubles et immeubles des taxés, et un autre du 20 octobre qui nomme MM. de la Bourdonnaie, Façon, Machault, d'Ormesson, de Harlay et de Gaumont commissaires pour examiner les mémoires des taxés qui demandent décharge ou modération, dont il sera arrêté un nouveau rôle au conseil.

J'ai vu le rôle des taxés qui contient plusieurs noms très-inconnus et qui se montent en tout à 193 millions. La dame Chaumont est à 8 *millions*, André à 4 *millions*, et ainsi des autres. Le papier pour tout cela ne hausse point.

Les actions ont un peu monté ce jour à 1,100 livres ou 1,080 livres, mais le papier de liquidation est à 22 livres.

Le 10 *octobre.* — Il y a eu 27 maîtres des requêtes nommés pour la vérification et récollement de tous les papiers et registres qui ont servi au visa, et les faire ensuite brûler en leur présence. Ce qui a été exécuté suivant l'ordre porté aux arrêts du brûlement, et dans la cage de fer préparée à cet effet. Le feu a été si violent que les barres de fer qui étoient dans la cage en ont été fondues. Tout ce papier, qui eût pu servir à des cartons, a été consumé : il sembloit un sacrifice qui se faisoit dans la cour de la banque. Les commissaires étoient présents tour à tour, et l'on disoit : « C'est M. un tel qui brûle aujourd'hui « On n'avoit point encore vu en France pareille cérémonie. Aussi n'y avoit-on jamais vu de Law, de Pâris, de banque forcée et d'actions. Et tout cela devoit finir par le feu, qui purifie tout.

10 *octobre.* — CONTRÔLE DES ACTES. — Après ces maux finis, voici le retour des finances de partisans, car il faut que cette pauvre France soit toujours tourmentée. Le contrôle des actes des notaires a été établi par tout le royaume et même dans Paris, qui en avoit été toujours excepté. La déclaration, qui est du 29 septembre, a été portée à la Chambre des vacations, tenue par M. le président de Lamoignon, qui n'a fait nulle difficulté de l'enregistrer, et qui a seulement fait mettre dans l'enregistrement (qui est du 10 octobre) que le Roi seroit supplié de décharger son peuple de cette imposition quand l'état de ses affaires le pourra permettre.

Le tarif, qui est en ordre alphabétique, est un travail consommé d'un démon d'homme qui a prévu tous les cas, et prévenu tous les expédients dont il rend l'art inutile.

Il n'y a plus ni secrets dans les familles, ni sûreté, ni commerce, et personne ne veut plus faire de contrats parce qu'il en coûte des sommes considérables pour le contrôle. Les notaires de Paris ont eu beau remontrer la ruine de la société et du commerce, et de la circulation, on s'est moqué d'eux et de leurs représentations. J'en ai parlé à M. le Garde des sceaux, qui m'a dit qu'il y étoit tout à fait opposé, qu'il en voyoit les conséquences et les avoit dites hautement, mais que le parti étoit pris et qu'il n'y avoit plus de remède.

L'enregistrement doit être réitéré au lendemain de Saint-Martin, et on verra ce que le Parlement dira de M. de Lamoignon, qui s'est livré à la Cour dans cette affaire, comme il avoit fait en présidant à la Chambre de justice.

Grosbois. — Je suis parti le 10 d'octobre avec M. Bernard, maître des requêtes, pour Grosbois, où je suis demeuré avec toute sa famille jusqu'au 18 novembre, qui fait près de six semaines, où j'ai pris l'air et me suis reposé. J'y ai composé un grand *Mémoire* historique et critique sur la charge de grand écuyer de France pour M. le prince Charles.

J'ai eu assez souvent les plaisirs de la chasse au cerf, avec l'équipage du Prince, et ma santé y a été assez bonne.

Sacre du Roi. — Pendant ce séjour, le sacre du Roi s'est fait à Reims, le 25 d'octobre, dont il y a eu une relation très-exactement écrite, en trois parties différentes, par l'auteur de la *Gazette de France*. On ne peut rien ajouter à la netteté de cette relation et à tout le cérémonial qui y est rapporté, jusques aux moindres circonstances. On y trouve aussi la description des fêtes données au Roi à Villers-Coterets et à Chantilly à son retour par M. le Régent et M. le Duc. Le Roi est parti le 16 octobre de Versailles, il est arrivé à Reims le 22, a été sacré le 25, et est rentré à Versailles le 10 novembre. Il s'est acquitté de toutes ses fonctions avec une grâce merveilleuse, et en habit de novice il ressembloit à l'Amour. L'archevêque de Reims lui a fait un discours qui a été trouvé très-beau. L'évêque d'Angers a aussi, lui, prêché. Mais l'évêque de Soissons, qui voulut prêcher dans son église de Soissons, le jour de la Toussaint, ne fit rien qui vaille. Toute la Cour trouva le sermon bas et ridicule, et on ne reconnut point ce beau diseur, qui avoit fait les *Avertissements* sur la Constitution, dont il a gagné une place à l'Académie françoise.

A Soissons, le Roi monta au clocher qui est très-haut, on l'y voulut suivre, et il disoit aux courtisans en riant : « *Gare les gras!* » On a remarqué qu'à la fête de Villers-Coterets, ayant gagné des lots à la blanque, il les enfermoit dans un petit cabinet de la Chine qu'il avoit gagné, et qu'il le réservoit très-exactement.

J'ai su que dans l'église de Reims il y avoit 4 ou 500 places de reste, et que beaucoup d'étrangers ne s'y sont pas trouvés, parce qu'ils craignoient de ne point être placés.

Un jeune seigneur allemand, nommé Zinzendorf, y étant venu avec d'autres seigneurs du même pays, ils trouvèrent le vin de Reims bon ; la veille du sacre, ils en burent toute la nuit, s'endormirent le matin, se réveillèrent sur le midi, et voulurent aller au sacre qui étoit fait. Ce qui les fit résoudre à remonter en chaise et sans voir le sacre à retourner à Vienne d'où ils étoient venus exprès pour le voir. Voilà une belle ambassade.

MÉDAILLES DU SACRE. — M. de Launay, directeur de la Monnoye et des médailles, m'a envoyé à Grosbois six médailles du Sacre, de trois moules différents dont trois d'argent et trois de bronze ou cuivre. D'un côté est une représentation du sacre avec ces mots autour : *Celesti oleo unctus*, et dans l'exergue : *Remis, 25 octobre* 1722. Au revers est le portrait du Roi avec ces mots : *Lud. XV, Rex Christianissimus.* Pendant le sacre, on en a distribué plusieurs du plus petit moule. On ne les trouve pas bien gravées. C'est qu'on a employé un autre que le graveur de la Monnoie des médailles.

CARTOUCHE. — La Chambre des vacations a travaillé pendant le mois d'octobre au jugement de plusieurs complices de Cartouche. Un arrêt du 14 octobre en juge 102, et un autre du 24 octobre en juge 64. Cela vide bien les prisons, mais non pas les fripons qui volent dans Paris.

Offices municipaux. — Il y a aussi plusieurs arrêts rendus au conseil à l'occasion des offices municipaux de maires et autres qui viennent d'être rétablis. Ces arrêts règlent les enchères, le droit de marc d'or et de sceau, le droit annuel, le serment de tous ces offices.

D'autres arrêts ont été rendus sur les domaines engagés au sujet des remboursements des enchères, des engagements à vie. Et tout cela pour déboucher le papier de liquidation qui ne hausse pas d'un denier : parce que ceux qui travaillent à cette manœuvre le font baisser comme ils veulent pour vendre leur marchandise.

Arrêt pour la chasse. — Je remarque ici un arrêt célèbre pour la chasse, du 3 octobre, qui fait défense d'affermer la chasse, ni dans les domaines du Roi ni ailleurs, sous peine de 500 liv. d'amende. Dans le *vu* de l'arrêt il y a plusieurs ordonnances anciennes sur la chasse qui y sont rapportées, et un mémoire qui dit que cette défense est fondée sur deux motifs. L'un, que la chasse est un exercice noble pour les plaisirs des rois et de la noblesse, à qui les rois ont bien voulu le permettre pour en prendre le plaisir et non pas pour s'en procurer profit et deniers. L'autre, que les ordonnances maintenues sans interruption défendent expressément à tous gens *méchaniques*, fermiers et roturiers, d'user du port d'armes, ni de la chasse, et que les baux à ferme n'étant convenables qu'aux gens de cet état, ce seroit mettre les armes à la main des roturiers que de leur ouvrir la chasse.

Arrêt du 28 octobre pour le remboursement des anciennes charges des maréchaussées. Il est daté à Reims. Il y en a aussi des datés de Soissons et à Villers-Coterets qui sauvent des taxes des 26 et 31 octobre.

Prières pour le sacre. — Il y a eu des prières publiques avant le sacre, faites sur le mandement du cardinal de Noailles, publié le ...... octobre, et depuis le sacre le Roi lui a écrit une lettre datée à Reims le 26 octobre, pour faire chanter le *Te Deum* en actions de grâces qui a été chanté le..... novembre.

NOVEMBRE 1722.

Novembre. — **Le prince Charles.** Le Roi ayant été jusqu'au 10 novembre dans son voyage du sacre, il ne s'est rien passé qui ne se trouve dans la relation, sinon qu'on n'y dit pas que M. de Grancey, est tombé à la chasse à Villers-Coterets, et s'est cassé le bras, et M. le prince Charles est aussi tombé à Chantilly et s'est blessé le poignet, ce qui lui a attiré depuis un érésypèle sur le bras et à la tête; il a été saigné trois fois. Ainsi les meilleurs chasseurs tombent tous les jours, mais cela n'en guérira pas les hommes qui veulent de l'exercice et des plaisirs.

Mme d'Averne renvoyée. — Le retour du sacre n'a pas été favorable aux maîtresses. Le Régent, dès le même jour, a dit à Mme d'Averne qu'il ne convenoit pas qu'elle restât à Versailles, que cela donneroit un mauvais exemple au Roi, qu'il seroit toujours de ses amis et son homme d'affaires, qu'elle pouvoit venir manger avec lui à Paris et même y coucher si elle vouloit, et d'autres discours qui sentoient l'inconstance ou le dégoût.

On prétend que c'est un tour du premier ministre, qui n'a pas trouvé bon qu'elle eût des liaisons avec M. de Nocé, qui étoit revenu pendant le sacre, et que l'on a bientôt renvoyé à Boran. On accuse aussi la dame d'infidélité avec le duc de Richelieu, qui s'est prévalu de l'absence du maître. Quoi qu'il en soit, la voilà renvoyée, son règne n'a duré que depuis le 12 juin 1721, qu'elle s'étoit livrée au Régent pour de l'argent. Son mari en reçut le poste de gouverneur de Navarrins et des cornes, et elle très-peu de chose contre le déshonneur. Le Régent la faisoit manger avec lui; elle n'y gagnoit, disoit-elle, que des indigestions, et à quelqu'un qui lui dit que cela alloit faire un grand vide dans sa vie d'être ainsi quittée, elle répondit que c'étoit tout le contraire.

Un courtisan a dit au Régent qu'il ne devoit pas jouer au trictrac parce qu'il perd toujours par *Jean qui ne peut*. Depuis la rupture, Mme d'Averne a soupé une fois avec le Régent, elle vouloit se contenir, mais elle parla, comme piquée, et lui dit: « qu'il alloit passer sa vie à ivrogner tous les soirs avec des p.... » Il se plaignit de ces reproches, dit qu'il lui avoit laissé M. d'Alincourt et M. de Richelieu, qu'il avoit eu toutes sortes de facilités et qu'il ne méritoit pas d'être maltraité, que le seul exemple dû au Roi le faisoit changer de manière. Sur quoi le prince d'Auvergne, qui étoit du repas, lui chanta une chanson de Beler, qui finit par dire qu'il veut se retirer et être hypocrite; ce qui ne plut pas tout à fait au Régent. Ce repas a achevé de rompre, au lieu de renouer, et Mme d'Averne, qui veut faire l'esprit fort, s'est montrée tous les jours depuis à l'Opéra avec le duc de Richelieu et d'autres, dont le Régent ne se soucie guère.

Comme il est capable de tout, il est retourné avec Mme la duchesse d'Orléans, sa femme; il mange, paroit avec elle dans une très-grande liaison, et y couche.

C'est un Protée et une divinité fabuleuse, qui prend toutes sortes de formes, aujourd'hui amant transporté, demain mari galant, et toujours bien au-dessus de tous les courtisans qui l'entourent et qui ne le pénètrent pas. Un Italien arrivé depuis peu de Rome, qui ne le connoissoit pas, dit à la première vue : « Questo principe ha la cera d'ingannar tutti questi equanti. »

DANGEVILLE, COMÉDIENNE. — La Dangeville, comédienne, ayant osé présenter la comédie avec une robe de toile indienne défendue, le lieutenant de police l'a envoyée chercher, et l'a condamnée à 1,000 écus d'amende, malgré la recommandation du duc d'Aumont, son amant, qui, tout apoplectique qu'il est, l'avoit menée par la main chez lui.

LE ROI VA A L'OPÉRA. — Le Roi étant venu à l'Opéra le 8 novembre à son retour, on a pris 7 livres 10 sous au parterre, et en proportion aux loges et à l'amphithéâtre, ce qui a été blâmé publiquement de tout le monde, qui dit qu'on vendoit au peuple la vue de son Roi. Francine, qui en a le profit, et qui a fait cette réforme, mériteroit encore une autre *Francinade* que celle que Rousseau a faite contre lui. On joue *Persée*, et le goût est si tombé qu'on ne trouve plus les opéras de Lulli bons, et qu'on leur préfère de petits ballets, propres pour la Foire ou les Danseurs de corde.

On s'est jeté aussi dans la musique italienne, et contre le goût de la nation. Et Mme de Prie, qui a été en Savoie ambassadrice, et qui a beaucoup aimé cette musique, tâche d'attirer dans son parti le plus de gens qu'elle peut. Elle protége déjà les la Motte et tous les autres censeurs d'Homère; il ne lui reste plus qu'à nous dégoûter de Molière et de Lulli, et voilà la France dans un bel état, du côté des sciences et des lettres. Il ne faut qu'une femme pour tourner la tête à tout un siècle.

HISTOIRE SUR LE CONTRÔLE DES ACTES. — Voici le fruit de l'édit du contrôle : la duchesse de Luynes est morte ; elle a fait son testament, et nommé pour exécuteur l'abbé Mainguy, conseiller de la Grande-Chambre. Entre autres legs, elle a donné deux petites croix d'argent, où il y a du bois de la vraie croix enfermé, à deux supérieures de couvent. Il a fallu faire contrôler le testament et inscrire les legs. Le secrétaire de M. Mainguy a porté le testament au commis, qui a dit qu'il falloit payer un nouveau droit pour les deux legs et un nouveau droit pour la substitution; qu'il n'y avoit point de déclaration, que le tarif régloit ces sortes de legs à une certaine somme et par la qualité du testament, en sorte qu'il fit payer 370 livres pour les deux legs. Le secrétaire revenu, M. Mainguy, fort étonné, porta les deux croix aux religieuses avec la quittance, pour s'en faire rembourser suivant l'édit.

Les religieuses dirent qu'elles ne pouvoient accepter le legs avec cette condition, que leur couvent n'étoit pas en état de payer cette somme, et qu'elles étoient bien fâchées de ne pouvoir jouir de la bonne volonté de Mme la duchesse de Luynes. M. Mainguy, regardant ce legs non accepté comme caduc, renvoie au commis lui redemander l'argent. « Bon, dit-il, au contraire, il m'est dû encore 370 livres, parce qu'il ne peut y avoir de désistement du legs que par-devant notaire. L'acte doit être contrôlé, et on paye pour le contrôle du désistement la même somme que pour l'acte et le legs. »

Ainsi, voilà 740 livres qui sont dues pour un legs caduc, dont le fonds, sans la relique, ne vaut pas trente sols, et on met à prix la vraie croix comme Judas, qui tira de l'argent pour livrer son maître et son Dieu. Cette histoire sera bien contée dans la Grande-Chambre, quand il faudra rétracter l'enregistrement, et ce ridicule seul seroit capable de faire tomber l'édit, si on n'étoit pas absorbé dans toutes sortes d'horreurs, et de corruptions de caractère et d'esprit.

Roi. — Le Roi parle beaucoup depuis son sacre ; il dit : *Je veux*, et dit que la volonté du Roi fait la loi. Il ne veut plus étudier, il se moque de M. de Charost, son gouverneur, et de M. de Fréjus, son précepteur. Il a un jour ordonné à tout le monde de sortir ; M. de Fréjus étant resté, il lui dit que l'ordre étoit pour lui comme pour les autres. Il monte à cheval assez souvent, il tire bien et aime beaucoup le feu, il joue dès le matin avant la messe. Il n'aime ni comédie, ni opéra, ni musique, et voilà les poëtes et les musiciens mal à leur aise.

Racine. — Poëme sur la grace. (Art. 3 de la *Bibliothèque française*). — Le jeune Racine, fils du célèbre Racine, a laissé imprimer un poëme sur la *grâce*, qu'il a composé, en quatre chants, dont les vers sont merveilleux. Cela est digne des plus grands poëtes. Il y a trois ou quatre ans qu'il le lisoit dans Paris. On lui avoit persuadé de travailler pour le théâtre comme son père, mais il y a renoncé et a écrit une *Épître* en vers à M. de Valincourt, qui est exilé, et qui a été jointe au poëme. M. d'Argenson, garde des sceaux, lui avoit accordé un privilége pour l'imprimer. Mais le chancelier d'Aguesseau, de retour, avoit révoqué ce privilége, ne voulant pas que la *grâce* fut louée si magnifiquement, et le système de saint Augustin si exalté, depuis qu'il s'est rangé du parti de la Cour. Mais comme le poëme a été imprimé à Rouen en cachette, il a été permis à Coignard de débiter son impression de Paris, à condition d'ôter le privilége, le nom du libraire et une *Ode* sur les disgrâces, qui est un éloge de la disgrâce du chancelier et de sa constance sous le nom d'Acante. Il dit, en parlant des dons de la grâce : « *Et quand je les reçois, je les demande encore.* » C'est une pensée prise de la Fontaine, dans un sens bien éloigné de la *grâce*. La Fontaine dit qu'on ne croit jamais être assez aimé.

> On ne le croit qu'au milieu des plaisirs,
> Qu'un tendre amour accorde à nos désirs,
> Et sur ce point, un tel soin nous dévore,
> Qu'en le croyant, on le demande encore.

Il y a aussi un endroit pris d'un sermon de Mgr de Cambrai, que l'abbé Houteville a aussi pris dans son livre de la *Religion*. Après tout, on ne peut trop louer la facilité des vers, la noblesse des expressions et des rimes, et les tours élégants et gracieux dont ce poëme est plein. C'est avoir le moule des vers que d'en faire de pareils, et les la Motte et Fontenelle, avec leurs odes et églogues, sont bien loin de là. On vient d'envoyer Racine exercer une commission d'inspecteur des fermes à Marseille, afin de le détourner du goût du théâtre, et de ne point profaner sa muse. Mais ce n'est pas un bon pays que la Provence pour dégoûter un poëte. J'ai remarqué que sur l'impression de Rouen, il est dit sur la doctrine de saint Augustin : « *Molina seul, jésuite, en ignore le prix.* »

Et dans l'édition de Paris, il y a : « *Et le seul M..... en ignore le prix* » (moliniste).

COMTE D'ÉVREUX. — M. le comte d'Évreux, colonel général de la cavalerie, n'a point reçu l'ordre du Régent d'aller travailler chez le cardinal Dubois. Il n'y va point, et ne va point aussi travailler chez le Régent. Cela a fait tenir mille discours. Le comte a été chez le cardinal, pour s'éclairer avec lui sur quantité de rapports, et on est fort content l'un de l'autre. Il n'a point été question de la charge. Le comte attend ses ordres, et est près d'y obéir sur-le-champ. Mais il y a quelque souterrain et quelque tracasserie en campagne : cependant toute la cavalerie souffre, et il y a plus de deux mois qu'on n'y a rien fait. Dans le temps du sacre, le comte d'Évreux a voulu se mêler de faire revenir Nocé de son exil ; il en est revenu. Cela n'a pas plu au cardinal, sans qui cela s'étoit fait, et il se venge comme les Italiens, dont il a pris les manies.

27 *novembre.* — DON CARLOS, Mlle DE BEAUJOLOIS. — Contrat de mariage de dom Carlos, fils du roi d'Espagne, avec Mlle de Beaujolois, fille du Régent, passé au Louvre. M. de Laulès, ambassadeur d'Espagne, a été nommé ambassadeur extraordinaire pour cela, et il a été traité trois jours à l'hôtel des ambassadeurs extraordinaires. Cette princesse est très-jolie, bien faite, et a beaucoup d'esprit. L'Espagne nous prend ce que nous avons de meilleur. La Reine qu'elle nous a envoyée est aimable, mais elle est trop jeune pour le Roi.

INFANTE REINE, SON DISCOURS AUX AMBASSADEURS — L'Infante Reine vit avec plaisir, au retour du sacre, revenir les ambassadeurs, et dit à Mme de Ventadour, en mettant sa main sur son front. « Je voudrois bien leur dire quelque chose, mais il ne me vient rien. » Et après avoir fait ce geste plusieurs fois, elle leur dit : « Je vous parlerai en trois points : le premier, que je suis fort aise de vous voir ; le second, que je serai plus aise de voir le Roi ; le troisième, que je ferai tout ce que je pourrai pour lui plaire et mériter son amitié. » Elle avoit entendu, quelques jours auparavant, un sermon en trois points qui lui donna cette idée.

DÉCEMBRE 1722.

La princesse accordée à dom Carlos est partie pour l'Espagne. Elle est conduite par Mme la duchesse de Duras, Mme de Saint-Germain, sous elle, M. Talon, un des évèques de quartier, et un détachement de gardes du corps. Dieu la conduise, et fasse d'elle un lien de paix avec sa sœur la princesse des Asturies ! Tous ces mariages se font pour gagner l'Espagne, mais peut-être nous la feront-ils perdre, et ces jolies princesses françoises redonneront au roi d'Espagne du goût pour le pays où il est né.

3 *décembre.* — Mme de Rieux est accouchée d'un fils.

4 *décembre.* — Le cardinal Dubois a été reçu à l'Académie françoise, à la place de M. Dacier. Il y a été traité de *Monseigneur,* contre l'usage d'égaliser tous les rangs entre les savants. Mais on a remarqué que Mgr le cardinal de Rohan, ni Mgr le cardinal de Polignac, académiciens, n'étoient cardinaux quand ils ont été reçus. Le premier ministre a bien prononcé son discours, Fontenelle lui a répondu comme directeur, et a commencé par dire : « que le cardinal de Richelieu, fondateur de l'Académie françoise, seroit bien étonné d'y voir tant de dignités, cardinaux ou évèques, ducs et pairs, premiers présidents, etc., et jusqu'à des premiers ministres. »

La Motte, qui veut toujours faire des *Fables,* et présenter le génie de la Fontaine, en a lu deux qui ont paru mauvaises, et une ode sur le sacre du Roi à Reims. L'assemblée étoit magnifique et célèbre. Il n'est pas agréable au cardinal Dubois de n'avoir été choisi que depuis qu'il est premier ministre, et d'avoir été négligé pendant qu'il étoit simple abbé du Roi. Mais l'Académie dira qu'il ne l'a pas demandé plus tôt.

Madame malade. — Madame, mère du Régent, est très-malade, et l'a toujours été depuis le sacre. On n'en est de rien. Les médecins empiriques viennent de tous côtés qui lui promettent beaucoup. Mais elle leur dit à tous que ce sont des charlatans et qu'elle en mourra. Elle a bien du courage et de la force d'esprit. Elle a vu sa famille de Lorraine à Reims et ne s'est pas embarrassée du voyage, disant que l'on mouroit fort bien partout.

Le Régent l'a toujours aimée et respectée. Elle a dit à son fils : « Pourquoi pleurez-vous ? ne faut-il pas mourir ? » A une dame de sa cour, qui lui vouloit baiser la main, elle a dit : « Vous pouvez m'embrasser, je vais dans un pays où tout est égal. » M. le duc de Charost lui paroissoit triste : il a dit que l'état où elle étoit lui donnoit cette douleur. Elle a répondu : « Vous êtes aussi affligé que si Mme de Cany se mouroit. » C'est qu'il auroit voulu l'épouser, et je vais dire ce mariage.

Madame de Cany. — Mme de Cany, qui est Mortemart en son nom, et qui avoit épousé le fils de M. de Chamillard, ministre de la guerre, reçu en survivance du secrétaire d'État et mort colonel en bonne réputation, épouse le comte de Chalais, grand d'Espagne de la première grandesse, capitaine des Gardes-Wallonnes du roi d'Espagne et qui a des titres en France. Sa grandesse est enregistrée au Parlement de Paris. La dame aura rang de duchesse et sera assise à la Cour et va se débarbouiller du nom de Chamillard qu'elle avoit pour celui de Mortemart. Elle a quatre enfants de son premier lit et trente-sept ans. Son mari reviendra en France de temps en temps. Il est neveu de la princesse des Ursins, à qui il fait 12,000 livres de rente de douaire, qui lui reviendront bientôt car elle a soixante-dix-neuf ans.

Le Régent a bien changé pour lui, car il étoit dans la conjuration de 1718, tout des plus avant.

M. d'Aguesseau de Valjouan, conseiller au Parlement, frère du Chancelier, a épousé la présidente de Marcille (1), veuve d'un président du Grand-Conseil de la même cour, qui étoit sœur du président Baillet. On a été surpris de ce mariage, car ce M. de Valjouan est un philosophe, qui ne se soucioit de rien, et qui dit à son frère, quand il lui annonça qu'il étoit chancelier. « Qu'avez-vous fait de l'autre? — (C'étoit le chancelier Voisin, qui étoit mort subitement). — « Il est mort, » dit le nouveau chancelier. Le philosophe acheva une pipe qu'il fumoit et dit : « J'aime mieux que vous le soyez que moi. » S'il a résisté à l'ambition, il a cédé à l'amour, et cela fait voir qu'il faut des passions aux hommes.

Le chevalier de la Rivière, homme de qualité de Bretagne, bien fait, mais peu riche, épouse une dame de Brissac, très-jolie, mais peu riche aussi ; ils mettront ensemble beaucoup d'amour. Elle est *Sevré* en son nom, fille d'un conseiller au Parlement, qui a fait un assez mauvais mariage en secondes noces, avec une petite Du Revest, dont la sœur vient d'épouser l'abbé de Coëtlogon. Brissac, son premier mari, étoit officier des gardes du corps et vieux. Le jeune est chevalier de Malte, et quitte sa croix pour la jeune veuve, qui l'empêchera d'aller à Malte pour la citation. On ne parle plus d'amour à la Cour. *Plus d'amour, partant plus de joie*. On est fort employé à juger les taxés, et bien des femmes y gagnent. On espère tirer cent millions de cette contribution en papier.

Vendredi 14. — Comte d'Évreux. — Le comte d'Évreux s'est présenté au Palais-Royal, le Régent lui a fait dire qu'il n'avait rien à lui dire. Ainsi, voilà la cavalerie encore rossée. Le soir, il dit à souper à un homme de qualité qui me l'a redit, qu'il ne savoit plus où il en étoit, qu'il étoit allé voir le cardinal et s'éclaircir avec lui, que cela n'avoit rien opéré, qu'il attendoit toujours les or-

---

(1) Le mariage est du 5 décembre. Elle est morte le 9 janvier 1723. (*Note postérieure de Marais*).

dres auxquels il obéiroit sur-le-champ pour aller travailler et porter son portefeuille chez le premier ministre, mais qu'il ne pouvoit y aller sans ordre, et qu'on pouvoit le dire à tout le monde, afin que le Régent en fût instruit.

Le même soir, le Régent a donné deux brevets de colonel de cavalerie. L'un, au comte de Roussillon, jeune Franc-Comtois, amant nouveau de la maréchale d'Estrées, pour qui elle l'a demandé avant de partir pour les États de Bretagne, où elle est à présent.

L'autre, au jeune Coëmadeuc, comte de Donges, qui a épousé Mlle de Blanjet, et à la recommandation de la maréchale de Rochefort, dame d'honneur de la Régente et grand-mère de sa femme. Le comte d'Évreux n'a point eu de part à ces promotions; mais il faut avoir son attache, et la chose sera bien tout de même.

Monsieur le Blanc. — M. le Blanc, ministre de la guerre, penche beaucoup. On a donné des commissaires pour examiner les comptes de l'extraordinaire des guerres de la Jonchère. Il retiroit des quittances entières des officiers et donnoit des billets déclarant que le reste, qu'il ne payoit pas, étoit dû. Ces billets perdirent sur la place. On donnoit aussi des billets de banque au lieu d'argent, et des espèces dont on avoit fait le fonds. On dit que le ministre avoit permis cette manœuvre. Le ministre dit qu'il a des ordres du Régent, qu'il lui faudra montrer.

D'un autre côté il y a eu un caissier de la Jonchère (Sandrier) qui a été dépêché pour l'autre monde depuis, et qui a été trouvé noyé dans des joncs, sur un bras de rivière, au bas d'une maison de la Jonchère. Tout cela ne vaut rien, et il n'en faut pas tant pour perdre un ministre. M. de Semblançay fut pendu du temps de François Ier pour moins que cela.

Voleurs. — Pendant que le Parlement juge les cartouchiens et met dehors les voleurs contre qui la preuve manque, ces coquins vont sur les grands chemins et ont arrêté la diligence de Lyon depuis huit jours, tué les postillons, et volé tous ceux qui étoient dedans.

Il y avoit un musicien nommé Alarieux, qui jouoit très-bien de la viole, et qui alloit trouver chez le maréchal de Villeroy à Lyon, chez qui il est. Ils ont reconnu sa livrée, et ont dit qu'il ne falloit rien prendre à celui-là, parce que M. de Villeroy étoit un honnête homme. Tous les autres ont été pillés, et un seul officier a perdu 400 louis d'or qu'il emportoit en son pays. Ne seroit-il pas mieux de pendre tous ces voleurs dès qu'ils sont suspectés, puisqu'ils n'ont d'autre métier que de voler pour vivre?

AROUET. — Arouet va en Touraine, trouver M. d'Ussé à sa belle terre d'Ussé. Il a vu en passant Milord Bolingbrocke, qui est dans une terre en Anjou, avec Mme de Villette, dont il est l'amant ou le mari. Il a été charmé de l'esprit de cet Anglois, et en a écrit ici une lettre merveilleuse. Aussi a-t-il fort loué son poème de *la Ligue*, qu'il lui a lu, et qu'on imprime en Hollande, par souscription, avec de belles figures.

S'il est aussi beau que celui de Racine, nous aurons là deux grands poètes, mais deux petits hommes, car ce Racine, que j'ai vu deux ou trois fois, n'a qu'un esprit frivole et sans goût dans la conversation ; et l'autre est un fou qui méprise les Sophocle et les Corneille, qui a cru être de la Cour, qui s'est fait donner des coups de bâton, et qui ne saura jamais rien parce qu'il croit tout savoir.

8 *décembre.* — MORT DE MADAME. — Cette nuit, à trois heures du matin, Madame est morte à Saint-Cloud. Voilà un deuil pour toute l'Europe, non-seulement de Cour, mais de famille. Elle est bisaïeule du Roi, du moins, femme et veuve de son bisaïeul par la duchesse de Savoie, fille de Monsieur d'un premier lit dont est venue la duchesse de Bourgogne, mère du Roi. Elle est aussi sa grand'-tante. L'Espagne, la Lorraine, la Savoie, l'Angleterre, par le Hanovre, l'Électeur palatin et toutes les cours d'Allemagne, tout lui tient. Le deuil sera grand et complet de six mois entiers. Elle étoit sur sa soixante et onzième année. Le Roi

y gagne plus de 50,000 écus de pension, et il revient au Régent l'apanage de Montargis dont elle jouissoit.

On perd une bonne princesse, et c'est chose rare.

Mme DE CHASTELUS ACCOUCHÉE. — La comtesse de Chastelus, fille du Chancelier, est accouchée cette même nuit d'un fils. La Chancelière est venue de poste en poste à Paris. L'avocat général, son fils, a représenté son père au baptême et a nommé l'enfant pour lui. La marraine, la comtesse de Chamant, sœur du comte de Chastelus. C'est un adoucissement à la disgrâce.

ACTIONS. — Les actions ont monté d'un coup jusqu'à 1,900 et 2,000 liv., puis elles ont tombé. C'est que M. le Duc en a voulu vendre et que le maître de l'agio les a fait hausser ce jour-là, et laissé quand il n'a plus voulu s'en défaire.

— Un maître des requêtes, nommé Desbonnelles, qui doit 350,000 liv., à Oursin, receveur-général des finances, taxé à 1,500,000 liv. a fait sa soumission de payer les 350,000 liv. en déduction de la taxe de son créancier, suivant l'arrêt qui le permet. Oursin a payé sa taxe de son fonds, et le maître des requêtes est demeuré débiteur en argent et déshonoré.

ÉPITAPHE DE MADAME. — On a fait une épitaphe satirique contre Madame :

Ci-gît l'oisiveté, la mère de tout vice.

Cela tombe sur elle, qui ne faisoit ni bien ni mal à personne, et sur le Régent, son fils, qui n'est pas de même.

— Il s'est fait une expérience devant les Invalides, d'une composition qui éteint le feu et qui sera bonne contre les incendies. On a allumé un grand feu de bois ; l'inventeur a jeté sa poudre dans une espèce de grenade, elle a éteint la flamme et concentré le feu, en sorte que l'on a jugé par cette épreuve qu'il sera aisé d'apporter du secours aux maisons où le feu prendra, puisqu'on éteindra la flamme. Le premier ministre étoit présent, et on a tiré six coups de canon à son arrivée. De là, il est allé à l'Académie françoise, ou il a raconté ce qu'il venoit de voir, et il a été procédé à l'élection de l'abbé Houteville, à la place de l'abbé Massieu. C'est le cardinal qui l'a proposé, parce qu'il en a fait son secrétaire, et on ne le croyoit pas sujet académique, depuis son livre de *la Religion prouvée par les faits,* dont le style est de mauvais goût et d'un véritable précieux. Mais le nouveau ministre peut tout et ne doute de rien. Il a dit au Régent qu'il vouloit travailler sur la *matière première* afin d'instruire le Roi, et qu'il vouloit avoir et voir tout de la première main, sinon qu'il n'y avoit qu'à le renvoyer à Brive ou du moins à Cambrai; il fait le maître et il l'est.

L'abbé Houteville avoit un concurrent qui est l'abbé d'Olivet de Besançon, autrefois jésuite, sous le nom du père Toulié, qui est son anagramme. Il a eu dix voix contre onze : le duc de la Force, qui lui avoit promis la sienne, a changé d'avis dès que le cardinal a paru incliner pour l'abbé Houteville, et six autres ont fait de même. Ce monsieur d'Olivet m'a dit avoir fait *l'Histoire de l'Académie,* depuis le temps où M. Pélisson a fini, jusqu'en 1720. *Hardi quiconque le suivra.* Il n'appartient pas à tout le monde d'être continuateur de Pélisson.

La harangue du cardinal et celle de Fontenelle ont été données au public. Celle du cardinal est bonne, d'un bon style et très-noble. Fontenelle a parlé dans le style moderne; il y a de l'esprit à chaque mot, et ce n'est pas là le bon. Voilà l'époque arrivée à la décadence de notre langue qui est dans la bouche des Sénèque et des Lucain françois. Dacier y est loué ironiquement, en disant qu'il avoit trouvé l'art de se rendre nécessaire à Horace, Platon et Plutarque. L'esprit de négociation y est assez bien développé, et il y a une heureuse application du cardinal d'Ossat, qui ne venoit pas de grand'chose, et qui a si bien manié la politique. Nos traités de paix des règnes passés y sont déprimés comme des ouvrages de tromperie et de dissimulation, pour élever ce qu'a fait le cardinal, et ainsi les étrangers vont avoir gain de cause contre Louis XIV. Le cardinal est aussi loué sur ce qu'il a fait dans la Constitution, et il y a bien des subtilités sur l'esprit de religion. Le Roi est maigrement loué, et tout revient toujours au premier ministre qui l'instruit et qui travaille avec lui; on lui dit: « *Vous vous rendez inutile le plus que vous pouvez,* » c'est-à-dire en langage qu'on entend, qu'il apprend tout ce qu'il sait au Roi, et lui met dans la tête ces mêmes principes, en sorte que le Roi paroît faire tout de lui-même. Langage faux, précieux et guindé, si éloigné du naturel que les Hollandois ayant fait imprimer cette harangue dans la *Gazette*, ils ont cru bonnement qu'il y avoit faute d'impression, et ont mis *utile* au lieu d'*inutile*.

Décembre. — PRINCESSE ET DUCHESSE. — Au convoi de Madame, à Saint-Denis, il y a eu une grande discussion entre Mlle de Charolois, princesse du sang, qui en faisoit les honneurs, et la duchesse d'Humières, qui l'accompagnoit. La duchesse a voulu marcher à côté d'elle, la princesse a pris deux écuyers des deux côtés et a ainsi empêché l'approche de la duchesse. Lorsqu'il fallut s'agenouiller, la duchesse a mis son carreau au même rang de la princesse, qui lui a dit d'un ton très-haut: « qu'elle vouloit donc se mettre au-dessus d'elle? » elle a répondu qu'elle se mettoit à côté et que c'étoit son rang. On a appelé M. Dreux, maître des cérémonies, qui a dit que c'étoit la règle. La princesse n'a point été contente, elle a écrit au retour une lettre très-vive au Régent sur le respect qu'on perdoit à la maison royale et sur les usurpations des ducs. Cette affaire a renouvelé la querelle des gentilshommes et femmes de condition et des ducs et duchesses. Le comte de Charolois a dit que si quelque duc venoit chez lui, il le feroit jeter par les fenêtres. On ne parle pas de moins que d'ôter tous les honneurs aux ducs, le Roi en étant le maître. Le duc de Saint-Simon n'est point venu au Louvre faire les compliments au Roi sur la mort de Madame à cause de cela. M. de Bauffremont et M. d'Alègre ont demandé permission au Régent de draper comme les ducs ; il leur a dit : « *Vous me ferez honneur et plaisir.* » Il est certain que les princes du sang sont dans un ordre séparé des autres, et que, même dans les familles ordinaires, toute la famille passe toujours la première au convoi et sans mélange.

Fagonade. — Il a paru ces jours-ci une satire contre M. Fagon, qui a pour titre la *Fagonade*. Le poëte y a mis toute la force et la vigueur de l'esprit satirique, et a fait un chef-d'œuvre de noirceur et de malice, qui doit bien irriter celui contre qui elle a été faite. Bien des gens croient que Rousseau en est auteur, et qu'on lui a envoyé 200 louis d'or pour la composer. Elle est de l'abbé Margon. Le Régent l'a lue, et a dit que c'étoit un diable qui l'avoit faite, mais que ce diable devoit être dans le corps de M. Fagon. C'est le bureau des taxes, qu'il préside, qui lui a attiré cette horrible poésie. Il y a dans les *OEuvres* de Rousseau une *Francinade* et une *Picade* du même goût, contre Francine et l'abbé Pic. Autrefois, on se pendoit de désespoir contre de pareilles pièces. M. Fagon ne fera qu'en rire, car, dans huit jours, il n'en sera plus question. Je la mettrai à la fin de cette *année*, pour la conserver comme une pièce rare en ce genre, et pour montrer jusqu'où la fureur de l'esprit mordant et calomnieux peut se porter.

M. le Blanc. — J'ai su que M. le Blanc se rétablit, que le duc de Chartres a dit qu'il ne pourroit travailler avec un autre, que le cardinal lui a fait une sorte d'excuse sur les lettres écrites aux trésoriers, et que M. le Duc, qui est contre lui à cause de Mme de Prie, fille de Mme de Pléneuf, que M. le Blanc aime toujours, et que sa fille n'aime pas, aura bien des affaires s'il veut toujours être contre lui.

15 décembre. — Le cardinal de Bissy a publié trois volumes in-4° de mandements et autres ouvrages sur la Constitution, ouvrages obscurs, confus et sans lumières, mais il soutient toujours le parti de ceux qui l'ont fait cardinal et abbé de Saint-Germain des Prés. Un homme savant, qui a examiné ces livres, y a trouvé plusieurs propositions contre l'autorité du Roi, les libertés de l'Église Gallicane, le pouvoir des Parlements et contre le Pape même. Il en a fait un écrit, portant dénonciation, en 4 articles différents, et cet écrit, dont on a tiré 300 exemplaires, intrigue beaucoup la Cour, le clergé, le Parlement et Rome. Il a été porté au procureur général par un ecclésiastique, qui a offert de le signer. Le procureur général l'a rendu et a dit qu'il ne se mêleroit point de cette affaire : il est devenu jésuite et infaillibiliste. Cette pièce est attribuée à M. Mainguy, conseiller de la Grand-Chambre qui l'a dénié comme beau meurtre en public, mais je sais qu'en particulier il l'avoue, et qu'à un dîner à l'Institution de l'Oratoire, il lui échappa de dire : « J'en trouverois encore bien d'autres, si je voulois, à l'ouverture du livre ». Ainsi, la guerre n'est pas encore finie, et malgré l'éloge de Fontenelle, le cardinal, sur cette affaire, a encore à qui parler. On m'a dit que Fontenelle, quelques jours avant sa harangue, lui dit : « Monseigneur, dépêchez-vous de vous faire recevoir, car ma harangue ne vaudroit plus rien. » Il avoit en vue ce qu'il dit de *l'enchaînement de l'Europe que le cardinal avoit su rendre comme immobile*. Et on a des avis qu'elle se remue, à l'occasion de Florence et de Padoue, qui ne veulent pas s'en tenir au traité qui les fait fiefs de l'Empire. L'orateur ne vouloit pas être dans le cas de l'abbé de Polignac, qui insultoit dans sa harangue en 1704, à sa réception, les Puissances-Alliées. « *Vous voulez donc la guerre*, peuples insensés, eh bien ! vous l'aurez, mais au fond de vos provinces sera la consternation et le carnage, disait-il ». Et ce même an, nous perdîmes la bataille d'Hochstedt.

20 décembre. — Mᵐᵉ la duchesse d'Humières a reçu ordre du Roi de faire des excuses à Mˡˡᵉ de Charolois, ce qu'elle a fait d'une manière assez légère, mais dont la princesse s'est contentée. Cela ne finit pas l'affaire des ducs, qui est toujours en balance.

ÉTAT DE LA FRANCE, 5 VOLUMES. — Il paroît sur la fin de cette année un *État de la France* en 5 volumes in-12 ; on y a fait entrer l'histoire et la fonction de la plupart des charges, mais ce livre n'a pas été fait sur des mémoires bien exacts, et j'ai vu bien des fautes sur la charge de Grand écuyer, sur lequel j'ai fait un *Mémoire* qui serviroit bien à corriger cet article. C'est le père Ange, augustin déchaussé ou Petit Père, qui a travaillé sur cet *État* de la France. Le 5ᵉ tome n'est presque qu'une table alphabétique, qui est très-commode, et ce goût des tables rend utiles ces sortes de livres qui auparavant étoient hors d'usage. Ce même père travaille sur *l'Histoire des grands officiers*, donnée par le père Anselme, son confrère, et augmentée par le sieur du Fourny. Mais nous ne verrons cela de longtemps. Bayle a bien remarqué qu'il est singulier qu'un moine retiré du monde soit si bien informé des mariages, des enfants, des morts, de tant de généalogies.

M. le comte d'Esclimont (Gabriel-Jérôme de Bullion), qui est revêtu de la charge de prévôt de Paris, m'est venu trouver pour lui faire un *mémoire* sur sa charge et prouver qu'il a droit de voix délibérative au Châtelet et d'y présider quand il lui plaît, et y opiner. Par le travail que j'ai fait, j'ai trouvé que cette charge est très-ancienne, très-noble, qu'elle a de très-beaux droits, que proprement le Roi est le prévôt de Paris, qu'elle ne cesse point, puisque M. le procureur général est le garde de la prévôté, le siége vacant, qu'il a une séance aux lits de justice aux pieds du chambellan, et qu'en examinant bien les ordonnances, il a le droit d'opiner qu'il demande. Il y a eu des prévôts de Paris dans le règne de Hugues Capet et il y en a toujours eu depuis. Nous en avons un catalogue fait par le Féron, augmenté depuis par Godefroy. J'en ai vu un exemplaire venant de la Bibliothèque de M. Baluse, qui étoit plein de notes manuscrites qu'on dit être de M. Hautin, conseiller au Châtelet, et je l'ai aussi noté M. le lieutenant civil perdroit une partie des honneurs de sa charge, si le prévôt de Paris obtenoit ce qu'il demande. Le dais qui subsiste toujours au Châtelet est très-remarquable. Le parlement même n'en a point, et on n'en met au Palais que quand le Roi vient tenir son lit de justice. Ainsi le Châtelet est comme la justice ordinaire du Roi, et le prévôt de Paris est son juge. M. le comte d'Esclimont n'est pas encore reçu, il s'est fait recevoir licencié en la Faculté de droit pour fortifier son droit d'opiner comme gradué, et à la Cour et à la ville on est bien aise qu'il réussisse. C'est un homme de mérite reconnu à la guerre, il est colonel du régiment de Provence, et il s'est instruit de tout ce qui tient à sa charge depuis deux ans, et est en état de l'exercer. J'ai fini mon *Mémoire* le 24 décembre.

15 *décembre*. — Arrêt qui commet le sieur le Fèvre, pour délivrer des quittances de finance du rachat des boues et lanternes. Ce rachat avoit été ordonné par arrêt du mois d'août 1704. Il a eu son effet, mais on n'a pas retiré les quittances de finance et on les veut donner aujourd'hui. Bien entendu qu'on payera un droit de contrôle de chaque quittance.

Autre arrêt du même jour, qui dit que les villes et communautés ne payeront plus les intérêts de leurs débits qu'au denier 50, à commencer du 1er janvier 1721. Ce même arrêt porte que les deniers patrimoniaux et octrois des villes seront employés à payer : 1° ces arrérages ou intérêts : 2° les gages des officiers créés par l'édit d'août 1722 (ce sont ces nouveaux officiers municipaux rétablis ; on ne sauroit où prendre leurs gages, on les fait payer par les villes et il n'en coûte rien au Roi) ; 3° le surplus au remboursement des débits.

Autre arrêt du 15, qui permet de faire sortir des armoires, parquets et lambris hors du royaume, ne les ayant entendu comprendre dans la défense de faire sortir des bois.

20 *décembre.* — Deux arrêts. L'un qui commet Simon Camery, pour le recouvrement des taxes de la Chambre de justice, qui n'ont point été payées en exécution de la déclaration du 18 septembre 1716, supprimée en mars 1717. Tout cela avoit tourné en taxes dont la plupart n'ont pas été payées. L'autre commet des commissaires pour la vente des biens des taxés, et permet d'acquérir et de payer les taxes en effets royaux.

COMMISSAIRES.

Conseillers d'État :	*Maîtres des Requêtes :*
MM. De la Bourdonnaye,	MM. Baussan,
Fagon,	Angran,
Machault,	La Vigerie,
d'Ormesson,	Regnault,
de Harlay,	Fontanier et Talhouët.
de Gaumont.	

22 *décembre.* — Le président Le Camus, Premier président de la Cour des Aides, veuf depuis deux mois, vient de se remarier et a épousé Mlle le Maître, fille du conseiller de la 4e, unique et riche. Ils viennent du premier président Le Maître dont nous avons des traités de droit et qui l'étoit en 1551. Il s'appeloit Gilles, et on dit d'eux que les le Maître s'en sont allés et que les Gilles sont restés; c'est qu'ils sont sans esprit. Il y a eu encore un célèbre président le Maître, du temps de la Ligue, qui fit rendre ce fameux arrêt du 28 juin 1593, par lequel la couronne de France fut conservée dans la maison de Bourbon, et la loi salique maintenue dans le royaume. (Blanchard, *Des Présidents à mortier,* 39 et 337.)

24 *décembre.* — PRINCE DE CONTI. — M. le prince de Conti et Mme la princesse de Conti ont reçu chacun une lettre de cachet, pour demeurer dans l'état où ils

sont jusqu'à la majorité. Auquel temps le Roi déclare qu'il se fera instruire de leur procès qu'il évoque à lui, et qu'il leur rendra justice. Ainsi, le mari ne pourra reprendre sa femme, qui restera dans son couvent, et la femme ne pourra appeler de la sentence qui la déboute de la séparation. Le Roi peut bien être juge dans sa famille, et cela est juste. Le prince se préparoit à enlever sa femme, parce que les six mois du couvent étoient expirés, et elle disoit qu'elle se mettroit toute nue quand on viendroit pour la prendre, et qu'elle ne croyoit pas qu'aucun osât mettre la main sur elle. M. le Duc, frère de la princesse, n'a pas nui à ces lettres de cachet. Il y a justement un an que la querelle est arrivée, car la princesse se retira d'avec son mari le jour de Noël 1721.

FONTENELLE. — La harangue de Fontenelle n'est trouvée bonne nulle part, pas même par ses amis, les modernes et les guindés. Il compare, en un endroit, les lettres et dépêches du cardinal d'Ossat, que nous voyons, avec celles du cardinal Dubois que nous ne voyons point. Mais il dit que les siècles futurs les admireront et il lui dit : « Fiez-vous-y, Monseigneur, etc. » et une femme d'esprit, en lisant cet endroit, s'écria sur-le-champ : *Nage toujours et ne t'y fie pas.* »

Le marquis de Beaufremont, qui a été à la Bastille deux ou trois fois pendant la Régence, dit au cardinal Dubois, qu'il avoit trois choses à lui demander : « la première, permission d'aller en Espagne, où le roi d'Espagne faisoit des grands et qu'il étoit de naissance à pouvoir en être. — Le cardinal lui dit qu'il faisoit un trop vilain temps pour voyager ; il répondit qu'il ne craignoit ni les bains ni les mauvais chemins. — Eh bien ! dit le cardinal, vous n'irez point et je ne veux pas. Voyons la deuxième. — Je demande à Votre Éminence, puisque le Roi fait des cordons-bleus, à pouvoir être du nombre. Je suis de naissance à l'espérer. — Le cardinal lui répondit qu'il étoit vrai que sa maison étoit grande, mais qu'il y avoit cent personnes plus anciens que lui, et qui avoient des charges et des services à qui ce rang étoit dû, et qu'ainsi, il falloit remettre cela à un autre temps. — Accordez-moi donc la troisième, dit le marquis. Puisque je ne puis avoir d'honneurs, rendez-moi mon bien. J'ai été ruiné au visa, faites-moi donner des rentes pour celles que l'on m'a ôtées; à quoi le cardinal lui répondit : — Passez dans mon cabinet, vous verrez qu'il est plein de placets où on me demande la même chose, et je ne puis rien changer à ce qui a été décidé. Ainsi se départit le marquis, très-mécontent, d'avec le premier ministre, qui ne pouvoit répondre mieux à ses questions.

En travaillant au *Mémoire* du prévôt de Paris, j'ai trouvé que pendant la Ligue le duc de Mayenne avoit nommé pour prévôt de Paris, après Antoine Duprat, mort en 1590, Charles de Neuville, baron d'Alaincourt, fils de Villeroy, secrétaire d'État, qui fut reçu en l'Université le 13 juin 1592, où on lui donna les titres de « nobilissimus, et clarissimus et sanctæ religionis cath. acerrimus propugnator », et qu'il avoit été reçu la veille, le 12 juin, au parlement et installé au Châtelet le même jour. Cette réception se trouve tout au long dans les registres de l'Université, mais elle n'est point ni au Parlement ni au Châtelet, d'où l'on a ôté tout ce qui s'est fait du temps de la Ligue. L'auteur du curieux *Journal de Henri III et de Henri IV* n'a pas manqué d'en parler, avec son sel ordinaire. « Le vendredi 12 juin 1592, d'Alincourt, fils du secrétaire Villeroy, fit à la cour serment de prévôt de Paris et fut mis en possession par le P. de Hacqueville, accompagné de quatre conseillers. On disoit que son grand-père étoit un greffier. » Ainsi, l'Université ligueuse élevoit fort la noblesse de d'Alincourt, mais l'auteur n'en parle que comme du petit-fils d'un greffier du Châtelet. Féron ne l'a pas mis dans le *Catalogue* des prévôts de Paris, et on a mis à sa place M. de La Guesle, procureur général, le siége vacant depuis 1589 jusqu'au 1er octobre 1694, que fut reçu

M. Jacques d'Aumont, fils du maréchal d'Aumont. Voilà une bonne preuve que les Villeroy étoient ligueurs et qu'ils ne viennent pas de loin.

La princesse des Ursins est morte à Rome; son neveu, le comte de Chalais, qui vient d'épouser Mme de Cany, ayant encore son père vivant, n'hérite pas du douaire. Le mari de cette princesse mourut très-pauvre, dans un petit village proche Venise; on ne fit pas grand cas de sa principauté que le roi d'Espagne lui avoit accordée.

FAGONADE (1).

Counoissant par sa prescience
Qu'un jour l'hérétique licence
Rejetteroit avec orgueil
Un décret, lancé du fauteuil
Du pape Clément, ce saint homme,
S'il en fût au siége de Rome,
Et qu'on préféreroit Quesnel
Au vicaire de l'Eternel,
Dieu résolut dans sa colère,
Par la peste et par la misère,
De châtier cet attentat.
Et pour corriger l'apostat
Par un châtiment plus sévère,
Voyant égarés dans Paris
Et les pasteurs et les brebis,
Il fit élever par avance
Un monstre au milieu de la France,
Qui pût devenir le fléau
De la colère du Très-Haut.

Un vieux médecin cacochyme
L'engendra par l'ordre des cieux;
Il ne vivoit que de régime,
Exténué, bossu, hideux,
La démarche d'un quadrupède,
Sa figure sembloit un zède;
Une forêt de noirs cheveux,

---

(1) Cette pièce est de l'abbé Margon. (*Note de Marais.*)

Entourant son crâne et sa face,
Il effroyoit la populace.
Chacun croyoit à son abord,
Voir le squelette de la Mort.
Son épouse, plus hypocondre,
Craignant toujours de se morfondre,
Jamais n'entr'ouvrait ses châssis
Aux jours les plus beaux de l'année.
Et dans sa chambre renfermée,
Inaccessible aux vents coulis,
Ne vivoit que de l'eau de riz,
Que de rhubarbe, que de manne.
Son corps éthique, diaphane,
Ne digéroit ses aliments
Qu'à l'aide des médicaments.
Rarement lubriques symptômes
Animèrent ces deux fantômes ;
Dieu permit cependant qu'un jour,
Moins aiguillonnés de l'Amour
Que du désir d'avoir lignée,
Ils jouirent de l'hyménée.
Et de ce beau couple amoureux
Naquit cet enfant malheureux,
Qu'à nos crimes toujours funeste,
Donna la colère céleste.
Tous les sels les plus corrosifs,
Les plus âpres, les plus actifs,
Sucs de toute plante en racine,
Élixirs de la médecine,
Et de ses infirmes parents
Les ordinaires aliments,
Passant dans leur progéniture,
La substance qui l'engendra,
Mixte de toute humeur impure,
Est déjà le fatal augure,
Des grands maux qu'elle répandra.
Au venin qui bout dans ses veines
Se joignit l'esprit d'Attila,
Et sur lui l'enfer exhala
Du souffle impur de ses haleines
Les sept fameux péchés mortels,
Les sentiments les plus cruels
Des âmes les plus inhumaines.

Nulle vertu de ses ayeux,
Ses parents dans un corps hideux
Portant un cœur droit et sincère ;
Tous leurs soins ont été trahis,
Et les difformités du père
Ont passé dans l'âme du fils ;
Réprouvé, maudit dès l'enfance
Par les auteurs de sa naissance,
L'âge fit croître ses défauts.
Inhabile à toute science,
On l'éleva dans les bureaux,
Au grimoire de la finance,
Car si par un fatal destin
Il fût devenu médecin,
Pis que peste, famine et guerre,
On l'eût vu dépeupler la terre,
Mais par le décret du Seigneur,
Qui ne veut la mort du pécheur,
Il le fit naître en cet empire,
Pour dépouiller, non pour détruire,
Pour ces odieux tribunaux,
Source de misère et de maux,
Chambres de taxe et de justice,
Aux juges retrancher l'épice,
Et le salaire au serviteur,
Rendre un créancier débiteur,
Mettre un innocent dans les chaînes,
Favoriser les trahisons,
De proscrits peupler les prisons,
Innover tortures et gênes,
Récompenser les tours subtils
Des délateurs, des alguazils,
Donner des avis homicides,
Pour accumuler les subsides,
Sur tout état, sur tout labeur,
Susciter collecteurs avides,
Qu'on verra sur nos champs arides,
Porter la faim et la terreur
Dans ces cabanes ruinées,
Enlever des gerbes glanées,
Prix de la sueur et du sang
De ces veuves abandonnées,
Qui nourrissent de leurs journées

Les fruits malheureux de leur flanc.
Abusant du pouvoir suprême,
Soutenir que par ce moyen,
Le Roi rapportant à lui-même,
Le quint, la dîme, le centième,
En prenant tout ne devra rien.
Que de maux fera-t-il encore,
Que de revers, que de malheurs !
Non, de la boîte de Pandore
On vit exhaler moins d'horreurs.

Pour voiler aux yeux du vulgaire
L'âme cupide et mercenaire
De ce monstre exterminateur,
Dieu lui fit un front séducteur,
Où, sous le masque d'hypocrite,
De mine basse, hétéroclite,
Moins un homme qu'un embryon,
On voit l'esprit de faction,
L'avidité, la fourberie.
L'air dissimulé, patelin,
Le ris sardonique et malin ;
Tout bonheur l'aigrit et le choque,
Les jours qu'il passe sans époque
De quelque désastre fameux,
Sont pour lui des jours malheureux.
Voit-on naître sur son visage
Certain air de sérénité,
Tremblez, mortels, il vous présage
La publique calamité !

Se voit-il déjà sur les traces
Des Colbert et des Desmarests,
Arriver aux premières places,
Par les routes des Bourvalais ?
Dissimulé dans ses projets,
Il aspire au temps favorable
D'un gouvernement plus durable,
Pour être par autorité
Méchant avec sécurité.
Dans une si cruelle attente
La rage éclate malgré lui,
Tout l'agite, tout le tourmente,

Se voyant réduit aujourd'hui
A faire le mal par autrui.
Regardez ce front anathème
De fiel et de bile pétri,
N'est-ce pas l'Envie elle-même,
Au sombre regard, au teint blême,
Qui dévore son cœur flétri?

Souvent, pour amener au piége,
Cachant ses funestes desseins,
Il flatte, recherche, protége
Celui qui veut prêter les mains
Pour dépouiller tous les humains.
Mais, par un dernier sacrifice,
Tous ces fauteurs de maléfice,
Qui par lui semblent protégés,
Seront, pour prix de leur service,
De sa propre main égorgés.
Enfin, le ciel dans sa clémence,
Exauçant nos cris et nos vœux,
Un jour délivrera la France,
De ce mirmidon furieux.
Si cette ville plus soumise,
Sans faire schisme dans l'Église,
Accepte d'esprit et de cœur
Le décret du premier pasteur,
Le bras céleste qui nous frappe,
Ne répandant que des bienfaits,
Trouvera son arc et ses traits
Contre l'avorton d'Esculape.
Et pour que les noires vapeurs
Des principes empoisonneurs,
Dont sa chair fut toujours empreinte,
Ne pestifèrent l'univers,
S'il étoit mis en terre sainte,
Qu'un démon sorti des enfers,
Quand il rendra son âme au diable,
Emportant soudain dans les airs
Cette charogne abominable,
La jette au fond du lac croupi,
Aux déserts du Mississipi.

(Déc. 1722.)

DÉCEMBRE 1722.

CHANSON SUR CETTE SATIRE.

O vous, qui savez le secret
De cette Fagonade,
Soyez-en confident discret,
N'en faites point parade,
Ne l'allez pas dire à Fagon,
La faridondaine, la faridondon,
Car il me taxeroit aussi,
   Biribi,
A la façon de Barbari, mon ami.

FIN DE L'ANNÉE 1722.

ANNÉE 1725.

JANVIER.

1ᵉʳ *janvier*. — Le Roi n'a fait ni ducs, ni maréchaux de France, comme on croyoit; il a seulement fait une promotion de l'ordre du Saint-Esprit pour l'ordre du Cordon bleu. On attend bien des changements à la majorité.

PRÉVÔT DE PARIS. — Ce jour, j'ai vu le comte d'Esclimont, qui va être prévôt de Paris. En lui parlant d'un livre fort satirique contre plusieurs familles qui paroît depuis peu sous le titre de : *Mémoires historiques, politiques, critiques et littéraires,* attribué à défunt Amelot de la Houssaye, où il y a un article du surintendant Bullion, son bisaïeul, il m'a dit que cet article étoit faux et m'a conté que s'étant, depuis peu, trouvé à la table du cardinal Dubois, où chacun tâchoit à louer la finesse des mets, S. E. « dit : Je suis encore bien loin de M. de Bullion qui donnoit de l'or au fruit. » Le comte se sentit piqué, rougit, et dit : « Monseigneur, il avoit donné un état de son bien avant d'entrer dans les finances ; » sur quoi le cardinal ne répondit rien. Mais quelques jours après, en parlant à un des amis du comte, il dit : « Il a du mérite, mais il a le discours un peu taquin. » Le comte m'a voulu montrer cet état, qu'ils gardent dans leur famille, du bien de M. de Bullion, et m'a dit qu'il ne donna point de l'or en espèces, mais que Varin, fameux graveur, lui ayant donné plusieurs médailles de sa façon, il servit un plat qui en étoit plein, et qui furent distribuées à plusieurs personnes de considération, qu'il avoit conviées à manger chez lui. Voici le fait tel qu'il le raconte (1) :

AMELOT DE LA HOUSSAYE. — MÉMOIRES HISTORIQUES. — Le livre d'Amelot est surprenant pour la hardiesse avec laquelle il attaque les plus grandes maisons du royaume; le style est fort, très-clair et dit bien ce qu'il veut dire. Ce sont de bons coups de poignard. Les Bouillon ne trouvent pas là leur compte, avec leur principauté d'Auvergne. Les Luynes sont bien heureux que le connétable soit mort jeune. Les Laubépin se sont entés sur les Laubépin d'Orléans. La Feuillade n'est point d'Aubusson. Les Béthune-Châtillon ne sont point ce qu'ils disent. Il y a un portrait affreux de la reine Christine, qui faisoit profession d'athéisme, et qui fit la fortune à Bourdelu, médecin, et à un chirurgien qui la faisoient avorter. Bossuet, l'évêque de Meaux, entreprit l'archevêque de Cambray, par jalousie, et non par religion. Les Harlay ont écartelé d'armes, qui ne sont pas à eux. Mézeray a vendu aux d'Effiat un bisaïeul qu'ils n'avoient pas. Le marquis de la Rivière, gendre de Bussy, est petit-fils d'un laquais qui trouva et rapporta un billet de 800,000 livres, après la mort du maréchal d'Ancre. Les Valençay descendent d'un valet de chambre d'un duc de Bourgogne, à qui il vola ses pierreries après sa mort. Les Monchal viennent d'un apothicaire d'Annonay, en Vivarais; la fameuse Mme Cornuel avoit eu un enfant avant son mariage. Le duc de Lude, en épousant une Feydeau, dit qu'il s'étoit réfugié dans une boutique parce que ses créanciers le vouloient mener à l'hôpital. Nogaret est moins que rien, le cardinal

---

(1) Voir sur cette anecdote les *Historiettes de Tallemant des Réaux* et les *Considérations sur les mœurs* par Duclos. Celui-ci, à propos du faste insolent de certains parvenus, et de l'empressement avilissant que mettaient certains grands seigneurs dégénérés, à accepter d'humiliantes faveurs, cite l'exemple de Fouquet faisant placer dans la chambre de chacun des hôtes de Vaux, une bourse pleine d'or, pour les besoins de leur jeu, M. Bullion remplissant de nouveaux louis d'or les poches de ses convives.

de Frustemberg étoit un milord avec les femmes et n'est parvenu que par elles. Les Clermont ne sont point Tonnerre, l'évêque de Noyon étoit fou de sa maison dont il est rapporté mille traits. M. Colbert vouloit être noble et descendre de loin; l'archevêque d'Aix, Cosnac, étoit un intrigant, le comte d'Egmont épousa sa nièce, c'est la première fois que les d'Egmont se sont mésalliés. Il y a deux grands articles fort travaillés sur la maison d'Autriche, où il y a de bonnes choses sur Charles-Quint et don Carlos et les ministres d'Espagne, et aussi sur les électeurs. On trouve des particularités curieuses sur la marquise de Verneuil, maîtresse de Henri IV, et la conjuration qu'elle avoit traitée en Espagne, dont un nommé Chevillard (bisaïeul maternel d'Amelot), qui fut arrêté à la Bastille, portoit le traité sur lui, qu'il mangea. Il sort des traits piquants de tous côtés dans ces Mémoires hardis. Ils sentent bien l'esprit d'Amelot, qui étoit mordant et observateur de malignités. Il y paroît dans ses notes sur Tacite et sur les *lettres du cardinal d'Ossat*, dont il a procuré une édition plus ample. Il a aussi traduit l'histoire du concile de Trente de Frappaolo. Ces *Mémoires* sont alphabétiques, et ce qui en est imprimé va jusqu'à la lettre F. Si on donne la suite, toute la France y aura son paquet, et ce sera un beau recueil d'anecdotes. Il cite souvent l'*Histoire de Venise* du procurateur Mani, qui en effet est très-bonne, et où il y a de bonnes remarques sur la France (1).

---

(1) Cette première partie des *Mémoires* parut pour la première fois en 1722, 2 v. in-8°. Elle fut réimprimée en 1737 et 1741. Le père Niceron dit qu'Amelot n'était pas l'auteur de tout l'ouvrage. La seconde partie n'a jamais vu le jour. — Remarquons en passant le ragoût particulier que Marais, en sa qualité de légiste et de bourgeois, trouve à ces révélations scandaleuses qui rappellent le mot philosophique de la Feuillade : « Il n'est pour si bonne maison qui n'ait sa « p.... ou son pendu. » Le pamphlet du président de Novion, inséré dans les *Mémoires de Richelieu*, par Soulavie, et publié aussi par la *Revue rétrospective* contre l'origine de la plupart des ducs et pairs a été réfuté dans les *Mémoires* de Richelieu eux-mêmes, et, plus tard, a été repro-

CARDINAL DUBOIS. — FOUQUIÈRES. — On ne parle que des brutalités du premier ministre. Mme de Feuquières, autrefois Mlle Mignard, fille du peintre, lui demandoit quelque grâce; il répondit : *Je suis accablé d'affaires, et il faut encore que des p...... viennent m'embarrasser.* Elle lui répondit : *Monseigneur, ne parlons point du passé, vous y perdriez plus que moi.* Le ministre rentra un peu en lui-même, l'envoya prier à dîner où elle vint, et voulant excuser son humeur, il lui dit qu'il n'en faisoit pas moins du bien à ceux qu'il maltraitoit : — Si cela est, Monseigneur, vous m'en devez faire *beaucoup;* » et aussi l'a-t-il fait.

On s'est souvenu du distique ou épitaphe fait après la mort du cardinal Mazarin :

> Ci-gît l'Éminence deuxième,
> Dieu nous garde de la troisième !

Voilà la troisième venue, et la prédiction étoit bonne. Le Parlement n'a pas bien reçu M. Dreux, grand-maître des cérémonies, qui a voulu visiter la Grande-Chambre pour savoir si elle seroit en état à la majorité. Ils prétendent que c'est leur droit. Le parquet a été trouver le cardinal pour l'en informer. Il leur a dit que c'étoit une chicane, que le Roi tenoit son lit de justice où il lui plaisoit, que des officiers y faisoient leur charge, que le Parlement ne tenoit son autorité que du Roi, qu'ils prenoient mal leur temps de l'indisposer quand il va être majeur et que s'ils continuoient, il les rendroit si petits, si petits, qu'ils en seroient étonnés. S. E., contant ce discours à un ami lui dit : « Ils n'étoient pas contents, il y avoit là un petit d'Aguesseau qui portoit sur son visage toute la mauvaise volonté de son père ». C'est le jeune M. d'Aguesseau,

---

duit, ainsi que les brocards d'Amelot, de la Houssaye, dans les *Factums* de Dulaure, réfutés aussi vigoureusement par le bibliophile Jacob. (*Dissertations sur l'Histoire de France.*)

avocat général, et cela fait voir que le chancelier n'est pas prêt à revenir prendre les sceaux.

> Va-t-en voir s'ils viennent, Jean,
> Va-t-en voir s'ils viennent.

L'abbé Dangeau mort. — L'abbé Dangeau est mort le 4. Il étoit de l'Académie françoise et étoit fort âgé. Il n'a jamais écrit rien de bon ; c'étoit un difficultueux ridicule sur la pureté de la langue, aussi bien que le marquis de Dangeau, son père. Lainé avoit fait sur eux ce quatrain :

> Je sens que je deviens puriste,
> Je plante au cordeau chaque mot,
> Je suis les Dangeaux à la piste ;
> J'ai bien la mine d'être un sot.

Il a résigné son prieuré de Gournay à l'abbé Alary, qui montre l'histoire au Roi. Alary le père étoit un charlatan et un chercheur de pierre philosophale, qui a laissé un fils honnête homme et savant.

Cardinal de Bissy. — Le cardinal de Bissy a fait une nouvelle lettre intitulée : *Lettre Pastorale sur la Constitution* où il a parlé de l'infaillibilité du Pape en cardinal, du droit des bulles dogmatiques qu'il dit avoir force du jour de leur publication, et il n'a pas eu grand égard aux arrêts des cours sur cette constitution. Aussitôt, il s'est élevé un dénonciateur qui en a fait une dénonciation à M. le procureur général et qui a bien expliqué la matière qu'il a réduite à quatre points. Il l'accuse : 1° D'avoir autorisé et approuvé les lettres *Pastoralis officii* que les arrêts ont déclarées abusives. 2° D'avoir soutenu l'infaillibilité du Pape, de droit divin, et d'avoir produit des mandements d'évêques étrangers pour l'établir. 3° D'avoir nié les modifications mises par les arrêts à l'enregistrement. 4° Pour avoir attaqué les droits du Roi dans la publication des bulles.

Il ne manque à cet écrit que d'être plus serré. Du reste, les principes en sont bons, et le cardinal y est passablement turlupiné. L'auteur fait une objection sur ce qu'il ne falloit pas tirer cette infraction de l'obscurité où elle étoit et où tombent tous les ouvrages du cardinal, et qu'il falloit abandonner au mépris. Il répond que le mépris est vraiment une peine attachée inséparablement aux mauvais ouvrages, mais que celui-ci mérite une correction parce qu'il attaque l'autorité royale. Cela n'empêchera pas, dit-il, qu'on le méprise. Le dénonciateur dit qu'il n'est ni magistrat, ni théologien. On sait pourtant, à n'en point douter, que l'ouvrage est de la main de l'abbé Mainguy, conseiller de la Grande-Chambre, qui a bien dit là des secrets de la cour, et qui s'est trahi par son style diffus et trop éloquent, pour ne pas dire déclamatoire. J'ai déjà parlé de cet ouvrage dans un article du mois de décembre 1722. Mais la 2ᵉ édition qu'on en vient de faire m'a fait faire ce 2ᵉ article. Notez qu'à la fin il y a une dénonciation particulière à M. le garde des sceaux sur ce que le cardinal de Bissy a joint à son instruction deux volumes qu'il assure être bons, mais qu'il n'a point lus, et qui n'ont été approuvés par aucun auteur. On lui demande s'il a ce droit comme cardinal, en vertu d'un bref du Pape ou par quelque décret de l'Inquisition. S'il est pour toujours ou pour un temps, s'il s'étend à toutes les matières théologiques ou s'il est borné à la Constitution ; si le droit d'approuver des ouvrages sans les lire ne durera que tant que ses grandes occupations substiteront. Enfin, le dénonciateur se joue du bonnet de cardinal comme d'une marotte. Je ne crois pas que cela plaise beaucoup à Rome.

CARDINAL DUBOIS. — Le premier ministre n'est pas toujours occupé aux affaires, il a des plaisirs secrets et nocturnes. On lui mène des Vénus à juste prix, qu'il contente le moins mal qu'il peut, et les renvoie le matin avec leurs habits dans une garde-robe, d'où elles s'écoulent. Il se relève la nuit pour travailler, puis retourne à sa maîtresse, puis revient au travail, et dort quand il plaît au sommeil. C'est un rare prélat qui aura bien quelque jour la *Milliade*, comme le cardinal de Richelieu. Cette *Milliade* a de certains vers excellents. Le P. Lelong, dans sa *Bibliothèque*, dit bien des choses curieuses sur l'auteur, que le cardinal de Richelieu soupçonna, et qu'il ne put convaincre.

PRÉVÔT DE PARIS. — Le lundi 11 janvier, M. de Bullion a prêté serment d'avocat, pour parvenir à être prévôt de Paris avec plus d'autorité que ses prédécesseurs.

18. — ARTS ET MÉTIERS, JOYEUX AVÉNEMENT. — Le 18 janvier, le Parlement a registré un édit du mois de novembre, qui porte établissement de plusieurs maîtrises d'arts et métiers dans toutes les villes du royaume, en considération du *joyeux* avénement à la couronne et du sacre. Il y en a huit de chacun art et métier dans Paris, six dans les villes où il y a cour supérieure, quatre dans les villes où il y a présidial, bailliage ou maréchaussée, et deux dans les villes et bourgs où il y a jurande. La finance en sera payée en rentes sur la Ville en papiers liquidés. On prétend qu'il en sera retiré pour plus de cent millions ; ainsi le papier disparaîtra. L'édit fait compliment au Régent sur ce qu'en 1643, il y eut des lettres de maîtrise créées pour la régence de la Reine, et le Régent a refusé pour la sienne, « par son attention à tout ce qui peut contribuer au soulagement de l'État ». L'État, foulé de toutes parts, désavoue ce compliment. Notez que le Parlement a laissé passer le terme de *Créances de l'État liquidées* sans modification. Voilà donc la liquidation reconnue.

19. — MOI, CHEF DU CONSEIL DU PRINCE CHARLES. — Le 19, monseigneur le prince Charles (1), grand écuyer de France, m'a fait l'honneur de me nommer pour chef de son conseil, avec 1,000 livres d'appointements, et m'en a envoyé le brevet. Je lui avois, quelques jours auparavant,

---

(1) Le prince Charles d'Armagnac, de la maison de Lorraine.

donné une preuve bien authentique qu'il est officier de la couronne. Loyseau dit qu'en 1616 M. de Bellegarde en obtint un brevet de Louis XIII, mais Loyseau ne savoit pas tout, et j'ai trouvé un arrêt du 9 avril 1582, qui enregistre des lettres patentes du 3 avril précédent, portant le rang et séance des officiers de la couronne qui sont nommés dans ces lettres, à savoir, le connétable, chancelier, garde des sceaux, grand maître, grand chambellan, amiral, maréchaux de France, grand écuyer et non autres. Il est rapporté dans Godefroy, dans son *Histoire des connétables et chanceliers*, pages 120 et 121 de l'édition du Louvre, in-folio, 1658. Le P. Anselme et ses continuateurs n'en ont rien dit; on ne sait rien en France si l'on ne veut s'appliquer exactement. Aurait-on dit que Loyseau, si savant et si curieux, aurait ignoré un fait si proche de lui?

Ducs, leur entrée au Louvre. — Je cherche dans quel temps et à qui les ducs doivent leur entrée au Louvre, en carrosse. Le fait s'agite aujourd'hui; je l'ai étudié et j'ai trouvé que Charles IX en 1572, et Henri III en 1585, ont fait des règlements sur cela, par lesquels les princes, princesses et officiers de la couronne n'entroient que sous la porte, où ils descendoient sans aller plus loin, et les autres seigneurs et gentilshommes descendoient à la barrière devant la porte; que sous Henri IV cela s'observoit de même, qu'après sa mort on fut étonné de voir monter le duc d'Épernon à cheval dans la cour du Louvre, comme le remarque l'auteur du Journal de *Henri III et Henri IV*, au 3 juillet 1610, où il dit que cela fut trouvé étrange, comme n'appartenant qu'aux princes du sang, et que MM. de Guise ne l'avoient jamais entrepris dans leur plus grande prospérité. Enfin, j'ai découvert dans un manuscrit un rôle qui fut arrêté le 8 janvier 1611, des princes, seigneurs et dames qui devoient entrer dans la cour du Louvre en carrosse, et dans ce rôle il n'y a pas un duc qui ne soit prince; et, à la fin, il y a un article séparé des *autres auxquels le Roi, par grâce spéciale, a permis*, *attendu leurs âges et indispositions, de pouvoir entrer au Louvre la nuit en carrosse : MM. les ducs de Bouillon, d'Espernon et de Sully.* Ainsi en 1611, les ducs n'entroient point en carrosse au Louvre, il n'y eut que ces trois d'exceptés, qui n'y pouvoient paroître que la nuit, afin que de jour on ne vît point leurs carrosses dans la cour; et on ne sait où Amelot, dans ses derniers *Mémoires* (tome II, page 257), a pris que ce fut en 1607 que le duc d'Épernon entra au Louvre en carrosse et que depuis tous les ducs y ont entré. Cet auteur, qui veut paroître si bien informé, est mal informé, et l'époque des ducs est bien baissée. J'ai fait sur cela un *Mémoire* que je joindrai ici.

GARDE DES SCEAUX. — OFFICIER DE LA COURONNE. — J'ai encore découvert une autre faute d'Amelot (tome II, p. 270). Il dit que M. le Garde des sceaux du Vair, en 1618, précéda au Conseil les ducs et pairs, qui le trouvèrent étrange, parce qu'il n'étoit point un des grands officiers de la couronne, et que M. le duc d'Épernon en quitta la cour de dépit. Mais Amelot ne savoit pas qu'en 1582 le garde des sceaux est nommé parmi les officiers de la couronne, dans des lettres patentes enregistrées le 9 avril au Parlement et qui sont du 5 avril; j'en ai parlé ci-dessus. Si Amelot est aussi mal instruit des autres faits, sa critique est bien mauvaise, et l'éloge qu'il fait de M. du Vair et de sa fermeté est bien inutile, puisqu'il ne faisoit qu'user de son droit.

PAIRS ECCLÉSIASTIQUES, LIT DE JUSTICE. — L'archevêque de Reims, Rohan-Guéménée, s'est fait recevoir en la dignité de duc et pair ecclésiastique au Parlement. Il veut être du lit de justice de la majorité; mais si le Roi y mène des cardinaux, les pairs ecclésiastiques pourront bien se retirer, comme ils firent à la déclaration de la majorité de Louis XIII, où il y eut quatre cardinaux, et les pairs ecclésiastiques n'y restèrent point, quoique le Parlement eût déclaré que la déclaration de la majorité n'étoit point un jugement de pairie et que le Roi pouvoit s'y faire accompagner par qui il lui plaisoit. Le cardinal premier ministre voudroit bien y être comme représentant le chancelier et y avoir une place distinguée, ce qui excluroit le garde des sceaux. Autrefois, M. du Vair voulut faire enregistrer ses lettres avec la clause de présider en tous les parlements, et la clause ne passa point, parce que le chancelier de Sillery vivoit encore, et qu'il ne peut y avoir deux chefs de justice en même temps. Aujourd'hui que le chancelier est vivant, la même difficulté revient; ce chef est lié par un exil, et le garde des sceaux, qui n'a pas encore été reçu au Parlement, pourra y être reçu par autorité du roi au lit de justice, comme M. d'Argenson l'a été au lit de justice du 26 août 1718, où ses lettres furent d'abord enregistrées. Si le cardinal premier ministre avoit la représentation, et devenoit vice-chancelier, pour cette fois seulement, ce seroit se jouer du garde des sceaux, qui s'attend si bien à être en fonctions que je sais certainement qu'il travaille à sa harangue, et connois une personne avec qui il est intime et à qui il l'a montrée, se plaignant qu'il étoit obligé de charger sa mémoire. Il faut lire sur la séance des pairs ecclésiatiques aux lits de justice, le *Mémoire* de M. l'archevêque de Reims (le Tellier), fait en 1673 et imprimé en 1687 chez Muguet, sur lequel les cardinaux de Bouillon et de Bonzi furent exclus du lit de justice où fut enregistrée l'ordonnance de 1673. Il y soutient que jamais aucun pair ecclésiastique ne s'est trouvé en séance avec les cardinaux premiers ministres.

30 *janvier*. — Prévôt de Paris reçu. — Ce jour, M. le comte d'Esclimont, prévôt de Paris, a été reçu au Parlement. Sa réception porte : « A la charge de ne rien entreprendre sur la juridiction ordinaire, mais de tenir la main à l'exécution des décrets, ordonnances et règlements de la Cour. »

Le serment est : « de fidèlement et bien servir le Roi,

d'exercer l'état et l'office de conseiller du Roi en ses conseils, prévôt de la Ville, Prévôté et Vicomté de Paris; d'obéir et de tenir la main à l'exécution des arrêts, de n'entreprendre cour ni juridiction à connoissance contentieuse, et de n'avoir que celle qui lui est attribuée par les édits et ordonnances-ci. Or par l'ordonnance de Moulins, il a droit de présider et d'opiner.

M. le premier président et MM. les gens du Roi et toute la Grand'Chambre, qui ont cherché à abaisser la morgue du lieutenant civil, qui a fait un petit Parlement pendant l'exil à Pontoise, ont composé à plaisir ce serment, qui met le prévôt de Paris en état d'opiner et de juger quand il lui plaira. Il étoit accompagné de ses douze gardes ou huissiers de la *douzaine*, avec hoquetons et hallebardes qui sont restés à l'entrée de la galerie des prisonniers avant la réception, et depuis la réception ils sont venus au fond de la galerie; il a été installé ensuite au Châtelet, où étoient le président de Lamoignon et quatre conseillers de la Grand'Chambre : MM. Cadeau et Mainguy, clercs, Le Fèvre et Pâris, laïques. Ils sont allés tous à pied du Palais au Châtelet, précédés de la compagnie du lieutenant criminel de robe courte, du prévôt de L'Ile, du guet à pied, et la marche finissoit par la maréchaussée à cheval. Le prévôt de Paris étoit entre deux de messieurs de la Grand'Chambre. Il a été installé au Châtelet dans tous les siéges et a opiné dans deux ou trois causes qui ont été remises à huitaine. De l'Age, avocat du Roi, a bien parlé. M. de Lamoignon a aussi fait l'éloge du nouveau prévôt de Paris et de sa famille, puis on est venu à un grand dîner où il y avoit des ducs et pairs, conseillers d'État et autres personnes illustres, et principaux officiers du Châtelet, le lieutenant civil entre autres et le lieutenant de police. On n'y a pas pillé la maison du prévôt comme en 1573, trois rois, Charles IX, Henri III, roi de Pologne, et le roi de Navarre, qui pillèrent celle de Nantouillet, prévôt de Paris, après une collation qu'il leur donna. Ce fait singulier est dans le *Journal de Henri III*, qui les appelle de *puissants voleurs*.

31 *janvier, dimanche.* — Le dernier conseil de Régence s'est terminé aujourd'hui, et ce conseil a été rompu; le pouvoir du Régent est fini. On a rendu plusieurs arrêts, au sujet des charges municipales, pour avoir la facilité de les vendre. Le conseil de conscience a aussi été tenu, et c'est le dernier. Il ne reste que le conseil des dépêches. Nous allons voir toutes choses nouvelles.

31 *janvier.* — Le jour de la réception du prévôt de Paris, le grand-maître des cérémonies vint avec les hérauts et les jurés crieurs en corps sermonner la Cour, pour le service de Madame, à Saint-Denis, et le peuple, qui n'entend et ne distingue jamais rien, s'imaginoit que ces hérauts et ces crieurs étoient de la suite du prévôt et que le grand-maître venoit à sa réception.

FÉVRIER 1723.

Lundi 1er. — Le 1er février, le prévôt de Paris a été installé à l'audience de la Grand'Chambre, dans le banc des baillis et sénéchaux, à la première place.

Mercredi 3. — Le 3, il a fait trois fonctions solennelles de sa charge. Il est venu au Parlement avec les officiers de police pour le règlement des vivres du carême. Et là, M. de Blancmesnil, avocat général, a encore fait son éloge, en présence du jeune lieutenant de police, à qui il a dit qu'il le devoit regarder comme son chef.

De là, il est venu au Châtelet, où il s'est mis dans le siége et sous le dais, et M. le grand-maître des cérémonies est venu apporter la lettre de cachet pour le service de Madame. Elle étoit adressée : « *A notre prévôt de Paris ou son lieutenant civil.* » Le lieutenant civil étoit à côté, et point du tout aise de ce que ces honneurs lui manquoient. Le prévôt lui a donné la lettre et lui a dit : « Faites lire. » Il l'a donnée au greffier et lui a dit : « Lisez. » Ensuite, le prévôt de Paris a dit : « Messieurs, je ne puis aujourd'hui continuer l'audience, parce qu'une grande fonction de ma charge m'appelle à l'ouverture de la foire de Saint-Germain. » Aussitôt, il a levé le siége et est allé faire cette ouverture avec le lieutenant de police, qui n'étoit qu'en second. Il a été partout là avec ses gardes, qui ne sont pas accoutumés à la hallebarde et au hocqueton. Il doit aller vendredi au service de Saint-Denis, et il sera accompagné par deux compagnies du prévôt de L'Ile. Il est venu me voir aujourd'hui et m'a raconté tous ses exploits, dont il est très-content. Il m'a apporté deux exemplaires imprimés de mon *Mémoire*, qu'il ne veut pas distribuer, parce qu'il a obtenu ce qu'il demandoit, et qu'il veut en user honnêtement avec le lieutenant civil. Ce *Mémoire* est curieux et mérite d'être gardé. Il deviendra très-rare si on ne le donne pas.

BONTEMPS. — Le Roi a su que Bontemps le père, un de ses premiers valets de chambre, avoit amené à Versailles sa maîtresse, appelée Zénobie, et qu'il avoit dîné avec elle : il a demandé à son fils avec qui il avoit dîné. — Avec mon père, Sire. — Et qui encore? Ne me mentez point. Il a fallu dire la fille. Le Roi a envoyé ordre à Bontemps de la faire sortir sur-le-champ de Versailles, et de ne point paroître devant lui. Il y a bien de l'impudence de mener publiquement sa maîtresse à la Cour, pendant que le Régent lui-même a renvoyé la sienne.

Le premier ministre n'a pas réduit son maître à cette extrémité, pour ne la pas faire garder aux autres, et voilà un bon commencement et un bon augure pour le Roi. Du reste, personne ne le pénètre, et il est d'une prudence et d'une dissimulation profondes.

Vendredi 5. — SERVICE DE MADAME, A SAINT-DENIS. CONTESTATION AVEC LES ÉVÊQUES. — Le service de Madame s'est fait à Saint-Denis. Les princesses, qui avoient été au bal la nuit, n'y sont venues que fort tard. La messe n'a commencé qu'à midi un quart passé. Il y est arrivé dispute sur ce que le célébrant et les évêques officiants ont prétendu que le grand-maître des cérémonies s'étoit absenté exprès. Le grand-maître n'a point voulu y aller et a disparu en un instant. Les évêques n'ont eu que le maître des cérémonies de l'abbaye, et ils en ont été si fâchés qu'ils n'ont point voulu dîner à la table qui leur avoit été préparée, et ils sont tous revenus dîner à Paris. L'évêque de Clermont (autrement le P. Massillon) a fait l'oraison funèbre, que personne n'a entendue; il s'étoit préparé dès six heures du matin, il n'étoit en chaire qu'à deux heures et il n'avoit plus de voix. Son oraison a paru longue et plate comme l'épée de Charlemagne.

On a eu nouvelles que mademoiselle de Beaujolois, qui va épouser don Carlos, infant d'Espagne, est arrivée à Bidassoa le 26 janvier, qu'elle a passé la rivière dans une petite chaloupe très-gracieusement, et qu'elle a été remise entre les mains de la comtesse de Lemos et autres dames qui doivent la servir. Il y avoit trois régiments de troupes espagnoles et seize carrosses.

Vaudemont, duc de Lorraine. — Le duc de Lorraine a renvoyé à l'Empereur l'ordre de la Toison d'or du défunt prince Charles de Vaudemont, ce qui a paru extraordinaire, puisqu'une des grandes disputes du congrès de Cambray est de savoir à qui demeurera cet ordre ou de l'Empereur ou du roi d'Espagne. L'Empereur le veut comme maître des Pays-Bas, où cet ordre a été institué, et le roi d'Espagne à cause de sa couronne. Il semble que le duc de Lorraine reconnoisse par là l'Empereur comme roi d'Espagne. On saura les raisons qu'il a eues de faire cette démarche, car c'étoit du roi d'Espagne que M. de Vaudemont tenoit sa Toison.

Le Czar. Conquête en Perse. — Le Czar est rentré en triomphe, à Moscou, de la conquête de la ville de Derbent en Perse. C'est Alexandre qui l'a fait bâtir, et il a surpassé ce conquérant. On lui a dressé un arc de triomphe avec deux Renommées, l'une qui offre le plan de la ville à Alexandre, l'autre qui en offre les clefs au Czar. Au-dessus de cette première il y a cette inscription : *Fama vetus*, et au-dessus de la seconde : *Fama nova* ; comme si on disoit : Voilà la vieille renommée et voilà la nouvelle, et on a mis aussi ce vers latin :

Struxerat hanc fortis sed fortior hanc cœpit urbem.

On dit ordinairement que les Moscovites sont les Gascons du Nord. Mais le Czar d'aujourd'hui n'est point un homme à gasconnades, et il fait comme il dit.

Février, 5, 6, 7, 8, 9, 10. — Maladie du Roi. — Le 5, le Roi a voulu aller à une battue de lapins, il s'est beaucoup fatigué, a marché dans les ruisseaux et dans les bois, est revenu mouillé et les jambes froides. Il n'a point voulu changer de bas. Le samedi 6, il a beaucoup mangé de bœuf qu'il aime et de perdrix. Il ne se portoit pas trop bien. Le dimanche 7 (qui étoit le dimanche gras), il s'est trouvé fort mal à la messe, s'est évanoui et a perdu connoissance. Il a été emmené par M. le Duc. La Cour a été en alarmes. Mais il est bientôt revenu et a mangé à son petit couvert. L'après-dînée, étant tout à fait remis, on l'a empêché de sortir dehors. Il a monté sur les toits et dans les gouttières du Louvre, et s'est diverti à jeter des platras dans les cheminées, comme un enfant. Mme de Ventadour lui a envoyé un chat pour lui tenir compagnie.

Le lundi 8, il a paru quelques rougeurs sur son corps, il a eu un mouvement de fièvre et mal à la tête : on l'a fait coucher. Le Régent a reçu trois courriers pendant la nuit du lundi au mardi. Il est parti le mardi 9, et est arrivé à Versailles à neuf heures, dans le temps qu'on alloit saigner le Roi. Il a été saigné, et la saignée l'a tout à fait dégagé. Si bien que les médecins ont jugé que ce n'étoit que fatigue et indigestion, et ils l'ont purgé le mercredi

10, et ainsi a fini sa maladie, qui faisoit déjà bien causer le monde, et qui mettoit bien des soupçons sur le compte du Régent. On a réduit le Roi au bouillon et au potage, et il disoit : *J'aimerois mieux une bonne pièce de bœuf.* Le 5, quand il parla de sa chasse aux lapins à dîner, le premier médecin l'en voulut détourner. Mais il s'en moqua. M. le prince de Conti lui dit que sa santé étoit trop précieuse pour ne la pas ménager. Il répondit : « Ma résolution est prise et peut-être le temps changera. » Il ne changea point et ne laissa pas d'aller. Mal lui en a pris et nous en avons eu toute la peine et le Régent l'espérance. On attendoit de grands changements à la majorité et tout ira comme devant. Le Roi a déjà dit à M. le Duc, à M. de Charost et à M. de Fréjus qu'il les prioit de lui continuer ses soins pour son éducation et de ne le point quitter. Ils n'auront plus les noms de sous-intendant, de gouverneur et de précepteur, mais ils en feront les fonctions, et le gouverneur aura de nuit un lit dans la chambre du Roi. Il n'est pas bien difficile de voir d'où toute cette inspiration est venue, et voilà les exilés bien maintenus dans leur exil. Le lit de justice se tiendra toujours le 17. Le Roi doit venir le 16 à Paris, et on sait déjà qu'il doit prier le Régent de continuer son administration (non plus comme Régent, mais comme premier prince du sang), et même que tout lui sera adressé. Ainsi, cette majorité ne sera qu'à l'extérieur, et ce parti paroît très-sage, n'étant pas naturel de livrer à lui-même un prince si jeune et qui ne sait encore rien. Charles IX, Louis XIII et Lous XIV avoient des mères qui les gouvernoient après leur majorité. Le Roi n'a personne au-dessus ni à côté de lui, et il faut bien que ses parents le gouvernent.

Cardinal. — Le bruit est toujours grand que le cardinal fera fonctions de chancelier au lit de justice, et que le garde des sceaux n'y sera point. On pourroit se passer de chancelier à la déclaration de la majorité, qui n'est point une action de pairie. Mais les édits qu'on fera registrer demandent un chef de justice pour prononcer l'enregistrement.

Vendredi 12. — Te Deum pour la fin de la peste. Beaux esprits. — *Te Deum* chanté à Notre-Dame pour la cessation de la peste dans le royaume. Les beaux esprits qui font les Lettres Publiques ont mis de l'esprit dans celle du *Te Deum* où il n'en falloit point. Il y a une définition et une description de la peste : *Mes voisins ne peuvent plus regarder mes frontières avec frayeur. Les François, qui se craignoient eux-mêmes les uns les autres, sont délivrés de cette pernicieuse crainte, et il ne nous reste qu'à rendre grâces à Dieu de s'être laissé fléchir et d'avoir voulu ne nous punir ou ne nous éprouver que par des calamités passagères.* Voilà un style qui est vraiment la peste de l'esprit, et il est bien à craindre que cette calamité ne soit durable.

Pendant la maladie du Roi, où tout Paris étoit alarmé, les commissaires ont été dans les maisons, par ordre supérieur, dire que le Roi se portoit bien et qu'il n'y avoit rien à craindre.

Robin, commis des finances. — M. Robin, premier commis des finances du premier ministre, m'a écrit une lettre très-gracieuse, en réponse d'une où je lui demandois justice sur la réduction du visa. Je lui disois : » Je viens peut-être un peu tard, mais dans le bruit du Palais ou le secret du cabinet, on n'entend guère les heures politiques, et n'est-on pas toujours bien venu à demander justice à S. E., qui aime à la rendre en tout temps et en tout lieu? » Ce M. Robin est un homme d'esprit et de belles-lettres et qui est très-officieux. Sa lettre est fort bien écrite. M. Pélisson avoit autrefois une pareille place chez M. Fouquet.

Samedi 13. — Biron. De Lévy. La Vallière. Ducs et pairs. — Le Régent a fini sa Régence par trois ducs qu'il a fait faire au Roi. On eût pu attendre la majorité qui est si proche, mais on a voulu faire de tout pendant cette

Régence. Ces trois ducs sont MM. de Biron, de Lévy et de la Vallière. Les Biron ont été ducs autrefois. Les Lévy ont eu le duché de Ventadour, et Mme de la Vallière, celui de Vaujour. Il ne sera pas difficile de ressusciter ces pairies pour les faire ducs et pairs.

M. de Biron est duc par le Régent, à la maison de qui il est attaché. M. de Lévy, par Mme de Ventadour, qui a été gouvernante du Roi et M. de la Vallière par Mme la princesse de Conti, la grande-douairière, qui est fille de Mme de la Vallière. Ils disent que le bisaïeul de ce dernier duc étoit meunier. On parle de trois maréchaux de France, ils sont encore *in petto :* le comte du Bourg, le comte de Medavy et le duc de Gramont. Cet honneur qu'on veut faire au duc de Gramont est pour lui ôter le régiment des gardes dont il est colonel, et qu'on veut voir au colonel-général de l'infanterie. Il y sera forcé, ce qui le fâchera très-fort, car il aime les profits.

Lundi 15. — JUSTIFICATION DE M. LE BLANC ET DES TRÉSORIERS. — Le Régent a annoncé la justification entière de M. le Blanc, secrétaire d'État de la guerre et celle des trésoriers. Il a dit que tout s'étoit fait dans la règle. Voilà les Pâris bien déclarés calomniateurs. On les devroit punir comme tels et leur faire essuyer la peine du talion; mais ils sont bien riches, et quand on a tant de millions on n'est guère criminel. Patience, nous vivrons peut-être assez pour les voir pendre. Il y avoit un projet de donner la guerre à M. de Breteuil, intendant de Limoges. On dit à l'oreille qu'il a bien rendu des services dans cette province au cardinal, qui en est originaire, et qu'il a fait supprimer les titres de sa roture, et même, dit-on, ceux d'un mariage qu'il avoit contracté et des enfants qui en sont venus (1).

CHEVILLARD. SACRE DU ROI. —Chevillard, généalogiste,

---

(1) V. Saint-Simon. — Voir aussi les deux volumes publiés sur le cardinal Dubois par M. le comte de Sei-llhac. (*Amyot*, 1862).

a fait graver dans une grande planche le sacre du Roi avec les armoiries de tous ceux qui y ont été. Il dit que cela ressemble à l'intronisation ancienne qui se faisoit sur un parvis à la tête de l'armée, avec les armes des chevaliers et barons, et cela y ressemble comme à un moulin à vent. Il a donné au grand-écuyer les marques de sa dignité, qui sont les deux épées à côté de l'écu, posées droites dans le fourreau fleurdelisé avec le baudrier. Et il s'est avisé de donner de son chef au premier écuyer une pareille épée posée derrière son écu, avec le fourreau et le baudrier, disant que si le grand-écuyer a deux épées pour ornement, le premier en doit avoir une. Mais c'est qu'il ne sait pas que le grand-écuyer a ces épées parce qu'il est garde de l'épée de parement du Roi, pour la porter devant lui dans les cérémonies publiques, et que le premier écuyer n'a nulle part à ces honneurs. J'ai fait un *Mémoire* pour empêcher cette innovation, qui bientôt passera de la planche au carrosse et à la vaisselle et aux cachets; et c'est ainsi qu'on se fait des titres faux en France et qu'on abuse de tout.

Mardi 16.—MAJORITÉ.—Le Roi étant né à huit heures du matin, le 15 février 1710, est entré aujourd'hui dans sa quatorzième année : *Attigit annum quatuordecimum* suivant l'édit de Charles V du mois d'août 1374. Ainsi, il est *majeur* et il n'y a plus de Régent ni de régence. Dieu veuille que ce soit pour sa gloire et pour notre bonheur!

L'édit de Charles V porte : Co ipso quod 14ᵉ annum ætatis suæ attigerint (1). La déclaration de la majorité ne se fera que le lundi 22 de ce mois, au lit de justice. Le Roi ne viendra à Paris que le 20. Les médecins l'ont jugé à propos pour le parfait rétablissement de sa santé.

Dans l'assemblée du 2 septembre 1715, le Régent et les gens du Roi ont dit que les rois étoient majeurs à

---

(1) Les gens du Roi, dans Dupuy (*Major*, p. 407), disent: « Sitôt qu'ils sont entrés et ont atteint le quatorzième an de leur âge. (*Note de Marais*.)

treize ans et un jour. Je ne sais où ils ont pris ce jour.

Le public, qui veut parler de ce qu'il ne sait pas, dit que le Régent se va faire déclarer Dauphin. Mais, pour être Dauphin, il faut être fils aîné du Roi et héritier présomptif de la couronne. Et il n'est ni l'un ni l'autre. S'il a la couronne par les traités et les renonciations du roi d'Espagne, cela ne fait pas une succession légale et présomptive, mais plutôt une succession contractuelle : *Edictum successorum*, qui n'est point entré dans les clauses de la donation du Dauphiné.

LE MARÉCHAL DE VILLEROY EXILÉ. — Le maréchal de Villeroy, qui est en exil, ne verra point toutes les joies de la majorité. Paparel, condamné à mort dans la Chambre de justice et qui a eu sa grâce par le marquis de La Fare, son gendre, doit lui aller tenir compagnie à Lyon. C'est une triste chose qu'un exilé. Le maréchal de Villeroy qui étoit, il y a trois mois, un second roi en France, est aujourd'hui trop heureux d'avoir pour compagnie un pendu.

SAINT-RÉAL. — On a imprimé à La Haye les œuvres de Saint-Réal en cinq volumes. Ils n'y ont pas mis les deux volumes de *Lettres à Atticus*, avec des notes qui étoient excellentes, et ils ont mal fait. Les *Mémoires* de madame de Mazarin, qu'ils lui attribuent, ne sont pas de lui, mais de l'abbé de Villars, auteur du *Gabalis*. M. Bignon me l'a dit, et ce Gabalis n'est pas original, c'est un plagiat public fait au cavalier Borri, qui avoit fait imprimer son livre en italien avant celui de l'abbé de Villars (1). Il y a de fort bonnes pièces dans ce recueil de Saint-Réal, mais il y

---

(1) L'original de Borri est dans la *Bibliothèque* de M. Dufay (*Note de Marais*). Bayle, dans l'article consacré à Borry (t. V, p. 55 de l'édition Beuchot), met en doute si les *Entretiens du comte de Gabalis sur les sciences* (titre exact de cet élégant et spirituel ouvrage, qui mériteroit la réimpression) n'ont pas été empruntés aux deux premières *Lettres* de Borri, imprimées en 1666 à Copenhague. Ce doute, qui a inspiré celui de Marais, n'est partagé ou indiqué ni par Bonaventure d'Argonne (*Mélanges de littérature et d'histoire*, t. Ier, p. 228), ni par Baillet (*Jugements des savants*, t. VI, p. 400 de l'édition de la Monnoye), et de nos jours Barbier ne le discute même pas.

a bien des œuvres posthumes fort suspectes. On n'a pas oublié la *Vie de Jésus-Christ* qui a été accusée de socinianisme, *Don Carlos*, la *Conjuration contre Venise*, l'*Usage de l'histoire*, *Césarion*, le *Livre de la Critique*, qui fut imprimé en 1691 à Lyon, quand il quitta la France pour s'en retourner à Chambéry, sa patrie, où il est mort assez malheureux.

Il est parlé de lui dans les *Mémoires de littérature* de du Sauzet, tome II, où son discours sur la valeur est tout entier. L'abbé Cassagne a fait un livre moral sur la valeur qui est autre chose, et Saint-Réal en parle dans sa *Critique*, page 173. Bayle ne parle jamais qu'avec éloge de Saint-Réal et l'appelle toujours bel esprit. Il en avoit beaucoup et de celui qu'on n'a guère, qui est d'étudier les motifs des actions des hommes et de les découvrir dans le fond de leur âme où ils les vouloient cacher. Son style est fort vigoureux et pris dans Amyot et dans Montaigne. On n'a pas donné les *Lettres à Atticus* parce qu'il n'a pas tout traduit et commenté, et que l'abbé Mongault a achevé cet ouvrage.

Mercredi 17. — M. DE LA VRILLIÈRE, SON FILS EN SURVIVANCE. — Le Roi majeur a donné à M. de la Vrillière, secrétaire d'État, la survivance de sa charge pour le comte de Saint-Florentin, son fils. Ce sera le dixième secrétaire d'État du nom de Phélipeaux. Le père est très-officieux et s'est fait bien des amis à la Cour. Il est beau que la première grâce du Roi ait été pour lui. Il ne s'est pas soucié de tenir la survivance des mains du Régent. Celle qu'il a est plus stable, et il a appris cette leçon dans les *Mémoires* d'État que ses ancêtres lui ont laissés.

Les trois nouveaux ducs et pairs seront reçus au lit de justice ; j'ai vu leur billet d'invitation pour le Parlement. M. de Lévi s'appelle tout court le duc Lévi, *sans de* : il faut que le Roi ait érigé des pairies pour eux.

GARDE DES SCEAUX. — M. le garde des sceaux doit venir au lit de justice certainement ; j'ai vu une lettre de lui, signée d'*Armenonville*, où il écrit à un des maîtres de requêtes nommés pour le lit de justice, et qu'il ait à s'y trouver le lundi 22 février chez lui à huit heures du matin, pour de là aller au palais avec MM. du Conseil pour accompagner le Roi.

Entrées renvoyées. — Le Roi a renvoyé toutes les entrées de sa chambre au cabinet, et il les donnera lui-même. Voilà déjà une action de majorité.

Le cardinal ministre. — Le Cardinal est accablé d'affaires, il n'en entend pas la plus grande partie lorsqu'il s'agit de détail. Il ne sait où il en est, la fièvre lui a pris, il est tombé malade et il s'est couché ; il a pourtant donné à dîner aux ambassadeurs à l'ordinaire.

Prévôt de Paris. — Le prévôt de Paris est déjà troublé dans ses fonctions. Il a donné une ordonnance pour enlever un corps mort à la basse geôle du Châtelet, et le délivrer à un chirurgien aspirant pour en user suivant les statuts. Le lieutenant criminel s'est saisi de l'ordonnance, en a fait une autre, a fait délivrer le cadavre au chirurgien, après les conclusions du procureur du Roi que le prévôt de Paris n'avoit point prises, et qu'il se dit en droit de ne point prendre. Les plaintes ont été portées au cardinal. M. le duc d'Orléans en a été informé, il a demandé des mémoires, on les a soumis. M. Le Blanc et M. de Maurepas ont écrit au Prévôt des lettres gracieuses que j'ai vues. On attend la décision.

Miromesnil. — M. de Miromesnil, colonel du régiment de Quercy, a ordre de se défaire, sinon cassé et mis à la Bastille. Il prêtoit sur gages et les vendoit.

Cordon bleu. Belle-Isle. Brigue. — Il y a grande brigue pour le cordon bleu. On dit que M. de Belle-Isle, petit-fils de M. Fouquet, surintendant des finances, en aura un. Il n'est ni ancien officier, ni seigneur de la Cour, ni revêtu d'aucune charge qui puisse lui faire espérer l'ordre du Saint-Esprit, mais il est favori du ministre, et c'est assez. Peut-être aussi veut-on par là justifier la mémoire de son grand-père, qui fut la victime de la colère de Louis XIV, et qui ne dut sa vie qu'à l'inflexible fermeté de M. d'Ormesson, son rapporteur. Ce M. de Belle-Isle a cédé Belle-Isle au Roi, qui lui a donné, en échange, plusieurs domaines, et entre autres celui de Gisors. Mais la Chambre des comptes ne veut pas vérifier cet échange, où on dit que le Roi perd, et ne veut pas souffrir qu'on donne Gisors, qui est l'apanage d'un fils de France. M. le duc de Berry l'avoit. M. le P. P. de Nicolaï est ferme dans les règles et ne passera rien contre.

Vendredi 18. — CONSEIL D'ÉTAT. DUC DE CHARTRES. — On a formé un conseil d'État qui est composé du Roi, du duc d'Orléans, du duc de Chartres, de M. le Duc, du cardinal Dubois et de l'évêque de Fréjus. Le prince de Conti n'en est point, ni le comte de Charolois. On en vouloit exclure le duc de Chartres, mais il l'a emporté à la pointe de l'épée. Il a dit que si monsieur le Duc en étoit et que lui n'en fût pas, il auroit sa vie ou lui la sienne. Le duc d'Orléans lui a demandé : « Qui croyez-vous donc être ? » — « *Votre fils.* » Il a aussi fait entendre au cardinal qu'il avoit en lui un ennemi et qu'il ne s'en cachoit pas. C'est que le cardinal est fâché que ce prince n'a point été travailler chez S. E. Et pour cela, il vouloit l'exclure du conseil.

CHANCELIER. VILLEROY. NOAILLES. EXILS RENOUVELÉS. — Les lettres de cachet ont été renouvelées pour confirmer l'exil du chancelier, du maréchal de Villeroy et du duc de Noailles. On les a jugés nécessaires à cause de l'expiration du pouvoir du Régent à la majorité.

Samedi 19. — LE ROI A PARIS. — Le Roi est arrivé à Paris, sur les six heures du soir, pour tenir son lit de justice lundi, tous les ministres sont arrivés, le cardinal, le garde des sceaux, etc. Le cardinal, en arrivant, est allé à Port-Royal voir la princesse de Conti et y est demeuré deux heures.

Dimanche 20. — DUC DU MAINE. — Sur les cinq heures

du soir, le duc du Maine a envoyé un paquet au Garde des sceaux. On dit que le garde des sceaux a dit au gentilhomme porteur du paquet qu'il étoit très-fâché, que tous les ordres étoient donnés, qu'il n'y en avoit point pour le duc de Maine, et qu'il s'y étoit pris trop tard pour les propositions qu'il faisoit.

Le cardinal est venu chez le Garde des sceaux, comme incognito, et a été longtemps avec lui, pour arranger la matière du lit de justice ; ils ont parlé du duc du Maine et le cardinal a répondu : *Cela viendra*. Le Garde des sceaux avoit été le matin chez le P. P. au sujet de ses provisions de garde des sceaux, et a fait sa visite comme récipiendaire.

Lundi 21. — Lit de justice au Parlement pour la déclaration de la majorité. — Le Roi est venu du Louvre au Palais en grand cortége. Il a entendu la messe à la Sainte-Chapelle sur les dix heures et demie. Elle a été dite par un de ses aumôniers. Il y a eu contestation entre les huissiers de la chambre et ceux du Parlement, à qui seroit le plus proche du Roi pour le conduire. Elle n'a point été décidée, le Roi a toujours marché, les huissiers de la chambre n'ont point voulu quitter, et cette marche s'est faite en grondant. Le garde des sceaux est entré avec le Roi et le conseil. Le cardinal premier ministre, ni aucun autre cardinal, ne sont venus à cette séance, et cela a abrégé des disputes entre le Parlement et les pairs ecclésiastiques. Le Roi a parlé d'abord et fait le discours ordinaire. Le duc d'Orléans lui a répondu, a fait une harangue touchante, et a voulu se jeter aux pieds du Roi, qui l'a relevé, l'a embrassé deux fois, et l'a prié de l'aider ses conseils. Il n'y a eu ni titre, ni charge, ni qualité nouvelle pour l'ex-Régent. Le Garde des sceaux a prononcé ensuite, d'un air très-facile et d'un ton très-gracieux, le discours qu'il avoit préparé, qui étoit fort long et qui a été approuvé.

Les provisions n'étoient pas encore registrées à ce moment. Ainsi, il a parlé comme garde des sceaux, sans que le Parlement l'eût reconnu. Après cette harangue, on a lu ces provisions, les gens du Roi ont parlé, et il a été lui-même aux opinions, malgré le murmure des présidents, qui disoient tout haut que dans sa propre affaire il ne pouvoit recueillir les voix. Mais il a toujours été son chemin et a prononcé l'enregistrement : « Le Roi, séant en son lit de justice, etc. » Ensuite, il a pris le serment des trois ducs et pairs, M. de Biron le premier, M. de Lévi le second, et M. de la Vallière le troisième, et leur a dit à chacun : « Prenez votre place comme duc et pair, » ce qu'ils ont fait à l'instant. Les trois ducs avoient été reçus avant l'arrivée du Roi. On a ensuite renouvelé un édit des *Duels*, où il y a de nouvelles peines de dégradation de noblesse et de prison de quinze ans contre les offenseurs. Cet édit a donné beaucoup à parler. J'oubliois le discours du P. P. qui l'a lu et a parlé très-bas, et dont on dit beaucoup de bien. La séance a fini par la harangue de M. de Lamoignon, avocat général, qui a parlé dignement, et a donné au Roi de très-vertueuses instructions. Le Roi étoit habillé de violet, à cause du deuil, en manteau de cour et le rabat bordé d'effilé ; tout le Parlement étoit en robe rouge, et tous les autres, ducs et pairs, maréchaux de France, gouverneurs et lieutenants généraux, étoient en noir.

Le comte de Toulouse a passé au travers du parquet, s'est assis au-dessus des ducs et pairs, et a joui des honneurs des princes du sang, qui lui sont réservés par le lit de justice du 26 août 1718. Le prévôt de Paris a pris la séance qui lui appartient sur les degrés du parquet, où il s'est assis aux pieds du grand-chambellan et du grand-écuyer. C'est la première fois qu'il a eu ce droit depuis sa réception. Il a cette place comme ayant la garde du parquet et a un bâton de commandement à la main. Le prince Charles, grand-écuyer, portoit l'épée royale dans le fourreau fleurdelisé.

Tous les ducs et maréchaux de France qui ont le cordon bleu se sont tenus, à leur rang, parmi les ducs et parmi les maréchaux. Il ne s'est trouvé que le comte de Matignon, cordon bleu, qui a pris place sur le banc des chevaliers de l'Ordre, et, sur le même banc, s'est placé l'abbé de Pomponne, chancelier de l'Ordre, qui prétend en avoir le droit, et les chevaliers, au contraire, disent qu'il n'est qu'officier de l'Ordre. Mais il a pris cette place en vertu d'un brevet du Roi qui la lui a accordée, parce qu'il y a deux exemples de chanceliers de l'Ordre qui ont eu ce rang. Ce brevet n'empêche pas le mécontentement des chevaliers, qui n'y ont pas voulu venir, et qui n'ont pu empêcher le comte de Matignon de procurer cet honneur à l'abbé de Pomponne, en y venant malgré ses confrères. Il est vrai que cette charge de chancelier oblige à des preuves, mais c'est en conséquence de la charge et non pas en vertu du cordon, qu'il tient comme attaché à l'office seulement. Voilà toujours la possession prise et un exemple pour d'autres temps.

Le Roi est revenu au Louvre, sur les deux heures, avec le même cortége. Dans le fond de son carrosse étoit avec lui le duc d'Orléans, à une portière M. le Duc, à l'autre le prince de Conti. Sur le devant le duc de Chartres, le comte de Clermont et le comte de Charolois. Dans les tribunes de la Grand'-Chambre, qui étoit toute nouvellement dorée, réparée et magnifique, il y avoit la duchesse de Ventadour, la duchesse de la Ferté, la duchesse de Lorge, fille du P. P., le marquis de la Vrillière, et autres dames avec l'ambassadeur de Hollande. De l'autre côté, le Nonce et les ambassadeurs. Le régiment des gardes, françaises et le Régiment Suisse bordoient les rues depuis le Louvre jusqu'au Palais. Et le peuple paraissoit fort empressé et fort joyeux de voir cette cérémonie de la majorité de son Roi, qui va le quitter au premier jour. Il y a eu des illuminations et des jeux le soir partout Paris.

RECHERCHES SUR LES CARDINAUX. — Toutes les recherches que l'on avoit faites sur les cardinaux, et celles des gardes des sceaux en l'absence des chanceliers, sont restées dans le cabinet des savants. Il y a deux exemples d'un connétable et d'un cardinal du temps du roi Jean en 1353, et de Henri II en 1551, qui ont parlé dans des lits de justice en présence du chancelier ; ils sont rapportés par M. de Marillac dans un *Traité des chanceliers et gardes des sceaux de France*, qui est resté manuscrit, et dont Godefroy rapporte un extrait très-curieux dans son *Histoire des chanceliers*.

Garde des sceaux. D'Aguesseau. — Les provisions du garde des sceaux commencent par dire : « *Notre ami et féal le S^r d'Aguesseau*, chancelier de *France*, nous ayant remis les sceaux, etc. »

Et cela ne plaisoit point du tout à son fils, avocat général, qui étoit là présent, et qui voyoit le garde des sceaux occuper la place de son père, dans une occasion si honorable. Je remarque que le garde des sceaux est placé dans une chaire séparée, non par marque d'honneur, mais pour ne pas être au-dessus du P. P. Il était assis sur le même banc avant lui. Le Parlement a toujours conservé la dignité de son corps dans ces assemblées, jusque-là que le P. P. ne va point au-devant du Roi, et qu'on n'y envoie que 4 présidents et 6 conseillers.

Mardi 22. — Toutes les Cours ont été faire des compliments au Roi sur la majorité. Il n'a voulu aller à aucun spectacle, ni opéra, ni comédie. Il ne les aime point, et on ne sait pas trop ce qu'il aime.

Mort de Mme la Princesse. — Ce même jour, Mme la Princesse, veuve de M. le Prince, fils du grand Condé, est morte à Paris, sur le midi, dans son hôtel du petit Luxembourg. Elle s'appeloit Anne, palatine de Bavière, étoit née le 13 mars 1648, et avoit près de soixante-quinze ans. Elle laisse pour héritiers : 1° les enfants de feu M. le Duc, qui représentent leur père ; 2° Mme la princesse de Conti mère ; 3° Mme la duchesse du Maine. On va revoir de belles contestations et de longs procès, car les uns ni les autres n'aiment pas à rien céder. La branche de feu M. le Duc est composée de M. le Duc, du comte de Charolois, du comte de Clermont, de la princesse de Conti la jeune, de Mlle de Charolois et des princesses de Clermont, de Vermandois et de tous sens frères et sœurs.

Jeudi 24. — Le Roi a quitté Paris et est retourné à Versailles en bonne santé.

Ce jour, l'abbé Houteville a été reçu à l'Académie française. Il a mal harangué dans son style affecté et précieux. Le cardinal Dubois y étoit présent; l'assemblée étoit nombreuse et il y avoit jusqu'à M. le P. Président, qui n'étoit venu que pour faire sa cour au cardinal.

— Chevillard le généalogiste, qui a bien senti sa bévue, a rayé, sur sa planche et sur sa carte, l'épée qu'il avoit donnée au premier écuyer, pour embellir ses armoiries. Il l'a fait de lui-même sur la représentation qui lui a été faite de son œuvre, et il en a donné un acte par-devant notaire.

— Dans ce mois, il y a eu plusieurs édits et déclarations.

AGENT DE CHANGE. — Édit de janvier, registré le 12 février, qui rétablit 60 nouveaux offices d'agent de change. Ils étoient par commission pendant le système.

CONSULS. — Déclaration registrée le 12 décembre, qui ordonne que les consuls en charge jugeront seuls, et défend aux anciens de s'y immiscer, s'ils ne sont appelés.

PORTE POUR LES ENTRÉES. — Arrêts et lettres patentes qui indiquent de certaines portes pour les entrées à Paris et déclare les autres faux passages. Registré le 12 janvier.

Arrêt du 14 qui fixe les droits de réception de nouvelles maîtrises.

PREMIER ARRÊT DE MAJORITÉ. — Arrêt du 16, concernant le remboursement des receveurs des fermes. C'est le premier arrêt de la majorité; il n'y est point dit : « De l'avis de M. le duc d'Orléans, Régent. » Il est rendu le jour même de la majorité acquise.

Arrêt du 23 qui rétablit la foire de Beaucaire, parce que la contagion est cessée.

MARS 1723.

Dimanche 28 février, lundi 1er. — HISTOIRE DE LOUIS XIV PAR MÉDAILLES. — J'ai vu chez M. Guyon de Sardière, fils de la célèbre madame Guyon, une bibliothèque assez curieuse. On lui avoit donné depuis quelques jours le nouveau livre des *Médailles de Louis XIV*, que le Roi a fait continuer jusqu'à sa mort, et qui est un monument glorieux à la France, à la mémoire du Roi et aux auteurs et graveurs de ces médailles. Elles sont magnifiques. Le livre est plein d'ornements et de vignettes qui bordent toutes les pages. C'est une 2e édition augmentée. La dernière médaille est celle que le Roi a fait frapper, *Ad æternam memoriam Lud. XIV*, où Louis XV est représenté au revers, et il ne pouvoit moins faire pour son bisaïeul, qui lui a laissé un aussi bel héritage que le royaume de France. Dans cette même bibliothèque, j'ai vu un très-beau manuscrit en vélin, représentant toutes les armoiries des chevaliers du l'ordre du Saint-Esprit, en miniature, avec le portrait de Henri III à la tête, qui est tout de sa hauteur. Le livre a été fait du temps même de Henri III, et a été fait pour lui par un habile dessinateur, qui étoit héraut du titre de Provence. Le P. Le Long (*Bibl. fr.*,) en parle et l'appelle la *Matrice de l'ordre du Saint-Esprit*. Ce livre devoit appartenir au Roi et à l'Ordre. M. de Sardière me montra plusieurs romans anciens très-curieux. Il venoit d'acheter un Merlin Coccaie en françois, qui a pour titre : *Histoire macaronique de Merlin Coccaie, prototype de Rabelais*, 1606, in-12. Mais Rabelais est bien au-dessus de cet auteur. On se trompe bien de croire que ce soit son original, il n'avoit d'original que sa tête savante, et il y a tout pris, hors quelques contes qu'il a tirés des auteurs italiens et qu'il a bien ornés. Du reste, la *Macaronée* de Folengi ne peut jamais être bien traduite, comme on ne pourroit jamais bien traduire ni Rabelais, ni Scarron. Baillet (*Jugement des savants*) parle de Folengi : il dit qu'il a été moine bénédictin ; je ne le crois pas, car son père, qui a donné une édition de sa *Macaronée*, et qui y a mis une *Vie* de l'auteur à la tête, n'en dit rien.

Mardi Ier. — ÉDIT DES DUELS. — On a publié *l'Édit des duels*, qui a été registré au lit de justice ; il y a à la fin : *Lu et publié, le Roi séant en son lit de justice*, etc. En 1651, le 7 septembre, Louis XIV en fit registrer un, sur la même matière, le jour de sa majorité, où on trouve : *A Paris, en parlement et le Roi y séant*. Et c'est ce que le Parlement vouloit avoir à cette dernière séance. Mais il n'a pu l'obtenir. Il y a grande différence du Parlement de 1651, qui faisoit le maître, à celui de 1723, qui n'est plus que valet. Dans cet édit dernier, le Roi parle de sa majorité, elle ne se déclare pas autrement. Il confirme l'édit de 1679, la déclaration du 14 décembre de la même année, un édit de décembre 1704 contre les officiers de robe, une déclaration de 1711, qui adjuge aux hôpitaux la totalité des biens des duellistes, et deux règlements faits par les maréchaux de France, en 1653 et 1679, pour les réparations et satisfactions, qui n'avoient pas été confirmées. L'article 8 donne aux maréchaux de France le pouvoir d'étendre ces peines comme il leur plaira, et *ordonne que quiconque en aura frappé un autre, dans quelque circonstance et dans quelque cas que ce soit, soit puni par dégradation des armes, de noblesse personnelle, et quinze ans de prison*, dont il ne sortira que par les ordres du Roi. On fait dire au Roi qu'il a juré *par le grand Dieu vivant*, lors de son sacre, qu'il n'exempteroit personne de la rigueur des duels. Et les beaux diseurs du temps n'ont pu s'empêcher de mettre de leur style dans cet édit, en disant « que cette loi est nécessaire pour la conservation de la noblesse, qui est le plus ferme appui de notre royaume, et que la fureur des duels ne pourroit qu'affaiblir inutilement pour l'État. » Qu'est-ce que cela veut dire, *affaiblir inutilement?* On ne parloit pas ainsi, ni en 1651 ni en 1679, où les rois parloient avec noblesse et majesté, et on leur fait parler aujourd'hui le langage des précieuses. (Voyez le *Recueil des duels,* imprimé à Paris, chez Cramoisy, en 1679, in-12, où sont tous les édits depuis Henri IV, les règlements des maréchaux de France, et une lettre circulaire des administrateurs de l'Hôtel-Dieu, qui est très-éloquente et très-vive sur les duels. R. M.1^{er}t., p. 129, édit., 1704 — 1711, p. 153.) On aura bien de la peine à ôter cette fureur du cœur des François, et surtout des officiers, qui sont déshonorés dans leur corps même, quand, étant offensés, ils ne se battent point. Si on se bat, on est duelliste ; si on ne se bat point, on est cassé comme un poltron. Disons comme le *Pastor fido :*

> Et la loi doit passer pour une loi trop dure
> Qui condamne un penchant que donne la nature.

LIT DE JUSTICE. — On attend avec empressement le *Procès-Verbal* du lit de justice et les discours, et surtout celui du garde des sceaux, qui a dit, à ce qu'on prétend, que la plus belle année du règne de Louis XIV n'égaloit pas la dernière année de la Régence, et d'autres, que les grandes guerres avoient épuisé l'État, et que l'on n'en voyoit point la misère sous Louis XIV, parce qu'il répandoit un tel éclat par tout son royaume, par sa seule personne, qu'on en étoit ébloui, mais qu'ayant disparu, on a vu les désordres, qu'il a fallu y apporter de grands remèdes, parce que les maux étoient grands, et qu'ils auroient mieux opéré si l'avidité n'en avoit empêché l'éclat. Cette pensée est belle et même sublime, par le sens et l'expression. Quand nous verrons les discours, nous verrons tout ce qui s'imprime et au Parlement et au Louvre.

BAYLE. ŒUVRES MÊLÉES. — T. Johnsenc, libraire de La Haye, qui imprime les Œuvres mêlées de Bayle, m'a écrit pour me demander des instructions sur son édition et sur plusieurs pièces manuscrites qui peuvent m'être connues. M. Basnage, exécuteur du testament de Bayle, devroit faire imprimer ce testament. J'ai le *Carlananum Calendarium*, qui contient, en style de *Fastes*, sa vie depuis sa naissance jusqu'à quarante ans, et là on voit qu'il a été catholique dix-huit mois et qu'il est auteur du *Com. philosophique*. J'ai la *Harangue* de M. de Luxembourg à ses juges et la *Critique* écrite de sa main. C'est un morceau de satire françoise très-forte et très-hardie. Je sais où sont quelques lettres du comte à lui-même sur la *conjuration d'Amboise*, sur le *pyrrhonisme historique*, et il n'y a rien à perdre d'un si grand homme.

ENTRÉES CHEZ LE ROI. — Le Roi a nommé ceux qui doivent avoir des entrées chez lui, et on a fait quatre classes. *entrées familières, de famille, grandes entrées, petites entrées, entrées de cabinet*. On ne connoissoit point ces *entrées familières*. C'est un nom nouveau ; on a été étonné de ne voir dans aucune classe ni les princes de la maison de Lorraine, ni aucun des Rohan, pas même le cardinal de Rohan, qui voit qu'il est bien loin du ministère, où il prétendoit, et qu'il n'a servi que de planche au cardinal Dubois.

PREMIÈRE CLASSE.

Entrées familières.

M. le duc d'Orléans.
M. le duc de Chartres.
M. le Duc.
Le comte de Charolois.
Le comte de Clermont.
Le prince de Conti.
Le comte de Toulouse.

Le cardinal Dubois.
M. l'évêque de Fréjus.
Dodart, premier médecin.
Maréchal, premier chirurgien.
La Peyronie.
Blouin.

DEUXIÈME CLASSE.

Grandes entrées.

Grand chambellan.
Premier gentilhomme de la chambre.
Grand-maître de la garde-robe.
Cravatier, garçon de la garde-robe.
Horlogeur de quartier.
Apothicaire de quartier.
Maréchal fils.
Bontemps cadet.

La nourrice.
Mouret.
M. le duc de Lauzun.
M. de Chamarante.
Le maréchal de Villars.
M. de la Salle.
M. de Charost.
M. d'Antin.

Petites entrées.

Beringhem père.
Lecteurs.
Secrétaires du cabinet.
Premier valet de garde-robe hors de quartier.
Félix.
Fontanieux.
Apothicaires.
Porte-chaise d'affaires.
Un officier de fours.
Boudin, Téret, Falconet,

Helvétius, médecins.
Lafosse, chirurgien ordinaire.
Léfèvre et Saint-Disant, intendant des Menus.
M. d'Ancenis.
M. de Prie.
MM. de Sommery père et fils.
Le duc de Villeroy.
Le duc de Retz.
Le marquis d'Alincourt.
M. D'O.

Entrées du cabinet. — Ceux qui ont les entrées familières et ceux qu'il plaira au Roi d'appeler personnellement, n'y ayant droit ni par naissance ni par charge.

Depuis cet état arrêté, le Roi a donné les grandes entrées au marquis de Belle-Isle, favori du ministre, et les courtisans appellent cela *l'entrée Fouquet,* par un petit-fils de M. Fouquet.

La duchesse de Ventadour ajoutée aux entrées familières.

Le maréchal de Berwick ajouté aux 9 entrées.

Le marquis de Nesle. — Le Roi a demandé au marquis de Nesle s'il étoit au service ; il a dit qu'il n'y étoit plus, mais qu'il avoit servi dans la gendarmerie. Le Roi lui a dit : « Pourquoi n'avez-vous pas acheté un régiment quand vous l'avez quitté? » — « Il n'y en avoit point alors à vendre, répond-il. » — « Bon, a dit le Roi, on en a vendu plus de cent depuis; » puis il a ajouté en langage suisse : *Ly estre poltron;* ce qui a bien étonné et le marquis et toute la Cour, qui voit que le Roi, qui parle si peu, ne parle que pour dire une chose très-piquante à un homme de qualité. Louis XIV, pendant soixante-dix ans de règne, n'en a jamais tant dit à personne. Voilà un homme mal marqué. Cocu de plus.

Les Pâris, au désespoir de passer pour calomniateurs contre M. Le Blanc, reviennent à la charge indirectement. Ils ont présenté une nouvelle requête, signée d'eux quatre, contre les trésoriers de l'extraordinaire des guerres, qu'ils accusent d'un divertissement de plusieurs millions. Ils se portent pour dénonciateurs et font ce personnage à la face de toute la France; ils se soumettent au talion si l'accusation est fausse. Cette affaire fait grand bruit et partage tout le monde. On n'a point entendu parler d'une pareille depuis M. Fouquet. Si les délations sont ouvertes, que va-t-on devenir et que deviendront les Pâris eux-mêmes?

Jeudi, 5 mars. — Le Roi a nommé des commissaires pour juger la requête des Pâris. Le maréchal de Villars, le marquis d'Asfeld, le marquis de Ravignan, le comte d'Aubigné-d'Épée, M. Des Forts, M. de Machault, conseillers d'État. MM. De Vattan, Rouillé, d'Aube et d'Ombreval, maîtres des requêtes.

On a publié aujourd'hui le lit de justice, avec tous les discours. Celui du garde des sceaux est du nouveau style, et tout le monde a reconnu, d'abord, l'éloquence de Fontenelle, qui n'a pu se cacher, et qui a répété lui-même ce qu'il a dit dans la harangue du cardinal à l'Académie. En parlant de Louis XIV, il dit que *sa vie nous cachoit ou nous adoucissoit nos malheurs, mais que sa mort nous les découvrit et nous les fit sentir dans toute leur étendue.* En louant l'administration de la Régence, il a osé dire : *Que la première année de la majorité du Roi peut être comparée à la plus heureuse du mémorable règne de Louis XIV.* Le public a frémi de cette comparaison, et a plaint le garde des sceaux d'avoir chargé sa mémoire d'une harangue subtile, sèche et précieuse. Celle de M. le premier président est un chef-d'œuvre de dignité et de sentiment, et représente magnifiquement l'autorité du Parlement en France. Il a parlé là comme un roi, et c'est lui proprement qui a tenu le lit de justice. *Cattivo vicino*, disent les Italiens, pour le discours du garde des sceaux. La harangue de M. de Lamoignon, avocat général, est aussi très-belle, pleine d'instructions royales et vertueuses. (*Succès* terme fort usité dans le *nouveau style*; il est dix fois dans la harangue du garde des sceaux).

Le Roi a dit au duc d'Orléans : « Je ne me proposerai jamais que le bonheur de mes sujets, qui a été l'objet de votre Régence. Et c'est pour y travailler avec succès que je désire que vous présidiez après moi à tous mes conseils, et que je confirme le choix que j'ai déjà fait, par votre avis, de M. le cardinal Dubois, pour premier ministre de mon État. Que de choses dans un discours si court! (Fleurs du *nouveau style*.)

TRÉSORIERS. COMMISSAIRES. — La nomination des commissaires, dans l'affaire des trésoriers, fait beaucoup de difficultés. Les conseillers d'État veulent avoir séance avant les lieutenants généraux. Ils disent qu'ils ont l'honneur d'être assis au conseil en présence du Roi, que les lieutenants généraux ne jugent qu'à la guerre et ne peuvent même être conseillers d'État d'épée. On a proposé de placer les militaires d'un côté et ceux de robe de l'autre. Cela ne les accommode point, ni d'être à une table ronde, ni d'opiner selon que l'on se trouvera. M. Des Forts et M. de Machault ont été ôtés. M. de Ravignan aussi, M. d'Aube voudroit n'en point être. L'arrêt a déjà été refait cinq ou six fois.

J'ai vu le *Mémoire* des Pâris, et je le joins ici par curiosité (1). Il est mal écrit et obscur, et on ne doute pas qu'il ne soit passé par M. le Duc et qu'il n'y ait quelque malversation dans les billets. Le mémoire est ci-après à la fin de la pièce en vers sur ce sujet.

Mais il faudra remonter plus haut, et encore plus haut, et il ira de la vie de quelqu'un. Il en coûta la vie à M. de Semblançay, du temps de François Ier pour avoir donné à Madame, mère du Roi, l'argent qui devoit être envoyé à l'armée d'Italie. Elle en vouloit au connétable, qui l'avoit aimée et qui l'avoit quittée. Elle fit périr son armée, faute d'argent, et eut l'adresse de faire retirer ses quittances par une fille d'honneur à elle, qui étoit maîtresse de Gentil, premier commis de Semblançay. Deux femmes causèrent la perte du surintendant, et ce sont encore aujourd'hui deux femmes qui sont dans l'intrigue des Trésoriers : la mère et la fille. (2).

RAGUENET. — On m'a confirmé aujourd'hui ce que l'on avoit dit sur la mort de l'abbé Raguenet, il y a environ un mois. Il s'est coupé lui-même la gorge, avec un rasoir, le 1er février. Il étoit en son plein sens, jouissant de 10 ou 12,000 livres de rente, fort à son aise, logé très-honorablement à l'hôtel d'Auvergne, chez le prince Frédéric, qu'il a instruit dès sa jeunesse. Bien de l'argent et bien des livres, seulement un peu philosophe, et retiré dans son cabinet. Il renvoie ses deux laquais après avoir dîné, laisse sa clef à sa porte, se met en robe de chambre et bonnet de nuit, puis se délivre de la vie, dont apparemment il étoit las. Voilà une vilaine fin pour un honnête homme. Nous avons de lui la *Vie de Cromwell*, qui est d'un style ampoulé, et dont les faits ne sont pas

---

(1) Ce *Mémoire* n'est pas joint au manuscrit.

(2) Voir sur M. de Semblançay et les causes mystérieuses de sa disgrâce et de sa mort, l'ouvrage de M. Pierre Clément. *Trois Drames historiques*, etc.

vrais. Le roi Jacques jeta le livre de dépit et dit : *Voilà un grand menteur.* Il a fait l'*histoire* de M. de Turenne, qui est manuscrite, et que l'on a trouvée chez lui. Il étoit de Rouen. On l'a enterré au plus vite, et l'on a livré sa succession aux héritiers, à la réserve d'un diamant de 15,000 livres, qu'il avoit destiné au prince Frédéric. Il n'y avoit pas quatre jours qu'il lui avoit dit : *Vous l'aurez bientôt.* On a remarqué qu'il s'est tué le 1er février, afin qu'un gros prieuré qu'il avoit ne tombât pas dans un mois de gradué. Ce prieuré est retourné à M. l'abbé d'Auvergne (archevêque de Vienne) qui en est collateur, et qui l'a remis au prince Frédéric, son frère. Il a le diamant et le prieuré.

BONTEMPS. TRÉSORIERS. — Il court une dénonciation en vers contre Bontemps, Trésorier de la Calotte pour ses malversations. C'est une fine satire des Pâris et de la poursuite des Trésoriers. Il la faut voir.

D'AVERNE. — Mme d'Averne, ex-maîtresse du Régent, est aimée par d'Autray, gendre du garde des sceaux ; il lui a écrit que si elle ne répondoit pas à sa passion, il seroit mort dans trois jours. Pour toute réponse, elle lui a envoyé un capucin, afin qu'il ne meure pas sans confession, et c'est ainsi qu'elle s'en est défait.

J'ai vu l'abbé de Vertot, qui travaille à l'*Histoire de Malte.* Il m'a dit qu'il la finiroit dans cette année, et qu'il faisoit graver les portraits des 65 grands maîtres. Nous avons parlé des *Mémoires* de madame de Motteville, favorite de la reine Anne d'Autriche, mère de Louis XIV, où il y a bien des secrets, et qui paroissent depuis peu en cinq volumes. J'ai trouvé, dans le premier volume, les amours de Louis XIII pour Mlle de La Fayette, et des traités anecdotes tirés des *Mémoires* du P. Caussin, alors confesseur du Roi, qui fut exilé, et écrivit trois longues lettres, l'une à Mlle de La Fayette, en françois, une autre en latin au général des jésuites, Mutio Vittelleschi, et une troisième au Pape sur la fin de son exil. Ce sont trois pièces très-curieuses et dont j'ai le manuscrit. Bayle les cite dans l'article du P. Caussin, dans son *Dictionnaire*, et marque qu'il en est parlé dans le *Dialogue satirique d'Eudoxe et d'Euchariste*, fait contre l'arianisme du P. Mainbourg, lequel dialogue fut brûlé par la main du bourreau en 1674, à cause de certains extraits tirés de ces lettres. Le P. Caussin avoit été fait confesseur du Roi le 25 mars 1637; il fut renvoyé le 12 décembre de la même année. Il avoit parlé fortement au Roi le jour de la Conception, 8 décembre, pour se réunir avec la Reine avec qui il étoit brouillé, et Louis XIV étant né le 5 décembre 1638, ce qui fait le temps des neuf mois, Louis XIII n'auroit point perdu de temps pour mettre à profit les instructions de son confesseur. Voilà une époque bien sûre de la naissance de Louis XIV, ou plutôt de sa conception, qui est due au P. Caussin. Le cardinal de Richelieu fit mettre dans la *Gazette*, le 26 décembre 1637, un article contre le révérend père, à qui le P. Sirmond succéda; dans cet article, on n'oublia pas qu'il étoit désapprouvé de tout son ordre, et qu'il avoit été éloigné de la Cour *parce qu'il ne s'y gouvernoit pas avec la retenue qu'il devoit.* (C'est à peu près ce qu'on a mis dans les gazettes à la main contre le maréchal de Villeroy il y a six mois.) Le bon père fut exilé six ans à Quimper, et, pour se raccommoder avec les jésuites, il fit à son retour, en 1644, l'*Apologie pour les P. Jésuites;* mais il trouva un rude adversaire en M. Hermant, qui fit la réponse pour l'Université, qui ne lui passa pas un seul mot, et qui lui fit bien sentir sa faiblesse et sa complaisance basse pour sa compagnie, à qui il vendoit cette réconciliation. Tout cela est du vieux temps, mais les *Mémoires* de Mme de Motteville, qui paroissent nouvellement, en sont cause. L'abbé de Vertot m'a dit qu'il les avoit vus, il y a trente ans, entre les mains de M. de Franqueville, frère de cette dame, à qui il en avoit voulu donner 1,200 livres. Ils paroissent écrits très-sensément et pleins de choses qu'on ne sait pas. *Quam multa latent!*

J'ai appris, dans cette conversation de l'abbé de Vertot, qu'il étoit venu le matin un auteur qui lui avoit apporté à examiner un livre : *Sur les États de l'Empire;* qu'en jetant les yeux sur ce livre, il avoit reconnu que c'étoit un extrait du fameux *Hypolitus a Lapide*, qu'il avoit dit à l'auteur qu'il ne vouloit pas aller à la Bastille, que nous étions en paix avec l'Empereur, qu'il ne falloit point faire de querelle mal à propos, et qu'autrefois Amelot de la Houssaye, ayant fait une *Histoire* fort curieuse du gouvernement de Venise, approuvée par M. de Launois, à qui elle étoit dédiée, Amelot fut pourtant mis à la Bastille pour six mois, à la sollicitation de l'ambassadeur de Venise. Il ne faut point se mêler des affaires des princes. Le même abbé m'a dit qu'il avoit pensé être arrêté, pour avoir approuvé un livre où Ragotzi étoit nommé prince de Transylvanie. Bentenrieder, ministre pour l'Empereur, en demanda justice, mais Louis XIV mit fin à cette dispute, et dit que cette qualité lui avoit été quelquefois donnée.

Mardi 16. — Pecquet. — Le Sr Pecquet, très-instruit des affaires étrangères, et ancien commis de ce bureau, est tombé en apoplexie. Le cardinal l'a pleuré; il perd un bon second.

Comte de Toulouse n'est plus rien. — Le conseil de marine a été supprimé. On a ôté au comte de Toulouse tout le détail qu'il avoit depuis la Régence, et les choses ont été remises à M. de Morville, fils de M. le garde des sceaux, secrétaire d'État de la marine, qui gouvernera le tout, comme M. de Pontchartrain du temps de Louis XIV, si ce n'est qu'il travaillera avec le ministre, qui voudroit être surintendant de la navigation et des mers. C'est le singe du cardinal de Richelieu. On supprima la charge d'amiral en 1627, on en fit une autre de surintendant des mers pour le cardinal. La Reine, mère du Roi, l'eut après sa mort, pour M. le duc de Beaufort. En 1669, elle fut supprimée, l'amiralat rétabli donné à M. de Vermandois et, en 1683, à M. le comte de Toulouse, qui est aimé, chéri, adoré de tous les officiers et que l'on regrette inutilement. Je viens de dire que le comte de Toulouse est aimé et chéri des officiers. Je n'ai pas dit la vérité et il la faut toujours dire. Il n'a fait ni bien ni mal à personne, il n'a parlé pour aucun officier marin, il n'a point fait faire de promotion. La marine a été bien payée, et puis c'est tout. Mais elle n'a point été renouvelée, et tout est vieux ou à demi-cassé. Ainsi parlent les marins.

La Motte. Inès de Castro. — La Motte n'est pas content de son *Romulus* ; son génie pour le théâtre le pousse. Il a fait *Inès de Castro*, pièce espagnole, qu'il fera jouer après Pâques. Il l'a lue au Régent, en présence de deux femmes, et on dit qu'ils y ont bien pleuré, et le lecteur même pleuroit. Pour moi, je dis qu'il n'y a, dans cet homme-là, ni le mot pour rire ni pour pleurer. L'esprit ne verse pas des larmes, c'est le cœur. (M. de Cambray dit, dans *Télémaque*, qu'il n'est pas permis à tout le monde de pleurer ainsi.)

Chancelier. Villeroy. Lettres de cachet renouvelées. — On a appris que lorsque la lettre de cachet renouvelée a été portée au chancelier, il a dit : *Il n'en étoit pas besoin, j'étois ici par ordre du Roi ; je n'en pouvois sortir sans aucun autre ordre*. Pour le maréchal de Villeroy, la lettre a été adressée à l'intendant, qui voulut bien faire des mystères pour la lui communiquer, et dit qu'il lui vouloit parler en particulier. Le maréchal, qui se doutoit de l'affaire, dit qu'il n'avoit rien de particulier avec lui. On lui annonça tout haut la lettre de cachet, et il dit qu'il obéiroit au Roi. Le maréchal écrit à Paris à cent personnes et jusqu'aux comédiens. Il cherche à s'étourdir.

Bayle. Supplément de Genève. — J'ai vu le *Supplément* du *Dictionnaire* de Bayle, imprimé à Genève ; ils n'y ont mis que les articles nouveaux et les augmentations aux anciens, et ils l'ont fait pour dégager la parole de M. Bayle, qui avoit promis de la donner à part afin qu'on n'achetât pas deux fois le *Dictionnaire*. Cette parole est dans sa *Préface* de la 2ᵉ édition et dans une lettre qu'il m'a écrite le 6 mars 1702 (p. 746). On a fait mention de cette lettre dans l'*Avertissement* du nouveau livre, mais ils devroient bien mettre l'article *Nully* dans le corps de l'ouvrage. C'est la tracasserie de Hollande qui est cause qu'on l'a mis parmi les articles communiqués, quoiqu'on voie, par les lettres de M. Bayle à moi, qu'il avoit vu cet article plusieurs fois et que je ne l'avois fait que pour lui. Les imprimeurs de Genève m'ont envoyé ce *Supplément* en présent avec l'*Histoire de Dauphiné*.

Le comte d'Évreux. — Depuis le renvoi du comte de Toulouse, on parle de renvoyer le comte d'Évreux, colonel-général de la cavalerie, et M. de Coigny, général des dragons, et peut-être même le duc de Chartres, colonel-général de l'infanterie, s'il fait le méchant. L'État est plus monarchique que jamais, il ne veut point que tant de gens se mêlent des affaires.

Madame la Princesse. — Mᵐᵉ la Princesse avoit fait entendre qu'elle avoit fait un testament dans sa famille. On n'en a point trouvé. Huit jours avant sa mort, elle avoit dit au comte de Charolois, qui avoit fait travailler à Anet : « Vous avez bien fait, Anet est à vous ; » mais ni lui ni les princesses de Charolois, ni la belle princesse de Clermont, qui a passé sa jeunesse et sa beauté avec cette vieille grand'mère, n'en ont rien eu. Il s'est trouvé un testament, fait il y a dix ans, où elle dispose entre ses domestiques, et rien au delà. Fiez-vous aux princes! Louis XIV dit au duc d'Orléans en mourant bien des choses qui n'étoient pas dans le testament. Le comte de Charolois a demandé l'appartement de la Princesse à Versailles. On lui a refusé. Il a dit qu'il n'y reviendroit plus, et a rendu au concierge la clef de son appartement. Il s'en va. On le laisse aller, et on ne court pas après lui.

Le duc de Mazarin. — Le duc de Mazarin avoit pour maîtresse Émilie, autrefois fille de l'Opéra, qui a été au Régent, à Fimarcon et à d'autres. Elle a retourné à Fimarcon; le duc l'a quittée par jalousie au bout de huit jours. Il a dit : « J'ai quitté Émilie ; ils disent tous que j'ai bien fait, qu'elle me trompoit, qu'elle me ruinoit, mais depuis ce temps-là je ne dors point ; je la veux reprendre. » Il l'a reprise et est allé à Chilly faire ses Pâques avec elle.

Nécrologe de Port-Royal. — On débite en secret le *Nécrologe de Port-Royal des Champs*. C'est un in-4° de 500 pages. Il est divisé par *Mois* comme les nécrologes anciens. On y voit des *Éloges* de tous ceux qui sont morts à Port-Royal, fondateurs, religieuses, abbesses, et de tous ces illustres solitaires qui ont tant écrit. Les épitaphes qu'on a enterrées lors de la destruction y sont toutes. Les hommes n'ont rien pu faire contre l'œuvre de Dieu, et on trouve dans ce livre ce que l'on a voulu ôter au monde. Il y a à la tête une *Histoire abrégée de Port-Royal*, où les jésuites et le cardinal de Noailles ont leur fait. Je trouve ces Éloges plus chrétiens qu'historiques, et on n'y a pas parlé des ouvrages de chacun de ces messieurs, ce que l'on auroit dû faire. Le docteur Arnauld n'y est pas oublié, ni toutes ses épitaphes ôtées, remises, détruites, et sur qui on a tant fait de vers. Cet ouvrage étoit dû à la mémoire de ce saint édifice et de ceux qui y sont entrés et ont été exhumés inhumainement.

25 *mars*. — Compagnie des Indes. — J'ai appris aujourd'hui l'ordre mis dans la Compagnie des Indes; on a fait une chambre des Indes comme en Espagne. Le cardinal est le protecteur, le contrôleur général, président, deux conseillers d'État, MM. Fagon et Fortia ; quatre maîtres des requêtes : MM. Fontanieu, Roullié, Moras et Angrand, dix directeurs négocians, un procureur géné-

ral, M. Lefev... (procureur du Roi du bureau des finances), un secrétaire (Caligny de Rouen) et un greffier, Favouart. Tout ce bel arrangement ne fait pas hausser les actions; les Malouins n'y ont point de part, ils sont bonnes gens de mer, mais ils tirent tout le profit à eux.

Pendant la semaine sainte les dévots se sont amusés à faire des chansons sur la Constitution. J'ai vu ces chansons imprimées. J'en ai vu une en vingt couplets sur l'air du *Branle de Metz*, où toute la doctrine de la grâce est très-bien expliquée, ainsi que tous les autres dogmes dont la Constitution parle. C'est un bon janséniste qui a fait cela et qui dit :

> Voilà les leçons sublimes
> De Prosper, de Célestin,
> De Fulgence, d'Augustin,
> En ce point tous unanimes.
> Dans la bouche des Quesnel
> Deviennent-elles des crimes ?
> Dans la bouche de Quesnel
> Sera-ce un poison mortel ?
>
> C'est pourquoi du très-Saint-Père
> Laissant sa décision
> Et sa Constitution,
> J'endure en paix sa colère.
> Le concile est plus que lui,
> Qu'il décide, qu'il décide,
> Le concile est plus que lui
> Mon inébranlable appui.

TRÉSORIERS. COMMISSAIRES. — Les commissaires s'assemblent chez le maréchal de Villars, pour examiner l'affaire des Trésoriers. La Jonchère tremble et a dit que c'est la Chambre des comptes qui est le juge de ses comptes. Mais on ne l'a point écouté et on va toujours en avant. Attendons la fin. On reparle de la mort de Sandrier, commis caissier de la Jonchère, qui fut trouvé assassiné dans la rivière près Marly, le 18 avril de l'année passée. Voyez cet article. Il y a arrêt du 25 mars qui ordonne que la requête soit communiquée aux Trésoriers, pour y répondre dans quinzaine.

Comte d'Évreux renvoyé. — Le comte d'Évreux, voyant qu'on ne s'adressoit plus à lui pour la cavalerie, et qu'on y venoit de faire sept brigadiers sans lui en parler, a pris son parti de quitter le détail de ce corps, qui lui avoit été donné depuis la Régence, et de le remettre à M. le duc d'Orléans.

Le comte de Coigny en a fait autant pour les dragons. Tout retourne au ministère de la guerre et au premier ministre. Le comte d'Évreux dit qu'il alloit bien chasser maintenant. Le duc d'Orléans répondit : « Envoyez-moi de vos lapins de Monceaux, ils sont bons. » Un brigadier de cavalerie, me parlant du comte d'Évreux, me dit : « Enfin, il a capitulé, l'eau lui manquoit, il n'en avoit plus pour ses lavements. »

Mars. — Compagnie des Indes. — On a publié aujourd'hui le célèbre arrêt qui forme le conseil de la Compagnie des Indes, et fixe le dividende des actions. On ne donne rien pour l'année 1721, comme si c'étoit une année rare dans la vie des François. Pour 1722, on aura 100 livres par action en deux payements, et à l'avenir l'arrêt dit que le dividende *pourra* être porté à 150 livres, indépendamment des bénéfices du commerce. Cette possibilité contingente n'est rien moins que sûre ; on a été bien étonné à Paris de cet arrangement, et on a dit : *Voilà de vilains œufs de Pâques.* Du bulletin de 150 livres *ne verbum quidem.*

Le conseil *a pour chef le cardinal Dubois, principal ministre.* Le reste est connu. Je l'ai marqué ci-dessus au 25 mars, hors qu'il y a quatre officiers de marine, les sieurs Duguay-Trouin, chef d'escadre, Camilly, capitaine de vaisseau, Rochepierre et Fayet, capitaines de frégate.

Le même jour on a publié deux autres arrêts sur le même sujet, l'un du 22 mars, qui donne à la Compagnie le privilége de la vente exclusive du tabac, évalué à vres par an, l'autre du 20 mars, qui lui accorde omaine d'Occident, évalué à 500,000 livres par an. Cela fait trois millions de rente, et on dit que c'est pour acquitter le Roi de cent millions qu'il doit à la Compagnie. On ne parle plus de rendre la Compagnie débitrice ; au contraire, on dit qu'elle est prête de rendre son compte, et qu'elle a des décharges suffisantes pour le solde dudit compte. Ainsi, la Compagnie est déchargée sur la prorogation de son compte et sans qu'il soit rendu. Voilà une belle manière de compter. La décharge ne vaut pas mieux que la charge et il n'y a nulle forme gardée. Portes pour rentrer. Autre arrêt du 22 mars, qui fixe les actions à 156,000 livres. A 100 livres seulement, ce seroit 5,600,000 fr., et on ne donne que trois millions. Mais il y a les retours venus et à venir et la bonne foi de ce conseil nouveau.

27 mars, samedi-saint. — JORRY ASSASSINÉ. — Ce jour, Jorry, procureur de la cour, rue Sainte-Croix de la Bretonnerie. A sa servante, ont été assassinés dans leur maison. La femme de Jorry, qui a toujours été coquette (fille de Pralard, libraire de Port-Royal), étoit allée à la campagne avec un M. Maclot, grand-maître des eaux et forêts de Champagne, son ami, et qui demeuroit avec eux. Maclot, avant de partir, avoit donné 2,000 écus à garder à Jorry, à qui son valet de chambre les avoit portés, et on ne doute pas que ce ne soit ce valet de chambre qui ait fait le coup, car il avoit demandé permission à son maître d'aller voir sa mère. Mais on ne l'a pas vu depuis, et les 2,000 écus ont été volés. On a trouvé une corde au col de la cuisinière, et un bout de cette même corde s'est trouvé dans la chambre de ce valet. La servante ayant été visitée, on a trouvé qu'un homme l'avoit connue, et avoit eu affaire avec elle depuis peu. Voilà un crime avec tous ses degrés. Cette maison appartient à M. Blanchebarbe, ancien avocat, et à présent notre bâtonnier, qui y loge aussi, et qui ne s'est aperçu de rien, non plus que le portier. La Jorry est veuve. Maclot est délivré d'un jaloux.

Ils ne sont point tous si fâchés si l'argent n'étoi
Le jour de Pâques, on s'est aperçu de ce bon œuvre
public croit que ce valet de chambre étoit un *Cartouchien*
accoutumé au meurtre. Il se nomme Ricœur; il n'y avoit
que quatre mois qu'il étoit chez M. Maclot et avoit
servi le comte d'Évry, lieutenant au régiment du Roi,
neveu dudit Maclot.

AVRIL 1723.

Les fêtes de Pâques ont été belles, et il a fait aussi
chaud qu'en été. Le meurtre de Jorry a fait grand bruit.
On recherche le meurtrier partout. On dit qu'il est à Paris
habillé en femme.

BREVET DE LA CALOTTE. TRÉSORIERS. — J'ai vu le brevet
de la *Calotte*, qui fait les Pâris trésoriers du régiment, à
la place de Bontemps, qui est cassé, parce qu'il ne paye
point.

> De plus ses livres, sans paraphe,
> Sans méthode, sans orthographe,
> Griffonnés de patte de chat,
> Sentent de loin le péculat;
> Car la probité des comptables
> Se fait voir par les belles tables,
> Par grille, vignette et fleurons,
> Par lignes au cordeau tirées,
> Lettres majeures colorées,
> Lacs d'amour à triples cordons.
> Cette finance enluminée,
> Appas d'une tête bornée,
> De nos jours a pris l'ascendant
> Sur l'esprit d'un surintendant.
>
> (*Le duc de Noailles.*)

Tout le reste est de la même finesse; c'est une pièce très-
ironique; je la joindrai ici. Les registres du visa sont là
bien représentés et leurs inventions aussi.

AVRIL 1725.

6 avril. — Le mardi après la Quasimodo, on a joué à la Comédie-Françoise *Inès de Castro*, de la façon de la Motte. Les avis sont partagés. Les uns y ont pleuré et les autres ri de voir pleurer, et la poésie n'a pas plu. Arouet y étoit auprès du comte de Verdun (vieux seigneur de la maison des Tallard, Saint-Augustin, homme d'esprit qui se connoît à tout, qui sait son *Augustin* par cœur, qui sait les procès et la procédure, qui juge des pièces de théâtre, qui ne manque pas une première représentation, et qui n'est point un ami, comme de raison, des auteurs du temps). Le comte s'avisa de dire qu'il n'y avoit de bonne pièce espagnole que *Le Cid*. Arouet lui dit : « Il me semble pourtant avoir ouï dire qu'à la première représentation du *Cid*, où vous étiez, vous ne trouvâtes point les deux premières scènes bonnes. » C'étoit lui faire entendre qu'il avoit cent ans, car il y a plus de quatre-vingts ans que le *Cid* a été joué pour la première fois, et le faire passer pour un vieux radoteur. Le comte, piqué, n'eut rien à répondre à ce jeune fou. Mais gare la répétition de la scène des coups de bâton !

BARON, COMÉDIEN. — Baron, qui a joué excellemment cette pièce, est tombé malade quelques jours après, au grand regret de tout Paris, qui regrette l'acteur et non la tragédie. Il a soixante-douze ans, et il étoit rentré au théâtre après vingt ans d'absence. La Motte va se vanter d'avoir tué cet acteur.

9 avril. — MORT DU DUC D'AUMONT. — Le duc d'Aumont est tombé en apoplexie chez la Dangeville, comédienne, qui est sa maîtresse. Elle l'a renvoyé dans un fiacre avec un chirurgien à l'hôtel d'Aumont. La duchesse qu'on appelle l'*archiduchesse* pour sa fierté, ne l'a pas voulu voir, parce qu'il avoit auprès de lui son fils Villequier, qu'elle n'aime point, et qui est son fils unique. Il est mort deux jours après, sans voir sa femme, et il s'est passé d'elle et elle de lui, comme elle faisoit depuis longtemps. Il y avoit deux ans qu'il étoit déjà tombé en apoplexie. Cette dernière touche lui est venue par une débauche de poisson. Il a été ambassadeur en Angleterre où il a prodigieusement dépensé ; sa maison y fut brûlée avec tous ses meubles, et il n'en fut pas ému un instant. Ce ne lui fut qu'une occasion de magnificence. Il étoit assez bon seigneur, mais d'esprit borné, et comme premier gentilhomme de la Chambre, il prenoit soin de la comédie et des comédiennes. Après la mort du Roi, je travaillai au *Mémoire* des premiers gentilshommes de la chambre pour les droits de leurs charges. Il me donna à manger plusieurs fois, et chacun à son tour, le duc de Tresmes et le duc de Mortemart me faisoient cet honneur. Le duc d'Aumont m'accorda un jour de faire jouer une tragédie du président Hénault que les comédiens ne vouloient point jouer. Ils la jouèrent bien, mais elle ne réussit pas, et le duc remercia Ponteuil qui faisoit le principal rôle. Il me semble que le titre étoit : *les Tyndarides*. La duchesse en son nom est de Pienne, sœur de la comtesse de Châtillon, qu'elle aime plus que son propre fils.

Mme DE MAILLEBOIS. — On a fait une parodie sur une scène de *Persée*, à l'occasion d'une galanterie de Mme de Maillebois.

> Que le ciel pour Basset (1) est prodigue en miracles !
> Qui n'eût pas cru qu'un Bacha (2) furieux
> Nous eût débarrassé d'un Basset odieux ?
> Cependant, malgré mille obstacles,
> Le Basset est victorieux ;
> Il s'est fait *des routes secrètes*,
> Il a trotté pour hâter son bonheur ;
> Et Manon et La Fleur (3)
> Ont pris soin à l'envi de lui livrer Roussette (4).
> Roussette en lui croit tout avoir ;

---

(1) Basset, le duc de Ruffec, fils aîné du duc de Saint-Simon, qui est mal fait.
(2) Le duc d'Olonne.
(3) Femme de chambre et laquais de la dame.
(4) Mme de Maillebois, qui est rousse.

De son nom retentit et la Cour et la ville.
Manon, à ses désirs voulant être facile,
Jusque sur l'escalier l'est venu recevoir,
Que Roussette a paru contente de le voir !
Quel triomphe pour lui ! quel stérile avantage !
　　Pour Bacha quelle rage,
　Et quel horrible désespoir !

ORDRE DU CABINET. — Le Roi a voulu faire un *ordre* de la *Moustache* et du *Cabinet,* pour donner des entrées chez lui. On travailloit déjà aux statuts. Mais on s'est avisé que cette plaisanterie pourroit bien avilir le cordon bleu et faire un vrai ordre, c'est pourquoi on l'a arrêtée. L'ordre de la Jarretière et celui de la Toison n'ont pas eu de plus beaux commencements.

MEUDON. — Le Roi a dit qu'il iroit à Meudon le 4 de juin. Il cherche à éviter le monde qu'il n'aime point. Il craint et veut être presque seul. M. de Nangis est fort de ses amis. On dit qu'il l'avoit été de la mère.

FEMMES DE LA COUR MALADES. — Les femmes de la Cour sont fort gâtées. Les maris ont gâté les femmes et elles leurs maris. On nomme le duc et la duchesse de Tallard, le duc et la duchesse de Montbazon, le duc et la duchesse de la Meilleraye, qui ont besoin de la Peyronie, outre leurs adhérents, et tout cela est venu par une Mme de Lunati, Italienne, qui en a donné de la plus fine (1).

POÈME DES ENLUMINURES DE LA CONSTITUTION. — On débite un poëme qui a pour titre : *Essai du nouveau conte de ma Mère l'Oie,* ou *Les Enluminures de jeu de la Constitution.* Ce poëme a 5 ou 6,000 vers d'une vivacité surprenante ; toute l'histoire de la Constitution s'y trouve, avec les preuves dans les marges. On a imaginé que le jeu de l'Oie avoit des rapports avec cette affaire ; on a fait une carte où tout le jeu vous mène au concile, qui est le n° 63. Le cardinal, qui est le cardinal de Noailles, y

---

(1) V. *Madame (Correspondance)* sur cette Mme Lunati.

est gravé au n° 62, d'où on recule en arrière comme à l'Oie, parce que le cardinal recule toujours et a toujours reculé. Il tourne le dos au concile. La prison est la Bastille. La mort est celle de Clément XI, et ainsi de suite. L'imagination est plaisante. Les vers sont forts et satiriques, n'épargnant personne. On ne sait d'où cela peut sortir. Le Pape défunt et le vivant y sont en très-mauvaise fortune. Le Régent, le cardinal Dubois, le cardinal de Bissy, le cardinal de Rohan, M. de Soissons, l'abbé Couet y ont tous leur fait. Il est dit du cardinal de Noailles, qu'on appelle la reculante Éminence :

> Que dans son équivoque espèce,
> S'il est pape, il sera papesse.

En 1654, les jansénistes firent un pareil poëme, intitulé : *Les Enluminures du fameux Almanach des pères jésuites, et la Déroute et Confusion des jansénistes ou Triomphe de Molina, jésuite, sur saint Augustin*. Mais celui-ci est beaucoup plus long et plus fort, et au lieu que l'Almanach étoit réel, le jeu de l'Oie est imaginaire. On a trouvé dans le Grégoire de Nanzianze, carm. 10 : *Non ego cum gruibus simul anseribusque sedebo..... In synodis*, etc. Ainsi on trouve tout dans les Pères et dans l'Évangile.

Noëls Bourguignons. La Monnoye. — J'ai vu, entre les mains de M. de Sardière, les *Noëls Bourguignons* de M. de la Monnoye, qui sont très-impies et qu'il a fait imprimer en 1720, avec un glossaire très-savant de la langue bourguignonne, pour faire entendre facilement ces impiétés aux ignorants. C'est un in-12 assez gros, qui marque que c'est la 4ᵉ édition. Ce vieil athée, chassé de son pays pour ces Noëls, ne peut se détacher de ce mauvais ouvrage, qui pourroient bien un jour le faire brûler. L'Académie françoise a choisi là un mauvais membre, et son *Menagiana*, plein d'impiétés et d'obscénités, a annoncé de quoi il étoit capable. Il travaille à quelques remarques sur les *Jugements des Savants* de Baillet,

Mais Dieu sait quelles remarques, d'une date, d'un point, d'une virgule et autres minuties dont il est grand sectateur; ce qu'on lui pardonneroit bien volontiers, s'il ne se piquoit pas de ne pas croire en Dieu, de savoir toutes les ordures anciennes et nouvelles, et d'en farcir tous ses livres. J'ai vu depuis ce livre à mon aise, j'en ai traduit quelques Noëls pour être plus au fait, et je ne change point d'avis. Le *Glossaire* a beaucoup d'érudition, et encore plus de sottises et d'impiétés.

Premier ministre. Contes. —. Il n'y a bons contes qu'on ne fasse des brutalités du premier ministre. Il trouve un officier dans une antichambre où il ne devoit entrer personne. Il crie, il jure contre ses gens; il vient à l'homme et lui demande qui il est. « Hélas! Monseigneur, dit-il, je suis un capitaine de grenadiers, mais je viens vous remettre ma commission, car je vois que vous êtes plus propre à l'être que moi. » Le cardinal lui arrache un papier qu'il avoit à sa main, rentre dans son cabinet, l'expédie et, tout en écrivant, disoit : « Cet homme-là qui vient encore se moquer de moi! » et le renvoie en jurant Dieu. Autre conte. Les gardes du corps lui avoient donné des placets pour leur paye. Il n'y songeoit pas. Un jour, ils l'entourèrent dans l'antichambre du Roi, si bien qu'il se crut arrêté. Puis, s'étant séparés, il leur promit de les faire payer incessamment, et dit qu'il falloit respecter leur corps.

Réappelant. — Il a fait avoir un bénéfice à un réappelant qui lui étoit recommandé par son frère, chanoine de Saint-Honoré. Le réappelant s'étant présenté à l'évêque de Poitiers pour son visa, l'évêque l'a refusé, et l'a regardé comme un hérétique. Le bénéficier s'en est plaint au cardinal, qui a écrit à l'évêque une lettre à cheval, et le pauvre évêque a été trop heureux de bien recevoir le prêtre, de l'embrasser et lui donner à dîner, comme il auroit fait au plus grand moliniste de France. Et voilà comme l'autorité gagne sur la foi des évêques.

CATÉCHISME DE MONTPELLIER. — Le *Catéchisme* de Montpellier, du P. Pouget, de l'Oratoire, qui est un très-bon livre, a été traduit en latin. On l'imprime chez Simart par souscription. Le P. Pouget mort, le garde des sceaux a fait saisir tout ce qui est imprimé et rompre les formes; Simart s'est plaint de cette violence. Le cardinal a tout fait rétablir et rendre ce qui avoit été saisi, et a lavé la tête de la bonne manière au garde des sceaux, qui avoit fait là le bon valet des jésuites.

PRINCES LÉGITIMÉS. — Il y a des commissaires nommés pour examiner les droits et rangs des princes légitimés, au Parlement et à la Cour. Ils ont donné leur avis chacun séparément, qui est que le Roi est le maître de tous les honneurs en France, et il ne falloit point tant d'assemblées pour cela. Mais on a voulu donner une forme à ce qu'on avoit bien envie de faire.

Lundi, 26 avril. — PRINCES LÉGITIMÉS. — L'affaire des princes légitimés a été réglée. Le duc du Maine et le comte de Toulouse auront au Parlement les droits de leurs lettres du 5 mai 1694, c'est-à-dire la séance après les princes du sang et au-dessus des ducs et pairs, et ne traverseront point le parquet. Cette séance est en vertu de leurs pairies. Les prince de Dombes et comte d'Eu, après la mort du duc du Maine leur père, auront le même rang ou après la démission de ses pairies, après le serment accoutumé, et garderont entre eux l'ordre de réception; le tout, quoique leurs pairies fussent moins anciennes. On prendra leurs voix en les nommant du nom de leur pairie, et on leur ôtera le bonnet. A la cour, ils auront tous les honneurs des princes du sang pendant leur vie, mais, dès à présent, les prince de Dombes et comte d'Eu, enfants du duc du Maine, ne seront traités à la cour que comme l'étoient MM. de Vendôme, c'est-à-dire tenant un ordre entre les princes et les ducs.

Et à l'égard des enfants des enfants, ils ne seront traités que comme ducs et pairs et au rang de leurs pairies, en cas qu'ils en aient, sinon ce seront gentilshommes dans l'ordre de la noblesse ordinaire.

Cette décision a beaucoup affligé les princes légitimés. La duchesse d'Orléans, leur sœur, en a bien pleuré. Le comte de Toulouse, qui avoit été rétabli dans tous les honneurs de prince du sang au Parlement, au lit de justice du 26 août 1718, qui avoient été conservés par l'édit de juillet 1717 à son frère et à lui, et qui en a toujours joui depuis, a été bien surpris de s'en voir dépouillé. Il avoit donné un court *Mémoire*, où il remontroit qu'en 1718, il y avoit été maintenu pour ses grandes qualités, vertus et mérites, et que n'ayant point démérité depuis, on ne pouvoit les lui ôter sans déshonneur. Mais on n'a point eu d'égard à sa représentation, non plus qu'à la possession du détail de la marine, qu'on lui a ôté depuis peu. Les enfants du duc du Maine, qui sont réduits à l'état de MM. de Vendôme, se plaignent de leur côté, et ils ont tort, car cet état est celui qu'Henri IV a donné, et que le Roi avoit suivi pour exemple en 1694, et leur père ayant été dégradé par l'édit de juillet 1717 de l'état de princes du sang que Louis XIV leur avoit injustement donné, ils ne peuvent en demander les honneurs pour leurs enfants, trop heureux de les avoir pour eux à la Cour pendant leur vie. Enfin, ils se plaignent tous de la réduction des enfants des enfants à l'état de ducs et pairs, s'ils ont des pairies, ou de simples gentilshommes, s'ils n'en ont pas, ce qu'il paroît que l'on a voulu accorder aux princes de la maison de Lorraine et aux ducs, et en cela, les enfants des enfants ne sont pas si bien traités que MM. de Vendôme qui, quoique petits-fils de César de Vendôme, jouissent de la préséance sur les princes étrangers et ducs et pairs.

Ce règlement interrompt l'ordre des princes légitimés et de leurs descendants, qui paroissoit être intermédiairement établi. Mais le Roi étant le maître des honneurs en France, il est le maître de les changer, et peut-être s'est-on tenu à la lettre des déclarations de 1610 et de 1694, qui ne donnent le rang qu'aux princes légitimés et à leurs enfants en légitime mariage, sans parler des petits-enfants, qui n'ont point été censés compris dans cette disposition, parce que c'est un privilége qui est de droit écrit et qui ne s'étend point. Après tout, c'est une mauvaise condition en France d'être bâtard. Gabrielle d'Estrées, d'où viennent MM. de Vendôme, demanda un jour à M. de Sancy si, le Roi l'épousant, ses enfants deviendroient légitimes. « Non, Madame, dit-il, car en France les bâtards des Rois sont toujours fils de p...... (1). » Il en coûta bonne à M. de Sancy pour ce bon mot, car on lui ôta sa charge de colonel des Suisses. Mais aussi, la belle dame ne vécut pas longtemps depuis. Toute la famille du duc du Maine est allée à Sceaux se consoler. Ils espéroient une exception, à cause des alliances redoublées avec la maison royale, l'une ayant épousé le duc d'Orléans, l'autre feu M. le Duc, le duc du Maine ayant épousé une Bourbon. Mais tout cela n'a rien fait. M. le Duc s'est bien souvenu de toutes les railleries amères qu'on a faites contre lui, pendant le procès des princes, et M. le duc d'Orléans, quoique mari d'une légitimée, n'a pas oublié la conjuration de la duchesse du Maine et les manifestes satiriques que l'on faisoit venir d'Espagne contre lui.

La princesse d'Auvergne. — La princesse d'Auvergne (Mme de Trente) a eu une querelle avec le cardinal. Ils se sont dit leurs vérités et leurs vies l'un à l'autre. A la fin le cardinal l'a envoyée faire ...... Elle est allée se plaindre au duc d'Orléans, qui lui a dit : « *Il est vrai qu'il est un peu vif, mais il est quelquefois de bon conseil* ». Voilà tout ce qu'elle a pu tirer du prince et du ministre, et elle ne le mérite pas mal, car c'est une aventurière angloise, que le chevalier de Bouillon a épousée pour son papier, qui est disparu à l'épreuve du visa.

---

(1) *Mémoires de Castelnau*, t. II, p. 893.

MAI 1723.

M. DE BERINGHEM, PREMIER ÉCUYER, MORT. — M. de Beringhem, premier écuyer, est mort à huit heures du soir. Il se portoit beaucoup mieux. Il avoit vu, ce même jour, trois plans de maisons de campagne où il vouloit aller prendre l'air et en acheter une; Helvétius, médecin, causant avec lui, lui avoit promis d'y aller passer le mois de mai. Dans le moment, il lui prend envie d'aller à la garde-robe, il y va; il lui prend une seconde envie, et il meurt sur la chaise.

PRINCE CHARLES. — Le lendemain, le prince Charles a été mis en possession de tous les droits de la charge de grand écuyer, dans la petite écurie, suivant un arrêt du 6 mai 1721, et il a donné les ordres aux écuyers et au gouverneur des pages de la petite écurie, au grand étonnement du survivancier, fils du défunt. Le marquis de Pezay, gendre, veut tracasser, mais il trouvera à qui parler.

3 mai. — **BERINGHEM. PRINCE CHARLES.** — La famille du premier écuyer fait grand bruit, et prétend que le prince Charles n'a pas le droit à la petite écurie. Le prince m'a dit aujourd'hui qu'il avoit pris ce matin l'ordre du Roi pour les deux écuries, mais que M. d'Huxelles, M. d'Humières et le nouveau duc d'Aumont se plaignoient, et demandoient des commissaires. Le prince n'en veut point, et dit que son droit est clair par les provisions de sa charge. La famille oppose l'arrêt de 1715 après la mort du Roi. Le prince oppose celui de 1718 et un autre de 1721 (j'en ai parlé au mois de mai de cette année 1721). Cette grande contestation vient de ce que Louis XIII et Louis XIV ont eu pour favoris leurs premiers écuyers, et leur ont accordé bien des passe-droits, qu'il est difficile de rétablir, quand on veut rentrer dans la règle. MM. de Beringhem, au reste, sont de basse origine; ils viennent d'un village de Hollande dont ils portent le nom. Le grand-père étoit tailleur et habile à faire des canons et des aiguillettes; il vint à la cour et fut valet de chambre d'Henri IV ; son fils fut valet de chambre de Louis XIII. Disgracié par le cardinal de Richelieu, il retourna en Hollande, et servit sous le prince d'Orange. Après la mort de Louis XIII, il revint à la cour, et la reine mère, dont il étoit valet de chambre, le fit premier écuyer, parce qu'il étoit bien avec le cardinal Mazarin. On fut bien surpris de cette faveur. Son fils, qui vient de mourir, lui a succédé dans cette charge et dans la faveur auprès de Louis XIV. Il avoit épousé la sœur du duc d'Aumont : par son crédit auprès du feu Roi, il a fort relevé sa famille. Ce sont ces gens-là qui tiennent aujourd'hui tête aux princes. Le fils survivancier n'a pas le mérite nécessaire pour soutenir cette place ; le marquis de Pezé, qui a épousé depuis peu la sœur, est bien auprès du Roi : cependant il n'a pu conserver la direction des ponts et chaussées, qui a été donnée à M. Dubois, secrétaire du cabinet privé du premier ministre.

Mardi 4. — GRAND ÉCUYER. — La querelle du grand écuyer recommence tous les jours. La petite écurie ne veut point obéir. Le prince Charles a parlé haut à M. de Lépinay, qui est le premier écuyer de la petite écurie en commission. On reproche à M. le duc d'Orléans l'arrêt de 1721, mais on ne sait pas qu'il n'a été donné que pour empêcher le prince Charles d'agir en ce temps-là ; ainsi on blâme sans savoir.

LE CARDINAL MALADE. — Le cardinal est tombé malade et a été saigné deux fois ; il n'a point donné audience aux ambassadeurs aujourd'hui, qui est leur jour. Son mal est une rétention d'urine qui le tourmente beaucoup. On est attentif sur sa santé. S'il venoit à manquer, la Cour prendroit toute une autre face.

PRINCES LÉGITIMÉS. DÉCLARATION ENREGISTRÉE. — Aujourd'hui, a été enregistrée la déclaration du Roi sur les

---

(1) Mém. de Mme de Motteville.

rangs et honneurs des princes légitimés dans les cours de Parlement. Elle ordonne que le duc du Maine et le comte de Toulouse, et après le décès du duc du Maine et après la démission de ses pairies, le prince de Dombes et le comte d'Eu, ses enfants, jouiront, *leur vie durant seulement*, au Parlement, de leur séance et voix délibérative, après les princes du sang et avant tous les ducs et pairs, de quelque dignité et qualité qu'ils puissent être, et ce, en vertu de leurs pairies, quand elles seroient moins anciennes que les autres ; que les enfants du duc du Maine en ce cas seront reçus au Parlement après le serment accoutumé, qu'ils prendront entre eux leur rang du jour de leur réception : ils ne pourront les uns ni les autres traverser le parquet, ils ne seront précédés que d'un greffier, le président prendra leurs voix en les nommant par leurs pairies et leur ôtera le bonnet. Le Roi révoque tous autres édits, déclarations, ainsi que le brevet (il est parlé dans cette déclaration des brevets que le Roi leur a donnés le même jour pour les honneurs de la Cour).

Termes de la déclaration. — Pour consoler le comte de Toulouse, on dit, dans cette déclaration, que le Roi voudroit bien lui conserver ses honneurs, mais qu'il ne peut voir qu'avec peine la différence de l'état du duc du Maine et qu'il ne peut plus longtemps lui refuser de régler définitivement pour lui et ses enfants, un état convenable à l'honneur qu'ils ont d'être alliés aussi près à tous les princes du sang : cette raison est très-sensée, mais ne console pas. J'ai remarqué qu'en parlant de la déclaration du 5 mars 1714, il est dit dans celle-ci qu'elle avoit été accordée au duc du Maine et comte de Toulouse et leurs descendants en légitime mariage, ce qui est une erreur ; car il n'y est parlé que des enfants et non des descendants, et celle-ci ne passe pas les enfants non plus.

Addition a l'édit des duels. — Le même jour, le Parlement a enregistré une autre déclaration sur les peines et réparations d'honneur à l'occasion des injures et menaces entre les gentilshommes et gens de guerre. C'est une confirmation des 4 articles réglés par les maréchaux de France. Pour les injures : « *sot, lâche*, etc., six mois de prison et demander pardon avant d'y entrer ; si on y a répondu, trois mois de prison à l'offensé et toujours les six mois à l'agresseur. Pour démenti et menaces, de main ou de bâton, deux ans de prison. S'ils ont été repoussés par des coups, l'agresseur sera puni suivant l'édit de février.

GRAINS. — Déclaration qui fait défense à toutes personnes de vendre, acheter et mesurer des grains ailleurs que dans les halles et marchés. Rég. le même jour.

JORRY. — Le valet de chambre, meurtrier de Jorry, procureur, a été arrêté près Beaugé en Anjou. Il a écrit une lettre à Paris à un ami : la lettre s'est trouvée marquée à la poste du nom de *Beaugé*, parce que c'est l'usage (bon ou mauvais) de marquer sur les lettres le lieu d'où elles partent. On a suivi la piste, il a été trouvé dans une forge, où il a été pris très-facilement, et amené à Paris, où il avoue son crime et qu'il l'a fait tout seul. Sur le chemin, il ne vouloit pas manger, mais on l'a fait manger par force, et il passera bientôt par les mains de Me *Jean Roseau*. Il a été roué vif, le 7 mai 1723, par sentence du Châtelet.

BELLE-HUMEUR CARTOUCHIEN. — Il a été pris un soldat aux Gardes, dans Paris, nommé Belle-Humeur, qui avoit sept chambres meublées en quartiers différents, et qui étoit de la compagnie de Cartouche.

PILLAGE ET VOL DES ACTIONS. TALHOUËT, MAÎTRE DES REQUÊTES. COMMIS. — A la Compagnie des Indes, on a découvert une friponnerie qui s'est faite sur les actions pendant le visa. Les gens qui se plaignoient d'être retranchés donnoient des *Mémoires* pour obtenir des suppléments ; ils les obtenoient, mais les commis disoient qu'on avoit été refusé, et ils s'appliquoient à eux-mêmes ces actions suppléées, qu'ils vendoient sur la place. Ils faisoient aussi de fausses feuilles pour gens qui n'avoient rien demandé. Cela a été découvert, parce qu'un officier se plaignant au duc d'Orléans qu'on ne lui faisoit point justice, le prince trouva dans un rôle le nom de cet officier comme augmenté, et lui fit reproche de ce qu'il se plaignoit encore. L'officier ayant protesté qu'il n'avoit jamais rien vu, l'affaire a été approfondie, les commis arrêtés, qui sont Gally, Fourier et Samson, et eux se défendent en disant que ce sont les maîtres des requêtes qui leur ont donné des ordres. On nomme, entre les maîtres des requêtes soupçonnés, M. de Talhouët, Fontanieu, Pinon d'Avaur et Regnault. Le premier est un Breton fort riche, marié depuis peu à Mlle Bosc, fille du procureur général de la cour des aides (il n'est pas des bons Talhouët); le deuxième, Fontanieu, est neveu du contrôleur-général; le troisième, fils du premier médecin du Roi, etc. S'ils sont coupables, c'est une grande prévarication; et quand il n'y auroit de peine que le déshonneur d'être nommé dans Paris comme complices de cette friponnerie, c'est une punition bien forte pour un magistrat et pour sa famille.

COMTE DE TOULOUSE. — MÉMOIRE DU COMTE DE TOULOUSE. « Sire, c'est avec un profond respect que j'ose représenter à V. M. la juste inquiétude que me donne un bruit fort répandu d'une déclaration qu'on dit qui va paroître, et par laquelle on dit que je dois être privé d'une partie des honneurs que je tiens de V. M. Il ne s'agit point ni de titres ni de prétentions, il ne s'agit uniquement que de la volonté de V. M., si solennellement expliquée dans son édit de 1717, et dans sa déclaration du mois d'août 1718. Permettez-moi, Sire, d'en rapporter les termes à V. M. quoique je ne puisse le faire qu'en rougissant, parce qu'ils me font plus d'honneur que je ne mérite. « Cependant, connoissant, etc. (1) » Voilà, Sire, des titres trop glorieux pour moi à la vérité, mais auxquels j'ai lieu d'espérer que V. M.

---

(1) *Voyez la déclaration du 26 août* 1718.

voudra bien ne point déroger, tant que je n'y donnerai point lieu par ma conduite. Ces titres, Sire, sont répandus depuis cinq ans dans toute l'Europe, ils ont persuadé à tout le monde que V. M. avoit quelques bontés pour moi, et qu'en 1718, elle ne me jugeoit pas indigne de la grâce qu'elle vouloit bien m'accorder alors. Que dira-t-on si l'on m'en voit privé un instant par V. M., qui n'a jamais fait que des actions de bonté et de justice, et pourrois-je persuader aux hommes que je ne m'en suis pas rendu indigne? »

7 *mai*. — Prince de Pons. Matignon. — Arrêt du Parlement qui a ordonné que le prince de Pons, fils du comte de Marsan, rentreroit dans l'hôtel de Matignon, que le comte de Matignon, l'un de ses tuteurs, avoit acheté pendant sa tutelle. C'étoit autrefois l'hôtel de Marsan. Il a été jugé par cet arrêt que l'avis des parents et l'estimation ne suffisoient pas pour l'aliénation du bien des mineurs et que, suivant un règlement de 1630, il faut encore des publications, affiches et autorisation en justice. Le prince de Pons auroit d'ailleurs de grandes obligations au comte de Matignon, qui lui a conservé tout son bien, mais la justice n'entre point dans cette reconnoissance et elle a jugé le procès, et non le procédé.

8 *mai*. — Le Grand-Duc. Madame d'Épinoy. — Autre arrêt célèbre, dans la cause du Grand-duc et du grand prince de Toscane contre Mme d'Épinoy, rendu en la Grand'Chambre, tout d'une voix, au rapport de l'abbé Mainguy. Cet arrêt casse le testament de Mme la grande-duchesse par lequel elle auroit disposé de ses biens de France au profit de Mme d'Épinoy et d'autres personnes : au préjudice de la clause de son contrat de mariage, fait suivant le droit romain et le statut de Florence, par lequel elle se constitue en dot tous les biens et les successions qui lui pourroient arriver qui demeureroient à ses enfants, comme biens propres maternels. Il y auroit eu aussi un traité de séparation, entre M. le grand-duc et la grande-

duchesse, fait à Castello auprès de Florence, le 25 décembre 1674, contenant un article précis, par lequel elle s'obligeoit de laisser à ses enfants tout ce qu'elle aura, ce qui lui pourra appartenir dans les temps de sa mort ; et depuis les successions de Mme la duchesse d'Orléans sa mère, de Mlle de Montpensier sa sœur et de Mme de Guise lui étant avenues, le grand-duc leur avoit envoyé une procuration pour administrer ces successions, « dont la propriété doit appartenir à nos enfants, » procuration acceptée par la grande-duchesse. On a imprimé les actes et pièces de ce procès, avec des observations courtes et précises de M. Leroy le jeune, avocat. Le statut de Florence porte : « Si filius vel filia vel descendentes exstarent ex eis, tunc succedant ipsi filius vel filia titulo universali matri suæ vel alii descendentes suis ascendentibus in dotem. » Et Paul de Castres, grand jurisconsulte a ajouté, de l'ordre et autorité de la République, en expliquant ce mot *succédant :* « Et nulla mulier in dote vel de dote vel ejus parte possit condere aliquam ultimam voluntatem nec aliquid etiam inter vivos quo quomodo disponeant, de dictâ dote vel ejus parte in præjudicium viri vel filiorum, etc. » Le traité de séparation, fait par l'entremise du Roi, qui y avoit envoyé Mme du Deffand, étoit encore un acte public d'une grande autorité, la grande-duchesse ayant toujours resté en France depuis ce temps-là. Cette cause ayant été plaidée en l'audience, M. de Lamoignon, avocat général, avoit conclu pour le testament; elle fut appointée, et a depuis été jugée, tout d'une voix, pour le grand-duc qui doit être bien content de la justice du Parlement de Paris. L'arrêt a été supprimé.

Dimanche 9 mai. — TALHOUET JUGÉ LE 28 AOUT. — M. de Talhouët, maître des requêtes, a été arrêté, mené à la Bastille, et scellés apposés chez lui par M. d'Argenson, pour l'affaire du visa et pour les actions qu'il est accusé d'avoir prises sur le public. Cet homme faisoit une dépense prodigieuse et grande chère, étoit beau joueur, beau parleur et imposant à tout le monde. Il s'appelle Lapierre et est fils du sénéchal de Pontivy en Bretagne. Talhouët est un nom de terre. M. Bosc a mal placé là sa fille, et a été ébloui par ce Breton, qui ne devoit pas prétendre à une telle alliance ; on ne parle plus des autres maîtres des requêtes qui ont été soupçonnés, etc. Le secrétaire de M. Dodart s'en est enfui. Cette affaire aura de grandes suites ; tous les commis principaux de la Banque y ont part, et on en arrête tous les jours. Une dame de la maison de Talhouët a dit au duc d'Orléans : « Si vous le faites pendre, que ce soit sous le nom de Lapierre. » Il y a une commission particulière pour juger en dernier ressort.

Commission pour les abus du visa—M. de Châteauneuf, président ; MM. de Harlay, de Fortia et d'Herbigny, conseillers d'État ; et douze maîtres des requêtes, M. de Vattan, procureur général. M. d'Argenson fait les instructions, commission pour les abus de visa. La fortune de la France étoit en de bonnes mains à ce visa, et voilà ce que le papier et le maudit Système devoient produire. On a trouvé chez Firmié, commis, trente-deux douzaines d'assiettes d'argent et cent plats, et ainsi du reste, pendant que toutes les honnêtes familles périssent. .

Talhouët. — M. de Talhouët n'a pas voulu répondre à M. d'Argenson qui l'a interrogé, et a dit qu'il devoit être jugé au Parlement, les Chambres assemblées ; mais on passera outre, et le Parlement même, qui n'a jamais approuvé les actions, n'en voudroit pas connoître. J'en ai l'exemple dans une affaire de la comtesse de Moras, où la Tournelle n'a pas voulu juger un vol d'actions, parce que ce n'étoit pas matière à larcin.

Mercredi, 12 mai. — La fièvre tierce. — La fièvre m'a pris que je n'avois jamais eue : elle a tourné en tierce. J'en ai eu trois grands accès et elle a été arrêtée au quatrième par le quinquina, que je ne connoissois point. J'ai dit qu'il m'affoiblissoit la poitrine, et les médecins m'ont répondu qu'un accès de fièvre étoit plus dangereux pour la poitrine qu'un mois de quinquina ; il faut croire les médecins. Les songes, les chimères, l'appétit de parler sont terribles dans la fièvre. J'avois dans la tête un placet pour le prince Charles, qui ne me quittoit point ; je l'ai dicté, il en est sorti. La même chose est arrivée à Boileau, qui fit, dans une fièvre, des chansons sur un air du Savoyard ; on les a mises dans ses OEuvres. J'ai relu le poëme du *Quinquina* de La Fontaine, et il m'a paru excellent. C'est là où il dit :

> D'autres temps sont venus, Louis regne, et la Parque
> Sera lente à trancher nos jours sous ce monarque ;
> Son mérite a gagné les arbitres du sort.

COMPAGNIE DES INDES. — On a publié un arrêt du 3 mai qui nomme des commissaires pour juger les affaires contentieuses de la Compagnie des Indes ; elle épargnera bien des frais de la juridiction ordinaire. Ce sont MM. Fagon, Fortia, Daussan, Angran, Rouillé, d'Argenson, Fontanié, Moras, Méliand.

BUREAUX DES FINANCES. — Autre arrêt, du 27 avril, qui a excepté les officiers des bureaux de finance du prêt pour leurs charges, mais avec beaucoup de peine. Il y a un plaidoyer dans l'arrêt contre eux.

EAUX ET FORÊTS. — Autre arrêt, du 4 avril, qui exempte les officiers des eaux et forêts du logement des gens de guerre. Cet arrêt paroît avoir été donné avec colère, contre les commandants de guerre et autres, qui demandent ces logements, en haine de la chasse que ces officiers ne leur souffrent pas.

17 *mai*. — RENTES VIAGÈRES. PRÉVARICATION. — De ce jour il y a un arrêt qui ordonne que ceux qui ont fait des soumissions pour les rentes viagères, les rempliront dans la huitaine, sinon qu'elles seront délivrées à bureau ouvert à ceux qui se présenteront. Cet arrêt prouve le brigandage affreux qui s'est fait sur ces rentes. On a tout à coup dit qu'elles étoient remplies, et les porteurs de bil-

lets de liquidation ont fondu leurs billets à partir des quatre cinquièmes. Mais cette opération s'est trouvée fausse. Des gens apostés les avoient pris, et les revendirent dans le public, en cédant la première année d'arrérages. La poursuite faite sur les commis de la Banque a fait peur à ces fripons. La revente a cessé, les soumissions n'ont point été remplies, et il a fallu donner cet arrêt, qui ne remédie pas à toutes ces pauvres familles qui ont fondu leurs billets, faute d'avoir pu obtenir de ces rentes viagères. On soupçonne jusqu'au contrôleur-général d'avoir eu part à cette manœuvre et d'en avoir profité. Ainsi tout pille : le ministre, les juges, les commis, et tous par la digne vertu du papier anglais.

24 mai. — LA JONCHÈRE ARRÊTÉ. — On ne parloit plus de l'affaire des Trésoriers; mais tout d'un coup, elle s'est réveillée. La Jonchère, trésorier de l'extraordinaire de la guerre, a été arrêté en revenant de Versailles, à onze heures du soir. Il a été mis à la Bastille, et scellé chez lui à la requête du procureur général de la commission. Il paroissoit tranquille, et ce coup a bien étonné sa famille. On a dit aussitôt que plusieurs personnes avoient part à cette affaire : le chevalier de Rohan, le maréchal de Berwick, le prince de Tingry, M. de Belle-Isle, le marquis de la Fare. Le trésorier prenoit leurs billets de banque, et leur donnoit ou promettoit de l'argent à la place, quand ses fonds rentreroient, ce sur quoi il demandoit 43 millions au Roi, comme on voit dans le *Mémoire* des Pâris. Cependant, il donnoit ce billet à l'officier, comme si c'étoit le fonds de la guerre, ce qui n'étoit pourtant pas. Ces Messieurs, qui devoient savoir les règles de la guerre, ont bien manqué, et le trésorier aussi. Le public s'exerce sur ces noms illustres; leur réputation n'en sera pas meilleure, et la Jonchère n'en sera pas plus justifié. On doit le transférer, au premier jour, dans son bureau pour vérifier ses registres, et c'est une triste comparution dans sa maison.

31 *mai*. — La Chapelle mort. — Le S‍r de la Chapelle, de l'Académie françoise, est mort. Il y avoit été reçu le 12 juillet 1688, et y fit une belle harangue. Il étoit secrétaire des commandements du prince de Conti, et ne lui donnoit pas de bons conseils. On a de lui les *Amours de Tibulle et de Catulle*, en prose et en vers françois; mais son principal ouvrage sont les *Lettres de Suisse*, qu'il faisoit pendant la dernière guerre par les ordres du marquis de Torcy, où il y a bien des haines contre la maison d'Autriche. Le style en est un peu trop déclamatoire pour des lettres, et la matière bien exécutée. Du reste, cet homme ne valoit pas grand'chose du côté des mœurs. Il dogmatisoit l'athéisme et le professoit aux femmes. Il a été receveur-général des finances, et y a mal fait ses affaires. Il devint amoureux d'une veuve de Bourges qui ne vouloit point de lui; il fit semblant de se pendre; on le détacha d'une solive, et il épousa la veuve.

Baron revenant sur le théâtre. — Tout Paris retourne à *Inès de Castro*. Baron, que l'on croyoit mort, ou qu'on croyoit avoir renoncé à la comédie, est remonté sur le théâtre tout de plus belle. Il n'a jamais si bien joué. C'est un prodige que cet homme en qui l'action ne finit point. Les uns sont scandalisés de son retour; d'autres charmés. Il dit qu'il n'a d'autre métier pour vivre, et qu'il ne fait point de mal en jouant la comédie qui le nourrit. Lamotte est bien content de cette résurrection, qui remet sa pièce en honneur.

23 *mai*. — Grand et premier écuyers. — Voici l'arrêt qui a été rendu dans l'affaire du grand écuyer et du premier :

« Le Roi étant informé que les arrêtés rendus en son conseil les 22 octobre 1715, 17 février 1718 et fin mai 1721, donnent lieu à des contestations entre le grand écuyer de France et le premier écuyer de S. M., auxquelles le bon ordre de son service demande qu'il soit pourvu, S. M. étant en son conseil, a ordonné et ordonne qu'en tout ce qui sera de son service dans les grandes et petites écuries, le grand écuyer de France et le premier écuyer de S. M. suivront et observeront les mêmes usages dans leurs fonctions et administrations qu'ils suivoient et observoient au jour du décès du feu Roi *et avant lesdits arrêts,* sans aucun changement ni invocation de part et d'autre, jusqu'à ce que S. M., en connoissance de cause, en ait autrement ordonné. Fait au conseil d'État du Roi, S. M. y étant. Tenu à Versailles, le 23 mai 1723. — Signé : **Phélipeaux**.

Par cet arrêt, on n'a point d'égard aux arrêts rendus pendant la Régence, non pas même à l'arrêt du 26 octobre 1715, qui a jugé la dépouille de la grande écurie : le Roi se réserve à juger le fonds *en connoissance* de cause ; ainsi on est en état de l'instruire et de donner le *mémoire* qui a été fait.

Le cardinal a dit au prince Charles qu'il en auroit eu pour six ans à faire casser ces arrêts et qu'il y avoit donné ordre en un moment. Mme de Beringhem avoit demandé qu'il lui fût permis de porter la livrée du Roi et les armes du Roi à son carrosse, comme veuve du premier écuyer, ce qui lui a été refusé. Le prince Charles a dit en riant : « Je lui donnerai, quand elle voudra, la per-
« mission de la livrée ; cela se donne bien aux comédien-
« nes, de peur qu'on ne les insulte. »

CAMPISTRON. — Campistron, de l'Académie françoise, est mort. Il étoit attaché à MM. de Vendôme. Il a fait plusieurs pièces de théâtre assez bonnes. C'est celui qui a le plus approché de Racine. Voilà deux places vacantes, celle de la Chapelle et la sienne.

28 *mai*. — LAYER, ANGLAIS. — L'avocat Layer, enfin, après bien des répits, a été pendu à Londres, puis écartelé, ses entrailles brûlées et sa tête mise sur le temple de Bar ; le tout pour une conjuration que la moitié de la nation désavoue. Il a dit en mourant qu'il n'y auroit jamais de paix en Angleterre, tant qu'ils n'auroient pas leur véritable roi.

On a appris que le 23 octobre, Ispahan s'étoit rendu, avec tous ses habitants et le sophi, au rebelle Nirevex. C'est une étrange révolution.

JUIN 1723.

Clergé. — Le clergé s'est assemblé aux Augustins pour ses affaires particulières. Le cardinal de Noailles a eu la douleur de voir tenir cette assemblée dans Paris et de n'y point présider. L'archevêque d'Aix est deuxième président, le cardinal Dubois est le premier président; il y est venu, et a remercié le clergé de l'avoir associé, comme archevêque de Cambray, au clergé de France : le discours qu'il a fait est du nouveau style. Il a mis en pièces le sacerdoce et l'empire, et on n'a pas trop compris cette harangue, que les beaux esprits du temps louent comme un chef-d'œuvre.

Lettre des sept évêques, in-4°, 48 pages (cette lettre a été supprimée par arrêt du Conseil du 19 décembre 1723). — On a distribué, au commencement de ce mois, une lettre au Roi, des mêmes sept évêques qui avoient écrit au Pape en 1721 une autre lettre, que le Conseil a fait supprimer par un arrêt du 19 avril 1722. Ils répondent, dans cette dernière lettre, à tous les motifs de cet arrêt, font voir qu'ils n'ont rien fait contre le Roi et l'autorité royale, qu'ils ont pu s'adresser au Pape, sans permission du Roi, dans une matière spirituelle, et lui exposer les maux de l'Église : que la Constitution n'étant point acceptée unanimement, et n'étant enregistrée qu'avec restriction, ils ne sont point en faute, en demandant le jugement de l'Église universelle et en appelant; qu'ils violeroient les libertés de l'Église gallicane en faisant autrement, et qu'on n'a pu dire qu'il seroit procédé extraordinairement contre eux, à moins qu'il n'y ait un corps de délit. Cette lettre est très-éloquente, et ne fera pas plus d'effet que les autres.

L'archevêque de Reims a écrit une lettre à l'évêque de Boulogne, son suffragant, pour lui dire qu'il ne pouvoit s'empêcher de convoquer un concile provincial contre lui, à cause du mauvais gouvernement de son Église. L'évêque de Boulogne, qui est un ancien évêque, a fait au métropolitain une réponse où il lui a montré son ignorance dans les matières canoniques, et a appris à ce jeune prélat ses véritables devoirs et la distinction des matières contentieuses et des volontaires dans la juridiction épiscopale. Le nouvel archevêque doit être bien honteux de cette levée de boucliers que les Jésuites lui ont fait faire.

MÉMOIRES DE Mme DE MOTTEVILLE. — Il a paru des *Mémoires pour servir à l'histoire d'Anne d'Autriche, femme de Louis XIII*, par Mme de Motteville, sa favorite, en 5 volumes in-12; Amsterdam. Il n'y a jamais eu ensemble tant de faits secrets, tant de caractères bien marqués, tant de portraits ressemblants et une connoissance si grande de la Cour et des familles. Il falloit une historienne, pour bien dire tous les détails de la vie d'une Régente, et il n'y a qu'une femme qui puisse bien savoir certains secrets des femmes. Tous les historiens de la minorité de Louis XIV n'approchent pas de ces *Mémoires*. J'ai lu les cinq tomes, qui m'ont été prêtés par M. l'ambassadeur de Hollande, homme fort aimable et de beaucoup d'esprit. Il y a bien des traits singuliers sur Christine, reine de Suède, et sur ses deux voyages en France. Le dernier tome contient la mort du cardinal Mazarin et celle de la Reine, avec des circonstances très-particulières. Enfin, hors quelques réflexions un peu trop dévotes et quelquefois déplacées, on peut dire ces *Mémoires* excellents, et faisant grand honneur à celle qui les a composés avec une vérité qui brille partout et qui n'est point ordinaire. Ce qui est rare, c'est que Mme de Motteville n'est de rien dans tout ce qu'elle raconte, et qu'elle n'a fait qu'écrire ce qu'elle a vu et entendu, au lieu que tous les faiseurs de *Mémoires* sont toujours de quelque parti.

La Jonchère. — La Jonchère est mal dans ses affaires. Il a été décrété de prise de corps par la commission, à qui on a donné pour nouveau pouvoir de juger criminellement, ce qui fait que les officiers militaires qui en étoient s'en sont départis, ne jugeant criminellement qu'au conseil de guerre. On crie fort contre ceux qui ont tiré l'argent de la caisse ; et on renouvelle l'enlèvement du caissier assassiné.

11 *juin*. — Aventure du For-l'Évêque. — Il est arrivé aujourd'hui, au For-l'Évêque, un cas bien nouveau. On a voulu transférer un prisonnier, par lettre de cachet, d'une chambre dans une autre. Il a résisté : on a fait venir des archers. Il a trouvé moyen de se saisir d'un couteau et d'une fourche et il s'est défendu contre eux. Le lieutenant criminel et le procureur du Roi sont arrivés, et n'ont point trouvé d'autre expédient, pour arrêter la rébellion de cet homme, que de le faire tuer. Ensuite, ils ont fait le procès au cadavre, l'ont condamné à être traîné sur la claie et pendu par les pieds, ont fait, dans l'instant, confirmer le jugement par un arrêt de la Tournelle, et le même jour, ont fait exécuter le jugement à la Grève, au grand étonnement de tout Paris, qui plaint ce pauvre malheureux, qu'on pouvoit désarmer de cent manières différentes sans le tuer. Il s'appelle Chevet. Il étoit arrêté par ordre du Roi, comme ayant connoissance de certains agioteurs qui prêtoient sur les actions, et qui ont fait banqueroute. Dans cette affaire étoit intéressé un maître des requêtes, nommé Saint-Aubin, à qui on a filouté une liquidation de 180 actions qu'il avoit données à ces agioteurs en nantissement avec une mention au dos, qu'ils ont couverte d'encre, et ensuite ils ont fait couper la liquidation et s'en sont emparés. Chevet, qui

étoit de l'intrigue, ne peut plus parler : on soupçonne qu'on l'a tué, pour lui ôter la parole, et pour lui mieux faire garder le secret. M. de Saint-Aubin crie : le ministre a envoyé Rouillé, maître des requêtes, informer dans la prison, pour savoir le fait. Le lieutenant criminel et le procureur du Roi sont très-blâmés. On les veut prendre à partie aux Requêtes de l'Hôtel, où l'affaire du prisonnier et des banqueroutiers se traitoit. On nomme, entre ces fripons, le chevalier de Novion, propre frère du président à mortier, qui a toujours été un mauvais garnement, enfermé à Saint-Lazare, puis au château de Saumur, et enfin, passant sa vie avec les filous, les archers et les gens de mauvais aloi. On dit qu'il avoit bu avec eux, le matin, dans des cabarets proche le For-l'Évèque. Il a été décrété d'ajournement personnel. Il y a aussi un M. de Miromesnil, colonel, qui a été cassé, et qui est en fuite. Le jugement de Chevet, qui a été crié par les rues, porte : « Dûment atteint et convaincu de la rébellion par lui faite à justice dans sa prison du For-l'Évèque, tenant un couteau d'une main et une fourche de l'autre. » On pouvoit lui faire son procès comme rebelle, mais il ne falloit pas le tuer, et personne n'a le droit de vie et de mort sur les sujets du Roi. Mais les officiers et archers, accoutumés au sang, ont méprisé la vie d'un homme qu'on devroit leur faire payer bien cher. Le premier ministre, qui n'entend pas raillerie et qui est ferme, veut qu'on fasse justice sur cette affaire.

Mlle Houel. — Il y avoit trop longtemps que le duc d'Orléans étoit sans maîtresse, au moins publiquement (car secrètement on lui donnoit Mme de Ségur, qui n'est que sa fille bâtarde). On lui en a fait venir une de Provence, Mlle Houel, nièce de Mme de Sabran, très-jolie, qui n'a point fait la difficile, et qui est maîtresse déclarée : il commence par lui donner 20,000 écus de meubles ; il y fait le mieux qu'il peut, et ce mieux-là est très-peu de chose, mais la pucelle s'en contente.

En même temps, ce prince a satisfait un autre goût. Il avoit vu au sacre, à Reims, de beaux tableaux originaux dans l'église cathédrale. Il n'a pas eu de cesse qu'il ne les ait eus et qu'il en ait dépouillé cette église, comme il a fait de celle de Narbonne. Le chapitre lui a accordé un Titien de quatorze pieds de long, un Corrége, et des tableaux d'autres grands maîtres, dont il leur donnera de belles copies, qui seront encore trop bonnes pour des Champenois, et il donnera au chapitre sa protection pour le surplus. Il a quitté sa nouvelle maîtresse à Saint-Cloud pour venir voir ces tableaux à Paris, et on ne sait pas quelle est la plus forte des deux passions. Les connoisseurs sont étonnés de ce qu'avec ce goût pour la peinture, il n'en ait aucun pour l'arrangement, mettant un tableau de dévotion auprès d'une nudité, un tableau de grande architecture auprès d'un paysage, et ainsi du reste. Il ne se plaît qu'à en amasser beaucoup. On m'a dit qu'étant en Espagne, il eut la permission de faire copier un original excellent qui étoit à l'Escurial, et qu'il eut dessein de faire mettre la copie à la place de l'original, mais que les religieux s'en étant aperçus, ils firent arrêter le peintre et le mirent à l'Inquisition.

15 *juin.* — DICTIONNAIRE DE COMMERCE; Paris, 1723, chez Étienne.— M. l'abbé Savary, chanoine de Saint-Maur, m'a fait présent du *Dictionnaire de commerce*, en 2 volumes in-folio, commencé par M. son frère et fini par lui. C'est un ouvrage merveilleux et sans exemple en France. Il met à la tête une préface historique sur le commerce, où il y a une belle description du commerce des Hollandois et de celui que le czar fait aujourd'hui, et qui mérite d'être au nombre de ces cinq ou six préfaces qu'on regarde comme des chefs-d'œuvre. On trouve dans ce livre la fabrique des cent vingt-quatre métiers qui sont à Paris, les outils, les statuts, etc. Ainsi, on peut apprendre le métier que l'on veut : il y a une recherche curieuse du commerce de chaque province et ville de France, et une en-

core plus curieuse de tout le commerce étranger qui se fait par chaque nation dans les quatre parties du monde. On y a fait entrer les prescriptions de Colbert sur les haras et les chevaux; enfin, il y a une abondance de choses nouvelles et presque inconnues. Le style en est pur, facile, agréable, intelligible et déchargé de mille crédulités populaires et des faussetés des voyageurs. La France est bien ornée d'un pareil livre. Il a été imprimé par souscription.

Mirliton. — Il s'est répandu un nouveau vaudeville qu'on appelle *le Mirliton*. On y fait des couplets de toutes les sortes, et il y en a sur toute la Cour, qui y est fort maltraitée, sans épargner les princesses. Un poëte en a fait sur le Jugement de Pâris. En voici quelques couplets, que faisoit entendre la fin de ce Mirliton, qui est fort impertinent et licencieux :

> Le berger aux trois déesses
> Fit ôter les cotillons ;
> Il vit trois paires de f......
> Et trois paires de t....,
> Et trois mirlitons, mirlitène,
> Et trois mirlitons, ton ton.

> D'une pareille corvée,
> Pâris ne s'épouvanta,
> Mais il fut tête levée
> Et tour à tour feuilleta......
>   Chaque mirliton, etc.

> Junon promet la richesse
> Au jeune berger Pâris,
> Pallas vante la sagesse,
> Mais qu'offrit dame Cypris?.......
>   Un beau mirliton, etc....

> — A cette douce parole
> On vit le combat cesser,
> Car Pâris étoit un drôle
> Qui se faisoit cul fesser
>   Pour un mirliton, etc.

Un homme de la Cour, qui a voulu venger outes les dames, a fait un couplet contre l'auteur inconnu, qu'on soupçonne pourtant être M. de Meuse :

>   Les sottises que tu craches,
>   Auteur anonyme et plat,
>   Sentent de loin le bardache
>   Qui voudroit qu'on laissât là
>   Tous les mirlitons, etc.

On fit contre Bussy un pareil couplet :

>   On ne fait pas sur Monglat
>   Des chansons de débauche ;
>   Savez-vous pourquoi cela ?
>   C'est que Bussy l'auteur la chevauche,
>   Chevauche, chevauche.

Il y a un couplet sur la nouvelle maîtresse du duc d'Orléans :

>   La Sabran, pourquoi produire
>   Houel au défunt Régent ?
>   Ne devais-tu pas l'instruire
>   Qu'il rate depuis longtemps
>   Tous les mirlitons ? etc.

Houel. — On sait qu'il lui a donné 12,000 francs de rentes sur la ville, qu'il est content de dormir auprès d'elle, et qu'elle en est aussi très-contente. A peine avoit-elle une chemise, et à présent elle a les plus belles garnitures du monde. Elle est grande, bien faite, possède de belles dents, mais elle est brune et n'est pas belle de visage. Elle n'a que seize ans.

Le cardinal Dubois. — Le cardinal a toujours son même mal ; il jette du pus par les urines. Les uns disent qu'il ne peut pas vivre ; d'autres disent qu'il vivra, et cependant, il vit et jouit de toute son autorité. Les cardinaux de Richelieu et Mazarin n'en étoient pas moins ministres, quoique malades. On lui vient de donner l'abbaye de Saint-Bertin de Saint-Omer, qui étoit en règle, et qui est de 100,000 francs de rente.

Cardinales os apertum habent ad omnia beneficia.

22 *juin*. — On a publié une déclaration du Roi qui permet à ceux qui ont des quittances de finance produisant intérêts, de prendre des lettres de ratification au grand sceau, et que les créanciers pourront s'y opposer comme pour les rentes de la ville et augmentations de gages, et qu'il en sera usé comme pour les offices dans la distribution, suivant l'édit de 1683. Ainsi, voilà un immeuble nouveau en France.

Arrêt du 7 juin, qui met toutes les dettes dues aux communautés, supprimées, sur les rentes des tailles. Et notez qu'on ne paye pas ces rentes.

Foins. — Ordonnance du 29 mai, qui permet de faucher les foins avant la Saint-Jean, sans en demander permission aux seigneurs ni aux capitaines des chasses et aux officiers, à cause de la sécheresse de l'année et l'espérance du regain. Ordonnance remarquable à cause des pontes de perdrix et des chasses.

Cardinal Bissy. — Le Parlement, ayant voulu prendre connoissance de l'*Instruction pastorale* du cardinal de Bissy, dénoncée par les écrits anonymes de l'abbé Mainguy, le conseil a nommé des commissaires, qui ont examiné l'Instruction et les écrits, et sur cet examen il a été rendu un arrêt du conseil, le 23 mai, qui condamne les deux écrits comme libelles diffamatoires, calomnieux, remplis de déclamations fausses et scandaleuses, injurieuses à la personne du cardinal de Bissy et même au Saint-Siége et à l'ordre épiscopal, séditieux, tendant à révolte et contraires aux bonnes mœurs : en conséquence, les supprime. L'arrêt ordonne encore qu'il sera procédé extraordinairement, tant contre ceux qui ont composé que contre ceux qui ont imprimé. Dans le *Vu* de l'arrêt, le Roi déclare que, bien loin que l'*Instruction pastorale* contienne rien qui puisse donner le moindre fondement aux accusations formées par les deux écrits, elle s'explique, au contraire, en plusieurs endroits, très-clairement pour les maximes les plus conformes au droit de la couronne et aux libertés de l'Église de France, et S. M. voulant réprimer l'abus de semblables libelles, et rendre en même temps à l'*Instruction* du cardinal de Bissy le témoignage qu'elle mérite : ouï le rapporteur, etc. » Ainsi, on a vu le conseil juger la matière des libertés gallicanes, et décider sur l'instruction d'un évêque que l'on déclare bonne, pendant que le Parlement la soutenoit absolument contraire aux libertés. Exemple bien nouveau et bien périlleux en France : Rome nous domine plus que jamais. Nos libertés s'en vont, et nous allons tomber dans l'infaillibilité. Toutes ces qualifications doivent bien fâcher l'abbé Mainguy, qui est le vrai auteur de la dénonciation, et contre lequel il est dit, en général, qu'il sera procédé extraordinairement.

Il a paru, quelque temps après, une dénonciation de l'*Instruction pastorale* de M. le cardinal de Bissy et de plusieurs autres écrits, pernicieux à l'Église et à l'État, contenant 94 pages in-4°. Elle est bien écrite, sans doute de la main d'un jurisconsulte, hors la conclusion, qui recommence l'ouvrage et marque une aigreur qui ne peut finir. Les endroits de *l'Instruction* sont cités au long, et on est bien surpris de l'arrêt qui l'a trouvée bien gallicane, car tout y est romain, italien ; le pape y est infaillible et nos plus grands usages et les plus communs au Parlement, sont violemment attaqués. Cette nouvelle dénonciation est enveloppée dans la condamnation qui condamne les ouvrages semblables.

En parlant de la 1re dénonciation, elle dit : « L'illustre auteur de cet ouvrage », et démasque ainsi l'abbé qui a voulu se cacher.

Les gages des offices municipaux se prenant sur les octrois des villes, arrêt du 7 juin, qui ordonne qu'ils y seront pris, nonobstant tous autres mandements des maires et échevins ; on n'en excepte pas une seule des dettes qui se prélèvent sur ces octrois.

Arrêt du Parlement, du 22 juin, qui a condamné un laquais à être mis au carcan avec cet écriteau : *Laquais insolent et séditieux,* pour avoir fait rébellion, lors du transport de deux prisonniers voleurs. — C'est une terrible race que celle des laquais à Paris.

SÉGUIER. — Le chancelier Séguier avoit eu autrefois l'aliénation des aides de Romorantin ; le Roi les a réunis, et on donne aux ducs de Sully et de Coislin, ses héritiers, 12,000 livres de rentes liquidées par arrêt du 8 septembre 1722, qu'on a rendu public ces jours-ci. On s'attache fort à remettre le Roi dans tous ses droits : on n'y souffre pas la moindre contravention, et comme les élus favorisent quelquefois le peuple contre les commis, le conseil évoque tout, sans passer par la cour des aides, et prononce avec rigueur la confiscation et les amendes, suivant l'ordonnance. Il y en a vingt arrêts dans ce mois de juin et celui de mai.

Arrêt du 22 juin, qui renouvelle les défenses d'imprimer dans le royaume aucuns livres ni livrets, sans permission. (Défenses inutiles.)

Ordonnance du Roi, du 24 juin, qui augmente le prix des postes à 30 sols par cheval, pour un an, à cause de la rareté des foins.

GRACES DU SACRE. — Le Roi a accordé plusieurs grâces au sacre. La règle est de les faire enregistrer dans les trois mois, ce que plusieurs n'ayant pu faire, il y a eu une déclaration du 15 mai, régularisée le 26, qui donne encore trois mois du jour de l'enregistrement de cette déclaration, pour présenter les lettres aux cours et juges à qui elles sont adressées. Cela apprend l'usage de ces grâces du sacre que l'on ne savoit point. J'en ai parlé dans le temps.

DROITS DU ROI. — Lettres patentes du 4 mai, régistrées en la cour des Aides, le 12 juin, qui défendent de mettre en liberté les rebelles pour les droits du Roi avant le jugement définitif. Ces lettres sont données sur deux arrêts, dont l'un, du 26 mars 1720, rendu au rapport du Sʳ Law, contrôleur général des finances. On a donc vu encore le nom de ce misérable, dans les registres de la cour des Aides et dans le public, au lieu qu'il en devroit être effacé pour toujours.

Avignon. — L'Université d'Avignon ayant entrepris de donner des licences en droit, contre les règles, et sans observer les temps, arrêt du 12 juin, qui ordonne qu'elle se conformera à la déclaration de 1679, et que les licences contraires seront punies dans les tribunaux de France. Entreprise du Conseil sur le Parlement. L'arrêt cache les lettres patentes de juillet 1650 et avril 1698, qui confirment les priviléges de cette Université, et dit que tous ses suppôts jouiront des priviléges de celle de France, pourvu qu'ils soient naturels françois ou natifs de la ville d'Avignon et Comtat Venaissin.

Sainte-Maure. — Le prince Charles, grand-écuyer, étant obligé de faire quelques remèdes à Paris, le jeune comte de Sainte-Maure, reçu en survivance de la charge de premier écuyer de la grande écurie, l'a représenté à la Cour. Un de ces jours derniers, ne s'étant point trouvé dans le moment que le Roi montoit à cheval, le Sʳ de Goyon, commandant de la grande écurie, a monté le Roi, et dans le temps qu'il étoit près de l'asseoir sur son cheval, est arrivé le jeune comte, qui a déplacé Goyon, quoique le service commencé ne s'interrompe jamais : le Roi en a pensé tomber ; Goyon a dit au comte : « Vous êtes bien vif. » Le Roi, qui ne cherche qu'à s'amuser, dit à M. de Brissac, lieutenant des gardes du corps, de se mettre à côté de lui, et qu'ils joueroient au 30 et 40, tout en allant à la chasse. Le comte, à qui il appartient d'être auprès du Roi pour sa charge, a voulu faire retirer Brissac, qui a eu une bonne excuse dans l'ordre du Roi : ensuite le comte a passé aux officiers des gardes du corps, à qui il a disputé leurs places : il n'y a pas plus gagné : à la fin de la chasse, il a dit à Goyon de venir prendre son ordre ; il s'en est moqué ; enfin, cinq ou six jours après, le jeune comte s'est avisé d'appeler Goyon en duel, par une lettre bien écrite : il l'attendoit dans l'avenue de Versailles à Saint-Cloud. L'autre, ayant répondu qu'il n'acceptoit point de rendez-vous, mais qu'il sortoit tous les jours tout seul et qu'on pouvoit lui parler, le comte a envoyé un laquais à Goyon, lui dire qu'il l'attendoit : même réponse, hors qu'il dit au laquais qu'il jouoit à se faire envoyer aux galères, et qu'il l'eût fait arrêter s'il n'avoit la livrée du Roi. Le comte s'étoit vanté le matin, à Versailles, qu'il se battroit dans le jour, l'écuyer étant venu à Meudon, d'où le Roi envoya un exempt, M. de Menou, arrêter M. de Goyon chez lui. Le lendemain, Goyon remit entre les mains du prince Charles la lettre d'appel, et le prince la remit entre les mains du comte de Sainte-Maure, oncle, en présence du neveu. Ainsi s'est terminée cette affaire, étourderie d'un jeune homme qui a pensé se perdre. Son oncle dit au prince : « C'est que mon neveu est brave, » mais on n'a pas trouvé de bravoure dans tout cet éclat. Il étoit même, lui, sixième, dans l'avenue, à ce qu'on a su. Cela a ramené une histoire de l'oncle qui, ayant voulu se battre contre M. de Chamarante, ne s'y trouva point. Il envoya un autre homme à sa place, que Chamarante tua.

Après tout, cette affaire n'a pas fait non plus d'honneur à Goyon, qui a montré la lettre. Un des premiers officiers des gardes du corps m'a dit à l'oreille : « Ce sont combats d'écuyers cavalcadours. »

JUILLET 1723.

Le Blanc. Breteuil. — Le 2 juillet, M. Le Blanc, ministre de la guerre, a été exilé, et l'on a mis à sa place

M. de Breteuil, intendant de Limoges. Tous les officiers sont affligés, mais il y a longtemps qu'on songeoit à ce déplacement, et que le successeur étoit désigné, pour les services secrets qu'il a rendus au premier ministre. On ne doute pas que l'affaire de la Jonchère n'ait grande part à cette disgrâce. M. de la Vrillière a porté la lettre de cachet à M. Le Blanc chez l'archevêque de Vienne, chez qui il dînoit. Son exil est dans la terre de Doux, proche Coulommiers, qui est une terre du marquis de Tresnel, son gendre. Il a trouvé proche Meaux, à six heures du matin, le 3, le comte d'Évreux, qui venoit de Mousseaux à Paris, et qui ne savoit point la nouvelle. Le comte d'Évreux, qui n'étoit pas son ami, n'a pas laissé de lui faire bien des honnêtetés et de lui offrir bonne compagnie qui étoit restée à Mousseaux. L'ex-ministre a cru qu'on se moquoit de lui; mais cela étoit tout naturel, et voilà un des premiers maux de son exil.

BRETEUIL. — Tout le monde est surpris du successeur, qui ne sait rien de la guerre, mais il a de l'esprit et de la politesse, et on croit qu'il réussira. Sa femme est *Charpentier,* fille du boucher des Invalides, que sa mère lui a fait épouser malgré lui : et on a déjà dit en riant que, sous son ministère, les Invalides auroient de bonne viande. Les railleurs ne devoient pas manquer ce mot.

BELLE-ISLE. — Le fameux M. de Belle-Isle, qui gouverneroit tout, tombe aussi dans la disgrâce. Il étoit de part avec M. Le Blanc et la Jonchère. On dit qu'il y avoit un écrit entre eux, portant que la Jonchère auroit une indemnité, au cas que les événements fussent malheureux. Adieu la belle maison qu'il élevoit, comme rivale du Louvre, sur le quai de Saint-Gratien, et qui lui a tant coûté d'argent, adieu tous ces échanges et ces domaines, et apanages de Brie qu'on lui a donnés pour Belle-Isle. On dit que le Roi a dit qu'il falloit le loger à la Bastille, en attendant que sa maison fût achevée, et on fait déjà son décompte sur Belle-Isle. Il a joui de grands revenus des domaines, il a tiré plus de deux millions de la caisse de l'extraordinaire des guerres. Le voilà payé, et il faut qu'il rende tous les domaines qui lui ont été aliénés, et Belle-Isle restera au Roi. Il y a soixante-dix ans que son grand-père pensa périr pour ce même Belle-Isle. Le bruit se répand qu'il est arrêté et assigné pour être jugé par la commission de la Jonchère : cela n'honore pas le mestre de camp général des dragons ; personne ne le plaint, et tout le monde plaint M. Le Blanc, qui a rendu service à tous les officiers. Ce dernier sort peu riche en apparence ; il n'a qu'une fille, mariée au marquis de Tresnel, homme de condition et fort riche. Cette fille étoit arrogante, et les femmes ne sont pas fâchées de la voir déchue.

On a ôté l'intendance de Bordeaux au président Boucher, de la cour des Aides, beau-frère de M. Le Blanc, qui l'avoit eue contre la règle de n'en donner qu'aux maîtres des requêtes. On parle de je ne sais quel abus sur la Monnoie, qui est affaire bien délicate. Les deux autres frères de M. Le Blanc sont évêques, l'un d'Avranches, l'autre de Sarlat, mais on n'ôte point des évêchés, et ils restent évêques.

Bissy. — A propos de l'arrêt du 23 mai qui justifie l'*Instruction* du cardinal de Bissy, un père de l'Oratoire, vieux prédicateur et diseur de contes, a dit : « C'est comme si le Roi nous ordonnoit de croire que M. le Duc a deux bons yeux, que le prince de Conti n'est point bossu, et que le duc du Maine a de bonnes jambes. »

Inès en mirliton. — Mme du Deffand, qui a de l'esprit et du badinage, s'est avisée de mettre la tragédie d'*Inès* en mirlitons (1). L'idée en est plaisante, et tourne doucement en ridicule cette pièce tant vantée, qui est plutôt un roman qu'une tragédie. La Mothe se console, et dit qu'on a bien mis l'*Énéide* en vers burlesques, et il ressemble du moins

---

(1) Cette pièce se trouve au *Recueil Maurepas*, et est imprimée dans les *Pièces intéressantes peu connues*. (De la Place.)

à Virgile par cet endroit-là. On continue toujours de pleurer à cette pièce, sans s'apercevoir du faux qui y règne partout, et que c'est Baron qui fait pleurer et non les vers, qui ne sont point des vers, mais une prose cadencée de roman où on a mis des rimes, que Baron fait sonner comme les meilleurs vers du monde.

MIRLITON SUR LE CARDINAL.

L'autre jour La Pyronie,
En sondant le cardinal,
Dit : Monseigneur, la vessie
Est atteinte d'un grand mal,
 Et le mirliton, etc.

Mercredi, 7 juillet. — TALHOUET. — Les commissaires de M. de Talhouet se sont assemblés : Talhouet a été décrété de prise de corps, et en même temps on a aussi décrété l'abbé Clément, conseiller honoraire du Grand-Conseil, qui a travaillé aussi au Visa, et il a été arrêté sur-le-champ et mené à la Bastille. Cet abbé est fils de Clément, fameux accoucheur, qui ne le délivrera pas de cette prison : elle n'est pas *facilipara :* on a découvert qu'il étoit marié et avoit quatre enfants. Il a donné démission de ses bénéfices, dont l'un a été confié à l'abbé Venido, bénédictin défroqué, et créature du cardinal. L'abbé avoit l'esprit si libre, quand on l'arrêta, qu'il amusa M. d'Argenson, pour lui montrer un poulet qu'il faisait éclore. Il aime la physique, la chimie et a quelque part un fourneau où il a mis les actions en charbon.

8 juillet. — MAÎTRES DES REQUÊTES. — Les maîtres des requêtes se sont assemblés le 8, pour demander que leur confrère fût jugé par le Parlement, avec qui ils font corps. Le Grand-Conseil en a fait autant pour juger l'abbé, qui est de leur compagnie, mais ils n'obtiendront rien et le Roi évoquera tout, et renverra aux commissaires qu'il a nommés. Il y a un beau prétexte sur ce qu'on ne jugeroit pas les deux criminels en deux juridictions différentes ; c'est que le Parlement n'a pas voulu connoître des actions.

TALHOUET. — Talhouet n'a pas voulu répondre aux commissaires, a décliné leur juridiction, et demandé d'être renvoyé au Parlement. Cette procédure lui donnera quelque temps pour méditer sa défense.

CLÉMENT. — L'abbé Clément a répondu, mais il a dit que c'étoit sans préjudicier à son privilége. Il est convaincu du fait et des actions qu'il a prises, et des billets de liquidation qu'il s'est appliqués. J'ai vu dans les *Opuscules* de Loysel (p. 710), les conclusions de M. Dumesnil, avocat général, contre un président Allaman, de la Grande Chambre des comptes, qui étoit accusé de crimes à peu près semblables, concussion, péculat, etc.; elles sont très-singulièrement travaillées ; il conclut à la mort ; mais l'arrêt n'ordonna que l'incapacité de posséder des charges, avec une amende de 60,000 livres et une réparation publique à M. Dumesnil en l'audience de la Grande-Chambre (en 1569).

BELLE-ISLE. BILLET. — On dit que M. de Belle-Isle a donné à la Jonchère un billet en ces termes, qui a été trouvé sous les pelles : « J'ai reçu de M. de la Jonchère la somme de 1,800,000 livres en espèces, pour laquelle somme je lui ai donné des billets de banque dont je lui ferai tenir compte par ses supérieurs. » Voilà un mauvais billet pour le trésorier et pour la partie prenante. On conte de la fameuse Ninon qu'elle avoit donné un billet au marquis de la Châtre, où elle lui promettoit de n'avoir jamais d'amants ; elle manqua bientôt de parole, et s'écrioit au milieu de ses plaisirs : « Ah ! le bon billet qu'a la Châtre. » On en pourroit dire autant du billet de Belle-Isle ; il ne se montre plus à la cour, et le duc d'Orléans a dit qu'il ne lui en vouloit pas, parce qu'il n'avoit rien de bon à lui dire.

HOUEL. — La nouvelle maîtresse du duc d'Orléans est si neuve que, se promenant avec lui, et ayant rencontré

Mitton, l'intendant de Toulon, qu'elle salua, elle dit au prince : « Saluez-le donc, c'est notre intendant. »

Inès. — J'ai vu la tragédie d'*Inès*, qui fait pleurer tout Paris : je n'y ai point pleuré : les situations sont assez touchantes, mais les vers lâches, plats, allongés. Il n'y a ni force, ni élégance, ni précision, et c'est à l'action de Baron et de la Duclos qu'est dû tout ce succès.

Petite vérole. — Il y a plusieurs malades de la petite vérole. Beaucoup en meurent. L'abbé de Saint-Gervais, le comte de Bissy en sont morts, et Mme de Lunati ; mais on dit qu'elle a péri dans le combat des deux sœurs qui l'ont emportée en même temps : la grande et la petite.

Le duc de Chartres a dit qu'il ne vouloit point travailler avec le nouveau ministre de la guerre, parce qu'il faudroit un tiers entre eux deux pour les instruire ; à la fin, il a cédé.

Indiennes. — Toutes les femmes ayant recommencé à porter aux Tuileries et aux spectacles des robes d'indienne, quoique cent fois défendues, il a fallu renouveler les défenses par un arrêt du 5 juillet, dont on se moquera dans trois mois.

Or. — Il y a un désordre extraordinaire sur les espèces ; on ne voit que de l'or et point d'argent blanc, et sur les ports et dans les marchés, on ne veut point d'or. C'est que les billonneurs ont démarqué les anciens louis, les étrangers les ont altérés, et pour cinq sols par livre, ils ont trouvé moyen de faire d'un louis de 36 livres un louis de 45. Voilà où le rehaussement des monnoies nous a mis.

Dijon. — On m'a donné l'arrêt du 27 septembre 1722, qui a jugé le grand procès de l'Université qu'on vouloit établir à Dijon, et que les jésuites ont perdu. Voici ce qu'il porte : Le Roi étant en son conseil, de l'avis M. le duc d'Orléans, régent, n'ayant aucunement égard aux représentations des Universités de Paris, Besançon et autres, a ordonné et ordonne que l'établissement d'une Université en la ville de Dijon n'aura lieu que pour la Faculté de droit seulement, et seront à cet effet toutes les lettres nécessaires expédiées.

MAITRES DES REQUÊTES. — Il se répand un bruit sur ce que l'on pourra encore décréter d'autres maîtres des requêtes pour l'affaire du Visa, qui sont ceux dont on a parlé d'abord. Cependant ils font bonne mine dans le public, et je me suis trouvé avec un d'eux à un souper où il ne me parla que de cette affaire et des friponneries de Talhouet et de Clément. Je le nommerai si on le décrète.

MOISSON. — Les ouvriers sont si rares pour la moisson, qu'il a fallu donner un arrêt le 28 juin, pour faire cesser plusieurs manufactures en Normandie, depuis le 1er juillet jusqu'au 13 septembre prochain : il est très-remarquable qu'on travaille aux habits qui couvrent le corps et on néglige de le nourrir.

Dimanche 11. — J'ai encore fait une petite pierre qui m'a fait assez mal au passage.

Mercredi, 14 *juillet*. — BELLE-ISLE. — Les commissaires pour l'affaire de la Jonchère s'étant assemblés, on a décrété M. de Belle-Isle d'ajournement personnel, et son autre frère, appelé le chevalier de Belle-Isle, qui se mêloit de ses affaires. M. Le Blanc a pensé l'être aussi d'assigné pour être ouï : il y avoit huit voix pour le décret contre lui, mais un des huit étant revenu, a passé aux six, ce qui a fait partage, et il n'y a point eu matière criminelle. On est venu à choisir le plus doux et il n'a point été décrété. Mais il n'en est pas quitte. On dit que le cardinal n'est pas content de ce partage, ni de celui qui l'a causé. On l'attribue à M. de Rouillé, maître des requêtes, qui a beaucoup d'esprit et de capacité. C'est celui qui est dans les postes.

TALHOUET. — M. de Talhouet continue à ne point répondre et à persister dans son privilége. Il a été ordonné que son procès lui sera fait comme à un muet : on lui a fait les trois sommations de l'ordonnance, et l'instruction se fait en cet état. M. Fouquet fit de même, et on ne laissa pas de lui donner un conseil et de juger les récusations. Dans son interrogatoire sur la sellette, il ne voulut pas prêter serment, ni dire son nom; il n'en fut pas moins jugé.

L'ABBÉ FLEURY. LAVIGNE, AVOCAT. — M. l'abbé Fleury, ci-devant confesseur du Roi, auteur de l'*Histoire de l'Église*, dont il y a déjà vingt volumes in-4° et dont le vingt et unième est prêt à paraître, et de plusieurs autres excellents ouvrages, est mort. Il étoit de l'Académie françoise. C'est une grande perte. Il a écrit avec fidélité, sincérité, et dans une sublime simplicité. Les dissertations qu'il a insérées dans son *Histoire de l'Église* sont admirables. Son *Institution du droit ecclésiastique* est un chef-d'œuvre. Il a parlé dans son testament d'un traité sur les libertés de l'Église gallicane, commencé par M. de Meaux (Bossuet), et qu'il a achevé. Il y a eu une lettre de cachet expédiée pour tirer ce manuscrit des mains de M. de Lavigne, avocat, un de nos plus illustres confrères, exécuteur testamentaire. M. de Lavigne a répondu à M. d'Argenson qu'il ne l'avoit pas. Ce dernier lui a demandé ce qu'il en avoit fait. M. de Lavigne a dit que la lettre de cachet ne portoit pas qu'il seroit interrogé. On a fouillé chez lui et on n'a rien trouvé. On ne veut plus entendre parler de nos libertés, qui sont sacrifiées au Pape (1).

AUBRY, AVOCAT. (3ᵉ Chambre des Enquêtes). — Aubry, avocat, qui plaide très-bien, ayant plaidé une cause contre l'abbé d'Armaillé et dit quelques traits qui n'ont pas plu à l'abbé, quelques jours après, l'abbé l'a rencontré dans la salle du Palais et dit, passant près de lui, et parlant à un de ses amis : « M. *un tel* a bien étrillé un

---

(1) Voir sur ce fait Barbier, t. 1ᵉʳ, p. 289, 290.

« avocat, qui a mal parlé de lui, et lui a donné bien des
« coups de bâton, en voilà un à qui il en faudrait faire
« autant ; » ce qu'il fit, en montrant Aubry.

Sur-le-champ, Aubry alla se plaindre au Parquet de cette insulte. Messieurs les gens du Roi sont entrés à la Grand-Chambre, et ont demandé qu'il en fût informé, et l'information a été faite dans le moment. M. d'Armaillé, conseiller de la Grande-Chambre, frère de l'abbé, a été faire satisfaction à M. Aubry, chez lui, et l'affaire s'est accommodée par son désistement, moyennant que l'abbé ira aussi chez le bâtonnier lui faire une satisfaction pour tout le corps.

Villars. — M. le maréchal de Villars a été fait grand d'Espagne. Il est environné de toutes sortes de dignités et d'honneurs, sans compter ses batailles qui l'accompagnent toujours.

Vendredi 16. — Duc d'Estrées. — Le duc d'Estrées est mort presque subitement chez un de ses amis. C'étoit un mauvais sujet. Il n'a point d'enfants. Il s'étoit épuisé avec une femme, le jour de sa mort. Il se trouva mal : on le saigna, ne sachant point son état, et sa duché-pairie passe au maréchal d'Estrées, qui l'aura en la payant aux sœurs et aux créanciers.

Lundi 19. — Talhouet. — Un de Messieurs les commissaires de la chambre de l'Arsenal qui doit juger M. de Talhouet et les commis, m'est venu demander mon avis sur cette affaire. Je l'ai examinée : j'ai trouvé que la fonction du commissaire étoit cessée au 15 septembre 1722, qu'il n'y a point eu de renouvellement pour M. de Talhouet, que c'est par une pure confiance du contrôleur général, et sans ordre, ni commission par écrit, qu'il a travaillé au supplément des actions et billets de liquidation ; qu'ainsi il n'a point prévariqué dans une fonction publique, et qu'il n'y a ni péculat ni concussion, mais un vol ou larcin qui a ses peines à part ; que même le péculat n'emporte point peine de mort naturelle, mais seulement de mort civile, suivant un *Mémoire* que j'ai fait autrefois, où toutes les autorités du droit et des ordonnances sont rapportées. J'ai voulu aller plus loin, et voir s'il n'y avoit point de fausseté, car il y a un édit de mars 1680 contre les officiers faussaires, qui porte peine de mort, et une déclaration du 9 mars 1720, qui porte aussi peine de mort contre les faussaires des papiers royaux ou publics. Ce magistrat m'a dit qu'il y avoit fausseté, en ce que M. de Talhouet a retiré toutes les anciennes feuilles de liquidation et en a mis de nouvelles, qu'il a antidatées du temps qu'il étoit commissaire. Ainsi, voilà une fausseté effective qui le rendroit coupable de mort, et il s'est fait commissaire ne l'étant point. Mais l'accusation n'est pas instruite sur ce fondement : c'est un faux principal qu'il faut instruire par vérification d'experts, et il n'y en a point eu. Les pièces ont été représentées à l'accusé qui, persistant dans son privilége, ne les a voulu reconnoître. Il a été arrêté dans la Chambre que cette représentation, à lui faite comme à un muet, vaudroit reconnaissance, parce que l'ordonnance veut que tout subsiste comme si l'accusé avoit parlé, ce qui est bien extraordinaire, si le corps du délit est le faux, et ce ne peut être là l'esprit de l'ordonnance, parce qu'on pourroit faire passer pour vraie une pièce fausse. Cependant, cela a passé à la pluralité des voix. Ce magistrat m'a montré sa commission, qui est de mai 1723, imprimée au Louvre. On la leur a distribuée chacun à part. Le Roi dit qu'il nomme des commissaires, « attendu qu'il n'appartient qu'à nous de con- « noître de pareil crime, qui est un divertissement des « finances et un crime d'État. » Ils peuvent juger en dernier ressort, au nombre de dix, et il est dit : « Déro- « geant pour cette fois à ses priviléges généraux et « particuliers et sans tirer à conséquence. » Quand on a lu cette dérogation à M. de Talhouet, il a dit qu'il falloit une dérogation spéciale pour lui, tout au moins pour le corps des maîtres des requêtes, et il a toujours persisté. Ensuite de cette commission, est imprimé l'arrêt d'enregistrement, puis l'arrêt qui permet au procureur général d'informer, et qui ordonne que les six commis déjà prisonniers, *Daudé*, contrôleur des caisses, *Février*, *Sanson*, *Nisple*, *Gally* et *Morin*, seront arrêtés et recommandés à la Bastille. La plainte du procureur général m'a paru mal rédigée. Le cardinal, qui est fort malade, presse le jugement, et voudroit, avant de mourir, voir l'effet de son autorité.

Dimanche, 18. — M. le premier président a été faire les représentations au Roi, sur le privilége des maîtres des requêtes. Le Roi, qui étoit seul avec M. de Fréjus, a répondu qu'en autre chose il conserveroit les priviléges du Parlement, mais que c'étoit une affaire d'État et qu'il falloit que la commission eût lieu. Ce qui va être porté ce matin 19 au Parlement. Il n'y a donc plus qu'à juger. Mais hors du jugement, il faudra voir si la procédure est bonne, ou la refaire, et s'il y a fausseté bien prouvée, gare à la tête du maître des requêtes qui s'est exposé follement à cette prison qu'il pouvoit éviter, et au crime d'un gueux, lui qui est riche.

Mardi 20. — BELLE-ISLE. — M. de Belle-Isle s'est présenté au greffe de la commission, et a pris acte de comparution sur l'ajournement personnel : il faudra qu'il se fasse interroger. On dit qu'il est aussi décrété d'ajournement personnel au parlement de Rouen, sur des violences qu'il a faites dans ses terres. Il faisoit le petit tyran parce qu'il avoit la faveur des ministres ; mais la justice le tient, et il est question d'en échapper. (C'est son frère qui est décrété à Rouen.)

LA JONCHÈRE. — La Jonchère a été mené chez lui pour travailler sur ses registres et papiers. Sa femme lui avoit fait préparer un potage, mais on ne l'a pas voulu souffrir, de crainte qu'il n'y eût du poison, et il n'a eu que le dîner qui a été apporté de la Bastille. Il ne fait que pleurer du matin au soir. Il fait pitié à ses commissaires.

CLERGÉ. RENTES. QUARANTE ANS PERDUS. — On a publié la déclaration concernant les anciennes rentes du Clergé. Elle est du 31 mai 1723, enregistrée seulement le 17 juillet. Le Clergé, qui a gagné le ministre, a obtenu tout ce qu'il a voulu. Le procès des quarante années qui étoient en arrière et qui intéressoit tant de familles est enfin jugé. Le Clergé s'en est déchargé tout à fait, et au lieu de rentes au denier 20 qu'il payoit en vingt mois, il payera en douze mois au denier 40, à commencer en 1724. Ceux qui avoient consenti réduction au denier 50 ont crié grâce. Ils retournent au denier 40. Le Parlement a fait des remontrances inutiles. La déclaration est enregistrée « du *très-exprès* commandement du Roi, sans tirer à conséquence, sans approbation des choses énoncées qui n'auroient été enregistrées en la Cour, et sera le seigneur Roi très-humblement supplié, en tout temps et en toute occasion, de vouloir bien avoir égard aux droits des rentiers et au préjudice qu'ils peuvent souffrir de l'exécution de ladite déclaration. » Cependant, elle s'exécutera, et le Clergé n'a pas conscience de ruiner ses rentiers. Voilà le fruit de l'association de l'archevêque de Cambray au Clergé. Il l'a bien prouvé dans sa harangue en disant : « Tout ce que peut l'autorité d'un ministre, « elle le doit à vos intérêts. »

21 juillet. — Arrêt qui réduit le *louis* d'or de 45 livres à 44, et qui ne diminue rien sur l'argent. Permis de porter à la Monnoie un huitième en certificats de liquidations, et les sept huitièmes en anciennes espèces de louis à 36 livres et d'écus à 6 livres, et l'on payera le tout en argent de la nouvelle réforme. Mais qui portera ces sept huitièmes en argent ancien, pour faire passer un huitième de liquidation ? On n'a point d'argent, et voilà la liquidation perdue. Cet arrêt donne ordre aux intendants et subdélégués de clore sur-le-champ tous les registres des payeurs et receveurs des deniers du royaume, et de faire des procès-verbaux de leurs caisses, afin qu'il n'y ait plus de friponnerie sur l'espèce diminuée, et qu'on n'en fasse passer à personne. L'ancien louis, porté à la Monnoie sans liquidation, sera de 37 livres 16 sols, et l'écu de 6 livres 6 sols. La disette d'argent blanc est toujours très-rare, et cet arrêt, qui ne le diminue point, le fera encore resserrer.

REIMS. BOULOGNE. — Il paroît une lettre de l'archevêque de Reims à l'évêque de Boulogne, où il lui explique ce qu'il a entendu par les déréglements de son diocèse ; il persiste à dire qu'il poursuivra avec le clergé pour obtenir du Roi un clergé provincial, et il a joint à cette lettre une lettre de l'évêque d'Amiens, qui parle d'une mission faite sur les confins du Boulonnois, où tous les habitants sont venus recevoir de lui la confirmation et les autres sacrements, parce que leur évêque est schismatique. Cette lettre est d'un emportement sans exemple et a l'air bien faux.

LA MEILLERAYE. — Le duc de la Meilleraye, jeune étourdi, menant une chaise lui-même, a renversé une pauvre femme vendant des fruits au coin d'une rue. Il a encore battu la femme. Un prêtre de Saint-Sulpice, en bonnet et en surplis, a voulu secourir la femme battue et faire quelques remontrances au duc : il s'est mis à jurer contre le prêtre, lui a donné plusieurs coups de son fouet. Grande plainte. La populace prend le parti du prêtre : le duc s'enfuit. Le prince de Rohan, son beau-père, veut accommoder l'affaire, qui est très-importante, et peut avoir des suites. Le curé de Saint-Sulpice veut que le duc fasse réparation au prêtre devant tous les prêtres de sa communauté. On ne sait encore ce que cela deviendra : mais tous ces cochers d'office devroient être interdits. On n'en voit, tous les jours, arriver que des malheurs.

L'affaire de l'homme tué dans le For-l'Évêque, puis pendu, est renvoyée au Parlement pour en connaître.

Jeudi, 22. — LA MEILLERAYE. — Le duc de la Meilleraye a été arrêté, par ordre du Roi, et mené à la Bastille par un exempt et quatre archers, pour l'affaire du prêtre battu. C'est tout ce que l'on a pu obtenir; cela le tire des mains de la justice. On dit que le duc d'Orléans a dit à sa famille : « J'aimerois mieux que vous eussiez affaire à toute une armée qu'à tous ces prêtres. » Quand l'affaire est arrivée, le duc sortoit de souper, à midi, d'avec le comte de Charolois, et cela n'étoit point du tout de sang-froid.

Belle-Isle. — M. de Belle-Isle a été interrogé pendant cinq heures et a fort bien répondu. Il a beaucoup d'esprit et sait bien son affaire. Le commissaire qui l'a interrogé, a dit : « Celui-là n'a pas besoin de conseil. »

Talhouet. — On continue la confirmation à M. de Talhouet, qui ne dit mot, et qui est traité en muet volontaire. Un des témoins a rapporté qu'il est affreux à voir, tout décharné, et qu'il ne fait que lever les yeux au ciel. Il a bien à se reprocher son vilain crime, et la bassesse de son association avec des commis qui l'ont découvert.

Inès. — Critique. — On vend publiquement « *les Sentiments d'un spectateur français sur la nouvelle tragédie d'Inès de Castro.* » L'auteur ne fait presque que rapporter la conduite de la tragédie, et ce récit seul la rend ridicule. Il attribue le succès à l'action de Baron ; il dit que cette pièce est son triomphe, et qu'il n'a jamais mieux joué en sa vie; que Mlle Duclos a joué Inès avec un pathétique tendre et touchant, auquel il est difficile de refuser des pleurs; qu'on lui reproche de crier un peu, mais que cela est nécessaire pour le parterre ; que Mlle Lecouvreur a joué le rôle de Constance avec dignité et délicatesse : qu'on lui reproche la monotonie, mais que cela vient de ce qu'elle ne joue parfaitement que les endroits où le sentiment domine. « Dans ces morceaux, dit l'auteur, elle est au-dessus de tout ce que j'ai jamais entendu ». Il dit de Dufresne qu'il prévient par son air noble et aimable, mais qu'il pousse la vivacité trop loin ; que la pièce est pleine de défauts, mais que ces défauts n'ennuient pas, parce que l'intérêt règne dans toute la pièce. Il conseille à La Mothe de ne pas faire imprimer sa tragédie. Il dit qu'il a de l'invention, et qu'il écrit en prose avec précision et justesse (chose dont je ne conviens pas), mais qu'il n'a jamais connu cette harmonie touchante, ce choix heureux de mots, cette élégance, en un mot, la beauté poétique, et qu'il a travaillé dans un art avec un instrument qui ne lui étoit pas propre. Il dit que La Mothe a cherché à écrire beaucoup, plutôt qu'à bien écrire. Voilà les raisons du mauvais succès de tant d'ouvrages qu'il a donnés au public. Son style déshonore son esprit, et je suis fâché de voir le même homme penser quelquefois si bien, et écrire presque toujours si mal. Je conclus donc que les vers d'Inès sont durs et mal construits; que les expressions sont vicieuses et louches, que la conduite est pleine de défauts essentiels; que cependant la pièce est intéressante et qu'elle ne doit pas absolument son succès à l'action des comédiens qui la représentent. La Mothe, académicien françois, ne doit pas être content de ce spectateur qui lui dit si bien ses vérités.

Le duc de Savoie. Code. — Le duc de Savoie a fait publier un Code nouveau, tant civil que criminel : c'est un volume de 644 feuilles, en deux colonnes, italien et françois, qui renferme une collection de toutes les lois, édits et constitutions des prédécesseurs, touchant le civil et le criminel, avec divers changements et additions qui tendent à la promptitude et à l'abréviation de la justice. Il doit commencer au 16 novembre. Il est divisé en cinq parties. Il y en aura une sixième pour les douaires, fiefs, etc., dont on réserve la publication.

Discours du cardinal Dubois au Clergé assemblé aux Augustins.

« Messieurs, j'ai attendu avec impatience le jour où je pourrois marquer à cette auguste assemblée la vive reconnoissance de la grâce que vous m'avez faite. Vous m'avez bien voulu associer au clergé de France, et je sais à combien de mérites et à quelle gloire vous m'associez. Mais j'ose dire que ce qui est glorieux pour moi, l'est aussi pour vous-même. Vous auriez pu craindre un ministre qui, quoique honoré du sacerdoce, eût pu être disposé, en quelques occasions, à le sacrifier à l'Empire. Ce penchant n'est que trop grand, à croire les intérêts de l'un plus pressants que ceux de l'autre. Mais votre zèle pour l'État ne vous a pas permis une crainte qui pouvoit paroitre légitime, et en m'admettant dans l'intérieur de vos délibérations, vous prouvez, de la manière la plus authentique, la droiture et la sincérité de vos intentions pour le service du Roi. Je sais, de mon côté, à quoi m'engage cette confiance. Il faut qu'un ministre à qui le clergé fait l'honneur de ne le redouter pas, s'en rendre digne en redoublant ses soins pour les avantages du Clergé. Tout ce que peut l'autorité d'un ministre, je le dois à vos intérêts. Ainsi, loin que les devoirs dont j'étois chargé, et ceux que vous m'imposez de nouveau, viennent jamais à se combattre, la place que j'occupe dans l'État me fournira des moyens de satisfaire à celle que vous me donnez dans l'Église. Je suis sûr, Messieurs (et je vous outragerois par le moindre doute), que vous ne me donnerez à porter au Roi, dans le cours de l'assemblée, que d'anciennes ou plutôt d'éternelles preuves de l'attachement des églises du royaume pour leur protecteur; que des gages nouveaux et certains du dévouement du Clergé à la couronne, et de sa tendresse respectueuse pour la personne de S. M. Tandis que je ne vous porterai que de précieuses assurances de l'attachement du Roi à la religion, que des maximes dont il est instruit et pénétré sur le respect dû au sanctuaire, que ses sentiments en faveur des prérogatives et des priviléges (1) de la plus illustre portion de l'Église universelle, que des témoignages de la préférence qu'elle lui donne au-dessus de tous les autres objets de son affection.

« Je n'aurai rien de part ni d'autre à dissimuler, ni à affoiblir ni à exagérer : je ne dois m'étudier qu'à être précis et à transmettre si fidèlement les sentiments du Roi et de son Clergé, qu'il ne reste aucun doute de ce que le Souverain doit attendre du zèle et de la fidélité de ses sujets, et sur ce que le Clergé peut espérer de la religion, de la prudence et de l'affection du Roi. »

---

(1) On a depuis ôté ces mots. (*Note de l'auteur.*)

En juin 1723, le journal de l'assemblée du Clergé se trouve dans *le Mercure* avec toutes les harangues. Celle ci-dessus s'y trouve.

Lettre de Mgr l'Archevêque de Tours a Mme de Chelles (1).

Madame,

J'ai différé à répondre à celle que Votre Altesse Royale m'a fait l'honneur de m'écrire au sujet du chapitre général des Bénédictins de la Congrégation de Saint-Maur. Le R. P. de Sainte-Marthe, qui a été continué général, vous en rendra un fidèle compte. Je me suis renfermé, pour tout ce qui a regardé ma commission, dans les termes que S. M. et S. A. R. Mgr le duc d'Orléans m'ont prescrit, et j'ai eu une grande attention à ce que V. A. R. avoit eu la bonté de me marquer. Je lui avouerai cependant, naturellement, que j'aurois fort souhaité que le chapitre général eût donné à Notre Saint-Père le Pape, aux évêques de France et à S. M. même, la satisfaction qu'ils en attendoient, en se soumettant à la Constitution, étant bien persuadé que le bien spirituel et temporel de la Congrégation en dépend. Je les y ai exhortés de mon mieux par le tendre attachement que j'ai pour un corps aussi savant, et aussi exact dans la discipline. Cet ouvrage est réservé à V. A. R. qui leur rendra par là un signalé service, ainsi qu'à l'Église même. J'ai l'honneur d'être avec un très-profond respect, Madame,

de Votre Altesse Royale,

Le très-humble et très-obéissant serviteur,

François, archevêque de Tours.

Réponse de Mme l'Abbesse de Chelles.

J'ai reçu votre lettre, Monsieur, qui m'a doublement surprise. Vous avez été si longtemps à me faire réponse que je n'en attendois plus. Mais je l'ai été bien davantage de la manière dont vous m'écrivez. Croyez-vous me tromper? J'ai su les intentions du

---

(1) Voir notre livre *Les Confessions de l'abbesse de Chelles, fille du Régent*. Paris, Dentu, 1863.

Roi et celles de M. le duc d'Orléans, et c'est parce que je les ai sues, que j'ai été surprise que vous les ayez si peu suivies. Mais ce que je ne puis souffrir, c'est que vous vous vantiez d'avoir fait attention à la lettre que je vous ai écrite. Vous l'auriez dû faire, puisque je vous y mandais les propres termes de M. le duc d'Orléans et même ceux de M. de Fréjus. Vous avez agi si différemment, que j'en serois surprise, si je ne savois vos vues et votre ambition. Il n'a pas tenu à vous que notre congrégation n'ait été perdue. Le sacrifice auroit peut-être plu à quelques personnes et vous auroit avancé. Vous en auriez rougi avec plaisir. Mais Dieu, qui garde les siens, les a soutenus contre les brigues. C'est lui, sans doute, qui les a engagés souvent à refuser constamment l'acceptation de la Constitution. Je suis leurs sentiments, n'ayant, comme eux, rien à désirer que le ciel. Nous tournons le dos à la porte qui mène aux grandeurs ecclésiastiques, et si, des évêques de France acceptant la bulle, on retranchoit ceux qui ont eu des vues comme les vôtres et humaines, tant ceux qui ont été récompensés, que ceux qui ont espéré de l'être, le nombre en seroit bien petit. Mais nous ne voyons que ce qui s'est toujours vu dans tous les siècles de l'Église. N'attendez donc pas, Monsieur, que je presse nos pères d'accepter la bulle. Je ne les reconnoîtrois plus pour mes frères s'ils la recevoient. Si je pensois en moliniste, je vous injurierois; au moins, vous rendrois-je de mauvais services. Mais tout ce que je désire pour prouver la pureté de ma foi, c'est de trouver l'occasion de vous rendre service et de vous faire plaisir. Je la rechercherai même pour vous marquer ce que je dois à votre caractère, et les sentiments que le christianisme m'inspire pour vous, Monsieur.

(Cet archevêque est mort en octobre 1723, et son archevêché donné à l'évêque de Tulle.)

23 *juillet*. — LA MEILLERAYE. — Le duc de la Meilleraye a été transféré de la Bastille à Vincennes, afin qu'il soit plus éloigné des seigneurs, qui seroient venus boire avec lui dans la prison. Personne ne le plaint, et il est à s'ennuyer et à pleurer tout le long du jour à Vincennes.

27 *juillet*. — MORT DE TENANCE ET DE DUFAY. — J'ai perdu deux amis en même temps, M. le baron de Tenance, gendre de Mme Rolland mon amie, qui est mort

d'apoplexie à quarante ans, dans son salon de Sévigny, en Bourgogne, proche Tonnerre, le 23 de ce mois. Il laisse une jeune veuve très-aimable et trois enfants. L'autre est M. du Fay, ancien capitaine aux gardes, qui est mort à Saverne, le 23 juillet, chez M. le cardinal de Rohan, où il étoit allé en sortant des eaux de Bourbonne, après une apoplexie de cet hiver. Il avoit un grand goût pour les livres, et laisse une bibliothèque des plus curieuses, qui vaut bien 100,000 livres. Son esprit étoit un peu caustique, et on l'appeloit le *Diable boiteux*, parce qu'il avoit une jambe de moins qu'il avoit perdue au bombardement de Bruxelles. Il avoit été à Rome, il y a deux ans, et en avoit rapporté de bons livres. L'*Histoire naturelle* de Pline lui servoit d'évangile.

TALHOUET. — Un de MM. les commissaires de la commission de M. de Talhouet est revenu une seconde fois me consulter. J'ai vu tout le secret du procès, c'est-à-dire toutes sortes de friponneries, de faussetés, de suppositions de personnes et de noms, et tous les partages faits entre M. de Talhouet, l'abbé Clément, Février, Gally et Daudé, chefs des caisses. M. de Talhouet a eu 267 actions pour son partage; l'abbé Clément 103, et ainsi des autres. Il y en a eu au nombre de 908, ainsi faussement fabriquées, et Gally a volé à lui seul 176,866 livres, en une feuille de liquidation, qui étoit acquittée et qu'il a renouvelée. On fait deux mémoires, l'un sur le péculat et la qualification du crime, et l'autre sur le *faux*. Si l'affaire est instruite sur le *faux*, ils méritent tous la mort sans rémission. Mais la procédure n'est pas tournée de ce côté-là. Les commissaires ont jugé que les pièces représentées à M. de Talhouet, qui ne parle pas, demeureroient pour reconnues, ce qui ne vaut rien, puisqu'il s'agit de faux, et il falloit en ordonner la vérification. Le procureur général a voulu être opposant à cet arrêt et la requête n'a pas passé; il en veut donner une autre pour servir de plainte du faux, et employer la procédure qui a été faite. Autre requête mauvaise. Tous ces Messieurs ne sont pas bons criminalistes, et ce n'est pas tant pis pour les accusés.

Mme de Talhouet a débité un *Mémoire* sous son nom, où elle dit qu'après avoir bien pleuré, son devoir est de parler pour son mari qui ne se défend point; elle prétend qu'il n'y a ni concussion ni péculat dans ce que son mari a fait, et que la Compagnie des Indes n'est pas une compagnie publique. Il y a plusieurs citations de lois, mais tout cet ouvrage ne sert de rien, ni pour le mari ni pour la femme. Il est imprimé, signé de Regnard, avocat au Conseil, et fait par Boucherat, notre confrère, qui a fort mal employé son temps à un mémoire mauvais et inutile.

FIN DU TOME SECOND.

TABLE (1).

JOURNAL ET MÉMOIRES DE MATHIEU MARAIS,

Depuis le 1er décembre 1720 jusqu'au 1er août 1723...... p. 1 à 491

---

(1) Le quatrième et dernier volume contiendra la table alphabétique et analytique de tous les noms et faits contenus dans l'ouvrage.